A QUEDA
⋆ D A ⋆
MONARQUIA
FRANCESA

Munro Price

A QUEDA
⤻ DA ⤺
MONARQUIA
FRANCESA

Tradução de
JULIO CASTAÑON

Revisão técnica de
MAURÍCIO PARADA

2007

CIP-BRASIL. CATALOGAÇÃO-NA-FONTE
SINDICATO NACIONAL DOS EDITORES DE LIVROS, RJ.

Price, Munro

P948q   A queda da monarquia francesa / Munro Price; tradução de Julio Castañon Guimarães. – Rio de Janeiro: Record, 2007.

Tradução de: The fall of the french monarchy
Apêndice
Inclui bibliografia
ISBN 978-85-01-06776-0

1. Luís XVI, Rei da França, 1754-1793. 2. Maria Antonieta, Rainha, consorte de Luís XVI, rei da França, 1755-1793. 3. Breteuil, Luís-Augusto Le Tonnelier, barão de, 1730-1807. 4. França – História – Luís XVI, 1774-1793. 5. França – História – Revolução, 1789-1799. 6. Monarquia – França. I. Título.

06-3675

CDD – 944.041
CDU – 94(44)"1774/1799"

Título original em inglês:
THE FALL OF THE FRENCH MONARCHY

Copyright © Munro Price, 2002

Todos os direitos reservados. Proibida a reprodução, armazenamento ou transmissão de partes deste livro através de quaisquer meios, sem prévia autorização por escrito. Proibida a venda desta edição em Portugal e resto da Europa.

Direitos exclusivos de publicação em língua portuguesa para o Brasil adquiridos pela
EDITORA RECORD LTDA.
Rua Argentina 171 – 20921-380 – Rio de Janeiro, RJ – Tel.: 2585-2000
que se reserva a propriedade literária desta tradução

Impresso no Brasil

ISBN 978-85-01-06776-0

PEDIDOS PELO REEMBOLSO POSTAL
Caixa Postal 23.052
Rio de Janeiro, RJ – 20922-970

EDITORA AFILIADA

SUMÁRIO

Agradecimentos	7
Introdução	9
Mapa	17
CAPÍTULO 1 O rei e sua família	19
CAPÍTULO 2 A monarquia em 1789	37
CAPÍTULO 3 Breteuil em 1789	55
CAPÍTULO 4 O verão de 1789	75
CAPÍTULO 5 A volta do parafuso	121
CAPÍTULO 6 Mirabeau *versus* Breteuil	139
CAPÍTULO 7 Preparativos	155
CAPÍTULO 8 A fuga para Varennes	189
CAPÍTULO 9 O segredo do rei	213
CAPÍTULO 10 O rei e a constituição	227
CAPÍTULO 11 Inverno de 1791: Breteuil, as potências e os príncipes	251
CAPÍTULO 12 Fim de jogo	283

A QUEDA DA MONARQUIA FRANCESA

CAPÍTULO 13   Sangue real   323

CAPÍTULO 14   Depois do dilúvio   361

Apêndice de Bruno Galland e Susan Wharton   387

Notas   391

Bibliografia   419

Índice   429

AGRADECIMENTOS

Este livro exigiu vários anos de pesquisa em vários países europeus. Nada disso teria sido possível sem a ajuda e o aconselhamento de muitas pessoas em cada um desses países, e sou muito grato a todas.

Na França, Henri-François de Breteuil me abriu os arquivos de seu ancestral pela primeira vez quando eu era estudante de doutorado em 1985, e desde então ele e sua mulher, Séverine, têm sido uma fonte de ajuda, incentivo e orientação. A sra. Laure de Breteuil também foi muito prestativa para meu trabalho. O marquês de Gontaut-Biron, descendente de Breteuil por parte da neta deste, gentilmente me permitiu consultar os documentos financeiros de Breteuil não usados até então e que se encontram em seu poder. Também sou grato a Susan Wharton, diretora do Departamento de Livros Impressos e Manuscritos da Sotheby's, e a Bruno Galland, curador-chefe da Seção Ancienne dos Archives Nationales, Paris, por terem dado seu parecer sobre alguns documentos importantes e controversos, parecer este apresentado no Apêndice.

Na Áustria, Graf e Gräfin Heinrich von Clam-Martinic generosamente me permitiram o acesso aos documentos de Bombelles e me ajudaram muito no exame deles. Também sou muito grato ao conde Jan d'Ansembourg por me ter posto em contato com a família Clam-Martinic. No Haus-Hof-und-Staatsarchiv em Viena, Hofrat Auer e, em especial, o dr. Michael Hochedlinger tornaram minha pesquisa muito mais fácil do que poderia ter sido. Magister Günther Jedliczka, do Serviço de Intercâmbio Acadêmico austríaco, foi de grande valia ao encontrar acomodações para mim por meio da Universidade de Viena em várias de minhas estadas. Christopher Wentworth-Stanley foi muito hospitaleiro e também me apresentou a Viena — uma assistência importante e permanente.

Em Estocolmo, Bo Runmark compartilhou gentilmente comigo os resultados de sua pesquisa sobre o período de Breteuil na Suécia e me levou para uma visita à antiga embaixada francesa, o Palais Bååt em Blasieholmen. De modo mais geral, minha viagem à Suécia não teria sido possível sem o Centro Internacional Vetenskapsstaden para pesquisadores e a excelente — e viável — acomodação que providenciou.

A pesquisa e a redação do livro se beneficiaram muito da concessão de uma bolsa de pesquisa Leverhulme no período 1999-2000. Sou muito grato ao Leverhulme Trust por isso e também à Academia Britânica por uma Small Personal Grant, que recebi em 1995.

Tenho uma dívida de gratidão com meu amigo e agente Andrew Lownie por toda sua ajuda e conselho em relação ao livro durante muitos anos. Na Macmillan, também devo muito a Becky Lindsey, Catherine Whitaker e Jeremy Trevathan, cujo trabalho editorial melhorou o livro consideravelmente. Stanley Price também leu o manuscrito e fez muitas sugestões valiosas.

O livro também se beneficiou do conselho e dos comentários de vários historiadores, em especial John Hardman, Tim Blanning, William Doyle, Philip Mansel, Julian Swann e Jeremy Black. Amigos não historiadores também deram ajuda importante e muito estimada. Bénoît e Siân Andrieux emprestaram-me um carro numa fase crucial de minhas pesquisas na França. Adela Gooch me ajudou a encontrar o caminho para Lövstad e o túmulo de Fersen. Por fim, Simon Cox generosamente foi a Burg Clam com uma câmera digital e fotografou os documentos de Bombelles, solucionando assim o problema de como consultá-los melhor. Como resultado, finalmente tive acesso às idéias e planos de Breteuil no improvável suporte de um CD-ROM.

Introdução

A Revolução Francesa foi um fenômeno multiforme e imensamente complexo. No centro da tempestade estavam Luís XVI e Maria Antonieta; a reação de ambos aos acontecimentos, tal como se desenvolveram, determinou não apenas seus próprios destinos, mas o da própria Revolução. Muito se escreveu sobre o rei e a rainha, e especialmente sobre o fim que tiveram. No entanto, ainda estava envolta em mistério sua verdadeira posição durante a Revolução — se estavam preparados para uma conciliação com os adversários ou se simplesmente tinham a intenção de restaurar o antigo regime. Como resultado, persiste ainda um significativo hiato em nossa compreensão de um acontecimento que moldou o mundo moderno. O retrato de Luís e Maria Antonieta nesses anos ainda é em grande parte o que foi ao longo de todo o século XIX, quando as fontes disponíveis foram catalogadas pelo eminente historiador alemão Max Lenz. Escrevendo em 1894, Lenz lamentava o fato de que muita coisa tivesse desaparecido, mas expressava a esperança de que isso um dia pudesse ser remediado:

> Embora os relatos de época não sejam imparciais, e não costumem ser confiáveis, devemos nos alegrar com o surgimento de um ardente desejo de seguir a pista das fontes mais importantes. Também tenho esperança de que o material original referente a nosso tema não se tenha exaurido por completo. É possível que algumas cartas estejam faltando no arquivo mais valioso, a coleção Fersen, e que ainda estejam preservadas, talvez em código. E não podemos nos atrever a esperar que os documentos de outros freqüentadores das Tulherias, de Breteuil, Bouillé e d'Agoult, bispo de Pamiers, venham à tona algum dia? Ninguém esteve mais próximo do casal real francês do que Breteuil, o último primeiro-ministro do antigo regime. No exílio, ele trabalhou para Luís XVI, não sem ambição pessoal mas ainda assim com grande devoção, e não tenho dúvida de que sua memória, que com freqüência tem sido obscurecida, ganharia alta relevância se sua correspon-

dência, importante tanto para a França quanto para a Europa, viesse à luz (...) Aprecio o pensamento (...) de que o meu próprio trabalho possa um dia ser corrigido ou ampliado por meio de novas pesquisas, e ficaria satisfeito se outras mãos pudessem continuar o que comecei.[1]

O objetivo deste livro é continuar o trabalho iniciado por Max Lenz. O principal obstáculo sempre foi a escassez de pistas deixadas por Luís XVI e Maria Antonieta quanto a sua verdadeira atitude durante a Revolução, o que em grande parte se deveu à necessidade. A partir do momento em que, em outubro de 1789, a multidão os levou à força de Versalhes para a capital, o casal real estava efetivamente prisioneiro do povo de Paris. Para sua própria segurança, se em público endossavam os atos da Assembléia Nacional revolucionária, tinham de manter ocultos, o mais cuidadosamente possível, suas concepções e seus verdadeiros objetivos. A despeito dos perigos óbvios, a partir do verão de 1790 se empenharam em uma diplomacia secreta contra-revolucionária com o objetivo de restaurar tanto quanto possível a autoridade real. Todavia muito dessa correspondência foi queimada na véspera da tomada das Tulherias e da derrubada final da monarquia em 10 de agosto de 1792.

De qualquer modo, o próprio Luís XVI escreveu muito pouco durante a Revolução, possivelmente devido a uma depressão que passou a atormentá-lo depois de 1789 — sem dúvida, relatos de época de seu estado mental condizem com o diagnóstico. Conseqüentemente, a maior parte da correspondência secreta da família real com seus confidentes e monarcas europeus amigos foi produzida por Maria Antonieta. Como a maior parte dessa correspondência se deu com seus dois irmãos, os imperadores José II e Leopoldo II da Áustria, e seus conselheiros, muitas das cartas de Maria Antonieta sobrevivem nos Arquivos Estatais em Viena e têm sido publicadas. Todavia, nessa correspondência a rainha preocupava-se sobretudo com os detalhes práticos da diplomacia cotidiana; apenas muito raramente ela revelava alguma vaga idéia sobre o verdadeiro sistema político que ela e o marido desejavam ver emergir a partir do turbilhão revolucionário.

Como enfatizou Max Lenz, na ausência de notas detalhadas do rei e da rainha, a única esperança de reconstruir de modo adequado a posição secreta deles está nos documentos do pequeno grupo de monarquistas envolvidos que, freqüentemente com grande risco pessoal, os ajudaram a mantê-la. Um deles, o conde sueco Hans Axel von Fersen, tornou-se famoso por ter sido

INTRODUÇÃO

um provável amante de Maria Antonieta, além de seu confidente político. Fersen deixou documentos substanciais, que agora se encontram nos Arquivos Estatais suecos em Estocolmo. Muitos foram publicados por um de seus descendentes, o barão von Klinckowström, na década de 1870; junto com os poucos escritos de Luís XVI posteriores a 1789 e com as cartas de Maria Antonieta, esses documentos constituem uma fonte essencial no tocante à posição do rei e da rainha durante a Revolução. No entanto há muitos hiatos. Todo o diário de Fersen relativo aos anos anteriores a 1791 se perdeu, e o próprio Fersen, em novembro de 1792, queimou em Bruxelas muitos de seus documentos mais secretos para evitar que caíssem nas mãos dos exércitos franceses que avançavam. Um século depois Klinckowström destruiu partes da correspondência de seu ancestral com Maria Antonieta que julgava pudessem prejudicar a reputação dos dois, de modo que provavelmente nunca poderemos reconstituir a verdadeira natureza da relação do casal.

Os documentos que subsistem, por mais importantes que sejam, também deixam de abordar algumas questões cruciais. Fersen era mais um executor do que um pensador, um soldado e não um estadista. Todas as suas ações durante a Revolução tinham um objetivo muito específico — salvar a rainha. Ele não preservou anotações ou reflexões sobre as questões cruciais mais amplas que o rei e a rainha teriam de enfrentar no momento em que alcançassem a liberdade. Esses problemas, com os quais o casal real deve ter se angustiado durante seus longos meses de cativeiro em Paris, eram cruciais: se todas ou somente algumas das reformas feitas desde 1789 deveriam ser descartadas; como estabilizar as finanças do país; persistir na Assembléia Nacional existente ou substituí-la por outra, ou simplesmente retornar à atuação pessoal. Fersen, o militar, deixou essas questões para os políticos.

O mesmo é verdade no tocante à segunda figura que Max Lenz menciona, o general De Bouillé. Foi Bouillé, comandante do último exército que permaneceu leal a eles em Lorena, que Luís XVI e Maria Antonieta procuraram quando, no outono de 1790, decidiram fugir de Paris. A partir desse momento até a fuga efetiva em junho de 1791, Luís e Bouillé mantiveram uma correspondência secreta em código sobre seus planos. No entanto, Bouillé afirmou em suas memórias que destruía sistematicamente cada uma das cartas do rei depois de tê-las recebido, já que a descoberta de apenas uma delas teria sido fatal. Max Lenz não conseguiu se convencer de que o general tenha queimado esses documentos históricos vitais, mas, se algum fragmento se conservou, ainda não foi descoberto.

Além disso, é provável, como no caso de Fersen, que os contatos de Bouillé com o rei e a rainha estivessem muito mais relacionados a detalhes práticos de sua planejada fuga de Paris e às necessárias disposições militares a serem tomadas, uma vez que estivessem em segurança, do que a seus propósitos políticos mais amplos. Embora se tenha permitido especular sobre o assunto em suas memórias, escritas no exílio em Londres, Bouillé afirmou especificamente que nunca soube ao certo qual a posição que Luís XVI teria adotado se houvesse recuperado a liberdade.

Um homem, no entanto, sabia exatamente qual a verdadeira posição do rei e da rainha, a partir do momento em que tomaram a decisão de fugir de Paris até a morte de ambos: o barão de Breteuil, a figura final mencionada por Lenz e de longe a mais importante. Eminente diplomata e político, no contexto de 1789 Breteuil era um firme conservador. De fato, foi sua indicação, em 11 de julho de 1789, como primeiro-ministro para restaurar a ordem de uma situação crescentemente instável que ocasionou a tomada da Bastilha três dias depois e desencadeou a explosão revolucionária. Breteuil foi forçado a fugir da França para a Suíça, onde viveu em semi-isolamento por mais de um ano. No entanto, quando Luís e Maria Antonieta, alarmados pelo crescente radicalismo da Revolução, decidiram que era chegada a hora de reafirmar a autoridade real, foi mais uma vez a Breteuil que recorreram.

A partir desse momento, Breteuil se tornou primeiro-ministro secreto do rei e da rainha no exílio, encarregado em particular de negociar o apoio dos monarcas europeus ao seu plano de encerrar a Revolução. Não sendo possível a descoberta de novo material de próprio punho de Luís ou de Maria Antonieta, o que agora deve ser bastante improvável, o desvendamento do mistério de seus objetivos políticos só pode ser feito por meio de um estudo sobre Breteuil. É extraordinário que isso nunca tenha sido tentado, e ainda hoje Breteuil permaneça como uma figura vaga e enigmática. Este livro é uma tentativa de suprir essa falha.

A investigação sobre o esquivo barão durou muitos anos e levou a muitos lugares fascinantes e às vezes remotos. Na França, o marquês de Breteuil gentilmente me permitiu o acesso aos documentos remanescentes de seu ancestral preservados no Château de Breteuil. Mas um problema logo se tornou patente. Ao contrário dos documentos do barão anteriores a 1789, que eram numerosos, quase nada sobreviveu do período pós-1789: ou se queimaram durante um incêndio no castelo em meados do século XIX ou o próprio Breteuil os destruiu durante a Revolução por medo de que caíssem

INTRODUÇÃO 13

em mãos erradas. É quase certo que outros colaboradores de Breteuil na atividade contra-revolucionária na França tenham feito o mesmo por razões idênticas, de modo que a busca dos documentos subsistentes do barão teve de se efetuar fora da França. Como as principais atividades de Breteuil durante os anos revolucionários foram diplomáticas, com o objetivo de conseguir apoio estrangeiro para seu senhor e sua senhora sitiados, a esperança maior de rastrear suas atividades parecia estar nos arquivos dos países cujos governantes foram seus correspondentes.

Essa pista levou primeiro à Suécia, aos Arquivos Estatais em Estocolmo. O brilhante e exuberante Gustavo III, rei da Suécia de 1771 até seu assassinato em 1792, era um antigo aliado da França, e o único monarca estrangeiro em que Luís e Maria Antonieta de fato confiavam para ajudá-los durante a Revolução. Gustavo, desde a infância, também fora amigo de Breteuil, antigo embaixador francês na Suécia. Se houvesse a possibilidade de Breteuil confiar seus planos a qualquer cabeça coroada européia, esta teria sido a de Gustavo. Um arquivo na série Gallica dos Arquivos Estatais com certeza apresentava várias cartas, longas e antes desconhecidas, escritas por Breteuil para o rei sueco entre 1791 e 1792. Continham muito material novo sobre os planos reais franceses durante esses anos. As cartas de Gustavo para Breteuil foram publicadas na Suécia em 1885; as de Breteuil para Gustavo formavam a outra metade da correspondência.

A correspondência de Breteuil com o irmão de Maria Antonieta, o imperador austríaco Leopoldo II, e seus agentes, no entanto, há muito já é do conhecimento dos historiadores. Está preservada em Viena nos Arquivos Estatais, o Haus-Hof-und-Staatsarchiv, embora nunca tenha sido publicada na íntegra. Se muitas viagens de pesquisa ao Haus-Hof-und-Staatsarchiv não alteraram substancialmente minha concepção sobre as negociações de Breteuil com os Habsburgo em 1791 e 1792, acrescentaram detalhes consideráveis ao quadro de suas atividades no período. O mais importante foi que o arquivo continha material novo significativo sobre a última fase da diplomacia contra-revolucionária do barão, em 1793, quando seu principal objetivo era salvar Maria Antonieta do cadafalso.

Viena e Estocolmo forneceram grande parte do que era novo e importante, mas não o suficiente para um livro abrangente. Mesmo com a frustração, isso aumentou meu respeito por meu tema. Contemporâneos de Breteuil com freqüência acusaram-no de colérico e impulsivo. No entanto, a figura que emergia de minhas pesquisas era muito diferente: um político sutil e discreto que nunca revelou mais do que devia e era perito em encobrir suas pistas numa época de grande tensão e perigo. Encobriu-as tão bem, na verdade, ocultando tão secretamente seu papel e mantendo sua correspondência distante de olhos curiosos, que estas permaneceram escondidas por mais de duzentos anos.

O grande avanço veio de uma fonte privada, e não pública. Breteuil pode ter destruído seus próprios documentos, mas, para desenvolver a diplomacia secreta do rei e da rainha, teve de contar com alguns agentes de confiança. O mais importante destes era Marc-Marie, marquês de Bombelles. Eminente diplomata antes de 1789, Bombelles era o principal protegido de Breteuil, um substituto do filho que ele nunca teve. Monarquista tão comprometido quanto seu mentor, depois de 1789 Bombelles foi a escolha natural de Breteuil para confidente e colaborador. Entre 1790 e 1792, o barão confiou-lhe várias missões secretas cruciais em nome de Luís XVI e Maria Antonieta; junto ao imperador Leopoldo II, aos cantões suíços e, por fim, junto a Catarina, a Grande, na Rússia.

Ao contrário de Breteuil, Bombelles preservou cuidadosamente tudo o que escreveu — e escreveu muito. De 1780 até sua morte em 1822, manteve um diário regular. No início do século XX, o conde Maurice Fleury, historiador amador, teve acesso a esse material e o usou como base para dois livros sobre a corte francesa e a Revolução. Em 1978, uma versão muito mais completa do diário começou a ser publicada. Esta continha novo e significativo material sobre o papel de Bombelles na diplomacia contra-revolucionária de Breteuil. No entanto, mais uma vez, o diário era em grande parte um registro do dia-a-dia e continha poucos detalhes específicos sobre os objetivos precisos de Breteuil e sobre a posição da família real francesa. Por outro lado, deixava claro que um substancial conjunto secreto de documentos de Bombelles ainda sobrevivia. Ter acesso a esses documentos passou a ser grande prioridade.

Logo ficou claro que os documentos de Bombelles tiveram uma vida tão aventurosa quanto seu autor. Tomado de desgosto após a morte da mulher em 1800, o marquês entrou para uma ordem religiosa, tendo passado a maior parte do período napoleônico como um obscuro sacerdote católico na Silésia prussiana. Ao voltar à França depois da restauração Bourbon, no entanto, ascendera rapidamente na hierarquia eclesiástica, terminando como bispo de Amiens. Seus filhos ficaram na Europa central e vieram a trabalhar para a Áustria; os Bombelles então logo se firmaram como uma importante família

INTRODUÇÃO 15

da corte dos Habsburgo. Adquiriram propriedades na Croácia, e foi aí que mantiveram os arquivos da família. Quando os exércitos alemães invasores se aproximaram em 1941, os documentos foram enviados em custódia a um primo, o conde Georg Clam-Martinic, em seu castelo na Alta Áustria, Burg Clam, onde ainda se encontram até hoje.

Graças à generosa ajuda do último descendente direto de Bombelles, o conde Jan d'Ansembourg, pude obter permissão da família Clam-Martinic para consultar os documentos de seu ancestral, e fui novamente à Áustria. Datando do século XII e encarapitado em um rochedo perto do Danúbio, Burg Clam propiciou um espetacular cenário para a última etapa da busca sobre Breteuil. O diário que Bombelles tinha mantido tão cuidadosamente por 42 anos estava guardado nos arquivos do castelo, em 97 volumes manuscritos. No entanto, o verdadeiro prêmio estava exatamente ao lado dele. Tratava-se de um grande livro em couro, em que estava inscrito apenas "Missões", e se revelou um registro de todas as missões secretas que Bombelles tinha empreendido em nome da família real francesa durante a Revolução. Tal como se tivesse sido um embaixador regular e Breteuil seu ministro das Relações Exteriores, Bombelles registrou cópias de todas as suas mensagens para o barão, junto com os originais daquelas que Breteuil lhe tinha escrito. Aqui, por fim, se encontrava um relato detalhado da diplomacia secreta de Luís XVI e Maria Antonieta, escrito à medida que era desenvolvida por seus dois principais agentes.

O livro estava sobre uma caixa que continha uma massa de documentos soltos. Estes também eram fascinantes: cópias da correspondência de Breteuil depois de 1789 com os irmãos de Luís XVI, os condes de Provença e d'Artois, e com outro destacado contra-revolucionário, o marechal de Castries. Havia também reminiscências de acontecimentos-chave da Revolução, como a fuga para Varennes, escritas por pessoas ligadas a esses acontecimentos ou diretamente envolvidas neles. Bombelles claramente se considerava não apenas um ator político, mas também um historiador, e esses relatos foram escritos a seu pedido durante seus 25 anos de exílio.

Obviamente os documentos de Bombelles não expunham todos os segredos da verdadeira posição de Luís XVI e Maria Antonieta, mas com certeza revelavam uma grande parcela. Junto com os diários, constituem uma fonte bastante rica para a história da realeza francesa de 1789 até a restauração dos Bourbon. Há ainda muito trabalho a ser feito — até agora, só os diários até 1795 foram publicados, de modo que ainda faltam 27 anos. No entanto, se os documentos de Bombelles são a nova e mais importante fonte usada neste livro, a história completa da luta do rei e da rainha com a Revolução só pode ser reconstituída se for combinada com o material espalhado por arquivos na França, na Suécia e na Áustria, bem como com o que já foi publicado. Tentei aqui reunir o maior número possível de peças desse quebra-cabeça e criar um quadro detalhado das ações de Luís e Maria Antonieta em seus últimos anos.

Ao adotar essa abordagem, estou, por definição, me concentrando em um aspecto específico do período. A Revolução Francesa nunca deixou de ser um tema controverso para os historiadores, e as últimas décadas não constituíram exceção. Desde a década de 1960 tem havido uma veemente discussão sobre suas origens, enquanto o papel da história cultural e dos gêneros na compreensão de suas complexidades é atualmente o foco de muitos textos e pesquisas. No entanto, por mais importantes que sejam tais discussões, não dizem respeito diretamente a meu relato. O tema aqui é essencialmente político — como Luís XVI e Maria Antonieta reagiram à Revolução e em que termos a teriam encerrado se conseguissem fazê-lo. No entanto isso também tem implicações significativas para o modo como encaramos o período. Se nos apegamos à interpretação tradicional, a de que o rei e a rainha simplesmente queriam restaurar o antigo regime, pela força se necessário, contra os desejos do povo, então a degradação da Revolução em violência e guerra civil foi trágica, mas inevitável. Se, por outro lado, adotamos as posições de alguns historiadores mais recentes, de que Luís XVI estava de fato mais disposto a aceitar uma conciliação do que antes se imaginava, então a derrubada dos ideais de 1789 pela guerra e pelo terror, se não menos trágica, surge como evitável. Diante dessas questões, é de importância crítica a compreensão das motivações e das ações do casal real.

Luís XVI certa vez observou, de modo enigmático, que preferia ser julgado por seu silêncio a por suas palavras. Preencher esse silêncio é uma tarefa extremamente difícil. Muitos tentaram fazê-lo, desde contemporâneos do rei até historiadores mais recentes. No entanto, em última instância, isso só pode ser feito por meio dos textos deixados por aqueles mais próximos dele — sua mulher, certamente, mas também seus auxiliares secretos Breteuil e Bombelles. Espero que as palavras deles nos aproximem um pouco mais da verdade sobre a queda da monarquia francesa.

EUROPA E O VÔO A VARENNES

Fevereiro – Junho de 1791

Londres
Stettin
Amsterdã
Hanover
Berlim
Bruxelas
Colônia
Mons
Aix-la-Chapelle
Dresden
Rouen
Coblenz
Frankfurt
Montmédy
Worms
Paris
Rheims
Varennes
Karlsruhe
Nuremberg
Estrasburgo
Stuttgart
Dijon
Munique
Viena
Solothurn
Berna
Genebra
Lyons
Turim
Milão
Trieste
Zagreb
Avignon
Cremona
Gênova
Mântua
Veneza
Marselha
Bolonha
Zara
Florença
Roma

1 Leopoldo II: Viena a Veneza/Mântua/Florença/Cremona/Milão, março-junho
2 Bombelles a Breteuil: Florença a Solothurn, inícios de maio
3 Artois a Leopoldo II: Veneza a Mântua, 18 de maio
4 Artois: Mântua a Karlsruhe/Coblenz, fins de maio
5 Bombelles a Leopoldo II: Solothurn a Cremona (volta), 22-23 de maio
6 Bombelles a Leopoldo II: Solothurn a Milão (volta), 4-7 de junho
7 Breteuil: Solothurn a Aix-la-Chapelle, fins de junho
8 Família real: Paris a Varennes, 20-21 de junho
9 Conde de Provence: Paris a Mons/Bruxelas, 20-21 de junho

N

0	50	100	150 milhas

0	100	200 quilômetros

CAPÍTULO 1

O Rei e sua Família

Ao meio-dia de 5 de maio de 1789, Luís XVI entrou no salão dos *Menus Plaisirs* em Versalhes para abrir a primeira reunião dos Estados Gerais desde 1614. O rei sentou-se em um extremo do salão, já ocupado por 1.200 deputados, em um tablado atapetado violeta entremeado com flores-de-lis douradas. Foi seguido pela rainha, Maria Antonieta, os outros membros da família real, os principais funcionários da casa real e o chanceler, que se dispuseram em torno dos degraus do trono. O rei tirou seu chapéu de plumas incrustado com diamantes para saudar a assembléia, que se levantara para aplaudi-lo enquanto ele fazia sua entrada.[1]

Embora suspensos por 175 anos, os Estados Gerais constituíam o principal corpo representativo do reino da França. No passado, seus deputados costumavam provir, em proporções iguais, do clero, da nobreza e dos cidadãos, o terceiro estado. No entanto, nessa ocasião, em reconhecimento ao grande crescimento no tamanho e na importância do terceiro estado ao longo do século, o número de deputados enviados aos Estados Gerais fora duplicado. A assembléia tinha à sua frente uma desanimadora tarefa: decidir com o rei um importante programa de reformas para reabilitar o reino e restaurar suas combalidas finanças.

Embora nenhum dos presentes pudesse imaginar, espalhados entre a multidão de deputados se encontravam homens que em breve fariam uma revolução. O marquês de La Fayette, que figura nas fileiras da nobreza, já tinha conquistado fama como ajudante-de-ordens de George Washington na Guerra da Independência americana e como símbolo do apoio francês à causa da liberdade. Como comandante da Guarda Nacional em Paris, depois de julho de 1789, ele emergiria como figura predominante na fase moderada da Revolução. No terceiro estado, um jovem advogado de Grenoble de extraordinária eloqüência, Antoine Barnave, logo se tornaria um dos destacados oradores da Revolução, compartilhando os princípios políticos de La Fayette, mas afastado deste por rivalidade pessoal.

Uma figura muito mais exaltada, que tinha assento na nobreza, era o primo do rei, Louis-Philippe-Joseph, duque de Orléans. Já percebendo a oportunidade política nessas águas desconhecidas, Orléans rapidamente se transformaria em líder da esquerda. Em 1793 votaria pela morte do primo, sem comutação. Outro nobre, embora simbolicamente alinhado com os comuns como deputado do terceiro estado por Aix-en-Provence, era o carismático, com marcas de varíola e reconhecido libertino conde de Mirabeau. Tribuno do povo em 1789 e 1790, Mirabeau terminaria sua prometéica carreira um ano depois como conselheiro contra-revolucionário secreto do rei e da rainha. E em algum lugar do salão, anônimo nos sóbrios recônditos do terceiro estado, estava um obscuro deputado que terminaria por eclipsar todos eles: Maximilien Robespierre.

Todos os presentes percebiam o significado da ocasião. A cena em torno deles — o rei circundado pelos representantes do povo, o terceiro estado diante dele, os deputados do primeiro estado, o clero, à sua direita, e os do segundo, a nobreza, à sua esquerda — simbolizava vivamente a ruptura com o passado. Pelo próprio ato de convocar os Estados Gerais, Luís XVI encerrou mais de um século de monarquia absolutista, em que, pelo menos em teoria, o rei governara sem a assistência de um corpo de representantes. Reativar os estados gerais, há muito inoperantes, foi um ato excepcional, como o rei lembrou aos deputados em um breve discurso de abertura:

> Cavalheiros, o dia pelo qual meu coração há muito esperava finalmente chegou, e me vejo circundado pelos representantes da nação que tenho a glória de comandar.
>
> Um longo intervalo transcorreu desde a última reunião dos Estados Gerais, e embora a prática de realizar assembléias parecesse ter caído em desuso, não hesitei em restabelecer um costume com o qual o reino pode ganhar nova força e que pode revelar à nação uma nova fonte de felicidade...[2]

A futura conformação da monarquia anunciada pela convocação dos Estados Gerais era menos clara. Para os tradicionalistas, ao que tudo indica a maioria dos primeiros dois estados, sua convocação significava simplesmente um retorno a uma prática anterior no contexto de uma constituição já existente. Para os radicais, por outro lado, que logo incluiriam a maioria do terceiro estado, o objetivo era um sistema político inteiramente novo que incorporaria igualdade de direitos e muitos dos ideais do Iluminismo. Dois meses após a fala do rei no trono, a incipiente luta sobre como melhor substituir a monarquia absolutista, e com o quê, tinha levado à revolução.

*

O MONARCA DE 35 ANOS que saudava os deputados dos Estados Gerais era e permaneceu sendo um enigma. Era claramente diferente de seus predecessores. Fora o nariz romano da família, pouco se assemelhava a seus ancestrais Bourbon, que tinham cabelos pretos, pele morena e olhos castanhos amendoados. Com cabelo louro, grandes olhos azuis e forte compleição, ele tinha muito mais a ver com a origem alemã da mãe, Maria Josefa da Saxônia. Se Luís XIV e Luís XV tinham sido dotados de uma extraordinária presença física, Luís XVI era uma figura apagada em público. Alto para os padrões de seu tempo e extremamente forte, tinha no entanto uma postura ruim e um andar indigno. Também não conseguia falar em público, o que seus ministros só podiam remediar, fornecendo-lhe antecipadamente algumas frases-feitas nas recepções públicas. Além de caçar, o esporte tradicional dos reis, seus prazeres eram simples e manuais; tinha uma forja instalada no andar de cima de seu gabinete em Versalhes, e demonstrou ser um talentoso ferreiro amador, especializado na feitura de fechaduras.[3]

Esse homem, desprovido das características de um rei, tinha uma personalidade complexa e reservada, formada por uma série de perdas precoces. Nascido em 23 de agosto de 1754 e batizado Luís Augusto, durante os primeiros 14 anos de sua vida o futuro Luís XVI não tivera a mais vaga idéia de que um dia governaria a França. Segundo filho sobrevivente do filho e herdeiro de Luís XV, Luís Ferdinando, o "velho delfim", ele só se tornou rei em 1774 por meio de uma sucessão de mortes em sua família. A causa foi tuberculose, que matou três parentes mais próximos seus em seis anos. Em 1761, a doença matou precocemente seu irmão mais velho, o duque de Bourgogne, a quem era apegado. Quatro anos depois, seu pai também sucumbiu. Quinze meses depois, morreu também a mãe de Luís, Maria Josefa, que contraiu a doença ao cuidar do marido.

As duas influências de formação de Luís Augusto foram seu pai, o velho delfim, e o avô, Luís XV. No entanto, na época em que o jovem tinha 11 anos seu pai morreu, de modo que a figura dominante em sua vida se tornou o avô. Ao que tudo indica, havia pouco a unir o maduro monarca, ainda vistoso e imponente em seus sessenta anos, e o neto desajeitado e esquivo. O fato de Luís Augusto, à medida que crescia, não mostrar interesse por sexo também estabelecia um forte contraste com a busca obsessiva de mulheres que tanto marcou a vida do avô. Apesar dessas diferenças, Luís XV e o neto logo se tornaram próximos, em especial depois de descobrirem uma grande paixão em comum — a caça. Em conversas particulares no campo de caça e fora dele, o rei pacientemente iniciou seu herdeiro na atividade do governo.[4]

A intimidade entre os dois homens foi estreitada pelo fato de que, em um aspecto, suas personalidades eram semelhantes. Ambos eram taciturnos, precavidos e profundamente reservados, e é bem possível que essas características tenham a mesma fonte — a experiência precoce de perda. Luís Augusto perdera os pais e o irmão mais velho, vitimados por tuberculose, aos 13 anos; o avô perdera a mãe, o pai e o irmão mais velho, por varíola, quando tinha apenas dois anos. Esses traumas parecem também responsáveis por uma outra deficiência que afligiu tanto Luís XV quanto Luís XVI ao longo de suas vidas — indecisão crônica. A hesitação de Luís XV era conhecida. Quanto a Luís XVI, seu irmão mais novo, o conde de Provence, certa vez apresentou uma descrição devastadora de como era difícil fazer com que tomasse uma decisão: "Imagine-se um conjunto de bolas de bilhar untadas que se tenta em vão manter juntas."[5]

A capacidade intelectual de Luís XVI tem sido tradicionalmente retratada como limitada. A concepção corrente apresenta-o como insípido e fleumático, mais interessado em caça e serralheria do que na atividade de governo. Na verdade, o trabalho remanescente de Luís para seus preceptores retrata um aluno de inteligência definitivamente acima da média, com aptidão especial para a matemática e a geografia, o que perduraria em sua vida posterior — na compreensão segura das finanças públicas e no fascínio pela cartografia. Relacionado a esse fato era seu amor pelo mar e pelos assuntos navais; ele desempenharia papel significativo na orientação dos aspectos marítimos da guerra da independência americana, e ajudou a elaborar as instruções para a expedição do explorador *La Pérouse* aos Mares do Sul em 1785.[6]

O REI E SUA FAMÍLIA

Devorava os relatos do capitão Cook sobre suas viagens logo que eram publicados. Ironicamente Luís XVI só viu o mar uma vez na vida, quando viajou a Cherbourg para aí inaugurar o novo porto em 1786. Foi a única visita que fez a uma província francesa antes da Revolução.

O futuro rei também era bom em línguas, com um excelente domínio de latim, italiano e, de modo inusitado, o inglês.[7] Ao longo da vida sentiu atração e rejeição pela Inglaterra, invejavelmente próspera e poderosa e a maior rival de seu próprio reino. Como rei, sempre acompanhou de perto relatório dos atos tanto dos lordes quanto dos comuns. Manteve esse hábito até durante a Revolução. Em 1792, durante as reuniões com os ministros girondinos, que ele desprezava, lia de modo ostensivo os jornais ingleses, traduzindo-os diretamente se necessário para a questão em pauta.[8]

As concepções políticas de Luís foram moldadas em sua meninice por seu preceptor, o duque de La Vauguyon, e seus colaboradores, o jesuíta Guillaume-François Berthier e o futuro historiógrafo real Jacob-Nicolas Moreau. O método deles consistia em pôr diante do discípulo uma série de máximas, sobre as quais faria comentários sob a forma de "reflexões". Essas "reflexões", das quais a mais importante Luís escreveu quando tinha 14 anos de idade, foram o melhor guia para o conceito de monarquia que ele absorveu de seus mestres. Era bastante inflexível. Em uma frase bastante significativa, Luís expunha uma visão de governo imparcial mas resolutamente autoritário: "O poder do trono é absoluto, nada pode restringi-lo, mas deve ser baseado na justiça e na razão, e deve ser sempre aberto à advertência e ao bom conselho."[9]

Essas retumbantes declarações de fé prefiguravam a política de Luís durante pelo menos os primeiros 13 anos de seu reinado. Até 1787, pelo menos, não há indício de que titubeasse em seu compromisso com a monarquia absoluta que herdara do avô.

A morte de Luís XV em 10 de maio de 1774 transformou o delfim Luís Augusto no rei Luís XVI, confrontando-o com a imensa tarefa de governar a França. Legou-lhe também a liderança de uma grande família real, cujos membros tinham todos poder, *status* e seus próprios interesses políticos. Em primeiro lugar entre os parentes mais velhos de Luís estavam suas tias solteiras, filhas de Luís XV, madames Adélaïde, Victoire, Sophie e Louise. Ele permaneceu profundamente ligado a elas por toda a vida, em particular desde que ajudaram a educá-lo quando ficou órfão. A personalidade mais forte entre elas era de mme. Adélaïde, imperiosa, vigorosa e profundamente religiosa, seguida de perto pela roliça mme. Victoire, cujo passatempo favorito era tocar gaita-de-foles.[10] Sempre se podia contar com as quatro irmãs para apoiar a tradição na Igreja, no Estado e na política externa. Todavia, eram muito excêntricas para terem grande peso político. Horace Walpole, que as conheceu em Versalhes, descreveu-as como "velhas camponesas desajeitadas e gordas, com uma desagradável semelhança com o pai (...) com capas pretas e bolsas de crochê, parecendo bem-humoradas, sem saber o que dizer, e se retorcendo como se quisessem urinar".[11]

As mais próximas de todas as relações consangüíneas do rei eram seus dois irmãos mais novos, Louis-Stanislas-Xavier, conde de Provence, nascido em 1755, Charles-Philippe, conde d'Artois, nascido em 1757, e sua irmã mais nova, mme. Elisabeth. Inteligente, espirituoso, com propensão literária, o conde de Provence era fundamentalmente frio. Tinha amantes, mas também uma forte inclinação ao voyeurismo. Isso se tornou claro recentemente com a publicação de uma série de cartas obscenas dirigidas por ele a seu amigo, o duque de Lévis. Escritas em inglês, no estilo de Smollett, revelavam um lascivo fascínio por todos os detalhes das práticas sexuais de Lévis com suas amantes.[12] Como sua atitude em relação ao irmão mais velho depois de 1789 iria mostrar, a frieza e o cinismo do conde de Provence também se estendiam a seu comportamento político.

O conde d'Artois não compartilhava nem a corpulência nem a inteligência do conde de Provence. Bonito, atlético e promíscuo, seus limitados talentos foram inicialmente dedicados à busca do prazer. A crise do antigo regime iria transformá-lo no mais destacado defensor do núcleo essencial da monarquia absoluta — a autoridade real e os privilégios sociais, e mesmo fiscais, das duas primeiras ordens. Cabia a mme. Elisabeth apresentar a qualidade que em essência faltava aos condes de Provence e d'Artois — a lealdade ao irmão mais velho. Gorda, piedosa e dedicada às boas obras, mme. Elisabeth era leal a Luís, e ficou com ele até o fim.

Em torno da família real imediata se agrupavam os príncipes da linhagem — Condé, Conti, Orléans e Penthièvre. Os dois que mais avultariam na história do reinado de Luís eram os primos do rei Louis-Henri-Joseph, príncipe de Condé, e Louis-Philippe-Joseph, duque de Orléans. Com 53 anos em 1789, 18 anos mais velho que Luís XVI, o príncipe de Condé era o único Bourbon vivo com reputação militar; como jovem general no final da Guerra dos Sete Anos, ganhara a batalha de Johannisberg contra prussianos e hanoverianos. Era ao mesmo tempo ambicioso e fortemente conservador. O duque de Orléans, sete anos mais velho que Luís XVI, era muito diferente. Na época da eclosão da Revolução, ainda não tinha encontrado escoadouro adequado para suas energias. Sua tentativa de desenvolver uma carreira naval não fora bem-sucedida, além disso sua extravagância e suas aventuras com mulheres eram conhecidas. O relacionamento do duque de Orléans com seu primo real também era difícil. Sentia que Luís não o tinha apoiado o bastante quando sua conduta durante uma batalha naval em 1778 foi criticada, e nunca o perdoou por isso.[13] O rei, por seu lado, tinha plena consciência da hostilidade do primo. A abertura dos Estados Gerais deu ao duque de Orléans uma irresistível oportunidade para purgar suas frustrações.

A última personagem, nesse palco superlotado, chegou à França em 8 de maio de 1770. Tratava-se da futura rainha de Luís XVI, a arquiduquesa, de 15 anos de idade, Maria Antônia, filha da imperatriz da Áustria, Maria Teresa. Em 16 de maio eles se casaram em Versalhes, sendo o nome da noiva traduzido para o francês e para a posteridade como Marie Antoinette [Maria Antonieta].

Aparentemente, a nova delfina tinha todos os atributos para agradar à opinião pública. Era vivaz e bonita, com grandes olhos azuis, testa alta e um pequeno nariz aquilino. O único indício do queixo protuberante habsburgo era um lábio inferior grande. Sua pele era boa e suas mãos e seus braços, elegantes e bem-conformados. Embora fosse extremamente jovem, sua personalidade parecia promissora. Era jovial, vivaz e bem intencionada, de natureza franca e espontânea. Com o tempo, Maria Antonieta moldaria essas características em uma presença muito particular e memorável, digna e grandiosa, embora também simples e natural. Seu encanto era lendário. Um pouco da impressão que causava em seus contemporâneos pode ser percebido por meio das famosas lembranças de Edmund Burke, em suas *Reflexões sobre a Revolução na França*, sobre o modo como ela dominava a corte como jovem noiva, nos dias de glória antes de 1789:

> Faz agora 15 ou 16 anos que vi a rainha da França, então a delfina, em Versalhes, e certamente nunca brilhou nesta órbita, que ela mal parecia tocar, a mais encantadora visão. Eu a vi logo acima do horizonte, enfeitando e alegrando o alto círculo em que acabava de se instalar — resplandecendo como a estrela da manhã, plena de vida, esplendor e alegria.[14]

As aptidões intelectuais de Maria Antonieta receberam tratamento ainda mais descuidado por parte dos historiadores que as de seu marido. Ela passou à posteridade como obtusa e frívola, para sempre associada a uma abominável imagem à qual nunca fizera jus. Na verdade, a rainha estava longe de ser uma idiota, embora nunca tenha compartilhado o gosto pelo conhecimento em si como o seu marido. Ela tinha uma mente perfeita, normal, por vezes iluminada por clarões de intuição e discernimento genuínos. Infelizmente, o início de sua educação formal na corte vienense fora bastante descuidado. Até os 12 anos ela praticamente não tivera aulas regulares.[15] Só a brilhante perspectiva de seu casamento com o herdeiro do trono da França, como prova humana da fidelidade austríaca à aliança de 1756, levou Maria Teresa a remediar a situação. Versalhes foi consultada, e, nesse inabitual papel de agência de preceptores, enviou a Viena um professor recomendado, o padre de Vermond. De uma família humilde mas talentosa (seu irmão se tornaria obstetra de Maria Antonieta e faria o parto de todos os seus filhos), Vermond habilmente tornou sua tarefa agradável para seu encargo não intelectual, e estabeleceu uma influência sobre ela que durou até a Revolução. Vermond era um especialista em esconder seus vestígios, de modo que ainda hoje seu efetivo poder político é de difícil apreciação; adequadamente, intitula-se "A eminência parda de Maria Antonieta" o único estudo sério sobre ele, um artigo de Eugène Welwert datado de 1921.[16]

A principal deficiência da rainha era o nível de atenção extremamente baixo, que pode ser atribuído em parte à ausência de ensino básico e, pelo menos no início, à sua juventude. O resultado era que suas intervenções em política eram intermitentes e efêmeras, e assim, embora com freqüência feitas com muito ímpeto, em geral nada significavam. Ao contrário de sua mãe, Maria Antonieta não tinha a natureza de estadista, porque simplesmente não tinha paciência e aplicação para ver um processo completo do começo ao fim. Além disso, como prova definitiva de que não era uma intelectual, ela via a política mais como um problema de personalidades que de debates. Tais deficiências estão minuciosamente atestadas na série de relatórios sobre seu desempenho enviados a Viena durante um período de vinte anos pelo embaixador austríaco em Versalhes, o conde de Mercy-Argenteau. Estão resumidas na mensagem de Mercy de 4 de fevereiro de 1782 enviada ao irmão de Maria Antonieta, o imperador José II:

O REI E SUA FAMÍLIA

A rainha está começando a mostrar algumas qualidades de percepção (...) mas meu zelo pelo serviço de Sua Majestade e pela glória da rainha não me permite ocultar o fato de que essa augusta princesa não devota nem o tempo nem o esforço necessários para conquistar a sólida e preponderante influência que deveria ter se revelasse uma firme e consistente vontade (...) A necessidade de constante divertimento perturba as idéias e o método que a rainha deveria aplicar a assuntos sérios; ela não aceita esse fato, ainda que ocasionalmente intervenha na política com vivacidade e até mesmo força. É mostrado a ela muito humildemente, não como uma falha efetiva, mas como um temor, porque as grandes questões necessitam de grande preparo, sem o que a atividade desenvolvida apenas em momentos de crise só pode comprometer a posição dela.[17]

Os informes do embaixador constituem a fonte mais detalhada que temos sobre a vida e o papel político de Maria Antonieta em Versalhes. Revelam também muito sobre seu autor, que, até mesmo mais do que Vermond (com quem trabalhou estreitamente), atuou como confidente, mentor e zelador da rainha ao longo desses anos. Florimond-Claude, conde de Mercy-Argenteau, era originário dos Países Baixos, nascido em Liège em 1727, e fora representante de Viena em Versalhes desde 1766.[18] Como diplomata, era astuto, sutil e experiente; como homem, sua figura austera refletia uma frieza interna. "A imagem alta e magra do embaixador do imperador era vista ao longe" — trata-se de uma descrição contemporânea do aspecto de Mercy em uma recepção em Versalhes.[19] A vida particular de Mercy era tão discreta quanto sua pessoa pública: vivia uma vida de irrepreensível domesticidade em Paris com sua "idosa e tediosa"[20] amante, a cantora de ópera Rosalie Levasseur.

Ao lado de seus encargos diplomáticos normais, Mercy tinha uma incumbência muito mais particular, especificamente ordenada por Maria Teresa. Tratava-se de atuar como conselheiro secreto e guia constante de sua filha, ajudando-a a navegar pelos torvelinhos e baixios da política em Versalhes. Os informes secretos que Mercy enviava com suas mensagens oficiais semanais para Viena, primeiro para a imperatriz e depois da morte dela para seu filho e sucessor José II, são um registro muito detalhado desse trabalho de vinte anos. Seus esforços dão uma idéia da importância que Maria Teresa e seus colaboradores atribuíam ao seu objetivo. Tal objetivo consistia em garantir que Maria Antonieta fizesse tudo que fosse humanamente possível para conquistar a afeição e a confiança do marido, e usar isso sempre que necessário em benefício de seu país natal. Segundo esse plano, a futura rainha não seria apenas uma adorada e adorável esposa, mas um porta-voz da Casa de Áustria perfeitamente posicionado.

Já se afirmou que Mercy coerentemente ressaltou a extensão do poder de Maria Antonieta, retratando Luís XVI, em comparação, como obtuso, indolente e cada vez mais dependente da mulher. Esta — assim prosseguia a argumentação — era uma estratégia em interesse próprio pela qual o embaixador podia salientar a importância de seus próprios serviços a seus senhores (e senhora) em Viena.[21] Todavia, embora Mercy tenha sido certamente culpado por alguma distorção em benefício próprio, seu crédito diplomático também dependia da exatidão de seus informes; se o quadro de Versalhes que ele apresentava a seus chefes não tivesse relação com a realidade, isso logo se revelaria.

Uma faceta de Mercy, ainda enigmática, é o que ele sentia pessoalmente em relação a Maria Antonieta. Alguma vez ele a terá visto não como um objeto político mas como um ser humano? Ela em muitos aspectos foi o trabalho da vida dele; como seu Pigmalião, ele deu forma a ela e a trouxe à vida em Versalhes como rainha da França. No entanto, sob os protestos formais de devoção em sua correspondência, é difícil perceber que ele tivesse qualquer afeição verdadeira por ela — se é que tinha por alguém. Fossem quais fossem seus sentimentos sob a aparência bem-educada, ele os mantinha para si. Por outro lado, seu respeito formal pela rainha permaneceu constante. Ele nunca demonstrou o cinismo insensível de seu superior, o chanceler austríaco príncipe Kaunitz, que, uma vez claras as limitações de Maria Antonieta, friamente a depreciou, chamando-a de *mauvais payeur*, um mau investimento.[22]

O principal obstáculo que Mercy enfrentou ao ajudar Maria Antonieta a negociar em Versalhes foi a austrofobia. A monarquia francesa e os Habsburgo foram inimigos hereditários desde 1494, e todas as glórias militares e diplomáticas dos reinados de Luís XIII e Luís XIV foram associadas a uma política externa antiaustríaca. Esse estado de coisas só mudara em 1756 com o *renversement des alliances* [revogação das alianças], pelo qual Luís XV, cansado da não confiabilidade de Frederico, o Grande, da Prússia como aliado, e concluindo que a Inglaterra, e não a Áustria, era agora o principal adversário da França, substituíra a conexão prussiana por uma aliança com os Habsburgo. No entanto, a nova aliança franco-austríaca foi malquista desde o início, e quase imediatamente culpada pelos desastres da Guerra dos Sete Anos — a perda da influência francesa na Índia e a rendição de todas as suas possessões no Canadá — que precipitou. Uma grande parte da corte francesa e da opinião pública continuava a encarar os Habsburgo como o inimigo efetivo da França, e, ao aparecer em Versalhes, Maria Antonieta inevitavelmente se tornou um alvo. Sete meses depois de sua chegada à França, a posição da nova delfina se tornou precária quando o duque de Choiseul, o ministro das Relações Exteriores que arranjara seu casamento, caiu em desgraça, e uma facção rival, muito mais hostil à aliança austríaca, chegou ao poder.

Muito mais alarmante para Maria Antonieta era que essas doutrinas contra os Habsburgo repercutiam em seu marido. O pai de Luís, o velho delfim, cuja memória ele reverenciava, fora um firme austrófobo, e se opusera apaixonadamente ao *renversement des alliances*. Seu preceptor, La Vauguyon, era amigo íntimo do velho delfim, e partilhava essas concepções. La Vauguyon também transmitiu a Luís um sentimento de família compartilhado por todos os filhos de Luís XV: um horror à influência política feminina, representada a seus olhos pela amante de seu pai, mme. de Pompadour, de cujo excepcional poder eles se tinham ressentido amargamente. Acima de tudo, tinham se ressentido do modo como Pompadour, em parceria com outra mulher política, a imperatriz Maria Teresa, havia frustrado a oposição deles à aliança austríaca em 1756. Assim, muito antes da chegada de Maria Antonieta à França, a ligação entre a diplomacia austríaca e mulheres autoritárias se forjara no espírito de Luís. A própria rainha admitiu isto anos depois, em uma carta ao irmão, o imperador José II:

> A natural desconfiança do rei foi inicialmente fortalecida por seu mentor, muito antes de meu casamento. M. de la Vauguyon fez com que ele temesse que sua mulher tentasse dominá-lo, e seu espírito perverso tinha grande prazer em amedrontar o discípulo com todas as sombrias histórias inventadas sobre a Casa de Áustria.[23]

Outro fator, profundamente pessoal, aumentou a distância inicial de Luís em relação à mulher. Nos primeiros sete anos, o casamento não se consumou. As razões dessa disfunção do casal real permanecem obscuras e têm sido tema de muita especulação. Durante muito tempo se considerou que o problema era que Luís sofria de fimose, quando o prepúcio muito aderido torna difícil — e doloroso — alcançar uma ereção plena. O primeiro biógrafo sério de Maria Antonieta, Stefan Zweig, concluiu que a dificuldade foi resolvida por Luís ao se submeter a uma operação, provavelmente circuncisão, em 1777, após a qual um primeiro filho foi rapidamente concebido.[24] No entanto, não há indícios claros de que a operação tenha ocorrido, e outros testemunhos apresentam explicações diferentes para o problema sexual do casal real. A mais digna de nota provém do irmão de Maria Antonieta, o imperador José II. Em abril de 1777 José visitou Versalhes, em parte para incrementar a aliança franco-austríaca em nível diplomático, mas também para aplainar seus aspectos pessoais mais delicados. Em particular, foi orientado por Maria Teresa a descobrir por que Luís e Maria Antonieta ainda não tinham favorecido o futuro da aliança com a procriação.

Personalidade enérgica e curiosa, José não perdeu tempo em sujeitar seus desafortunados irmã e cunhado ao mais íntimo e constrangedor interrogatório. Nessa função, José apresentava uma natureza prática implacável. Apresentou o resultado de sua investigação sexológica ao irmão Leopoldo em uma das mais explícitas cartas já escritas por um monarca reinante:

> O segredo está no leito conjugal. [O rei] tem excelentes ereções, introduz seu órgão, permanece dentro sem se mexer por talvez dois minutos, depois o retira sem esvaziar e, ainda com o membro ereto, dá boa-noite a sua esposa. É incompreensível, ainda mais que ele às vezes tem ejaculações noturnas. Ele está bastante satisfeito e admite com franqueza que realiza o ato por obrigação apenas e não tem nenhum prazer. Ah! Se pudesse ter estado ali pelo menos uma vez, eu teria endireitado as coisas. Ele devia ser chicoteado, para fazê-lo ejacular, como se chicoteiam burros. Quanto a minha irmã, ela não tem a menor disposição amorosa, e eles constituem um casal de incompetentes.[25]

Possivelmente a preocupação efetiva de José aqui era exibir seu próprio conhecimento carnal para Leopoldo e retratar o cunhado como um bufão. No entanto, essa carta é o relato direto mais detalhado das dificuldades conjugais de Luís XVI e Maria Antonieta. Além disso, o inusitado da situação descrita, por um monarca a quem claramente nunca se ensinou a ligar concepção com ejaculação, é testemunho de sua verdade; é difícil imaginar José inventando algo tão "incompreensível".

O REI E SUA FAMÍLIA

Resultado dos seus próprios esforços, de uma operação ou do conselho técnico de José, o fato é que em dezembro de 1778 Luís e Maria Antonieta finalmente tiveram um filho. Esse primeiro rebento foi uma menina, batizada Maria Teresa em homenagem à avó austríaca, e em outubro de 1781 veio um primeiro filho e herdeiro, o delfim Luís José, seguido quatro anos depois por um segundo, Luís Carlos, duque de Normandia. A partir do nascimento do delfim, o equilíbrio do relacionamento de Luís XVI e Maria Antonieta começou a mudar. O rei, em seu imenso alívio por finalmente ter gerado um sucessor, tornou-se mais afeiçoado à mulher e mais próximo dela. Com isso, o poder da rainha na corte começou a crescer.

Esse estado de coisas foi incentivado pelo fato de que, em um importante aspecto pessoal, Luís XVI rompia com a tradição familiar. Exceto nos raros casos em que eram homossexuais, os reis da França geralmente tiveram amantes. Embora o propósito principal fosse prazer, essa prática tinha também efeitos políticos colaterais significativos. Num nível simbólico, numa época em que o poder real em última instância dependia da perpetuação da dinastia, a prática fortalecia a imagem da competência e potência sexuais do rei. Em um nível mais prático, a divisão dos favores sexuais do monarca entre uma amante com quem ele dormia por prazer, mas que podia perder sua posição a qualquer momento, e uma rainha que tinha o *status* seguro de esposa, mas cuja ligação com o marido se baseava não na afeição mas em razões de Estado, tinha importantes implicações para a condução do governo. De modo decisivo, dava aos ministros uma liberdade essencial de manobra e evitava que seu acesso ao rei para tratar de questões públicas fosse impedido por uma figura dominante na vida privada deste.[26]

Ao contrário de todos os predecessores, Luís XVI nunca teve amante. Foi naturalmente monógamo, o que era extraordinário para sua época e posição social. À medida que se aproximava mais de sua rainha depois do nascimento do delfim, sua crescente afeição pela esposa não comportava o surgimento de outra parceira. A divisão entre esposa real e amante real que tradicionalmente havia beneficiado os ministros do rei deixou assim de existir. A rainha começou a adquirir influência significativa nas nomeações na Igreja e no exército e, por fim, no ministério. Ao mesmo tempo, um ambicioso grupo de membros da corte e de políticos, conhecidos vagamente como "grupo da rainha", se aglutinava em torno dela. Em meados da década de 1780, Maria Antonieta unia a ascendência emocional de uma amante com a permanência de uma esposa.[27]

Nessa época Maria Antonieta não era mais simplesmente uma representante dos interesses austríacos na corte francesa. Há indícios de que, às vésperas da Revolução, seu sentimento familiar habsburgo tinha esfriado e de que, como mãe de um delfim, se sentia cada vez mais francesa em vez de princesa austríaca. Quando seu velho inimigo, o ministro das Relações Exteriores Vergennes, finalmente morreu de trabalho excessivo em fevereiro de 1787, para fúria de Mercy-Argenteau ela se recusou a interceder em favor do candidato austríaco para sucedê-lo, o conde de Saint-Priest. Era injusto, disse ela ao estupefato embaixador, que a corte de Viena pudesse escolher o ministro das Relações Exteriores da França.[28] No entanto, a opinião pública não reconheceu a mudança de atitude da rainha. Maria Antonieta sempre seria vista como uma serpente no seio do corpo político, propensa a humilhar a França em benefício dos Habsburgo.

Outro aspecto da personalidade da rainha favorecia o jogo de seus inimigos. Tratava-se de sua inclinação por amizades sentimentais com mulheres de sua idade, que ela cumulava de favores e honras. A primeira das favoritas de Maria Antonieta foi a princesa de Lamballe, loura e muito sensível, que era propensa a desmaiar à menor comoção. Era especialmente alérgica a crustáceos, e certa vez desmaiou de modo memorável à visão de uma lagosta numa pintura.[29] A partir de meados da década de 1770, Lamballe foi eclipsada pela condessa Gabrielle de Polignac. Uma roda exclusiva, conhecida em Versalhes como a *société*, logo se formou em torno da rainha e suas confidentes. Suas figuras-chave eram a cunhada de mme. de Polignac, Diane de Polignac, o talentoso colecionador e ator amador conde de Vaudreuil, o irmão do rei, Artois, e o mundano e cínico comandante da Guarda Suíça, barão de Besenval. Tratava-se de um círculo estreitamente unido de vários modos; mme. de Polignac era amante de Vaudreuil, enquanto Artois era amante da irmã dela, mlle. de Polastron.

A principal função da *société* era inocente — propiciar um espaço em que a rainha pudesse se descontrair e agir naturalmente, distante da formalidade e da hierarquia da corte. Foi essa necessidade que inspirou a criação do famoso cenário para essas atividades, o Petit Trianon. Em 1782, Maria Antonieta começou a construir uma "aldeia" em torno de um lago ornamental no parque de Versalhes, completada por chalés com telhados de folhas e uma fazenda-modelo. "Lá", observou ela certa vez, "posso ser eu mesma."[30] No entanto, havia um preço a ser pago por essa *fête champêtre* [festa campestre] artificial. A etiqueta e a hierarquia de Versalhes tinham uma função

O REI E SUA FAMÍLIA

33

prática e rigorosa, que a rainha em sua ingenuidade ignorava. Essa função consistia em garantir que todos os cortesãos tivessem claramente regulamentado o acesso à família real, e uma justa partilha dos postos, favores e pensões que isso implicava. Ao criar uma corte em miniatura dentro de uma corte e nela concentrar as consideráveis reservas de proteção da rainha, a *société* se tornava profundamente malvista, assim como também tornava profundamente malvista sua protetora real. Não por coincidência, muitos dos nobres que logo ficaram ao lado da Revolução provinham de grandes famílias da corte, como os Noailles, cujo bom nome tinha sido arranhado com a ascensão da *société*.[31]

Foram suas relações com a *société* que inspiraram o aspecto mais violento dos crescentes ataques à rainha. Se os primeiros folhetos contra ela haviam sido políticos e antiaustríacos, quando ela estava com 23 anos eles se tornaram pessoais — e pornográficos. Mais uma vez é bem provável que o primeiro desses libelos tenha se originado em Versalhes mesmo, com cortesãos furiosos pelo favorecimento exclusivo de Maria Antonieta a seu grupo. Em 1780, a gota d'água tinha se tornado uma torrente; para dar apenas um exemplo, o *Essai historique sur la vie de Marie Antoinette,* uma obscena "confissão" autobiográfica da rainha, foi publicado pela primeira vez clandestinamente em 1781, reimpresso em 1783 e depois anualmente até a Revolução.[32]

Essas obras geralmente tomavam a forma das cenas pornográficas que Sade tornou conhecidas. Nelas, Maria Antonieta era invariavelmente representada como um monstro sexualmente voraz, preparada para copular nas mais variadas combinações, com quem quer que fosse e com quem estivesse à disposição. Artois, como o Bourbon de melhor aparência e mais viril, geralmente figurava como seu parceiro nessas fantasias (este era o tema de um dos folhetos mais populares, *Les amours de Charlot et de Toinette*). No entanto, o tema mais forte dos folhetos era o de Maria Antonieta lésbica, tendo Lamballe e Polignac como suas parceiras sexuais. Não há nenhum indício de que a rainha ou alguma de suas amigas tivessem gostos lésbicos ou outras preferências sexuais não-ortodoxas. No entanto, nada disso afetava a expansão da literatura clandestina contra Maria Antonieta, nem a dimensão da credibilidade do público. Em 1789, a impopularidade da rainha começara a ameaçar a própria coroa.

Ironicamente, o único segredo pessoal que poderia ter prejudicado Maria Antonieta nunca chegou ao público. Tratava-se de seu relacionamento com o nobre sueco Hans Axel, conde Von Fersen.[33] Alto e elegante, com cabelo preto e belas feições, Fersen era considerado um dos homens mais atraentes de sua época. Conheceu Maria Antonieta durante uma visita a Versalhes na década de 1770 antes de se transferir definitivamente para a França em 1783 como coronel do regimento real sueco. O fato de Fersen e Maria Antonieta terem sido amantes no sentido físico despertou a especulação lúbrica por duzentos anos. Por certo, como uma mulher atraente e casada com um marido reservado e sexualmente incompetente, Maria Antonieta tinha todas as razões para buscar conforto com outro. Contra isso devem ser contrapostos os terríveis riscos que manter um caso extraconjugal significava para a mulher de um monarca reinante ou para o herdeiro do trono. Se descoberto, poria em dúvida a legitimidade dos filhos reais e fatalmente comprometeria a sucessão.

À luz desses perigos, é muito provável que as relações da rainha com Fersen só se tenham tornado físicas, se é que se tornaram, depois de 1789, quando ela já tinha concebido um herdeiro e os perigos da Revolução a deixaram com pouco a perder.[34] A verdade, seja qual for, pode nunca ser conhecida agora, já que os documentos de Fersen que provavelmente continham sua correspondência mais íntima com Maria Antonieta foram destruídos por um pudico descendente na década de 1870. Todavia, as cartas remanescentes entre os dois apontam para um fato inquestionável: a partir do fim da década de 1770 a rainha e Fersen estiveram profundamente apaixonados. A Revolução só fez intensificar esse amor, e o destino final de Maria Antonieta deu-lhe um aspecto imorredouramente trágico. Sua força é atestada no final de uma carta em código, escrita no inverno de 1791-2 pela rainha para Fersen: "Adeus, encantador e mais amado dos homens".[35]

Embora Fersen na época nunca tenha sido publicamente mencionado como amante da rainha, é possível que alguns cortesãos mais velhos e ministros estivessem cientes do relacionamento. Isso é apresentado como fato nas memórias do conde de Saint-Priest, ministro na década de 1780. Todavia, Saint-Priest poderia estar indo à forra, já que sua mulher em certo momento teve um tórrido caso com Fersen.[36] Quanto a Luís XVI, nunca se saberá se não tinha conhecimento da ligação de Maria Antonieta com Fersen, se a tolerava porque era destituído de malícia ou se, por fim, desempenhava o papel de um marido complacente.

Foi um casal real inusitado e mal entrosado que enfrentou a crise da monarquia. Luís XVI era um governante instruído, justo e, em muitas áreas, em especial política externa, bem-sucedido. Maria Antonieta, nada tola, tinha todos os atributos de postura e carisma fundamentais para a mística da majestade. Depois de 1780, a sucessão não constituiu mais motivo de preocupação. No entanto, esse quadro também apresentava sombras. A mais ameaçadora era a tendência do rei à indecisão, que se juntava ao fato de, inusitadamente para sua época e sua posição, ele nunca haver tido amante. No reinado de Luís XV, os bodes expiatórios para as muitas impropriedades do rei foram suas amantes impopulares. Na ausência destas, durante o reinado de Luís XVI, esse papel nada invejável coube a Maria Antonieta. O fato de ela ser uma Habsburgo, rebento dos inimigos hereditários da França, se ajustava ainda mais ao papel.

Um rei inteligente mas indeciso; uma rainha decidida mas impulsiva, cuja predominância clara sobre o marido o tornou alvo da hostilidade pública: em período de paz e estabilidade, essas deficiências não teriam parecido sérias. Em época de sublevação, porém, seu efeito era fatal.

CAPÍTULO 2

A MONARQUIA EM 1789

A MONARQUIA QUE LUÍS XVI corporificava na sessão de abertura dos Estados Gerais ainda era uma estrutura grandiosa, mesmo que um tanto dilapidada. A despeito da significativa turbulência doméstica e do eclipse internacional durante o meio século anterior, ela permaneceu um todo intelectual coerente. O rei governava por direito divino; era responsável por suas ações apenas diante de Deus. A base religiosa de sua autoridade era salientada por seus títulos honoríficos — o mais cristão dos reis, o filho mais velho da Igreja. No entanto, essa sanção divina também limitava os poderes do rei ao mesmo tempo que os exaltava. A responsabilidade diante de Deus o obrigava a comportar-se de um modo cristão em relação a seus súditos e a não se intrometer arbitrariamente em suas vidas ou propriedades.

Sob a fachada de autoridade absoluta, a monarquia francesa se baseava em uma complexa série de acordos tácitos entre a coroa e as elites sociais e políticas.[1] Abaixo do rei e da família real, a sociedade francesa, como a de todos os antigos regimes do continente, dividia-se em uma hierarquia de ordens, conhecidas como estados. Cada um era legalmente definido, e tinha seus próprios direitos e deveres. O clero figurava como primeiro estado, sendo sua independência marcada pelo fato de que devia fidelidade não somente ao rei como chefe de Estado, mas ao papa como chefe da Igreja Católica. Como mais uma concessão a seu *status*, o clero não era taxado diretamente, mas em vez disso aprovava um *don gratuit*, ou "dom gratuito", à coroa em suas assembléias realizadas a cada cinco anos.

A nobreza, o segundo estado, também estava sujeita ao rei pura e simplesmente, em oposição ao clero. No entanto, na prática, a longa história de periódica rebelião nobre contra a coroa e o substancial poder local mantido pelas grandes famílias, a despeito da tentativa de Luís XVI de reuni-las sob seu vigilante olhar em Versalhes, impunham uma prudente política real em que respeitava seus privilégios. No final do século XVIII, estes eram mais sociais que fiscais. Na verdade, a nobreza era isenta do principal imposto direto, a *taille*, mas a partir de 1695 foi submetida, juntamente com todo mundo, a uma sucessão de contribuições baseadas no rendimento, em particular o *vingtième*, que, em 1749, chegava a um vigésimo da renda do contribuinte. Em geral, porém, a nobreza usufruía um estatuto especial que a colocava muito acima da massa de franceses comuns. Por um lado, seus membros recolhiam, a partir dos restos do sistema feudal, todo um arsenal de taxas e obrigações dos camponeses. Estas iam desde vários tipos de pagamentos, em dinheiro ou produtos, ao direito de caça na propriedade de seus arrendatários. A nobreza também usufruía um monopólio sobre os cargos mais altos na Igreja e no Estado, desde bispados e arcebispados a comissões no exército e na função ministerial e administrativa.

Abaixo do clero e da nobreza estava o terceiro estado, composto de todos os cidadãos leigos. Em seu topo estava a classe média profissional e comercial, na qual havia algumas pessoas ricas. No entanto, o grosso de seus membros era compreendido pela classe trabalhadora urbana e, acima de tudo, pelos camponeses, que chegavam a 80% da população francesa.[2] Social, política e economicamente, era o terceiro estado que pagava o preço do tácito acordo entre a monarquia e as ordens privilegiadas. Seus membros suportavam o impacto da taxação, a que se acrescentavam o dízimo da Igreja e, no caso dos camponeses, a carga das obrigações feudais. Em teoria, isso se justificava pela proteção secular que o rei e os nobres davam ao povo comum em tempos de guerra e agitação, bem como pelo conforto religioso que a Igreja provia a suas almas. Mas, em 1789, a ameaça de invasão externa e contenda interna tinha diminuído, e a renda dos impostos, assim parecia, estava sendo gasta em guerras externas ostensivamente malsucedidas. A carga dos impostos, por outro lado, nunca se tornava mais leve.

O corpo representativo da França, os Estados Gerais, se formou pela primeira vez no início do século XIV. Todavia, ao contrário do parlamento inglês, nunca teve um ritmo regular de reuniões, e tendia apenas a ser convocado em épocas de discórdia interna ou de minoridade real. Não estava

A MONARQUIA EM 1789

claro se seu estatuto era puramente consultivo ou se suas decisões influenciavam — e em que medida — o rei. Por fim, o modo como os Estados Gerais eram compostos e funcionavam, com os deputados do clero, da nobreza e do terceiro estado debatendo e votando separadamente em suas próprias câmaras, em vez de alcançar decisões firmes, em geral acarretava brigas entre suas ordens constituintes. Embora nunca tenham sido formalmente abolidos, no início do século XVII caíram em desuso.

O abandono dos Estados preparou a cena para o período clássico da monarquia absolutista. No entanto, mesmo em seu auge, a autoridade real não conseguiu se livrar de todas as sujeições. Quando os Estados foram suspensos em 1614, os tribunais soberanos do país, os *parlements* [parlamentos], ajudavam em alguma emergência constitucional, e assim permaneceram até 1789. Havia 13 deles, um em cada uma das principais províncias, e de longe o mais importante era o de Paris. Funcionava no Palais de Justice na Île de la Cité, que ainda hoje é a sede da mais alta corte de justiça da França. Os *parlements* administravam a justiça do rei e eram compostos por uma casta hereditária de magistrados, que compravam seus cargos do Estado e os transmitiam aos filhos. Essa segurança da detenção do cargo tornava-os grandes opositores em potencial da coroa, já que só podiam ser expulsos ao preço de uma enorme revolução legal e constitucional.

Os *parlements* entraram na arena política depois de 1614 por vários motivos. Eles próprios nobres, os magistrados estavam preocupados em proteger os interesses de sua própria ordem contra as pretensões da coroa. No entanto, estavam também verdadeiramente preocupados, na ausência dos Estados Gerais, em agir como contrapeso constitucional à monarquia absolutista e impedi-la de degenerar em despotismo. Afirmando que a França de fato tinha uma constituição não escrita, baseada em certas leis fundamentais, os *parlements* se erigiram em seus guardiães. Nunca ficou muito claro quais eram essas leis fundamentais. No final do século XVIII, porém, alguns magistrados radicais afirmavam que proibiam qualquer taxação que não fosse aprovada pelos Estados Gerais.

De modo muito mais concreto, os *parlements* discutiam a legalidade de editos reais que eles próprios não tinham registrado, e usavam seu direito de protestar contra estes para adiar ou derrotar medidas governamentais que desaprovavam. O resultado era um acerbo debate sobre os respectivos poderes da coroa e dos *parlements* que dominavam a política francesa no século XVIII e nada mais fizeram do que subjugar a monarquia absolutista.[3] A par-

40   A QUEDA DA MONARQUIA FRANCESA

tir da década de 1740, a luta se centrou nas finanças. A série de conflitos em que os reis Bourbon buscavam intensificar sua posição na Europa e estender seu poder ultramarino — a Guerra da Sucessão Austríaca e a Guerra dos Sete Anos — exigiam aumentos maiores de impostos e empréstimos. Alarmados com esses custos crescentes e com a falta de sucesso militar francesa, os *parlements* coerentemente obstruíam os editos financeiros da coroa.

No entanto, as deficiências do sistema fiscal do antigo regime iam muito além da obstinação dos *parlements*. Eram tais que, em 1787, a coroa francesa não conseguia levantar fundos suficientes para cobrir o déficit acumulado ao longo do século. A queda da monarquia absolutista tinha muitas causas, porém a mais imediata era esse colapso financeiro. A visão tradicional era de que a culpa cabia ao fato de a nobreza e o clero serem isentos de taxação direta, o que acarretava que a carga financeira do Estado fosse suportada desproporcionalmente pelo terceiro estado. No entanto essa isenção das ordens privilegiadas não era de modo algum geral; assim o provam o *don gratuit* do clero e as *vingtièmes* da nobreza. Além do mais, condições locais extremamente variadas, combinadas com resistência e significativa evasão de impostos, asseguravam um amplo hiato entre a demanda de receita da coroa e seu suprimento. Apesar de todos os mitos sobre uma França que no século XVIII padecia sob o peso de taxação injusta, o país na verdade pagava menos tributos que a Inglaterra.[4]

A distribuição da carga de impostos era apenas parte do problema. Em particular, a administração dos impostos diretos e indiretos era ineficaz e corrupta. O recebimento de impostos era feito por particulares, os coletores para os impostos diretos e uma sociedade de arrematantes para os impostos indiretos. Essa confiança em particulares inibia o desenvolvimento daquilo de que o governo mais precisava, um sistema adequado de crédito público.[5] O notável sucesso da Inglaterra a partir da Revolução Gloriosa mostrara o que podia ser conquistado por uma monarquia cujas finanças fossem eficientemente conduzidas e abertas a um determinado grau de fiscalização, em que empréstimos podiam ser levantados por um banco nacional adequadamente constituído e em que a dívida nacional era garantida pelos representantes do povo. A Inglaterra, nos termos de hoje, usufruía a confiança do investidor, a França, com suas práticas contábeis pouco transparentes, amplas oportunidades de suborno e arranjos de crédito imprevidentes, não contava com essa confiança. Assim, no auge da Guerra de Independência Americana, o governo inglês conseguiu empréstimos com juros de cerca de

A MONARQUIA EM 1789   41

5%; a França era obrigada a pagar quase o dobro, entre 9 e 10%.[6] Para uma monarquia determinada a preservar sua posição na Europa a todo preço, a mensagem não poderia ter sido mais clara — o prestígio militar e diplomático dependia cada vez mais de crédito público seguro.

Durante os primeiros anos do reinado de Luís XVI, as finanças da coroa estiveram relativamente saudáveis. Em 1778, no entanto, essa situação se modificou com a decisão do rei de intervir ao lado dos americanos em sua Guerra de Independência contra a Inglaterra. A participação da França na guerra americana se tornou possível por causa de um novo ministro das Finanças, o protestante suíço Jacques Necker, que a financiou através de uma política de empréstimos internacionais e não por um aumento de impostos. O custo total da guerra para a França foi de 1,06 bilhão de libras: 997 milhões desse total provenientes de empréstimos, com 530 milhões levantados durante o ministério de Necker, com taxas de juros excepcionalmente elevadas que fizeram com que seus detratores o considerassem o principal arquiteto do colapso financeiro da monarquia.[7] No entanto, essas somas vertiginosas não demonstram que a participação da monarquia francesa na guerra americana tenha levado *ipso facto* a seu colapso financeiro e político. A Inglaterra no final da guerra tinha na verdade uma dívida mais elevada que a da França, embora seu sistema político sobrevivesse intacto.[8] A diferença entre o sucesso inglês e o fracasso francês reside menos no tamanho da dívida do que no modo como foi negociada. Aqui, mais uma vez, a chave era o crédito público. O da Inglaterra inspirava confiança e assim taxas de juros menores; o da França, não, a despeito dos melhores e judiciosos esforços de Necker.

É possível que, se Necker tivesse recebido carta branca, pudesse ter remediado essa situação. Seu objetivo de longo prazo era melhorar o crédito da coroa por meio de uma política de economias na corte e de aumento da eficiência da administração financeira. No entanto, nunca teve a oportunidade de realizar isso. Como protestante, não podia sentar no conselho do rei com os outros ministros, de modo que sua principal função estava limitada a encontrar os fundos para satisfazer as exorbitantes demandas por parte deles. Em maio de 1781, Necker perdeu a paciência e pediu ao rei o papel de coordenador dos orçamentos de todos os departamentos do governo. Seu ultimato foi rejeitado, e ele renunciou.

A figura dominante entre os sucessores de Necker foi Charles-Alexandre de Calonne, nomeado controlador-geral em novembro de 1783.[9] Calonne tratou a questão do crédito e da confiança de modo diferente do de Necker, abandonando a moderação e fomentando a economia por meio de gasto público. No entanto, a receita permaneceu estática enquanto a despesa crescia. O resultado, segundo a estimativa moderna mais confiável, foi um aumento de 651 milhões de libras na dívida durante o ministério de Calonne.[10] Em agosto de 1786, Calonne calculou o déficit em 112 milhões de libras, um quarto da receita anual, enquanto quase metade da renda do governo era gasta no serviço da dívida. O sistema fiscal do antigo regime chegara ao fim da linha.

O remédio de Calonne, por ele apresentado a Luís XVI em 20 de agosto de 1786, consistia em um vasto e ambicioso plano de aumento da receita e centralização administrativa. Em seu cerne, estava um novo imposto territorial, que substituiria os antigos impostos de *vingtième* e por fim eliminaria as isenções fiscais das ordens privilegiadas. O novo imposto seria administrado por um sistema de assembléias provinciais eleitas por proprietários de bens de raiz em níveis paroquial, distrital e provincial. Essa proposta central se fazia acompanhar por um outro pacote de reforma racionalizadora, incluindo o livre-comércio de grãos e a abolição da infinidade de barreiras alfandegárias internas da França. Esse programa, que Luís XVI aprovou com entusiasmo, era a mais abrangente tentativa de reforma esclarecida de seu reinado. No entanto, por mais esclarecida que fosse, deixava deliberadamente intacta a autoridade real. Calonne encarava os notáveis como puramente consultivos, e não tinham intenção de permitir-lhes o direito de dar ou negar consentimento para taxação. Como ele próprio expôs a Luís XVI já em 1787, depois de sua desgraça e exílio:

> É direito inerente do poder soberano fazer a nação contribuir para o custo de sua própria segurança, e o dever do monarca de proteger seus súditos pressupõe o dever por parte deles de provê-lo com os meios necessários.[11]

Infelizmente, o controlador-geral era o homem errado para vender esse projeto visionário ao público. Sua reputação de perdulário e autoritário era conhecida dos *parlements* e havia muito o fizera atrair a inimizade destes. Foi por isso que julgou prudente não submeter de início seu programa às cortes soberanas. Em vez disso, decidiu submetê-lo a uma selecionada assembléia de notáveis composta pela elite social e política do antigo regime.

No entanto, mesmo essa precaução se mostrou inadequada. Quando se reuniram em Versalhes em fevereiro de 1787, os notáveis ficaram horrorizados quando a extensão do déficit lhes foi revelada. Naturalmente supuseram que o ardiloso Calonne era pelo menos em parte responsável. No Domingo de Páscoa de 1787, dois meses depois de ter-se iniciado a assembléia de notáveis, Calonne foi demitido e enviado ao exílio. Esse tratamento era injusto com um homem que tentara com sinceridade fazer retificações em suas anteriores políticas perdulárias. O espirituoso escritor contemporâneo Chamfort assim se exprimiu a propósito dele: "Foi aplaudido quando acendeu o fogo e condenado quando soou o alarme."[12]

No entanto, a queda de Calonne teve um significado mais profundo. Como os sistemas fiscal e político da monarquia absolutista eram indissolúveis, o colapso financeiro revelou a péssima condição de toda a estrutura. Até a Páscoa de 1787, as finanças da França foram conduzidas com base no absolutismo tradicional: secreta e hierarquicamente, sem fiscalização pública de contas ou acordo para a taxação. Durante séculos, a monarquia controlara a política fiscal segundo seus próprios critérios. O déficit inadministrável mostrava sem dúvida que ela fracassara. Uma solução óbvia era o governo seguir o exemplo da Inglaterra e abrir suas finanças a um maior controle público. Politicamente, esse abrandamento do controle real sobre as finanças, o grande sustentáculo do poder, implicava uma transição do governo absoluto para o constitucional. No entanto, mesmo que Luís XVI rejeitasse esse sacrifício, era óbvio que o *status quo* era insustentável. A assembléia de notáveis constituiu, assim, a primeira etapa na queda da monarquia francesa.

*

A DEMISSÃO DE CALONNE desencadeou dois anos de crescente inquietação, a que os historiadores deram o nome, bastante desajeitado, de pré-Revolução.[13] Entre 1787 e 1789, as desesperadas tentativas da coroa de implementar a reforma chocavam-se com a crescente resistência de todos os setores do público, de modo especialmente ameaçador por parte da nobreza e do clero, em geral os mais firmes partidários da monarquia. Como em todos os regimes à beira do colapso, a política desse período se modificava rapidamente e era complexa demais. Enquanto a coroa passava da conciliação ao confronto com seus oponentes, ministros e políticas mudavam com desconcertante rapidez. O resultado, porém, é claro. No outono de 1788, a autoridade de Luís XVI estava perigosamente solapada, e a França se encontrava à beira da revolução.

Sob o impacto dessa crise, o caráter do rei começou a mudar. Ele tinha apoiado entusiasticamente as propostas de Calonne e ficou arrasado quando foram rejeitadas. À medida que Calonne ficou cada vez mais cerceada, de fevereiro a abril de 1787, Luís o apoiou até que sua posição se tornou manifestamente insustentável. Quando a oposição dos notáveis o forçou a afastar Calonne, o rei sentiu isso como uma afronta pessoal, e nunca realmente se recuperou do golpe. Era tanto seu programa quanto Calonne que os notáveis tinham rejeitado, e esse voto implícito de desconfiança deixou-o profundamente desorientado. Ele se mostrara um governante competente dentro dos limites da monarquia tradicional em que fora educado, embora agora as certezas de séculos tivessem ruído.

A partir desse momento, o rei começou a parecer cada vez mais afastado da política do dia-a-dia, dedicando-se mais a si mesmo e passando períodos mais longos na caça ou à mesa. A mudança foi notada por observadores como o sempre alerta Mercy-Argenteau. Em agosto de 1787, o embaixador relatou a José II:

> O estado pessoal do rei priva-o dos recursos para combater esses infortúnios, e suas energias são ainda diminuídas por sua rotina física. Seu peso aumenta, e suas expedições de caça são seguidas por refeições tão imoderadas que levam a lapsos de razão e a uma espécie de brusca indiferença que é muito inquietante para aqueles que têm de tolerá-la.[14]

Percebe-se aqui um homem que começa a sofrer de uma doença depressiva.[15] De 1787 até sua morte, esta teve uma influência significativa nas ações de Luís XVI — ou na falta delas. Durante a Revolução, há repetidas referências por parte daqueles próximos do rei ao comportamento que corresponde à descrição de Mercy. Por vezes, Luís parecia completamente dissociado de seu meio, de um modo que sugere depressão profunda, e em alguns períodos ficava prostrado por doenças que os contemporâneos sugeriam ser psicossomáticas.

As dificuldades do rei eram aumentadas pelo novo e mais importante ministro. Etienne-Charles de Loménie de Brienne, arcebispo de Toulouse, tinha a confiança dos notáveis, mas era profundamente rejeitado por Luís

A MONARQUIA EM 1789   45

XVI. Inteligente, sereno e espirituoso, sua capacidade era de reconhecimento geral. Alguns contemporâneos temiam que suas aptidões, embora brilhantes, fossem rasas: o escritor Marmotel descreveu seu espírito como "rutilante como um diamante lapidado com muitas superfícies".[16] Seu trunfo mais importante era a proteção de Maria Antonieta; com a indicação dele, a rainha se deslocou com firmeza para o centro da cena política.

O fato de ter imposta essa figura indesejada, não exatamente por sua mulher, mas pelos notáveis que ele próprio havia convocado, deprimia o rei ainda mais e acentuava seu afastamento da política. Com poucas opções, Luís aceitou Brienne primeiro como ministro das Finanças e depois como ministro principal, mas suavizou essa rendição escrevendo críticas mordazes às concepções do arcebispo sobre crédito e taxas de juros. Também fazia gestos físicos simbólicos de desagrado que aqueles em torno dele não podiam deixar de notar. Sabendo que Brienne sofria de eczema, ele ostensivamente insistia em que todos os papéis vindos do arcebispo fossem espanados antes que ele os pegasse.

O afastamento do rei aumentou muito a pressão sobre Maria Antonieta. No entanto, isso não era, como seus inimigos alegavam, um caso de uma rainha reprimida que por fim satisfazia suas ambições políticas há muito contidas. Ao contrário, a depressão de Luís XVI fez de sua consorte malpreparada e relutante o único ponto alternativo de união da dinastia na ausência periódica do monarca. As inadequadas incursões da rainha na política, na década anterior, agora produziam um fruto mais amargo. Ela se viu isolada e sozinha no auge do poder, enquanto os ventos da inquietação começavam a soprar. Maria Antonieta tinha consciência para saber que sua educação e experiência eram insuficientes para a carga que agora tinha de suportar, e com freqüência confiava seus temores aos amigos íntimos. Sua dama de companhia, mme. Campan, relembra em suas memórias uma dessas ocasiões, logo após a demissão de Calonne:

> A rainha com freqüência lamentava sua nova posição, e a encarava como um infortúnio que lhe fora impossível evitar. Certo dia, enquanto eu a ajudava a arranjar vários memorandos e relatórios que os ministros tinham pedido a ela que passasse ao rei, ela suspirou: "Ah! nunca serei feliz agora que fizeram de mim uma intrigante." Protestei diante dessa palavra. "Não", retorquiu a rainha, "esta é a palavra certa. Qualquer mulher que se envolve em questões além de sua compre-

ensão, e dos limites de seu dever, não é mais do que uma *intrigante*. Você pelo menos se lembrará de que não faço pouco de mim, e que é com pesar que me descrevo desse modo. Uma rainha da França só é feliz quando se mantém reservada, e conservando apenas crédito suficiente para auxiliar a fortuna de seus amigos e assegurar o futuro de alguns serviçais fiéis."[17]

A estratégia inicial de Brienne foi dispensar os notáveis e conciliar os *parlements* apresentando-lhes uma versão modificada do programa de Calonne. Essa decisão conduziu a quase dois anos de conflito constitucional e crescente anarquia civil, na medida em que os *parlements* se opunham às medidas de Brienne e uniam a maior parte da opinião pública à bandeira da resistência às exigências reais. Muitos historiadores afirmaram que os *parlements* fizeram menos objeções à imposição de nova taxação do que ao fato de que esta agora recairia igualmente sobre as ordens privilegiadas de que eles, como nobres, faziam parte. No entanto, há muitos indícios de que os *parlements* e a elite que representavam estivessem genuinamente chocados com a má administração financeira da coroa e relutantes em aceitar outros pagamentos onerosos de imposto sem um elemento de fiscalização e controle por outros setores da sociedade. Nesse sentido, as ordens privilegiadas apenas repetiam o brado dos colonos americanos: "Abaixo os impostos sem representação!"[18]

À medida que a crise aumentava, um novo e significativo aspecto vinha à tona, que consistia em um crescente coro que clamava pelos Estados Gerais. Depois do fracasso da conciliação de última hora entre a coroa e o *parlement* de Paris na "sessão real" de 19 de novembro de 1787, os *parlements* provinciais imediatamente pediram a convocação dos Estados. Com considerável percepção, e mesmo um grau de modéstia, os magistrados adotaram cada vez mais a concepção de que um corpo mais representativo, em vez de uma elite judicial não eleita, era agora necessário para resistir ao despotismo real. Não podiam saber que, uma vez tendo atacado a monarquia absolutista, os Estados Gerais rapidamente se voltariam para eles.

Depois de seis meses de impasse político e crescente desordem, Brienne por fim perdeu a paciência e decidiu acabar com os *parlements* de uma vez por todas. Ele e seu colega mais próximo, o chanceler Lamoignon, preparavam um audacioso plano pelo qual seus oponentes seriam atacados por todos os lados. Os *parlements* seriam desprovidos de seus "direitos" políticos

A MONARQUIA EM 1789

de registro e protesto, que seriam então atribuídos a um tribunal central, conhecido como tribunal plenário. Em um nível inferior, muitas das funções judiciais dos *parlements* seriam transferidas para 47 tribunais inferiores.

Em 8 de maio de 1788, foram impostos os editos que estabeleciam o tribunal plenário e as outras reformas. Esse *coup d'état* [golpe de Estado], como foi rapidamente denominado, criou comoção em todo o país. Pela primeira vez havia sinais de uma séria inquietação popular. Em 7 de junho, uma multidão em Grenoble ergueu-se em defesa de seu *parlement* e, no chamado "dia das telhas", bombardeou as tropas enviadas para restaurar a ordem com o telhado de suas casas. A ordem se desfez completamente em Rennes, onde uma multidão expulsou o intendente provincial, Bertrand de Molleville (que se tornaria ministro da Marinha de Luís XVI durante a Revolução). Acima de tudo, o golpe de maio destruiu o último resquício de cooperação entre a coroa e as ordens privilegiadas. A assembléia do clero se reuniu, votou o *don gratuit* [dom gratuita] mínimo possível e exigiu os Estados Gerais. A nobreza da Bretanha, um corpo reconhecidamente turbulento, realizou assembléias ilegais em Saint-Brieuc e Vannes, e enviou uma delegação de 12 homens a Versalhes para protestar contra os editos. A reação do governo foi autoritária, mas marcada por uma nota de histeria. A representação bretã foi detida e jogada na Bastilha. "Os *parlements*, a nobreza e o clero ousaram desafiar o rei", bradou Lamoignon, "dentro de dois anos não haverá mais *parlements,* ou nobreza, ou clero."[19] Sua profecia se tornaria verdade, embora não do modo como ele pretendia.

De modo especialmente ameaçador, um vento de inquietação soprou sobre o exército. Mas não teve origem nas fileiras. No "dia das telhas" em Grenoble, que deixou quatro mortos e quarenta feridos, os soldados não mostraram hesitação quando receberam ordens de abrir fogo sobre a multidão. Dez meses depois, durante os distúrbios de Réveillon, muito mais sangrentos, seus companheiros em Paris foram igualmente resolutos, matando 25 pessoas e ferindo pelo menos o mesmo número mais uma vez. Foi o vigor dos oficiais que começou a ceder. Quer isso tenha sido produto de simpatia pelos manifestantes, de hostilidade em relação ao ministro ou de simples pânico, o fato é que havia muitos relatos de comandantes que deixavam de tomar a ofensiva ou manter a ordem. Isso algumas vezes era um compreensível resultado de idade ou doença; em Paris, o marechal de Biron tinha 88 anos, enquanto em Grenoble o marechal de Vaux, de 86 anos, travava uma batalha perdida com a retenção urinária.[20] Esses primeiros sintomas de desintegração militar já davam margem para alarme, embora seus efeitos mais fatais não fossem sentidos antes de julho de 1789.

Em última instância, não foram tanto a oposição política nem mesmo a deslealdade do exército que destruíram Brienne, mas uma espetacular prova de que os próprios céus estavam fora dos eixos. Em 13 de julho de 1788, uma rara tempestade de granizo do tamanho de *grapefruits*, que matou homens e animais, destruiu a colheita do norte da França e do entorno de Paris. O ministério de Brienne já estava em grandes dificuldades financeiras, e esse desastre natural constituiu um golpe esmagador para seu crédito de curto prazo. O governo precisava desesperadamente de 240 milhões de libras de empréstimos segurados contra rendimentos de impostos esperados, conhecidos como *anticipations* [antecipações], para equilibrar os livros do ano. Com a perspectiva de receita adequada em 1789 tornada de súbito extremamente incerta pelo desastre meteorológico, essas *anticipations* não encontraram compradores. Em 16 de agosto, o tesouro real suspendeu pagamentos e a bolsa quebrou. Brienne resistiu por mais nove dias em meio a agitadas negociações para encontrar um sucessor, e por fim demitiu-se em 25 de agosto.

A renúncia de Brienne ocorreu segundo as formas usuais; o método de escolher seu substituto, porém, nunca teve precedentes. Maria Antonieta estava arrasada pela quebra de 16 de agosto e fez tudo o que podia para manter Brienne, que continuava a contar com a confiança dela. Para esse fim, ela concebeu um plano pelo qual ele permaneceria como ministro principal, mas com Necker, cuja popularidade e reputação ainda estavam intactas, assumindo a administração das Finanças. O onipresente Mercy-Argenteau, amigo de Necker bem como confidente da rainha e do arcebispo de Toulouse, atuou como intermediário. No entanto, essas negociações fracassaram, Brienne por fim abandonou a esperança de permanecer, e Necker voltou ao poder como diretor-geral das Finanças.

Ao assumir o encargo de reformar o ministério num momento de crise suprema, Maria Antonieta assumia uma terrível responsabilidade. Aceitou-a com fatalismo, misturado com genuíno temor, o que fica evidente em sua carta a Mercy de 25 de agosto, dia em que Necker foi novamente nomeado:

> Estremeço — desculpe-me a fraqueza — por ser eu quem o está trazendo de volta. Meu destino é causar infortúnio; e se ele fracassar como resultado de maquinações infernais, ou solapar a autoridade real, apenas me odiarão ainda mais.[21]

A rainha não agia desse modo por pura ambição e desejo de alcançar o supremo poder político. De fato, é mais provável que tenha assumido a condução dos negócios de Estado apenas porque o próprio rei não conseguisse fazê-lo. A crise de agosto de 1788 oferece novos indícios de que naquela época Luís XVI estava periodicamente prostrado por uma depressão que o tornava incapaz de conduzir a política do dia-a-dia. A própria Maria Antonieta insinuou isso amplamente em uma carta a Mercy que detalhava suas reservas quanto a chamar de novo Necker:

> Temo muito que o arcebispo seja forçado a abandonar o campo completamente, e então quem poderá ter o encargo geral? Porque temos de ter alguém, sobretudo com o senhor Necker. Ele precisa de um freio. A pessoa acima de mim não está bem, e quanto a mim, aconteça o que acontecer e a despeito do que falarem, estou sempre apenas em segundo lugar, e a despeito da confiança do primeiro, ele com freqüência me faz sentir isso.[22]

Essas palavras são significativas tanto por sua astuta avaliação dos fracassos de Necker quanto pelos indícios que fornece sobre o estado mental de Luís XVI. Infelizmente, a crescente capacidade de percepção de Maria Antonieta não acompanhava a impiedosa marcha dos acontecimentos. Agosto de 1788 viu o navio do Estado sem leme, com o rei fora de ação e as decisões-chave nas mãos da rainha e do embaixador austríaco. O segundo estágio da queda da monarquia estava completo.

*

BAIXO, CORPULENTO E ARROGANTE, Jacques Necker tinha 56 anos quando se tornou ministro das Finanças pela segunda vez. Tanto seu estilo quanto sua essência atraíam grande ódio de seus opositores antes e depois da Revolução. O egocentrismo e a autoconfiança do genebrino, juntamente com seus constantes apelos ao sentimento e à virtude, estavam destinados a irritar uma sociedade cortesã fiel aos modos e à moral da geração anterior. Além disso, suas mais importantes atitudes em 1789 traziam indícios de interesse próprio e demagógico, que não era amenizado por estar revestido por uma linguagem moralizadora.

Necker causou grande dano à monarquia durante a Revolução, não em razão de suas ações, mas devido à sua própria inação — o que Jean Egret denominou como sua "sistemática abstenção" durante todo seu segundo ministério.[23] Trazido de volta ao poder para implementar a promessa de convocar os Estados Gerais, Necker não fez quase nada para equipar a coroa com uma política coerente em relação aos Estados, uma vez tivessem sido convocados. Ainda não está claro o motivo para isso. Necker certamente acreditava que uma "grande consulta era necessária [...] para regenerar a França".[24] O fato é que em setembro de 1788 o estado de espírito da nação estava esmagadoramente a favor da convocação imediata dos Estados. Necker nada fez para deter ou direcionar essa corrente. Sua passividade nessa conjuntura crucial marca o aspecto mais destacado de sua carreira política. Ele era acima de tudo um populista, levado ao poder duas vezes por hábil manipulação da opinião pública. Se a opinião pública se chocasse com os interesses da monarquia tradicional, tal como agora ocorria, ele estava destinado a ficar com a opinião pública.

A questão-chave que se punha diante de Necker não era mais a pertinência ou não da convocação dos Estados Gerais; o fato de ele próprio ter sido convocado novamente garantira de modo inquestionável que era isso que devia acontecer. A questão central agora era como seriam compostos. Caso se fosse consultar os precedentes, o modelo era a última vez que os Estados se reuniram, em outubro de 1614. De acordo com a tradição, essa reunião compreendera um número igual de deputados, deliberara e votara separadamente, e apenas autorizara conclusões aprovadas por cada uma das ordens.

Nessa área extremamente conflituosa, Necker, a maioria dos outros ministros e o próprio Luís XVI traíam uma incerteza fatal. Se a tradição — e os interesses das ordens privilegiadas tão próximas da coroa por nascimento e *status* — fosse defendida, então ficava claro que as formas de 1614 deveriam ser respeitadas. Por outro lado, o crescimento da população, da prosperidade, da alfabetização e da opinião pública informada no século XVIII haviam dado um poder muito maior ao terceiro estado. Esse estado, afinal, constituía mais de 90% da população da França em 1789. Reconhecendo esse fato, as assembléias provinciais de Calonne haviam concedido dupla representação ao terceiro estado, dando-lhe o mesmo número de deputados que as outras duas ordens juntas. Além disso, em vez do voto tradicional por ordem, fora decretada a votação por maioria simples para toda a assembléia, conhecida como votação por cabeça.

A MONARQUIA EM 1789

Se esses princípios fossem estendidos aos próximos Estados Gerais, as implicações eram incalculáveis. Se o terceiro estado tivesse 50% dos assentos garantidos na assembléia, bem como a votação por cabeça, obteria controle sobre toda a legislação, já que era certo que deputados liberais da nobreza e do clero desertariam de suas ordens em número suficiente para dar-lhe maioria simples. Assim, no outono de 1788, a luta para substituir a monarquia absoluta por uma monarquia constitucional fora suplantada por um conflito igualmente crucial. Em seu cerne estava a questão de a monarquia constitucional admitida pela convocação dos Estados Gerais ser aristocrática, dominada pelas ordens privilegiadas, ou populista, dominada pelo terceiro estado.

Nessa situação tão perigosamente opressiva, o rei e seu conselho tentaram uma conciliação. Em 27 de dezembro, emitiram uma decisão, conhecida como Resultado do Conselho, que eles esperavam fosse mostrar-se aceitável para ambos os lados. Como concessão aos não-privilegiados, ficava duplicado o número dos deputados do terceiro estado aos próximos Estados Gerais, enquanto, para apaziguar as duas primeiras ordens, a votação por cabeça não era imposta, mas apenas permitida se cada ordem quando reunida concordasse com ela. De modo significativo, como outro indício de seu crescente poder, nessa ocasião Maria Antonieta participou pela primeira vez de uma reunião do conselho do rei. Igualmente relevante, em vista de sua crescente reputação como reacionária, é o fato de ter apoiado a concessão ao terceiro estado. Chanceler, Barentin, que estava presente, mais tarde escreveu em suas memórias: "A rainha o tempo todo manteve o mais profundo silêncio. No entanto era fácil discernir que ela não desaprovava a duplicação do terceiro estado."[25]

No entanto, o Resultado do Conselho não teve o efeito com que seus autores tinham contado. De fato, devido ao que estipulava, a coroa conseguiu contrapor todos os interesses. O Resultado inflamou as ambições do terceiro estado ao lhe garantir a dupla representação, mas se retraiu em relação à outra concessão crucial que daria sentido a essa representação, ao recusar impor o voto por cabeça em uma assembléia em que o terceiro estado poderia tirar plena vantagem de seu número aumentado. Do mesmo modo, a duplicação do terceiro estado alarmou a maioria das ordens privilegiadas, e tornou muito mais provável que, quando os Estados se reunissem, estas rejeitassem quaisquer movimentos para obter a votação por cabeça de modo voluntário. Em vez de apaziguar pretensões conflitantes, o governo com suas ações garantiu que as ordens rapidamente acarretassem guerra política.

Necker não era o único responsável pela hesitação do governo nessa época. Sua insegurança era compartilhada pelo rei, pela rainha e por quase todos do conselho real. Ainda, como principal ministro, arcava com grande parte da responsabilidade. Contribuiu para isso com seus fracassos na organização das eleições para os Estados. Não foi feita nenhuma tentativa para garantir a eleição de candidatos favoráveis ao ministério, como era prática na Inglaterra, ou para evitar a escolha daqueles conhecidos como hostis a ele. É impossível agora dizer se isso foi resultado de uma vontade impudente de evitar toda a responsabilidade numa situação sem precedentes ou uma fé positiva, mas pouco menos desastrosa, na capacidade dos representantes do povo, uma vez reunidos, para resolver todos os problemas. De um modo ou de outro, revelou-se um grande equívoco. A França enfrentava dois imensos desafios ao mesmo tempo: a mudança de uma monarquia absolutista para uma constitucionalista e a questão da natureza do corpo representativo convocado para supervisionar essa mudança. Em outra comparação com a Inglaterra, pode-se dizer que, para a França, o ano de 1789 foi como os anos de 1688 e 1832 juntos. A reação do governo de Luís XVI foi deixar que os acontecimentos seguissem seu curso.

As eleições começaram em fevereiro de 1789 e prosseguiram num ritmo vagaroso; os últimos deputados eleitos só assumiram suas cadeiras no mês de julho, dois meses depois da primeira reunião dos Estados Gerais. No total, 1.201 deputados se reuniram em Versalhes em 5 de maio de 1789, dia fixado para a sessão de abertura: 300 do clero, 291 nobres e 610 do terceiro estado. Esse impressionante número mascarava uma grande variedade de experiências individuais. Mirabeau, desesperado para desempenhar um papel no cenário nacional, embora excluído da categoria pela nobreza de sua Aix-en-Provence nativa por causa da escandalosa reputação de perdulário e libertino, foi eleito pelo terceiro estado da cidade em meio a cenas tumultuosas. "Homens, mulheres e crianças derramavam suas lágrimas em minhas mãos e minhas roupas", escreveu ele a um amigo, "e declaravam que eu era o salvador deles, o seu Deus."[26] De modo mais modesto, o conde de Montlosier, geólogo amador e futuro contra-revolucionário, saiu ao mesmo tempo da Auvergne como deputado suplente da nobreza de Riom. Parando no caminho para examinar formações rochosas inusitadas nos arredores de Fontainebleau, ficou tão fascinado pelo que encontrou que chegou atrasado para a abertura dos Estados.[27] De todas as partes da França, os orgulhosos e os humildes, duques, bispos, padres de paróquias e notários rurais, aqueles destinados a desempenhar um papel de destaque ou obscuro na iminente Revolução, viajavam para Versalhes e seu encontro com a história.

*

TODOS OS COMPLEXOS e drásticos acontecimentos dos últimos vinte anos levavam assim ao salão dos *Menus Plaisirs* em Versalhes, e à grandiosa reunião dos deputados aos Estados Gerais pela primeira vez em 175 anos. O rei e a família real fizeram sua aparição ao meio-dia, e, depois de seu breve discurso de saudação, Luís XVI tomou assento sob educados aplausos. O guardião dos selos, Barentin, então se ergueu e falou, em termos muito conservadores para agradar o terceiro estado, mas, por sorte, de modo quase inteiramente inaudível. A seguir foi a vez de Necker. De propósito, ele não se pôs de pé para a ocasião. Em vez de retórica enaltecedora, ofereceu à assembléia uma longa prestação de contas, sobre as finanças do país. Isso durou três horas; quando a voz do ministro se esgotou, ele passou seus papéis para um secretário, que continuou a apresentar monotonamente listas de números para a platéia estupefata. Contudo, quando a fala finalmente chegou ao fim e o rei se preparava para sair, houve mais saudações leais de *"Vive le roi!"*. De modo ainda mais notável, também foram ouvidos vários gritos de *"Vive la reine!"*. Segundo testemunhas oculares, tais aclamações pegaram Maria Antonieta completamente de surpresa, já que ela estivera visivelmente nervosa durante o acontecimento. Depois de uma hesitação momentânea, ela fez uma reverência para o grupo de pessoas, e a seguir, como a aclamação redobrou, uma segunda reverência mais baixa antes de deixar o salão.

No entanto, as apresentações foram decepcionantes. O rei, Barentin e Necker se limitaram a lugares-comuns. Nenhum programa concreto fora proposto aos deputados. Acima de tudo, não fora feita nenhuma tentativa de compreender como os Estados Gerais iriam votar. Sob a demonstração superficial de unidade, perigosas tensões esperavam para explodir.

CAPÍTULO 3

Breteuil em 1789

O INTERMINÁVEL DISCURSO de Necker nos Estados Gerais surpreendeu e desapontou os deputados reunidos. Levantou, pela primeira vez, a possibilidade de que ele pudesse revelar-se inadequado para sua tarefa. Um homem, porém, havia previsto isso, e já estava à espreita.

Essa pessoa não estava presente no salão. O barão de Breteuil deixara a política nove meses antes e se retirara para Dangu, seu imenso castelo na Normandia. Eminente e antigo diplomata e ministro político da *maison du roi* (agora, ministério do Interior) desde 1783, Breteuil desempenhara importante papel na política da coroa ao longo da última e turbulenta década. Suas relações com Luís tinham sido difíceis às vezes; ele era acima de tudo um homem da rainha. Ressentindo-se com a ascensão de Brienne, exonerara-se de seu ministério em julho de 1788. À medida que crescia a efervescência política, para aqueles alarmados com a vertiginosa velocidade de mudança ele parecia cada vez mais o único homem capaz de restaurar a ordem.

Louis-Auguste le Tonnelier, barão de Breteuil, nasceu no castelo de Azay-le-Féron, no atual departamento de Indre, em 7 de março de 1730. Seu pai, Auguste le Tonnelier, barão de Breteuil e de Preuilly, era um oficial do exército; sua mãe era filha do *intendant* de Rouen. Quando Louis-Auguste tinha apenas 11 anos, seu pai morreu. A mãe mais tarde se casou novamente; o nome dela e o de seu segundo marido aparecem no registro do casamento de Louis-Auguste em 1752.[1]

Embora os Breteuil fossem uma poderosa e eminente casa nobre com longa tradição de serviço ao Estado, o lado de Louis-Auguste era um ramo mais novo e pobre da família. A morte precoce de seu pai não ajudou a situação. Dificuldades financeiras não impediram Louis-Auguste de receber educação na melhor escola de Paris, o Collège Louis-le-Grande, mas punha uma interrogação quanto a sua futura carreira. Nesse ponto, porém, a rede da família Breteuil interveio, na pessoa de um tio de Louis-Auguste, Elisabeth-Théodore, abade de Breteuil, que detinha a influente posição de chanceler do duque de Orléans.[2] Esse formidável especulador decidiu que o jovem sobrinho devia entrar para o exército, tal como o pai. Assim, Louis-Auguste entrou para os Gendarmes de La Garde du Roi, e em breve participaria de combates na Alemanha quando da eclosão da Guerra dos Sete Anos.[3] A seguir, em 1758 — não se sabe se por iniciativa própria ou a conselho do tio —, ele deixou o exército e entrou para o mundo das Relações Exteriores. No mesmo ano, foi nomeado ministro francês junto ao eleitorado de Colônia. Tratava-se do começo de uma notável carreira diplomática que fez de Breteuil um destacado estadista francês e europeu na última década do antigo regime.

Entre 1760 e 1783, Breteuil foi sucessivamente ministro plenipotenciário na Rússia e embaixador na Suécia, Holanda, Nápoles e Áustria. No decurso dessa brilhante carreira estabeleceu relações com muitas figuras que iriam se destacar muito durante a Revolução, tanto como seus amigos quanto como seus inimigos. A primeira delas era a futura Catarina, a Grande da Rússia, de quem Breteuil foi instruído a se tornar amante a fim de garantir a amizade dela para a França. Ele parece ter desobedecido a essa ordem. Pior do que isso, sua recusa em 1762 a fazer um empréstimo de que Catarina necessitava para armar um golpe contra seu marido, o insano tsar Pedro III, que de qualquer modo foi bem-sucedido sem a ajuda francesa, deixou-a com um rancor permanente contra Breteuil que teve importantes conseqüências depois de 1789.[4]

O posto seguinte de Breteuil, na Suécia, proporcionou-lhe dois importantes amigos que mais tarde se tornariam colaboradores e confidentes cruciais durante a Revolução. O mais eminente era o filho e herdeiro do rei sueco Adolfo Frederico, o príncipe herdeiro Gustavo. Como rei Gustavo III, esse jovem atilado tornou-se um dos mais notáveis monarcas de sua época, embora hoje esteja bastante esquecido fora da Suécia. Como sua rival de toda a vida, Catarina, a Grande, ele era extremamente inteligente e discípulo do Iluminismo. No correr de seu reinado de 21 anos, restaurou a posição da monarquia sueca e foi pioneiro de muitas reformas racionalizadoras e humanitárias. Acima de tudo, em momentos de crise Gustavo sempre teve energia e estilo para dominar a situação. O contraste com seu companheiro, o monarca Luís XVI, é enorme.[5]

Gustavo era uma personalidade complexa e exuberante. A julgar por seu comportamento e pendores, era homossexual; segundo persistente boato, só foi capaz de consumar seu casamento depois de detalhadas instruções de seu ajudante de campo favorito.[6] Tinha paixão pelo teatro e escreveu várias peças que encenou na corte, sendo o papel principal naturalmente desempenhado por ele próprio. O maravilhoso teatro rococó do palácio Drottningholm, que funciona até hoje, foi criação sua. Seu final adequadamente dramático — foi assassinado em 1792 em um baile de máscaras — mais tarde inspirou uma ópera famosa, *Un ballo in maschera*, de Verdi.

Em pouco tempo, Breteuil conquistou a afeição e a confiança de Gustavo, o que transparece em uma carta inédita de abril de 1767 dirigida pelo príncipe herdeiro a Breteuil, lamentando a iminente partida deste para um novo posto:

> Posso apenas imperfeitamente exprimir, monsieur, o pesar que todos partilhamos por perdê-lo. Sem falar das questões públicas, que tanto sofrerão com sua partida, o senhor conquistou em tantos aspectos a estima e a amizade de todas as pessoas bem pensantes daqui que sua convocação não pode deixar de afetar profundamente a todos. Quanto a mim, rogo-lhe que nunca duvide dos sentimentos que a gratidão sempre me ditará e que sua conduta durante todo seu período como embaixador tão justamente mereceu de minha parte. Espero algum dia me ver em posição de marcá-los por minhas ações; por enquanto, as palavras não são suficientes para exprimi-los. Suas Majestades, que ficaram muito transtornadas com sua partida, instruíram monsieur de Scheffer para exprimir-lhe seu pesar, e aproveito esta oportunidade para falar-lhe em meu nome. Espero que esses sentimentos o façam esquecer minha má ortografia.[7]

Ao longo dos vinte anos seguintes, Breteuil e Gustavo mantiveram contato por correspondência e graças às ocasionais visitas deste último à França. Sua amizade, no entanto, alcançou sua maior importância política com a eclosão da Revolução. À medida que a crise piorava, Gustavo se manteve como o único monarca europeu que se preocupava de verdade com a difícil situação de Luís XVI e Maria Antonieta. Por certo ele se alarmava com a perda do subsídio que a Suécia tradicionalmente usufruíra como um dos mais antigos

58 A QUEDA DA MONARQUIA FRANCESA

aliados da França. Por outro lado, o espetáculo da família real francesa em perigo sem dúvida despertava seu lado romântico e cavalheiresco. Durante a Revolução, Gustavo foi o único governante estrangeiro em quem Luís e Maria Antonieta de fato confiavam, e o único a quem revelavam seus pensamentos mais íntimos.

O segundo grande amigo que Breteuil fez na Suécia desempenharia papel ainda mais central na luta da monarquia francesa contra a Revolução. Tratava-se de Axel von Fersen, o provável amante de Maria Antonieta. Fersen veio a conhecer Breteuil por intermédio de seu pai, o marechal-de-campo conde Axel Frederick von Fersen, importante político durante o período do barão em Estocolmo. Fersen ainda era um menino quando Breteuil deixou a Suécia, mas a ligação se tornou reconhecida quando o jovem começou a visitar a França. Breteuil ajudou a lançar seu protegido em Paris e Versalhes e tratava-o quase como alguém de sua família. Sua filha era da mesma idade que Fersen, e os dois se tratavam por *"frère"* e *"soeur"*; chegou-se mesmo a planejar que deveriam se casar. Essas ligações foram fortalecidas por outro fator. Desde o início da década de 1780, Breteuil era ao mesmo tempo amigo e padrinho de Fersen como confidente da rainha da França — Maria Antonieta às vezes até mesmo o chamava de "Papa Breteuil".[8] Se alguém sabia o segredo das relações do casal, esse alguém era Breteuil. As figuras que mais fizeram para formar a reação real à Revolução constituíam de fato um círculo muito estreito.

No final de 1770, Breteuil conseguiu sua maior promoção até a época e foi nomeado embaixador em Viena. Sendo a Áustria agora o principal aliado da França, este era o posto mais importante no serviço diplomático. Mas tão logo atingiu o posto, Breteuil foi atingido por um desastre pela segunda vez em sua carreira. Na véspera do Natal de 1770, o ministro das Relações Exteriores, Choiseul, seu amigo e padrinho, sucumbiu a intrigas de seus inimigos e perdeu o poder. Como principal protegido do duque em desgraça, Breteuil foi tratado com uma rudeza que chocou os contemporâneos. Ele já tinha mobiliado sua residência em Viena e enviado antecipadamente sua bagagem, mas mesmo assim foi destituído da embaixada, que então foi confiada a um candidato da facção rival, o ambicioso príncipe prelado Louis de Rohan. A partir desse momento, Breteuil passou a odiar Rohan, e essa hostilidade teria importantes conseqüências políticas antes e depois de 1789.

O barão tirou o melhor proveito que pôde e aceitou a embaixada de Nápoles e das Duas Sicílias, sem dúvida de segunda classe. Ironicamente, porém, este seria o primeiro passo na restauração de sua boa sorte. Isso se deu porque a rainha de Nápoles, Maria Carolina, era uma Habsburgo, filha da imperatriz Maria Teresa. Breteuil cultivou cuidadosamente a boa vontade dela e assim também ganhou o favor da mãe. Quando, em 1774, Luís XV morreu e os ministros que haviam substituído Choiseul caíram também em desgraça, Breteuil voltou a ser nomeado embaixador em Viena.

O período de sete anos de Breteuil como embaixador em Viena foi o mais bem-sucedido de sua carreira diplomática. Ele ajudou a manter a aliança franco-austríaca, ao mesmo tempo que impedia a tendência dos Habsburgo de explorá-la em benefício próprio. Acima de tudo, estabeleceu uma firme amizade com Maria Teresa, cuja concepção essencialmente defensiva da aliança se harmonizava com os interesses franceses. O que agradava Maria Teresa, no entanto, era calculado para desagradar seu filho José II, imperador do Sacro Império Romano e co-regente, com ela, da monarquia habsburga; as concepções dele sobre política externa eram significativamente mais agressivas que as da mãe. A política externa também afastava Breteuil do terceiro membro da trinca governante, príncipe Wenzel Anton von Kaunitz, que estava bem ciente de que, enquanto Maria Teresa, que tinha apenas mais alguns anos de vida, corporificava o passado, José representava o futuro. Chanceler de 1753 até sua morte, aos 83 anos, em 1794, Kaunitz arquitetara a aliança franco-austríaca de 1756. A despeito de sua excentricidade e hipocondria, foi um dos maiores estadistas de sua época, e sua temível posição e reputação faziam dele um inimigo perigoso.

A missão de Breteuil em Viena era criar obstáculos no caminho das ambições territoriais de José, e ao mesmo tempo impedir a provocação de um rompimento nas relações. O divisor de águas surgiu em 1778-9, quando a tentativa de José de adquirir a Baviera levou à Guerra da Sucessão Bávara com a Prússia. Como um dos mediadores no subseqüente congresso de Teschen, Breteuil desempenhou importante papel na negociação de um fim para o conflito, o que lhe granjeou o favor de Maria Teresa. Uma recompensa mais material veio sob a forma da Mesa de Teschen, uma criação inestimável incrustada com pedras preciosas, presenteada por outra parte agradecida, o Eleitor da Saxônia. No entanto, o fato de Breteuil não ter apoiado a reivindicação austríaca em relação à Baviera enfureceu José e Kaunitz e tornou-os seus inimigos inveterados, embora ocultos.

Se a amizade de Maria Teresa não podia fazê-lo conquistar a de José, levou Breteuil a seu protetor habsburgo mais importante — Maria Antonieta. Breteuil chegou a Maria Antonieta duplamente recomendado: era um protegido de Choiseul, o antigo ministro que negociara o casamento dela, e tinha a aprovação da mãe dela, por quem nutria atemorizada admiração. A rainha valeu-se de sua influência para ajudar Breteuil a conquistar a embaixada de Viena e lhe demonstrou grande estima durante a década subseqüente. Quando, no início da década de 1780, ele desencadeou sua campanha para entrar no ministério, Maria Antonieta se tornou sua mais forte partidária. "Vamos conversar sobre sua questão, *monsieur le baron*", disse-lhe ela à época, "pois é também minha."[9] Com sua nomeação como ministro da *maison du roi* em 18 de novembro de 1783, justificava-se a estratégia que Breteuil desenvolvera desde que inicialmente cortejara Maria Carolina de Nápoles. Tratava-se de uma aula prática de como usar as mulheres da casa de Habsburgo para se tornar importante ministro do rei da França.

Em 1788, aos 58 anos, Breteuil posou para o grande escultor Pajou. O busto mostra um homem imponente e robusto, com um rosto forte e quadrado, pesadas sobrancelhas e um nariz pequeno e aquilino. Ele também insinua outras qualidades: perspicácia, experiência de vida e considerável força de caráter. No entanto, a personalidade e a capacidade de Breteuil eram tema de grande controvérsia entre seus contemporâneos. Os comentários divergentes sobre ele na correspondência e nas memórias da época tornam difícil acreditar que se refiram ao mesmo homem. Algumas das características de Breteuil certamente dão munição para seus inimigos: era grosseiro, arrogante e parece que lhe faltava o refinamento social que a sociedade cortesã do século XVIII tanto prezava. Incapazes ou sem vontade de olhar sob a superfície, os detratores do barão achavam fácil considerá-lo um bufão desajeitado.

Os críticos mais convincentes de Breteuil eram José II, Kaunitz e Mercy-Argenteau. A correspondência de Mercy com o imperador e o chanceler foi publicada no final do século XIX e revela Breteuil como objeto favorito desse desprezo devastador em que os três eram especialistas. Kaunitz dá o tom:

> Na verdade, temo o temperamento impetuoso, a ignorância e a falta de visão de nosso amigo, o barão de Breteuil [...]. O barão de Breteuil, cujo destino parece ser nunca concluir nenhuma de suas missões sem alguma cena desagradável [...] Não posso prever até onde a política

francesa se poderia tornar irracional, se em lugar de M. de Vergennes, o ministério das Relações Exteriores for dado a um louco como o barão de Breteuil.[10]

Os comunicados de Mercy repetem a invectiva de seu superior:

M. de Breteuil, por sua ignorância e impetuosidade inatas, será sempre um parceiro difícil [...]. Tendo pouco talento ou estilo, ele avança por meio da empáfia e de muita atividade [...] É provável que M. de Breteuil não venha a receber um ministério, mas simplesmente um lugar no conselho do rei, onde não terá influência, mas muita oportunidade para falar absurdos sobre política externa.[11]

Ocasionalmente, o próprio José acrescenta uma nota desdenhosa: "O pomposo barão de Breteuil..."[12]

Esses juízos devem ser considerados com certo cuidado. Breteuil com freqüência era simplesmente um bode expiatório para uma política externa francesa que Viena considerava cada vez mais incompatível à medida que transcorria o reinado de Luís XVI. Notemos que o tom de Kaunitz em relação a ele se torna realmente virulento depois que a França deixou de apoiar a Áustria em relação à Baviera; antes disso, o chanceler tinha na verdade manifestado uma preferência por Breteuil como ministro das Relações Exteriores caso Vergennes fosse afastado. Ao atacar o embaixador da França, José, Kaunitz e Mercy estavam apenas atirando no mensageiro, e Breteuil oferecia a eles um alvo tentadoramente grande e colorido.

O mais violento detrator do barão, no entanto, era um escritor, não um político. Sébastien Roch Nicolas Chamfort, filho ilegítimo de uma nobre casada e de um padre, era um dos mais brilhantes satíricos de sua época. De início partidário entusiasta da Revolução, terminou por se suicidar de um modo surpreendente e espantoso durante o Terror. Suas *Máximas*, publicadas postumamente, revelam-no como um mestre do aforismo e um impiedoso crítico da sociedade francesa no final do antigo regime. Breteuil teve a infelicidade de conhecer Chamfort em 1770, quando, impressionado pelos talentos do jovem, lhe ofereceu um posto como seu secretário na malfadada embaixada de Viena que nunca se materializou. Chamfort, que secretamente desprezava Breteuil, retribuiu-lhe o apadrinhamento dando-lhe um papel de destaque nas *Máximas*. Raramente uma figura pública foi sujeita a tal demolição literária.

De todas as antipatias de Chamfort, a mais intensa era pelos tolos. Ele foi cuidadoso ao definir o termo:

> Que tolo, que tolo; é fácil me acusar de exagerar. O que é um tolo? Alguém que confunde seu cargo com sua pessoa, seu *status* com seu talento e sua posição com uma virtude. Todos não são assim? Por que fazer tanto estardalhaço a propósito disso?

Essa proposição pedia exemplos, e coube a Breteuil a infelicidade de fornecer a maioria deles. O mais brando simplesmente ridicularizava seu esnobismo: "Vê-se pelo exemplo de Breteuil que a pessoa pode sacudir nos bolsos miniaturas incrustadas de diamantes de 12 ou 15 cabeças coroadas, e ainda ser um tolo." O mais extraordinário visava à vaidade de Breteuil, que Chamfort comparava à notável perversão do banqueiro Peixoto:

> Um tolo, ansiando com orgulho por alguma condecoração, parece-me inferior a esse homem ridículo que, para se estimular, fazia com que suas amantes pusessem penas de pavão em seu traseiro. Mas o outro! O barão de Breteuil está muito abaixo de Peixoto.[13]

Breteuil foi infeliz no tocante a seus inimigos. José II, Kaunitz, Mercy e Chamfort eram todos figuras importantes que deixaram textos que influenciaram muito a posteridade. No entanto, os impropérios que lançavam a Breteuil deixam sem resposta uma pergunta crucial. Se o barão era de fato o bufão que retratavam, como foi possível que tivesse conquistado a estima e a confiança de tão variados e magníficos monarcas europeus como Maria Teresa, Gustavo III e Estanislau Augusto, da Polônia? A solução para esse mistério está nos amigos de Breteuil.

Os partidários do barão são menos famosos que seus detratores, mas têm o mérito de conhecer o homem em seu íntimo, e não apenas sua fachada pública. Em muitos casos, eram seus amigos de longa data, e todos trabalharam com ele ao longo de um período de muitos anos. Em primeiro lugar entre eles estava o marquês de Bombelles, cujo retrato de Breteuil numa passagem de diário de 1781 é muito diferente daquele deixado por seus inimigos:

BRETEUIL EM 1789

Que ordem, que clareza nas idéias desse grande homem! A crônica dos acontecimentos do século parece sempre diante de seus olhos; é o único a quem o gênio e a vivacidade de espírito permitem ler sem interrupção. A natureza permitiu-lhe prescindir dos esforços que outros têm de fazer simplesmente para se tornarem comuns. Ele nunca conseguiu concentrar-se no estudo, mas nada esqueceu do que viu ou ouviu, seus juízos sempre foram corretos, e as lições de lidar com as principais figuras de todos os países foram para ele o que os clássicos são para os outros. Ele teria dificuldade para nomear todos os capitães de Alexandre, mas conhece perfeitamente todas as principais molas da política européia ao longo dos últimos trinta anos; nunca conseguiu aprender uma língua estrangeira, mas fala a sua própria com rara energia e encanto. Tem a percepção de cada país e habilidade de aprender exatamente o que as pessoas querem dizer. Deveria ser objeto de admiração por todos que apreciam o verdadeiro mérito, enquanto seu talento deve desgostar o pedante que valoriza a erudição acima do bom senso.[14]

Enquanto Kaunitz e Mercy-Argenteau deploravam a falta de trato social em Breteuil, para Bombelles sua ausência era uma vantagem positiva, já que revelava virtudes mais sólidas: uma inteligência natural, grande argúcia e uma sabedoria nascida de longos anos de experiência. Breteuil claramente não era um intelectual e lhe faltava o refinamento que se esperava de um diplomata do século XVIII, mas tudo o que isso indica é que ele não se conformava com os padrões contemporâneos. Em muitos aspectos importantes, não era um homem de sua época.

A franqueza de Breteuil, às vezes desconcertante, era com freqüência comentada. Essa característica surge claramente em um notável retrato feito pelo príncipe de Ligne, célebre escritor e pessoa espirituosa. Entre seus documentos de divulgação póstuma, Ligne deixou uma galeria de retratos literários em que esboçou as principais figuras de sua época no estilo, então na moda, de um conto de fadas persa. Breteuil aparece sob o pseudônimo de Coprogli, e a descrição que o príncipe faz dele tem a ver em muitos aspectos com a de Bombelles:

Coprogli é tão franco que, quando não é (e isso só se dá quando, como diplomata, não pode ser), surpreende todo mundo. É sincero ao ponto da brutalidade, mete o nariz em tudo, é um tirano para seus

64 A QUEDA DA MONARQUIA FRANCESA

amigos e mesmo para os conhecidos, e sempre em benefício deles. Sabe quanto dinheiro têm, calcula o que gastam, repreende-os ou os elogia. É fiel e constante, e lembra seus inimigos, penso eu, tanto quanto seus amigos. Em lugar de talentos, e de humanidades, e de uma pequena ciência, que nunca entraram em sua sensata cabeça, ele tem apenas juízo. Os modos bruscos que acompanham seu firme caráter tornam-no boa companhia: e sua mistura original de despotismo e bondade é muito divertida.[15]

As concepções divergentes sobre Breteuil por parte de amigos e inimigos constituem um testemunho de um caráter notável e contraditório. Mas Breteuil não era nem um tolo nem um bufão. Na vida particular, era dominador, mas bondoso, podendo inspirar grande afeição. Na vida pública, era um diplomata hábil, ainda que não convencional, cujos erros eram resultado mais de precipitação que de incompetência. Talvez o juízo mais objetivo sobre as forças e fraquezas políticas de Breteuil, que a Revolução revelaria mais inteiramente, apareça em um relatório dirigido a Frederico, o Grande, pelo conde von Goltz, seu excepcionalmente arguto ministro em Versalhes:

> Ele tem espírito, e mesmo vigor, e também coragem, juntamente com grande habilidade política. Mas é impetuoso, o que leva a indiscrições que seriam imperdoáveis mesmo em um principiante [...] ele acrescenta à presunção a mais insuportável arrogância sempre que fala em nome de seu rei [...]. Mas repito que ele tem finura e vigor, e, se orientado por um ministro ativo e talentoso, poderia facilmente tornar-se um de seus maiores trunfos.[16]

Embora não fosse intelectual, Breteuil tinha um imenso respeito pela vida espiritual, o que era em parte resultado de herança, pois nasceu no berço de ouro do Alto Iluminismo. Sua tia era mme. de Châtelet, "la belle Emilie", amante e musa de Voltaire e tradutora francesa dos *Principia mathematica* de Newton. Pode ter sido ela a responsável pelo constante interesse de Breteuil pelas ciências naturais. Ele tinha especial paixão pela astronomia: como ministro da *maison du roi*, colaborou estreitamente com Jean-Sylvain Bailly, astrônomo real e futuro político revolucionário. "Devo-lhe os favores que me foram concedidos de 1785 a 1788", escreveu Bailly sobre Breteuil,

Não posso esquecê-lo. Era muito dedicado a ele, porque como homem eu o julgava um deus, sensível, honrado e justo; como ministro, sempre gostando do que fosse útil, grande, honrou a nação e o rei. Este é o homem que conheci e a quem eu era sinceramente dedicado.[17]

Breteuil dedicou à sua vida emocional e sexual a mesma energia reservada à política e à amizade. Durante a maior parte de sua vida foi um considerável conquistador de mulheres. Em janeiro de 1752, casou-se com Philiberte-Jérôme, filha do rico financista Jérôme-Louis Parat de Montgeron, recebedor-geral da Lorena. Foi um excelente casamento, e Breteuil teve de sobrepujar muita competição para consegui-lo; de fato, havia um rumor persistente de que ele tivera de dormir com a mãe para chegar à mão da filha.[18] Verdade ou não, o casamento foi feliz. Philiberte-Jérôme era bela, mas também altiva e arrogante. A despeito disso, Breteuil parece tê-la amado verdadeiramente. Em 1757, o casal teve sua única filha, Marie-Elisabeth-Emilie, a futura condessa de Matignon. A seguir, em 14 de março de 1765, durante o período de Breteuil como embaixador na Suécia, Philiberte-Jérôme morreu de parto, com apenas 27 anos de idade. Foi enterrada em Estocolmo, na Klarakyrke.

Breteuil não se casou de novo, mas se consolava com uma sucessão de amantes. No restante de seu período em Estocolmo, teve um caso com a condessa Ribbing, e escapou por pouco de ser jogado de uma janela quando surpreendido com ela pelo irado conde. A missão seguinte de Breteuil, em Haia, foi proveitosa tanto sexual quanto financeiramente — uma agradável combinação. Uma rica senhora holandesa, mme. Vriesen, apaixonou-se por ele e, quando morreu, em 1781, deixou-lhe toda sua fortuna.[19] Acima de tudo, Breteuil começou nessa cidade um caso que iria durar pelo resto de sua vida. Catherina Frederica van Nyvenheim era uma jovem alta e bonita, de uma das melhores famílias da Holanda. Inicialmente ela foi enviada a Paris para aprender boas-maneiras sob os cuidados da irmã mais velha, que tivera a distinção de ter sido por breve tempo amante de Luís XV. Logo a seguir, Catherina voltou a Haia, onde conheceu Breteuil. O resto é descrito com vivacidade por Bombelles:

> Nossa importante jovem holandesa voltou a Haia; tinha adquirido algum estilo e presença; era jovem e inexperiente, e ao gosto do barão de Breteuil, que, sem nunca ter sido dominado por suas amantes, sempre as atendeu com a constância e a lealdade que dão crédito à bonda-

de de seu coração. Ele voltou à França, e mlle. de Nyvenheim acompanhou-o pouco tempo depois. Logo depois, a condessa de la Marck fez dela uma católica. Pouco tempo depois disso, fizeram dela uma duquesa, casando-a com o velho duque de Brancas, que terminou com esse ato senil todos os outros disparates de sua vida.[20]

O casamento de conveniência com o senil duque de Brancas não enganou ninguém. O filho da nova duquesa, nascido em 1775, era muito parecido com Breteuil, e costumava ser considerado filho deste.[21] O menino, conde de Brancas, mais tarde se tornou um dos camareiros de Napoleão e foi elevado à condição de par em 1839, como duque de Céreste.

Breteuil tentava compensar por toda parte o fato de nunca haver tido um filho legítimo. Foi amigo e padrinho de vários jovens talentosos, com os quais suas relações eram paternais; um deles, o futuro líder revolucionário Barras, descreve em suas memórias Breteuil como o "protetor da juventude".[22] O mais importante desses protegidos foi Marc-Marie, marquês de Bombelles. Nascido em 1744 em uma família nobre e militar empobrecida, Bombelles foi introduzido em uma bem-sucedida carreira diplomática por Breteuil, carreira que culminou em uma série de cargos de embaixador. Breteuil também foi intermediário de um brilhante casamento na corte para Bombelles, com Angélique de Mackau. Breteuil conscientemente se via como um pai substituto para Bombelles, referindo-se a este como "um homem cuja carreira diplomática orientei e de que gosto como se fosse meu filho". Bombelles, por sua vez, retribuía o sentimento, chamando a si mesmo de "filho de criação" de Breteuil.[23]

Esses estreitos vínculos pessoais e políticos fizeram de Bombelles o mais confiável agente secreto de Breteuil durante a Revolução. Culto, profundamente monarquista, observador implacável da sociedade à sua volta, Bombelles era autêntico homem de sua época em todos os aspectos, com a exceção de um — a fidelidade exclusiva a sua mulher, que ele amava profundamente. A morte dela em 1800 — também de parto — arrasou-o e o levou a ordenar-se sacerdote.

A posteridade tem para com Bombelles um enorme débito. Ele tinha uma necessidade obsessiva de registrar tudo que via, e o resultado foi um imenso diário em 97 volumes, que ele iniciou quando do nascimento de seu filho mais velho, em 1780, mantendo-o até sua morte, 42 anos depois. O diário, juntamente com os documentos privados de Bombelles, sobreviveu

BRETEUIL EM 1789

nas mãos de seus descendentes até hoje. Foi publicada uma edição do diário até 1795; os documentos privados de Bombelles, os mais reveladores de todos, não foram publicados.

A necessidade de Breteuil de um filho substituto na figura de Bombelles de modo algum diminuiu a proximidade com sua filha. Marie-Elisabeth, ao se tornar adulta, veio a ser uma das últimas grandes beldades do antigo regime. Mesmo o padre Georgel, que odiava tanto o pai quanto a filha, não pode impedir uma nota de relutante admiração quando a descreve em suas memórias:

> A jovial e cintilante condessa de Matignon [...] mantinha o cetro da moda tanto em Paris como na corte. As mais elegantes mulheres a tomavam como modelo. Altiva, irritadiça e exigente, ela herdou o caráter e a maneira peremptória do pai.[24]

No entanto, Marie-Elisabeth passou por uma tragédia pessoal. Em 1773, seu marido, o conde de Goyon-Matignon, morreu em um acidente de carruagem em Nápoles, deixando-a grávida e viúva com apenas 16 anos. Poucos meses depois, teve uma filha, Caroline, mas nunca se casou de novo, vivendo com o pai e atuando como sua acompanhante e anfitriã. O cerne da casa de Breteuil durante a Revolução era um viúvo, sua filha viúva e uma jovem neta nascida após a morte do pai.

Uma última figura completava esse lar não-ortodoxo. Charles-Constance-César-Loup-Joseph-Matthieu d'Agoult, bispo de Pamiers, foi o segundo grande protegido de Breteuil, amante de sua filha por toda a vida, e a razão efetiva pela qual ela nunca voltou a se casar, já que por definição era impossível para ela se casar com um prelado católico. Alto, vistoso, elegante, e dez anos mais velho que mme. de Matignon, D'Agoult devia sua entrada no círculo de Breteuil ao abade de Breteuil. Era intelectualizado; por seus próprios esforços tornou-se especialista em economia política, e escreveu opúsculos sobre o assunto durante toda sua longa vida. Era também um libertino e, pelo menos antes da Revolução, um livre-pensador. Bombelles, que com justeza o considerava rival em relação ao apadrinhamento de Breteuil, observou de modo desaprovador: "Mulheres bonitas viraram essa jovem cabeça, que parece menos enfeitiçada por filosofia recente do que empolgada pelo gosto do prazer."[25] Com essa reputação, foi preciso toda a influência de Breteuil para persuadir o rigoroso Luís XVI a nomear d'Agoult para o bispado de Pamiers em janeiro de 1787.

Antes de a Revolução estilhaçar seu mundo, Breteuil viveu com considerável estilo e esplendor. Em Paris, vivia em uma grandiosa residência na cidade, à *rue* du Dauphin. Quando da morte do abade de Breteuil em 1780, ele herdou a residência isenta de aluguel que o tio recebera do duque de Orléans, o Pavillon du Mail, próximo ao Palácio de Saint-Cloud. Esse encantador prédio neoclássico, com esplêndidas vistas sobre o leste de Paris, era um retiro rural ideal, a meio caminho entre a capital e Versalhes. Ainda sobrevive, embora seja apenas uma sombra da antiga glória, como Escritório Internacional de Pesos e Medidas. Breteuil também possuía uma plantação de açúcar na ilha de Santo Domingo, hoje Haiti. Por fim, em 1781, com o dinheiro que lhe fora deixado por mme. Vriesen, Breteuil comprou um enorme castelo na Normandia, Dangu, que ele se empenhou em embelezar, com um grande investimento.[26]

As concepções políticas de Breteuil, quando passou a fazer parte do ministério, são difíceis de compreender. Ele servira no exterior como diplomata durante a maior parte de sua vida e, assim, seu conhecimento da situação doméstica da França era necessariamente limitado. Sua principal ambição consistia em tornar-se ministro das Relações Exteriores; por isso é que Vergennes, que tinha plena consciência disso, o odiava tanto. É muito mais fácil avaliar suas concepções sobre os assuntos externos da França do que sobre a política interna. Em muitos aspectos, Breteuil permaneceu um discípulo da política externa tradicional da França que a revogação das alianças tinha substituído. Ele tinha um ódio particular pela Rússia, claramente ligado às desafortunadas experiências por que passou nesse país. Acima de tudo, a despeito de seus estreitos laços pessoais com os Habsburgo, a atitude de Breteuil em relação à Áustria era com freqüência extremamente hostil, e esse é um dos aspectos mais desconcertantes de sua carreira. A explicação mais provável é que ele estabelecia uma distinção entre a interpretação moderada que Maria Teresa fazia da aliança franco-austríaca, o que ele apoiava, e os objetivos expansionistas a que José II queria atrelá-la, a que se opunha amargamente. A tarefa mais difícil de Breteuil, naturalmente, foi conciliar sua amizade por Maria Antonieta com a profunda aversão pelo irmão dela, José. No entanto, em certo sentido, não havia contradição; para Breteuil, Maria Antonieta nunca foi a irmã do imperador da Áustria, mas a mulher do rei da França.

As concepções de política interna de Breteuil nessa época são menos claras, mas suas linhas gerais podem ser discernidas. Ele era um protegido de Choiseul, que nunca fora um grande partidário da monarquia absolutista, e

BRETEUIL EM 1789

cujos seguidores formavam a espinha dorsal do "grupo da rainha" na década de 1780. O "partido da rainha" era uma facção da corte mais do que um partido político em qualquer sentido moderno do termo, mas seus membros tinham tendência a preferir a monarquia constitucionalista à absolutista.[27] É impossível saber se Breteuil compartilhava essas concepções. Nessa fase, ele provavelmente ainda era leal à concepção tradicional de uma monarquia absolutista amenizada pelos *parlements*. Mas ele não era defensor do abuso do poder real; ele tinha visto muito bem, na Rússia, até onde este podia levar.

Como ministro da *maison du roi*, Breteuil foi notavelmente liberal e humanitário. Instituiu muitas reformas, todas de inspiração iluminista. O humanitarismo do Iluminismo está óbvio em sua primeira grande ação um mês depois de assumir o cargo — o fechamento da prisão do estado em Vincennes, onde Mirabeau ficara preso a pedido de sua família. Um ano depois, introduziu restrições no uso das infames *lettres de cachet*, ordens de prisão assinadas pelo rei apenas, sem referência aos tribunais. (Foi por meio de uma *lettre de cachet* que o infeliz dr. Manette foi aprisionado na Bastilha em *Um conto de duas cidades*.) A tolerância religiosa era outro importante aspecto do credo iluminista de Breteuil. Foi ele quem pôs em andamento a emancipação dos protestantes da França, formulando um edito que lhes dava um estatuto civil e que foi relutantemente registrado pelo *parlement* de Paris em janeiro de 1788. Na histórica tarefa, teve dois colaboradores fundamentais: seu amigo próximo, o historiador Rulhière, que escreveu artigos e livros preparando a opinião pública para a mudança, e seu próprio primo, o eminente jurista e botânico Malesherbes, que também fora ministro da *maison du roi*.

A longa ligação de Breteuil com as ciências e as artes também rendeu frutos durante o período em que foi ministro. Refletindo a preocupação do Iluminismo com a melhoria da saúde pública, e auxiliado por Bailly, traçou planos para fechar o principal hospital da cidade, o deletério Hôtel-Dieu, e substituí-lo por quatro novos hospitais nos subúrbios mais salubres.[28] Também fechou o pestilento cemitério dos Innocents, mandou transferir os cadáveres aí enterrados para as catacumbas e ergueu em seu lugar o Marché des Innocents, que se tornou um dos principais mercados da cidade. A atitude de Breteuil em relação às artes foi delineada por um memorando que ele escrevera ainda em 1774, intitulado "Reflexões sobre como fazer uso dos homens de letras". Aí se afirmava que a monarquia deveria parar de tratar os escritores como inimigos, tal como Luís XV fizera em seus últimos anos, e ao

70   A QUEDA DA MONARQUIA FRANCESA

contrário fazer deles amigos por meio de uma política de apoio com discernimento.

Breteuil fez várias intervenções em favor da liberdade de expressão. Na mais conhecida delas, foi graças a ele que a peça *As bodas de Fígaro*, de Beaumarchais, teve a primeira apresentação pública.[29] A peça fora escrita em 1773 e passou pelos censores, mas Luís XVI considerara-a subversiva e declarou que nunca seria representada. Evitar uma decisão do rei por meio de algum estratagema era um procedimento delicado. Beaumarchais foi convidado a fazer uma leitura da peça diante de um tribunal informal composto por Breteuil, vários censores, membros da Academia Francesa, escritores e cortesãos. Ele conquistou completamente a platéia por meio de uma brilhante interpretação da peça, junto com uma habilidosa bajulação. No correr da sessão, Breteuil produziu um *bon mot*; Beaumarchais imediatamente o acrescentou à peça. À filha do barão, mme. de Matignon, que também estava presente, foi pedido que escolhesse a cor da fita usada por Chérubin, o pajem. Todos os receios de Breteuil foram dissipados por meio desse *tour de force*. Ele decidiu que a peça podia de fato ser representada, mas, a fim de permitir que o rei se isentasse, emitiu a ordem sob sua própria responsabilidade.

A partir de 1785, porém, nuvens começaram a pairar sobre o ministério de Breteuil. Vergennes sempre havia sido um inimigo, mas agora Calonne, que fora seu aliado, se voltou contra ele. Juntos, o ministro das Relações Exteriores e o controlador-geral constituíam uma combinação muito poderosa para ser desalojada, e Breteuil foi condenado a uma oposição cada vez mais impotente. O apoio da rainha, no entanto, o manteve livre da demissão. Ironicamente, foi para agradar a ela que ele cometeu o pior erro de sua carreira ministerial. Em 9 de agosto de 1785, o joalheiro da corte Böhmer pediu uma entrevista com Maria Antonieta. Ele afirmava que tinha entregue ao cardeal de Rohan, que se dizia emissário dela, um fabuloso colar de diamantes no valor de 1,6 milhão de libra, e que o prazo para pagamento já tinha passado. A rainha ficou pasma; ela nada sabia da transação, e era absurda a idéia de que usaria Rohan, que ela abominava, como intermediário. Seu primeiro impulso foi mandar chamar Breteuil. O barão, que odiava o cardeal desde que este o substituíra na embaixada de Viena em 1771, imediatamente chegou à conclusão de que Rohan tinha conspirado tanto para obter o colar por fraude quanto — o que era pior — para comprometer a rainha. O resultado foi o último grande drama da Versalhes pré-revolucionária: a prisão do cardeal de Rohan

BRETEUIL EM 1789

na Sala dos Espelhos em vestes eclesiásticas completas quando se preparava para celebrar a missa no dia da Assunção.

A prisão de Rohan, que Breteuil orquestrou, é o melhor exemplo da precipitação a que ele era fatalmente propenso em momentos de crise. Logo se revelou que a questão não era tão simples quanto parecia. Rohan argumentou plausivelmente que fora enganado pela condessa de La Motte, uma aventureira que afirmara ser intermediária da rainha.[30] Rohan alegou que ela o havia persuadido de que, já que Maria Antonieta não podia comprar o colar diretamente por medo de parecer extravagante, ele podia se reconciliar com a rainha se o obtivesse com a promessa de reembolso. No momento em que o colar foi entregue a mme. de la Motte para que o entregasse à rainha, ela fugiu com ele, e o escândalo veio à tona. É difícil acreditar que Rohan pudesse ter sido tão estúpido a ponto de acreditar em alguém do calibre de mme. de la Motte. No entanto, qualquer indício de que fosse cúmplice dela e não sua vítima desapareceu quando ele conseguiu rabiscar uma nota para seu secretário instruindo-o a destruir qualquer documento comprometedor antes que ele fosse removido para a Bastilha.

Breteuil tinha cometido um grande erro. Para preservar sua própria reputação, e acima de tudo a da rainha, o julgamento do cardeal tinha de resultar em condenação. É provável que o barão tenha abusado de sua autoridade para obter isso. O secretário de Rohan, o padre Georgel, afirma em suas memórias que Breteuil deliberadamente permitiu que testemunhas-chave fugissem do país de modo que não pudessem apresentar provas que isentassem o cardeal. Infelizmente, Vergennes, inimigo de Breteuil e amigo de Rohan, recorreu a todos os métodos, inclusive rapto, para trazer de volta essas testemunhas a fim de que prestassem declarações em solo francês. Em maio de 1786, Rohan foi julgado diante do *parlement* de Paris e absolvido. Esse veredicto foi um desastre. Breteuil foi execrado como déspota vingativo, o nome da rainha foi relacionado com uma fraude sórdida e a própria monarquia ficou desacreditada. Napoleão dataria a Revolução Francesa ao Caso do Colar de Diamante.

As ações de Breteuil entre 1783 e 1786 reforçam a impressão de uma figura complexa e contraditória. O homem que fechou a sinistra prisão de Vincennes e reformou as *lettres de cachet* também podia tentar manipular a justiça para destruir um inimigo pessoal. Essas ambigüidades são apenas fortalecidas pela última fase de Breteuil no ministério. O barão contribuiu significativamente para a nomeação de Brienne, criticando duramente, na presença do rei, a reconvocação de Necker para substituir Calonne, que era apoiado por vários de seus colegas. No entanto, ele não negociara claramente para que Brienne se tornasse primeiro-ministro, como tinha feito em agosto de 1787, e se viu cada vez menos merecedor do apoio do arcebispo. Parte da indisposição contra ele era assim produto de uma simples luta pelo poder. Quando o ministério entrou em crise no verão de 1788, Breteuil se viu sob pesada pressão de seu círculo, sobretudo a duquesa de Brancas e Rulhière, para que derrubasse Brienne e tomasse o poder. Bombelles faz uma clara exposição dessas intrigas:

> Alguns estão fazendo tudo o que podem para que o senhor barão de Breteuil assuma um papel que não lhe cabe. Estão tentando persuadi-lo de que, como o único homem capaz de restaurar a ordem e a confiança na França, ele deveria aproveitar as presentes circunstâncias para remover o primeiro-ministro e o guardião dos selos. Rulhière e a duquesa de Brancas são os cabeças desse grupo. Quando murmuram juntos, tem-se a sensação de ver o Ódio e a Discórdia tramando juntos a queda da humanidade.[31]

Mas Breteuil não estava a ponto de se tornar primeiro-ministro — ainda. Ao contrário, em 24 de julho, ele se demitiu do ministério. As razões para seu ato permanecem ambíguas. Terá ele deixado o ministério porque pensava que Brienne era muito autoritário ou, ao contrário, porque o achava muito radical? Breteuil certamente fez saber em julho de 1788 que estava enjoado de assinar um número crescente de *lettres de cachet* — uma postura liberal, se é que houve alguma. De fato, a causa imediata do afastamento foi sua recusa nesse mês em ratificar as ordens de encarceramento na Bastilha de 12 deputados da nobreza bretã que tinham ido a Paris protestar na instalação da corte plenária.[32] A implicação disso é que Breteuil estava se distanciando dos piores aspectos da monarquia absolutista e sinalizando tácito apoio à oposição. Essa leitura dos atos de Breteuil é apoiada pelas lembranças de Bailly de reuniões com o barão nessa época:

> Devo dizer que, em várias conversas que tive com ele entre a assembléia de notáveis e os Estados Gerais, seu tato e bom senso fizeram-no sentir que as presentes circunstâncias exigiam mudanças no governo e modificações na autoridade real.[33]

BRETEUIL EM 1789

No entanto, num exame mais apurado, tem-se a distinta impressão de que nessa ocasião o liberalismo de Breteuil não era sincero. Aqui, a testemunha-chave é o próprio barão. Quatro anos depois, em plena Revolução, ele escreveu uma longa mensagem a Bombelles, que acabara de enviar a São Petersburgo para garantir o apoio de Catarina, a Grande, para sua atividade diplomática secreta em benefício de Luís XVI e Maria Antonieta. Breteuil estava especialmente preocupado em negar rumores lançados por seus inimigos segundo os quais ele favorecia uma conciliação com a Revolução, e se iludia pensando que o tempo tinha abrandado a visão pouco clara que a imperatriz tinha dele de modo suficiente para que ela os desprezasse. "Espero", escreveu ele,

> que a antiga estima da imperatriz por mim a faça ouvi-lo de modo a afastar da mente dela todas as mentiras que têm sido contadas a meu respeito. O senhor pode relatar a ela como o desafortunado arcebispo de Sens [Brienne], cujo sistema se baseava na destruição da autoridade real e da monarquia, e que sempre me considerou fortemente oposto às idéias traiçoeiras que ele induziu o rei a adotar, abusando das virtudes deste, apelidou-me *louisquatorzian*, de modo a me retratar como um extremista em meu desejo de defender os direitos da coroa.[34]

Esses comentários inéditos são alguns dos mais reveladores que Breteuil escreveu sobre suas concepções políticas. É possível que ele estivesse adaptando a verdade para se justificar diante de Catarina, a Grande, mas as palavras dele próprio, escritas em confidência a seu fiel amigo Bombelles, devem ter um peso muito grande.

Tendo escrito sua carta de demissão, a primeira preocupação de Breteuil foi preservar suas relações com a rainha. Escreveu pedindo para se despedir dela pessoalmente. De início Maria Antonieta recusou, com raiva, mas cedeu no dia seguinte. A audiência de Breteuil com ela no Petit Trianon durou apenas três minutos, mas quando ele saía ela lhe disse que a procurasse se viesse a precisar de ajuda no futuro.[35]

No retiro que se impôs em Dangu, Breteuil levava a vida agradável de um cavalheiro do campo. Dedicava particular atenção a sua cozinha, que precisava muito de reforma. Mas também se manteve em estreito contato com os acontecimentos políticos por meio de uma sucessão de recepções para seus amigos de Versalhes. Até mesmo Mercy-Argenteau lhe fez uma visita. Da grandiosidade do castelo, os convidados observavam alarmados o crescente fervilhar de idéias em torno deles. O próprio Breteuil encarava os preparativos para os Estados Gerais com grave preocupação e previa o pior. Sua atitude cada vez mais conservadora é confirmada por Bombelles:

> Eu e minhas duas irmãs acabamos de jantar com o senhor barão de Breteuil. Ele não trai nada do que viu ou ouviu: muitos de nossos amigos enlouqueceram; quem quer que ouse defender os modos antigos é desprezado, e logo os adjetivos tolo e monarquista serão sinônimos. O abuso da imprensa é inacreditável; a loucura das opiniões que ela publica é ainda mais inacreditável. O homem decente, o cidadão honesto que encara a monarquia como uma força moderadora contra os abusos de liberdade, lamenta o fato de estarmos correndo feito loucos para nossa destruição. Estamos nos desfazendo de um jugo que sempre foi benigno, e a fim de mudar alguns abusos de autoridade, abusos transitórios que a nação pode facilmente restringir, desencadeamos paixões que levarão a males muito mais permanentes e incuráveis.[36]

Mas, sob a máscara de Cassandra, Breteuil tinha outras ambições. Se Necker não conseguiu administrar os Estados Gerais, ele próprio era o substituto óbvio. Mesmo no retiro, ele manteve a estima do rei e da rainha. Embora suas autênticas concepções fossem conservadoras, ele conquista também certa aprovação liberal por sua posição quanto às *lettres de cachet*, e com uma renúncia oportuna se afastara de um ministério violentamente impopular. Em Dangu, Breteuil estava em posição perfeita para observar os acontecimentos. Lá, como De Gaulle em Colombey, ele esperava o chamado para retornar.

CAPÍTULO 4

O Verão de 1789

EM DOIS MESES BRETEUIL foi chamado de volta a Versalhes. A crise que o levou ao poder começou a surgir no dia seguinte à abertura dos Estados Gerais por Luís XVI. A questão que a produziu era pequena, mas de importante significado. Para a assembléia começar a atuar, todos os resultados das eleições tinham de ser verificados, para comprovar sua validade. Embora em seu discurso de 5 de maio Necker cuidadosamente não tivesse emitido opinião sobre a questão mais ampla de os Estados votarem por ordem ou por cabeça, ele estipulara que esse processo preliminar de verificação deveria ser feito separadamente por ordem. Para o terceiro estado isso era apenas o começo; se admitisse a verificação por ordem, o precedente seria tomado como aceitação da votação por ordem. Se aceitasse, poderia ser vencido em todas as propostas importantes apresentadas à assembléia. Assim, em 6 de maio, o terceiro estado declarou que não aceitava que se começasse a verificar os resultados das eleições por sua ordem. Para todos os fins e propósitos, deixava de atuar.

Ignorando seus insubordinados colegas, o primeiro e o segundo estados procederam à verificação em separado. Nas duas semanas seguintes, ocorreram conversas conciliatórias entre as ordens para tentar encontrar um caminho, mas em 26 de maio essas conversações tinham fracassado. A partir desse momento, o terceiro estado começou a agir cada vez mais por conta própria. Em 3 de junho, elegeu como seu presidente um antigo amigo de Breteuil, o astrônomo Bailly, agora um dos deputados por Paris. Uma semana depois, foi emitido um ultimato às outras duas ordens para que aderissem imediatamente ao terceiro estado para a verificação conjunta, pois caso isso não ocorresse este agiria de modo independente. Segundo a famosa expressão do abade Sieyès, o terceiro estado estava "cortando a amarra" e navegando por águas desconhecidas.

Os acontecimentos que se seguiram estão entre os mais famosos da história européia. Em 12 de junho, na ausência de resposta oficial da nobreza e do clero, o terceiro estado começou seu próprio processo de verificação. No dia seguinte, em meio a cenas de júbilo, três párocos do Poitou abandonaram seu próprio estado e se dirigiram para a sala do terceiro estado a fim de apresentarem suas credenciais em comum. Nos dias que se seguiram, outros 16 padres se uniram a eles. Incentivado por essas defecções na oposição, o terceiro estado se convenceu de que sozinho falava pela vasta maioria do povo francês, e em 17 de junho formalmente se declarou como Assembléia Nacional. Com esse ato, deu origem à democracia representativa na Europa. Três dias depois, vendo-se impedidos de entrar em seu salão normal de reunião por ordem real, os deputados ocuparam, nas proximidades, uma quadra de jogo da péla para realizar suas sessões. Amontoados no espaço limitado, circundados por espectadores que se espichavam apertados nas galerias, fizeram um juramento solene de não se dispersarem até que a França tivesse recebido uma constituição. O juramento foi conduzido por Bailly na função de presidente, de pé acima do mar de rostos em uma mesa de pinho emprestada por um alfaiate vizinho. Havia uma enorme distância das decorosas discussões sobre saúde pública sobre a mesa dourada de Breteuil.

O juramento do Jeu de Paume [jogo da péla] lançou um desafio sem precedente à monarquia. O terceiro estado afirmava que a autoridade última na nação pertencia não ao rei, mas a ele próprio. Esse ato de desafio não podia ficar ignorado. No entanto, um golpe cruel do destino garantiu que se desse no momento exato em que a família real estava menos preparada para enfrentá-lo. Em 4 de junho, aos sete anos de idade, o delfim morreu. A causa foi a tuberculose que levara seu tio e ambos os avós. Embora o menino estivesse doente havia algum tempo, Luís XVI e Maria Antonieta ficaram arrasados com a perda. À medida que a crise política se avolumava a seu redor, recolheram-se ao luto. Uma representação do terceiro estado chegou para oferecer condolências. O rei se recusou a recebê-la. Os deputados repetiram seu pedido, mas só arrancaram de Luís a amarga exclamação: "Não há pais no terceiro estado?"[1]

O VERÃO DE 1789

No primeiro choque de dor, a família real deixou Versalhes e se isolou no antigo retiro de Luís XIV em Marly, poucos quilômetros ao norte. Essa mudança geográfica teve importantes conseqüências políticas. Numa época em que o futuro da monarquia dependia da maneira como Luís XVI reagiria ao terceiro estado, ele estava isolado dos ministros e deputados, no meio de uma família acometida ao mesmo tempo pela dor com a morte do delfim e pelo pânico diante do desafio à coroa. A combinação não era favorável ao conselho sensato.

Acima de tudo, a família real não estava unida diante da ameaça a sua autoridade. Suas divisões desempenharam um papel crucial na crise do verão de 1789, e depois se tornaram um dos principais fatores que sabotaram a reação da coroa à Revolução. Cada membro de destaque da família tinha concepções e motivações diferentes, o que tornava extremamente difícil a adoção de uma política coerente em relação ao terceiro estado. A atitude do rei era particularmente complexa. Sua preferência era pelo absolutismo esclarecido, como seu apoio a Calonne durante a assembléia de notáveis havia mostrado. Ele não tinha grande afinidade com a nobreza e com o clero, que agora clamavam a ele para que os protegesse contra a ameaça do terceiro estado; afinal, foi a resistência deles a seu programa de reforma que o forçara a convocar os Estados Gerais em primeiro lugar. Na crescente batalha pela votação nos estados, não era de modo algum uma conclusão inevitável que ele apoiasse automaticamente as ordens privilegiadas.

O testemunho mais revelador quanto ao estado de espírito de Luís XVI nessa época surge a partir das memórias da condessa D'Adhémar, amiga íntima da família real durante esses meses cruciais, nas quais se relata tudo o que ela testemunhou no verão de 1789. Essas memórias explicam os repetidos esforços da rainha e de seus amigos para persuadir Luís a proibir a verificação em comum. No entanto, seus apelos receberam uma resposta seca de um monarca que, de certa forma, era favorável ao terceiro estado:

> Nunca deixamos de repetir para o rei que o terceiro estado arruinaria tudo — e estávamos certos. Imploramos-lhe que o coibisse, que impusesse sua autoridade soberana à maquinação. O rei respondeu: "Mas não está claro que o terceiro estado esteja errado. Formas diferentes foram observadas a cada vez que os estados se reuniram. Assim, por que rejeitar a verificação em comum? Sou a favor dela."

O rei, devemos admitir, era então relacionado entre os revolucionários — uma estranha fatalidade que só pode ser explicada reconhecendo-se a mão da Providência.[2]

Adiante, a condessa revela como Luís se tornara impaciente com os privilégios da nobreza e do clero que a votação por ordem se destinava a defender:

O rei [...] não dava atenção aos temores da rainha. Essa princesa bem informada sabia tudo sobre as tramas que estavam sendo maquinadas; ela as repetia para o rei, que respondia: "Veja, quando tudo está dito e feito, os do terceiro estado também não são meus filhos — e uma progênie mais numerosa? E, mesmo quando a nobreza perder uma parte de seus privilégios e o clero umas migalhas de sua renda, eu serei menos rei deles?"[3]

*

PARECE CLARO, A PARTIR DAÍ, que, se tivesse seguido sua intuição em maio de 1789, Luís XVI teria concordado com a verificação em comum e com a votação por cabeça. No entanto, na época em que se retirou para Marly, ele estava, pelo menos temporariamente, arrasado pela morte do filho mais velho. Ele nunca achara fácil tomar decisões, e as trágicas circunstâncias do momento tornavam isso ainda mais difícil. Em seu estado deprimido e vulnerável, viu-se cercado por um círculo familiar determinado a endurecer sua atitude em relação ao terceiro estado. Ninguém podia prever por quanto tempo ele seria capaz de resistir a essa pressão.

De todos os protagonistas reais no verão de 1789, Maria Antonieta recebeu a pior apreciação. Foi constantemente retratada como uma autêntica reacionária, uma harpia austríaca que envenenava o espírito fraco do marido contra o povo. Sua mão foi vista como a mais importante em todos os esforços para distanciar Luís XVI do terceiro estado e aproximá-lo da defesa da nobreza e do clero. No entanto, embora tenha certos elementos de verdade, esse retrato é por demais simplista. As lembranças que a rainha tinha da resistência dos nobres ao programa de reforma real de 1787-8 eram tão amargas quanto as de seu marido; talvez ainda mais, já que a principal vítima, Brienne, fora protegido dela. Em julho de 1788, indagada a propósito de sua visão sobre como os próximos estados deviam ser compostos, ela

O VERÃO DE 1789

tinha respondido com seu conhecido sarcasmo: "Oh, sou a rainha do terceiro estado!"[4] Quando convidada a traduzir esses sentimentos em ação, na reunião do conselho de 27 de dezembro de 1788, ela o fizera emprestando seu apoio à duplicação do terceiro estado.

O que fez com que mudasse sua opinião seis meses depois? A despeito de ter desenvolvido maturidade política, Maria Antonieta só vinha desempenhando papel político significativo há dois anos. Como seu marido, ela tinha tendência à indecisão e continuava a encarar os negócios de Estado em termos mais emocionais e pessoais do que políticos. Ela ficou tão arrasada com a morte do delfim quanto Luís XVI. Além disso, ela própria estava sob intensa pressão de sua *société*, em especial de mme. de Polignac e seu amante, Vaudreuil, para endurecer sua atitude em relação ao terceiro estado e passar à defesa das ordens privilegiadas.

A *société* tivera uma existência acidentada ao longo dos últimos anos. Desde 1784 interpusera-se entre a rainha e seus amigos íntimos uma sombra — a figura de Calonne. A rainha odiava o controlador-geral, mas, antes de cair, ele conseguira astutamente conquistar os Polignac para seu lado, em grande parte pelo pagamento de seus débitos e outros atrativos financeiros. Essas intrigas levaram a um abismo entre Maria Antonieta e seu círculo, em tal medida que no verão de 1787, mme. de Polignac tomara a atitude sem precedentes de sair de Versalhes para fazer uma viagem à Inglaterra. A crise da monarquia, porém, mudou essas táticas; a *société* claramente percebeu a ameaça a essa *douceur de vivre* própria do antigo regime com que se beneficiara de modo tão desproporcional. Em seguida à queda de Brienne, mme. de Polignac, ajudada pelo irmão mais novo do rei, conde D'Artois, recuperara grande parte de seu antigo favorecimento junto à rainha, que ela usava até onde podia para influenciá-la numa orientação conservadora.[5]

Comparada com a relutância e hesitação da rainha, a posição do conde D'Artois era muito mais inflexível — e reacionária. Como partidário de Calonne durante a assembléia de notáveis, ele aceitou o fim das isenções de imposto das ordens privilegiadas, mas sempre no contexto da monarquia tradicional, e não de um sistema mais representativo. Quando os Estados Gerais se tornavam inevitáveis, ele foi a força propulsora por trás do memorando dirigido a Luís XVI pelos príncipes da linhagem em dezembro de 1788. Tal memorando pedia ao rei para não concordar nem com a duplicação do terceiro estado nem com a votação por cabeça, e para que limitasse suas concessões à admissão de igualdade fiscal. Logo que a reunião dos Esta-

80 A QUEDA DA MONARQUIA FRANCESA

dos se iniciou em Versalhes, ele e os Polignac usaram todos os recursos a sua disposição para fortalecer a resistência dos deputados privilegiados à votação por ordem. O marquês de Ferrières, deputado nobre por Saumur, relembrou em suas memórias que Artois bebeu, jantou e se encontrou secretamente com os mais eminentes deputados da nobreza e do clero provenientes das províncias, enquanto as residências dos "Polignac eram um ninho de intriga, o ponto focal de todas as cabalas".[6] Acima de tudo, Artois detestava Necker, que via como um partidário secreto do terceiro estado. Já em 30 de abril de 1789, ele disse ao ministro das Finanças abertamente que Necker estava tentando tomar a coroa da cabeça do rei, e no final de junho chegou mesmo a tentar com que fosse preso.[7]

O irmão de Luís XVI, conde de Provence, era como de hábito muito mais inseguro e ambíguo que o irmão mais jovem, conde d'Artois. A plena extensão de suas ambições permanece obscura, mas pelo menos ele viu as perturbações da coroa a partir de 1787 como um meio de ampliar seu próprio papel político. Buscou a popularidade, apresentando-se como partidário de reformas moderadas; na primeira assembléia de notáveis, indicou sua aversão por Calonne, e na segunda mostrou-se na verdade a favor da duplicação do terceiro estado. Sua assinatura estava ostensivamente ausente do memorando dos príncipes da linhagem. Mas nunca apoiou a votação por cabeça, e em junho de 1789 jogou sua sorte com a trama conservadora do conde d'Artois. A meia-volta do conde de Provence enfatiza uma verdade mais ampla quanto à política desses meses. Muitos deputados da nobreza e do clero chegaram aos Estados Gerais indecisos quanto à posição pessoal que adotariam. Todavia, a postura de confronto adotada pelo terceiro estado no primeiro dia de negociação alarmou-os e levou-os instintivamente a endurecer suas atitudes. Para as duas primeiras ordens, o terceiro estado parecia pretender não apenas eliminar a desigualdade fiscal, mas solapar toda a ordem social. Muitos motivos foram atribuídos ao primeiro e ao segundo estados e a seus defensores no verão de 1789, muitos nada lisonjeiros, mas talvez o mais forte fosse simplesmente temor.

Os outros dois príncipes de sangue a desempenhar um papel político, os primos de Luís, Condé e Orléans, tendiam para direções muito diferentes. O príncipe de Condé era tão conservador quanto Artois, e possivelmente mais. Mas não era tolo, tinha um caráter forte e era respeitado por sua capacidade militar e experiência. Também era ambicioso e pode ter visto Provence e Artois simplesmente como instrumentos para fazê-lo a voz dominante na

O VERÃO DE 1789

elaboração da política. "M. *le prince* de Condé quer, acima de tudo o mais, ser líder de partido", observou Bombelles, "e calcula que, unindo forças com *monsieur* e m. *le comte* d'Artois, sua experiência e argúcia logo o capacitarão a ditar as opiniões deles, e logo ele será senhor de tudo."[8] Essa combinação de talento e dissimulação transformaria Condé no parente de que Luís XVI mais desconfiava durante a Revolução, com uma exceção. A explosão do duque d'Orléans na sessão real de novembro de 1787 valera-lhe um período de exílio interno em sua propriedade de Villers-Cotterêts. Como Provence, ele se recusara a assinar o memorando dos príncipes de sangue, mas, ao contrário de Provence, esse gesto pressagiava um alinhamento aberto com as forças do radicalismo. Eleito para os Estados como deputado nobre por Crépy-en-Valois, Orléans logo assumiu a liderança da minoria de sua ordem que apoiava o terceiro estado e defendia a votação por cabeça. Sua residência em Paris, o Palais-Royal, que, numa empreitada comercial, ele havia convertido em um passeio público com arcadas de lojas, tornou-se a sede do movimento popular. Luís XVI e Maria Antonieta logo se convenceram que Orléans estava deliberadamente fomentando a revolução para se apoderar da coroa.

Assim, em junho de 1789 não eram apenas os Estados Gerais que estavam ficando fora de controle, mas também a própria família real. Sob a pressão dos acontecimentos, os parentes do rei estavam se dividindo em diferentes facções, e ele próprio não tinha poder para detê-los. A partir desse momento, Luís XVI teve de lutar não somente com uma revolução que eclodia, mas também com uma *Fronde* [Fronda], uma guerra civil dos príncipes.

A declaração da Assembléia Nacional, seguida pelo juramento do Jeu de Paume, concretizou o desafio à família real. A monarquia tinha de fazer valer seus direitos ou ceder poder ao terceiro estado. Para Artois, havia apenas uma direção possível de ação. Como guardião dos selos, Barentin, afirmou: "Em sua concepção, a ilegalidade da deliberação de 17 de junho e a audácia do juramento do Jeu de Paume tinham de ser imperativamente esmagadas, sem hesitações ou meias medidas, que apenas seriam vistas como prova da falta de pulso do governo".[9] Se poucos eram tão decididamente autoritários quanto Artois, todos viam a necessidade de o rei reimpor sua autoridade numa crise perigosa. Em quatro tensas reuniões do conselho, foi decidido que o rei devia fazer uma intervenção pessoal nos Estados Gerais em uma "sessão real" em 23 de junho.

Essa sessão real — junto com a declaração de 23 de junho, que formava sua parte mais interessante — foi um momento definidor na reação de Luís XVI à Revolução, cujo significado perdurou até a queda da monarquia e mesmo além. Foi profundamente controversa na época, e assim permaneceu desde então. Isso porque, nas reuniões anteriores do conselho, foram discutidos, não um, mas dois projetos de declaração, uma versão conservadora defendida por Artois e seus aliados ministeriais e uma mais moderada, redigida por Necker. O projeto conservador foi adotado e fracassou, fazendo a Revolução aproximar-se a passos céleres; Necker sempre afirmou que, se sua versão tivesse sido implementada, a crise poderia ter sido resolvida.

De modo frustrante, o projeto de declaração de Necker se perdeu, de forma que é difícil pôr à prova suas afirmativas. Ele o leu por inteiro para seus aliados ministeriais, Montmorin e os condes de Saint-Priest e La Luzerne, na carruagem a caminho da primeira reunião do conselho em Marly. Infelizmente nenhum deles pôde ouvi-lo de modo adequado por causa dos solavancos das rodas da carruagem nas pedras do caminho.[10] No entanto, parece claro que, quanto à questão vital da votação, Necker propôs uma conciliação. O rei ordenaria que os dois primeiros estados aceitassem a votação por cabeça em questões de interesse comum, sobretudo impostos, mas reservaria a votação por ordem para questões específicas da nobreza e do clero, tais como tributos feudais e privilégios clericais. Isso é testemunhado por uma carta de Saint-Priest a Luís XVI em 22 de junho, referindo-se "ao projeto apresentado pelo senhor Necker e em particular à proposta de ordenar que as duas primeiras ordens do estado se juntassem à terceira e votassem por cabeça em questões que não dizem respeito a interesses exclusivos de cada ordem e algumas outras questões estipuladas".[11]

Os acontecimentos que se seguiram foram surpreendentes. Na reunião do conselho, Necker apresentou sua proposta, que encontrou poucas objeções por parte do rei e dos outros ministros. A discussão se encaminhava para um fim e Luís estava prestes a aprovar o projeto de declaração e fixar uma data para a sessão real. O que aconteceu a seguir é relatado pelo próprio Necker:

> As pastas já estavam sendo fechadas quando subitamente vimos entrar um serviçal; ele se aproximou da cadeira do rei, sussurrou para ele e logo Sua Majestade se ergueu, instruindo seus ministros a permanecer onde estavam e esperar sua volta. Esse aviso, vindo quando o conse-

O VERÃO DE 1789   83

lho estava para se encerrar, naturalmente nos surpreendeu a todos. O senhor de Montmorin, que se sentava perto de mim, disse-me diretamente: "Tudo está desfeito; somente a rainha poderia ter-se permitido interromper o conselho de Estado; os príncipes devem tê-la convencido, e eles querem, por intervenção dela, adiar a decisão do rei."[12]

As lembranças de Necker estabelecem o momento em que Maria Antonieta foi finalmente persuadida pelos argumentos de Artois e dos Polignac. A intuição de Montmorin estava correta, e ela de fato persuadiu Luís a adiar a decisão para uma outra reunião do conselho. No último minuto, os conservadores conseguiram se safar.

As próximas horas viram um ataque coordenado às defesas desmoronadas de Luís XVI. O objetivo do ataque era preciso: evitar a proposta conciliatória de Necker e apoiar a votação por ordem pelo tempo que as ordens privilegiadas desejassem. Na manhã de 20 de junho, tudo estava pronto, e Maria Antonieta e Artois foram ver o rei. A cena que se seguiu é relatada pelo *chevalier* de Coigny, membro-chave do círculo de Polignac, em uma carta transcrita pela condessa d'Adhémar e escrita nesse mesmo dia:

> [...] a rainha, incapaz de se conter, retratou o trono derrotado pelos homens da facção [...] acrescentando que nada do que estava sendo feito era para o bem do povo, mas para ajudar um príncipe culpado [Orléans] a se apoderar da coroa.
>
> Exatamente quando essa princesa estava mais arrebatada, uma representação secreta do *parlement* de Paris foi anunciada [...] Viera pedir ao rei para dissolver os Estados Gerais, cuja existência comprometia a da monarquia; ao mesmo tempo, dava garantias de que o *parlement*, para deter a tempestade, não hesitaria em registrar essa legislação fiscal como lhe fosse apresentada, e além disso prometia fazer qualquer coisa que Sua Majestade desejasse...
>
> Nesse meio-tempo, o cardeal de La Rochefoucauld, acompanhado pelo arcebispo de Paris, também apareceu. Com emoção, lançaram-se aos pés de Sua Majestade logo que entraram e suplicaram-lhe em nome de são Luís e da piedade de seus augustos ancestrais que defendesse a religião, cruelmente atacada pelos modernos filósofos que contavam entre seus sectários quase todos os membros do terceiro estado...
>
> Depois, nossa cara *duchesse* [de Polignac], carregando o delfim e puxando seu irmão pela mão, empurrou-os para os braços do pai,

pedindo-lhe que não hesitasse muito mais e que desbaratasse os planos dos inimigos de sua família. O rei, tocado pelas lágrimas e por tantas representações, cedeu e demonstrou seu desejo de realizar um conselho imediatamente...[13]

Luís XVI com freqüência foi censurado pela fraqueza nessa conjuntura, mas essa maciça chantagem emocional teria curvado muitos governantes mais decididos. O conselho se reuniu imediatamente; Necker não foi convocado, mas, num gesto sem precedente, Artois e Provence o foram. No dia seguinte, a corte se transferiu de novo para Versalhes, onde se realizaram duas outras reuniões. Necker, que participou de ambas, percebeu que algo de muito errado se passava quando viu Artois e Provence à sua frente do outro lado da mesa do conselho.

Os resultados dessas deliberações foram expostos em uma declaração esboçada pelo conselheiro de estado Jean-Jacques Vidaud de la Tour. Seu cerne era uma rejeição da conciliação de Necker e a substituição por uma linha muito mais dura. A nobreza e o clero eram exortados, mas não obrigados, a discutir e votar por cabeça nas questões de interesse geral. Se quisessem, podiam estipular que quaisquer decisões tomadas desse modo só poderiam ser aprovadas por uma maioria de dois terços. Essas decisões só se aplicariam à atual sessão dos Estados. A forma de organização de futuros Estados, os direitos das três ordens, propriedades feudais e senhoriais e as prerrogativas honoríficas das duas primeiras ordens estavam explicitamente excluídos da discussão em comum. No entanto, mesmo que a declaração não compelisse as ordens privilegiadas a se unir ao terceiro estado, Barentin claramente esperava que a exortação do rei para que assim agissem alcançasse o mesmo resultado. Numa mensagem anexa, ele disse a Luís:

> Sua Majestade encontrará anexo o novo esboço que ele encarregou o senhor Vidaud de la Tour de preparar. Este tem a vantagem de manter firmemente a constituição e de abrir uma nova via de conciliação que, sem ser imposta pelo rei, terá os mesmos efeitos.[14]

Afirmou-se recentemente que a diferença entre esses artigos e os do esboço de Necker foi exagerada e que, tendo em vista a rapidez com que a crise se desenvolvia, nem mesmo os últimos teriam funcionado.[15] O extravio da proposta de Necker impossibilita que se chegue a alguma conclusão final sobre

O VERÃO DE 1789 85

essa concepção. Sem dúvida, Saint-Priest, que apoiava Necker, expressou dúvidas ao rei quanto ao fato de as concessões do ministro das Finanças serem ou não suficientes para satisfazer o terceiro estado. "Não ocultarei de Sua Majestade", escreveu ele,

> que temo que o terceiro estado, em sua presente exaltação, possa reivindicar essas questões que estão no projeto tão justamente reservadas a deliberação por ordem. Temo mesmo que se queixará da solene intervenção de Sua Majestade nessa conjuntura, tão veemente [ele] [...] parece.[16]

Havia, porém, uma diferença importante entre o rei ordenar que a nobreza e o clero votassem em comum nas questões gerais e simplesmente convidá-los para fazer isso, sem garantia de resposta favorável. A conciliação de Necker poderia ter reunido número suficiente de moderados de todos os lados para salvar tanto a autoridade real quanto os Estados Gerais. Em última instância, reduziu-se a uma escolha entre duas palavras: se o rei exortaria ou compeliria os dois primeiros estados a se juntar ao terceiro. No entanto, a escolha que Luís XVI fez ajudou a inflamar a Revolução Francesa.

O conservadorismo da declaração quanto à questão central da votação obscureceu suas outras cláusulas, muitas das quais estavam longe de ser reacionárias. O rei convidava os deputados a apresentar propostas para a abolição das *lettres de cachet* e para a promoção da liberdade de imprensa de um modo que ainda salvaguardava a moralidade pública e os interesses do estado. Todas as províncias francesas receberiam estados provinciais com substanciais poderes locais, pelo que o terceiro estado teria dupla representação e todas as votações seriam em comum. Acima de tudo, qualquer novo imposto, empréstimo e mesmo o orçamento real estariam sujeitos à anuência dos Estados Gerais. Com esse único artigo, a declaração de 23 de junho transformava a monarquia absolutista da França em uma monarquia constitucionalista. Fora admitido o atributo essencial de qualquer governo constitucional, isto é, a aprovação dos impostos pelos representantes da nação.[17]

No entanto, como a decisão sobre a votação deixava claro, esta seria uma monarquia constitucional em parceria com as ordens privilegiadas, não com o terceiro estado. A declaração encerrava a era em que a coroa, influenciada primeiro por Calonne e depois por Brienne, buscara a aliança do terceiro estado em sua investida contra as isenções de impostos dos dois primeiros estados. Agora, em seu alerta diante das reivindicações do terceiro estado de uma maior participação no poder, a monarquia cerrara fileiras com a nobreza e o clero em uma defesa de privilégios. Essa recusa em atender às aspirações do terceiro estado era a falha central da declaração, e seus efeitos logo seriam sentidos.

A despeito de suas imperfeições, a declaração de 23 de junho teria um significado que ultrapassou o verão de 1789. Os detalhes exatos da política de Luís XVI em relação à Revolução permanecem tema de profunda controvérsia. Seus detratores afirmam que, a partir de sua eclosão, o objetivo dele era simplesmente restabelecer a monarquia absolutista a todo custo; seus defensores sustentam que ele procurou autenticamente alguma forma de sistema constitucional. No entanto, em toda a correspondência remanescente de Luís e Maria Antonieta depois de 1789, o programa político a que se referem com mais freqüência é aquele contido na declaração de 23 de junho. Se Luís XVI tivesse recuperado sua autoridade em qualquer momento depois da eclosão da Revolução, sua base mais provável teria sido essa declaração.

O dia 23 de junho foi chuvoso e deplorável. Para a sessão real, toda a panóplia da monarquia tradicional foi exibida pela última vez. Luís XVI chegou ao Salão dos *Menus Plaisirs* em trajes cerimoniais, ao som de trombetas e escoltado por seus soldados do palácio. No entanto, ele parecia desalentado e intranqüilo. Tal como em 5 de maio, foi saudado quando entrou na assembléia, mas com uma diferença ameaçadora. Dessa vez, apenas a nobreza e o clero o saudaram. O terceiro estado, agora readmitido no salão para essa ocasião, permaneceu em silêncio. Como que para ressaltar os temores do terceiro estado, naquele dia só havia uma cadeira vazia, onde Necker se sentara anteriormente. Ninguém sabia se o ministro das Finanças se ausentara voluntariamente ou havia sido exonerado.

Depois dos comentários de abertura do rei, um funcionário leu uma declaração de 15 pontos "referente à presente sessão dos Estados Gerais", que anulava a promulgação da Assembléia Nacional e expunha em detalhe a decisão de apoiar a votação por ordem até onde os dois primeiros estados desejavam. Depois se seguiam 35 artigos que criavam a monarquia constitucionalista que substituiria a antiga. Começavam com a promessa de que não seria criado novo imposto nem imposto antigo seria ampliado sem a anuência dos representantes da nação. Em conclusão, Luís recomendou esse programa aos deputados em um pequeno discurso. Este soou como uma inequívoca nota de ameaça:

O VERÃO DE 1789

Cavalheiros, os senhores acabaram de ouvir uma declaração de minhas estipulações e meus objetivos; estão de acordo com meu vivo desejo de agir para o bem de todos. Se, por um remoto infortúnio, os senhores me abandonarem nesse superior empreendimento, terei de realizar o bem de meu povo sozinho; sozinho deverei me considerar seu verdadeiro representante...[18]

Aqui, então, estava a ameaça final. As propostas apresentadas há pouco representavam o limite final das concessões que a coroa estava preparada para admitir. Se os Estados Gerais apresentassem objeções, o rei fazia saber que as promulgaria com base em sua própria autoridade. Essa conclusão, como a própria declaração, ressoaria ao longo dos anos remanescentes da monarquia. Se tudo mais falhasse, a imposição da declaração de 23 de junho pela força nunca foi desprezada, embora Luís XVI se esquivasse da inevitável conseqüência — a guerra civil.

O rei deixou o salão, seguido pela nobreza e pela maioria do clero. O terceiro estado permaneceu, determinado a desafiá-lo e a continuar suas sessões como Assembléia Nacional. A cena esteve perto da farsa quando um exército de carpinteiros chegou para desmanchar as instalações preparadas para a aparição real em torno dos deputados sentados que tentavam desesperadamente preservar sua dignidade. A situação foi salva por Mirabeau. O mestre-de-cerimônias da corte, marquês de Dreux-Brézé, de 27 anos de idade, aproximou-se dos deputados e ordenou-lhes que se dispersassem. Mirabeau avançou seu imponente corpanzil e emitiu de volta sua famosa resposta: "Vá e diga aos que o mandaram que estamos aqui pela vontade do povo e que só nos dispersaremos sob a ponta de baionetas." Intimidado, Dreux-Brézé se retirou, ainda mantendo suficiente compostura para andar lentamente para trás portando o chapéu, como prescrevia a etiqueta.

Essa foi a apoteose de Mirabeau, o momento máximo de sua carreira. No entanto, Dreux-Brézé veio a rir por último. Em abril de 1791, tendo mudado de lado e se tornado conselheiro secreto da família real, Mirabeau morreu prematuramente e foi enterrado no Panthéon. Quando sua "traição" da Revolução foi descoberta por ocasião da queda da monarquia, seus restos foram retirados e postos em uma cova de indigente. Dreux-Brézé, por outro lado, retomou tranqüilamente seu posto de mestre-de-cerimônias quando da restauração da monarquia em 1814. Sobreviveu até 1825, e seu posto na corte passou normalmente para seu filho.[19]

Relatos da reação de Luís XVI ao desafio do terceiro estado variam bastante. O duque de Orléans afirmou que o rei ficou pálido de raiva e ordenou a Dreux-Brézé que esvaziasse o salão à força, ordem que teria sido executada se os deputados àquela altura já não tivessem se dispersado. A versão mais amplamente difundida sobre sua reação, porém, diz o oposto: "Maldição! Está bem, deixe-os ficar." Aliado a sua óbvia infelicidade na sessão real em si, isso implica que a defesa da votação por ordem por parte do rei foi de fato imposta a ele pela pressão da família e ia contra suas verdadeiras tendências. A falta de confiança de Luís era contagiosa e afetou o elo de autoridade. Os pregoeiros públicos de Versalhes se recusaram a promulgar a declaração pelas ruas, afirmando todos que estavam gripados.[20]

A ameaça mais tangível à autoridade real vinha de fora do salão. A inexplicada ausência de Necker na sessão real causara consternação entre os espectadores e a população de Versalhes. Embora o ministro das Finanças tenha de fato escolhido não aparecer de modo a evidenciar sua desaprovação em relação às decisões, isso não era sabido, alimentando a convicção de que ele fora exonerado. Uma multidão de mais de 5 mil pessoas se espremia entre o Salão dos *Menus Plaisirs* e o palácio. Às 6:00 da tarde, Necker, que mantivera com firmeza suas opiniões em suas dependências oficiais, recebeu uma convocação de Maria Antonieta. Enquanto se dirigia ao palácio, a multidão o seguiu. Os soldados da casa real eram muito poucos para resistir; a multidão forçou os portões internos e entrou no prédio, até as portas dos aposentos reais. Necker estava lá havia poucos minutos quando ocorreu um grito ameaçador dizendo que ele devia reaparecer, para mostrar que nada lhe acontecera. O ministro foi forçado a sair e se mostrar, gritando: "Voltem, cavalheiros, acalmem-se, o rei e a rainha me convocaram!"[21]

Essa aterrorizante invasão lançou a corte num estado de terror. Ninguém contava com essa quebra da ordem pública, nenhuma precaução tinha sido tomada, e o rei e a rainha pareciam subitamente à mercê da multidão. Bombelles, que estivera se deslocando entre Dangu, onde se encontrava Breteuil, e Versalhes, correu para as dependências dos Polignac "perturbado e aparentemente fora de si, gritando: 'O rei foi traído! Nosso senhor está nas mãos do vilão!...' Ele por fim deixou escapar que o senhor Necker, seguido por uma horda de mais de 10 mil homens, se dirigia ao palácio para ver o rei e ainda se encontrava lá".[22]

O pânico penetrou além das portas dos aposentos reais. Maria Antonieta, chocada por seu apoio anterior a Artois e aos Polignac, pediu a Necker durante vinte minutos para que não se demitisse. Ora, como Mercy-Argenteau expôs de modo mais tático a José II, "embora essa augusta princesa fosse brevemente dominada pela cabala infernal contra o ministro das Finanças [...] é à moderação e sabedoria da rainha [...] que devemos o impedimento de desastres ainda maiores".[23] Maria Antonieta então conduziu Necker para ver o rei. Não houve testemunhas do encontro, que durou uma hora. Ao que tudo indica, no entanto, Luís XVI perdeu a paciência, sinal seguro de que estava sob extrema tensão. Um dos camareiros reais, parado perto da porta do rei, ouviu-o gritar para Necker: "Sou eu, monsieur, que estou fazendo todos os sacrifícios, fazendo-os com todo meu coração, enquanto o senhor se atribui todo o mérito; o senhor quer receber todos os agradecimentos."[24]

Essa explosão pressagiava a conduta de Luís XVI ao longo da Revolução. Em todos os momentos importantes depois de 1789 quando tinha condições de falar com liberdade, ele volta ao tema dos sacrifícios que tinha voluntariamente feito em 23 de junho. Isso era um exagero de seu próprio altruísmo; afinal, a monarquia absolutista tinha deixado de ser viável pelo menos dois anos antes. No entanto, em 23 de junho o rei cedeu em um dia poderes a que seus colegas monarcas levaram outro meio século para renunciar. Dessa perspectiva, a coroa tinha feito concessões sem paralelo, mesmo que não parecesse desse modo para o terceiro estado. Para ele, estas não eram avaras mas notavelmente generosas, e ele nunca deixou de encará-las como a pedra fundamental de uma monarquia renascida.

A curto prazo, o fracasso da sessão real e o humilhante apelo a Necker tornaram inevitável a reunião das ordens. Poucos dias depois, Luís XVI convocou os líderes da nobreza e do clero. Com lágrimas nos olhos, afirmou "que nunca abandonaria sua nobreza, mas que era forçado pelas circunstâncias a fazer grandes sacrifícios pela unidade".[25] Pode parecer difícil conciliar essa afirmação com a afinidade anterior de Luís com o terceiro estado, mas num nível mais profundo ela é bastante coerente. Nem mesmo Necker tinha proposto que deveria haver votação em comum em todas as matérias; mesmo ele tinha excluído dessa votação os direitos e privilégios intrínsecos do primeiro e do segundo estados. No entanto, a confusão depois da sessão real tinha afastado qualquer possibilidade de conciliação e garantira que agora o público só ficaria satisfeito com a reunião pura e simples das três ordens. Esse era um passo grande demais para Luís XVI. Antes ele tinha apoiado a flexibilidade para que acomodasse o terceiro estado, mas estava indignado por lhe imporem por meio de ameaça a reunião cheia de ordens e por ser compelido a despojar, segundo seu ponto de vista, seus nobres e seu clero de seus direitos intrínsecos. Os acontecimentos de 23 de junho iniciaram uma irrevogável ruptura entre o rei e seu povo.

O dia também constituiu um divisor de águas nas relações de Luís e Maria Antonieta com Necker. A partir desse momento, suspeitavam fortemente de que ele se preocupava mais em agradar a massa do que em servilos. Essas suspeitas foram reforçadas pela ida noturna do ministro ao palácio, quando não tinha ficado claro se ele era prisioneiro da multidão ou seu líder. Não ficaram apaziguados com seu comportamento ao deixar o encontro com o rei. Segundo o conde D'Angiviller, amigo íntimo de Luís e diretor dos prédios reais, um dos amigos de Necker pediu-lhe para não excitar a multidão ainda mais e para sair por uma porta lateral. Necker parou por um momento; depois, escreve D'Angiviller, "eu gostaria de lhe ter podido mostrar como ele subitamente levantou a cabeça e, como resposta, andou com firmeza em direção à porta principal e saiu para encontrar a multidão".[26] Foi carregado em triunfo de volta a suas dependências oficiais, onde a maioria dos deputados do terceiro estado aguardava para recebê-lo.

Enquanto fogos de artifício iluminavam a noite para comemorar a vitória de Necker, Luís XVI já planejava sua réplica. Segundo várias fontes, o conselho se reuniu no palácio bem tarde nessa mesma noite. Os alarmas das horas anteriores tinham demonstrado uma dura verdade prática: como a família real estava vulnerável a um súbito movimento de massa. Não é certo, mas provável, que tenha sido tomada a decisão de enviar soldados das guarnições das províncias para reforçar substancialmente as tropas.[27] É bem provável que não tenha havido discussão, nem isso era necessário nessa fase, se o propósito principal era simplesmente que os militares defendessem Versalhes ou que se chegasse na verdade a uma ofensiva para recuperar a autoridade do rei. Os acontecimentos de 23 de junho levaram inexoravelmente à fase seguinte da crise revolucionária, que culminou na queda da Bastilha. Foi uma fase em que Breteuil seria a figura central.

*

DESDE ABRIL DE 1789, o andamento dos acontecimentos fora apressado em Dangu. Mensageiros iam e voltavam de Versalhes, assegurando-se de que Breteuil fosse rapidamente informado sobre os últimos episódios. Bombelles, em particular, gastou boa parte desses meses no caminho entre

O VERÃO DE 1789

a corte e seu chefe. Toda essa atividade tinha um objetivo principal: a volta do barão ao ministério.

A nova convocação de Breteuil foi anunciada por vários presságios. No mês de novembro anterior, ele fizera uma breve visita a Versalhes e tivera uma audiência com Maria Antonieta, permanecendo, como Bombelles anotou com cuidado, "22 minutos e esqueço exatamente quantos segundos mais".[28] De modo quase tão significativo, os Polignac também tinham começado a vê-lo como seu trunfo contra Necker. Essa era uma mudança bem-vinda, já que por mais de três anos as relações de Breteuil com a duquesa e seu círculo tinham sido tensas. O caminho de Breteuil para o ministério em 1783 fora bastante facilitado pelo noivado de sua neta, Caroline de Matignon, com o filho mais novo de mme. de Polignac. No entanto, logo depois de sua nomeação, Breteuil rompeu o compromisso e casou Caroline com o filho do duque de Montmorency. A ruptura daí resultante entre Breteuil e os Polignac era apenas um aspecto da cisão mais ampla, nesses anos, entre a rainha e sua *société*.

Sob a iminente ameaça dos Estados, porém, antigas amizades foram retomadas e inimizades mais recentes, esquecidas. Artois e os Polignac se reconciliaram com a rainha e tentaram desesperadamente enrijecer a sua resolução contra Necker e as concessões relativas à questão da votação. Breteuil se beneficiou bastante dessa união. Com a harmonia restaurada no círculo da rainha, ele se tornou o candidato predileto para assumir o ministério e restaurar a autoridade real. De modo nada surpreendente, as propostas de paz de mme. de Polignac em Versalhes e de Breteuil em Dangu foram transmitidas por intermédio de Bombelles. O marquês anotou em seu diário em 20 de abril:

> Vi a duquesa de Polignac trabalhando muito pela volta do barão de Breteuil ao ministério e pensando, tendo em vista sua conversa com a rainha, que ele certamente deveria ser reconvocado para o conselho de modo a se opor a todos os projetos de mme. Necker destinados a destruir a monarquia e a autoridade do rei. Fui encarregado de assegurar ao barão de Breteuil que não somente mme. de Polignac e seus amigos não tentariam mantê-lo fora da política, mas que o veriam voltar com prazer, como o único homem capaz de manter os direitos da coroa e a boa ordem no governo...[29]

Mas essa trama foi determinada sem o assentimento do rei. No final de junho, porém, estabeleceu-se uma correspondência entre Luís XVI e Breteuil. Em 1º de julho, Bombelles menciona que Breteuil tinha escrito ao rei, mas ainda não tinha recebido uma resposta, mas no dia seguinte a resposta de Luís chegou. O rei agradecia a Breteuil por sua dedicação, pedia-lhe que continuasse a correspondência e especificamente o convidava "a encontrar o melhor meio de obter, por meio de propostas dignas de confiança, o retorno à circulação, por empréstimo público, das imensas somas de dinheiro no momento escondidas em Paris".[30]

Essa manobra financeira foi a principal razão pela qual Luís XVI se voltou para Breteuil nesses dias cruciais de julho. Para ter alguma liberdade de ação, o rei precisava de dinheiro à mão. No entanto, o aprofundamento da crise política deixara os investidores da capital extremamente relutantes em adiantar fundos para o governo. Mais uma vez a coroa se via confrontada com o fator que tanto contribuíra para causar a crise — a quebra de confiança e crédito público. Quanto ao propósito essencial do empréstimo proposto, só se pode especular. A conclusão mais óbvia é que Luís se preparava para dissolver os Estados Gerais e precisava rapidamente encontrar uma fonte alternativa de fundos. Por outro lado, ele pode simplesmente ter desejado conseguir para si próprio pelo menos algum meio financeiro independente dos Estados e assim aumentar sua margem de manobra.

Um detalhe fascinante que foi ignorado pelos historiadores reforça o segundo argumento. O empréstimo de que o próprio Breteuil se ocupou em obter era da ordem de 100 milhões de libras. Como Luís XVI tinha especificamente afirmado na declaração de 23 de junho que daí em diante não seriam feitos empréstimos sem o consentimento da nação, a obtenção de fundos tão substanciais em segredo parece ser um forte indício de um plano de dissolução dos Estados Gerais. No entanto, Luís deixou uma cláusula de revogação. Embora a declaração de fato afirmasse que novos empréstimos necessitariam da concordância dos Estados, acrescentava que "em caso de guerra ou perigo para a nação, o soberano terá poder de tomar emprestada imediatamente uma soma de até 100 milhões de libras".[31] Não pode ser coincidência o fato de o empréstimo que Breteuil estava autorizado a negociar ser do mesmo valor daquele que a declaração permitia ao rei levantar sem consulta aos Estados.

Esse revelador pedido de empréstimo se coaduna com um importante aspecto do caráter de Luís — seu pendor legalista ao extremo. O rei era obsessivamente escrupuloso quanto a manter seus compromissos; seu não-cumprimento

O VERÃO DE 1789

exigia um tortuoso processo de autojustificação. O fato de Luís ter pedido a Breteuil que levantasse precisamente 100 milhões de libras constitui forte indício de que ele pretendia respeitar a declaração de 23 de junho. Ele contrairia um empréstimo exatamente no valor que lhe era permitido sem consulta aos deputados, mas deixaria, de na verdade, de dissolver os Estados Gerais. Sob essa perspectiva, Luís XVI tinha em mente não um claro golpe militar contra os Estados, mas apenas uma volta à declaração de 23 de junho.

O empréstimo proposto foi elaborado em detalhe. A pessoa-chave foi Jean, barão de Batz, mais tarde um famoso agente secreto monarquista durante a Revolução. Nativo da Gasconha, Batz fizera fortuna no *boom* de especulação parisiense da década de 1780, e a partir desse período manteve estreitos laços financeiros com Breteuil. Era essencialmente um aventureiro. Eleito para os Estados como deputado pela nobreza de Tartas, oferecera-se para passar sua cadeira para Artois a fim de dar ao príncipe mais meios de influenciar o segundo estado. Sob pressão de Necker, Artois fora forçado a recusar, mas permaneceu grato a Batz pelo gesto. Assim, em 5 de julho, Artois organizou a reunião de um comitê clandestino em Versalhes, ao qual foram apresentados os planos de Batz para o empréstimo. Ao que parece, Batz os defendeu com ofertas de fundos dos "principais banqueiros de Paris". Foi decidido que Batz veria Breteuil imediatamente, e assim, às 3:00 da manhã, ele e Bombelles se dirigiram a Dangu. Nos dias que se seguiram, os principais detalhes foram esgotados; esboçou-se um *arrêt du conseil* [decreto do conselho] oficial que criava 100 mil títulos no valor de mil libras cada um, e 33 milhões de libras foram prometidas como antecipação.[32]

A ação agora se tinha deslocado para Paris, onde Bombelles e Batz chegaram provenientes de Dangu a fim de encontrar outra figura chave que Breteuil tinha atraído para seus planos — o duque de La Vauguyon. Diplomata extremamente bem-sucedido, La Vauguyon na ocasião estava licenciado de sua função de embaixador em Madri, onde ocupava o posto desde 1784. Na tarde de 7 de julho, ele, Bombelles e Batz tiveram uma reunião secreta com Hamelin, antigo primeiro-secretário das Finanças, tendo Breteuil insistido para que lhe fosse submetida a proposta de empréstimo. La Vauguyon a seguir partiu para Versalhes, para trabalhar em um plano de ação solicitado pelo rei. Bombelles afirma que ele e Hamelin conseguiram dissuadir o duque de incluir nesse plano a definição de um fundo de amortização especialmente destinado, no orçamento, a cobrir o déficit, e que deveria ser posto sob a autoridade dos deputados. Isso é revelador, já que implica que, em

94 A QUEDA DA MONARQUIA FRANCESA

seu entendimento, La Vauguyon previa um papel duradouro para os Estados Gerais na nova orientação.

O andamento dos acontecimentos se acelerou no dia seguinte. Às 5:00 da tarde, Breteuil chegou a Paris proveniente de Dangu. Realizou-se em sua casa uma reunião durante a qual foram feitos os arranjos finais para a proposta de empréstimo. À meia-noite, La Vauguyon chegou de Versalhes. Trouxe a notícia de que Provence e Artois faziam tudo o que podiam para persuadir o rei a receber Breteuil. Isto faz supor que, embora Luís estivesse feliz por corresponder-se com o barão, ainda não estava pronto para readmiti-lo no ministério. La Vauguyon então leu seu plano de ação completo. Este não inspirou confiança em Bombelles. "Está bem traçado", observou, pessimista,

> mas não indica com suficiente exatidão o que deveria ser feito nessa importante crise [...] Conto mais com os erros e excesso de arrebatamento dos inimigos [do rei] do que com a suficiência dos meios empregados para a restauração da paz e da autoridade real.[33]

Às 3:00 da tarde de sábado, 11 de julho, Necker estava em um jantar de família. Nesse momento, recebeu uma carta do rei, que informava educadamente ao ministro das Finanças que ele havia sido demitido e lhe ordenava que deixasse sem demora o país. Dessa vez, Necker resistiu a sua necessidade de publicidade. Nada disse à filha, mme. de Staël, e ao marido desta, que também estavam à mesa, mas falou tranqüilamente com a mulher e pediu sua carruagem. Sem mudar de roupa e pegando apenas uma sacola de viagem, os Necker embarcaram rumo a Bruxelas.

No dia seguinte, foi anunciada uma mudança de ministros. Montmorin, aliado de Necker, foi substituído, como ministro das Relações Exteriores por La Vauguyon. O marechal De Broglie, um veterano de 71 anos de idade da Guerra dos Sete Anos, assumiu o Ministério da Guerra. Acima de tudo, Breteuil foi nomeado *chef du conseil royal des finances*, tornando-se de fato primeiro-ministro. O barão chegara ao poder.

*

O PERÍODO DE BRETEUIL no cargo foi breve e passou à posteridade como "Ministério das Cem Horas". Mas essas cem horas abarcaram a eclosão da Revolução Francesa. Até hoje, seus objetivos e motivações permanecem en-

O VERÃO DE 1789

voltos em mistério. Isso se deve ao fato de que, antes de Breteuil e seus colegas terem tido tempo de implementar seus planos, a queda da Bastilha os expulsou do cargo. Nenhum registro desses planos sobreviveu, de modo que sua exata natureza permanece tema de intensa controvérsia. O Ministério das Cem Horas tinha a intenção de dissolver os Estados Gerais pela força e impor a lei marcial em Paris? Ou, ao contrário, lutava por uma solução política nesses dias decisivos antes de 14 de julho?

A concepção tradicional sempre foi a de que Breteuil pretendia usar a força. Foi mais bem expressa pelo eminente historiador francês Pierre Caron em um artigo de 1906. É de se notar que desde aquela época até hoje as conclusões de Caron só foram questionadas uma vez.[34] Caron sustenta que o novo ministério planejava intimidar os Estados Gerais, cercando-os com soldados suficientes para "usar todos os meios" se necessário. Os Estados seriam então forçados a aceitar alguma versão da declaração de 23 de junho, sob pena de dissolução ou transferência para fora de Paris.

O mais forte indício em favor da concepção de Caron é a formação militar em torno da capital no fim de junho e início de julho. Já havia 6 mil soldados das guardas francesa e suíça estacionados em torno de Paris e Versalhes, mas como resultado das decisões tomadas no final de junho essas tropas foram muito reforçadas. Antes do fim do mês, chegaram mais 4 mil soldados. Em 26 de junho, chegaram outros 4.800, e em 1º de julho não menos de 11.500 receberam ordem de se deslocar. Na ocasião em que Breteuil chegou ao poder, ao que tudo indica havia mais de 25 mil soldados em torno de Paris. Especialmente preocupante para o terceiro estado e seus partidários era o fato de cerca de metade dos soldados convocados serem dos regimentos suíços e alemães do exército. Como estrangeiros, e em muitos casos sem falar francês, esses homens supostamente estariam mais imunes à propaganda radical e teriam menos escrúpulos de atirar no povo do que os franceses natos.

Essa grande concentração de forças parecia ter apenas um objetivo possível: partir para a ofensiva contra o terceiro estado e os parisienses, subjugando-os, se necessário, por força militar. No entanto, sempre houve um obstáculo importante para essa concepção. As ordens dadas pelo marechal de Broglie ao comandante militar de Paris, o barão de Besenval, sobreviveram — e nada dizem sobre operações ofensivas. De fato, dizem quase o contrário; suas medidas são cautelosas e defensivas. Pierre Caron tratou esse incômodo fato de modo hábil. Atribuiu a ausência de um plano de ataque à incapacidade de Broglie para imaginar que os indisciplinados parisienses constituíam uma ameaça militar. Ao contrário, ele apresentou a timidez do marechal como resultado de excessiva e cega confiança, "a arrogância de um homem acostumado a ver tudo se curvar diante dele".[35]

Essa argumentação é inconsistente por um motivo — deixa de levar em conta a idade e o caráter de Broglie. Era idoso e profundamente devoto; um observador inglês escreveu que os preparativos militares em torno de Paris eram interrompidos por três vezes todas as manhãs enquanto o marechal ia à missa.[36] É bem improvável que esse piedoso ancião liderasse um *coup d'état*.

De modo importante, as instruções de Broglie para Besenval deixam claro que, longe de subestimar a ameaça constituída pelos parisienses, ele estava muito ciente dela, e esta era a real razão de sua estratégia defensiva. Já em 1º de julho, ele se preparava para alguma forma de insurreição. Às 12:30 desse dia, ele escreveu a Besenval o seguinte:

> ... se os avisos que o senhor tem recebido sobre os rumores de um ataque da multidão hoje ao banco de descontos e ao tesouro real se materializarem, o rei consente que o senhor reúna todas as forças com que possa contar para salvaguardar o tesouro real e o banco de descontos [...] e que o senhor se limite a defender essas duas posições, cuja importância o senhor percebe plenamente e que merecem por completo toda sua atenção num momento em que, por azar, não estamos em condição de cuidar de tudo.[37]

Em 11 de julho, a preocupação do marechal tinha se aprofundado, e ele enviou a Besenval outra ordem, ainda mais cautelosa. Uma de suas expressões tinha um floreio eclesiástico — talvez ele tivesse acabado de voltar da missa.

> Como sou informado por muitas fontes de que há razões para temer uma violenta insurreição ao nascer do dia amanhã, rogo-lhe mas também lhe ordeno — como o rei escreve aos bispos —, instruo o senhor, portanto, sob o pretexto de exercícios militares, a trazer os batalhões de guardas suíços que estão em Rueil e Courbevoie [...] antes do amanhecer...
>
> Se houver uma insurreição geral, não poderemos defender toda Paris e o senhor deve se limitar ao plano para a defesa da Bolsa, o tesouro real, a Bastilha e os Invalides...[38]

O VERÃO DE 1789

Os temores de Broglie justificavam-se, já que havia vários meses a situação em Paris vinha ficando fora de controle. Em abril, um tumulto na fábrica de papel de parede Réveillon envolvera milhares de pessoas; os guardas franceses abriram fogo na multidão, matando 25 e ferindo centenas de pessoas. Num mau sinal, dois meses depois duas companhias desses mesmos guardas franceses se amotinaram, declarando que em nenhuma circunstância atirariam no povo. Em 30 de junho, 4 mil parisienses tomaram de assalto a prisão da Abbaye, onde os líderes desse motim estavam detidos, libertaram-nos e levaram-nos ao Palais-Royal. Essa inquietação política era alimentada pela dificuldade econômica, já que os efeitos da desastrosa colheita do ano anterior se faziam sentir e os preços do pão subiam muito.

Nesse clima perigoso, Broglie estava determinado, não a provocar, mas a evitar um confronto com o povo. Estava profundamente ciente de que revoltas por pão podiam facilmente se transformar em distúrbios políticos, e fez o máximo que podia para garantir que suas tropas desempenhassem com discrição as funções policiais. Isso fica claro a partir de sua comunicação a Besenval em 5 de julho de um pedido feito ao tenente de polícia de Paris "de ajuda para manter a ordem em Paris caso seja perturbada amanhã pelo povo se este não conseguir pão no mercado de manhã". Broglie aprovou o pedido do tenente de polícia, mas acrescentou quase dois parágrafos de advertência:

> Como esse pedido se destina apenas a conceder proteção ao cidadão e evitar a desordem, autorizo plenamente o senhor a [...] fornecer aos oficiais no comando dos destacamentos de que o senhor pode ser impelido a empregar as mais precisas e limitadas ordens, de modo que os soldados possam agir apenas como protetores e evitar escrupulosamente entrar em conflito com o povo — a não ser para evitar incêndio intencional, excessos e pilhagem que ameacem a segurança do cidadão.
>
> Confio que o senhor não terá de empregar esses meios e o desejo mais do que posso expressar: estou perfeitamente seguro de que seus sentimentos são os mesmos.[39]

Se os comandantes militares não tinham intenção de empreender uma ofensiva, o mesmo era verdade no tocante aos políticos? É difícil chegar a uma conclusão. Nenhum escrito de Breteuil desse período sobreviveu, enquanto Bombelles, dominado pelos acontecimentos, interrompeu seu diário depois

98   A QUEDA DA MONARQUIA FRANCESA

de 8 de julho e só o retomou em 5 de agosto. As intenções de Breteuil e seus colegas só podem ser reconstruídas parcialmente a partir de fragmentos das memórias de outros contemporâneos. Isso, no entanto, fornece o indício de que Breteuil despendeu pelo menos parte de suas cem horas de poder tentando resolver a crise por meio de negociação. O relato mais substancial sobre seu empenho provém do duque des Cars, um oficial superior e nobre da corte, particularmente próximo de Artois. "Eu estava em contato constante com o conde D'Artois e os homens que ele queria que o rei nomeasse para seu conselho", recorda des Cars sobre o período. "Eu me apressava de Versalhes até o barão de Breteuil em Dangu, e de Dangu até Versalhes, onde com freqüência encontrei o duque de La Vauguyon e os outros membros desse grupo."[40]

Na manhã de 13 de julho, afirma des Cars, um de seus companheiros em Versalhes recebeu uma carta do duque de Orléans. Nela, o duque se arrependia do papel que desempenhara como líder da oposição e pedia um encontro com Breteuil como primeiro passo para uma reconciliação com o rei. Isso é inteiramente plausível, já que na ocasião todos os deputados rebeldes estavam alarmados com a ameaçadora formação de tropas em torno deles. Orléans também tinha razões particulares para encaminhar sua proposta por intermédio de Breteuil. A família do barão tinha fortes ligações com os Orléans; seu tio, o abade, que morrera em 1780, fora chanceler do pai do atual duque e administrara sua casa por 24 anos. O próprio Breteuil tinha estreitos vínculos financeiros com a Casa de Orléans. Como seus documentos revelam, no mesmo dia em que des Cars escrevia, 13 de julho, ele recebeu a prestação anual, no valor de 7.600 libras, de uma renda vitalícia que ele deixara com o duque de Orléans. Trata-se de uma das pequenas ironias de 1789 que, no dia anterior à queda da Bastilha, o homem que Luís XVI encarregara de restaurar a autoridade real tenha recebido um substancial pagamento de rendimentos de um dos principais líderes revolucionários.[41]

Segundo des Cars, Breteuil de fato concordou em encontrar Orléans, secretamente, nos estábulos de Versalhes. Des Cars até mesmo afirma ter visto Breteuil, uma vítima de gota, sendo transportado para o encontro em sua cadeirinha azul. Acrescenta que Orléans seguiu pouco depois. Ao que tudo indica, o barão providenciou o encontro de Orléans com o rei. Não está claro, porém, se tal encontro realmente se deu.

Uma outra indicação de contatos através da linha divisória revolucionária surge nas memórias de Saint-Priest, que, como ministro sem pasta, era

O VERÃO DE 1789

um aliado de Necker, tendo sido exonerado com ele. Saint-Priest observou que o conde de Clermont-Tonnerre, um dos líderes da Assembléia Nacional, era primo de Breteuil, e afirmou que o barão planejava usar essa ligação para abrir um canal de comunicação com seus oponentes. "Parece", escreveu ele, "que o barão de Breteuil, contando com a influência de seu parente, o conde de Clermont-Tonnerre, então presidente da Assembléia Nacional, esperava resolver questões por negociação. Essa esperança não durou muito tempo."[42]

Um detalhe revelador desses dias indica que Clermont-Tonnerre de fato tentou ajudar Breteuil. Em 13 de julho, a Assembléia Nacional, chocada com o afastamento de Necker e seus colegas e temendo o pior em suas substituições, debateu uma moção que pedia a Luís XVI para convocar novamente os ministros exonerados. De modo significativo, Clermont-Tonnerre, como secretário da Assembléia (e não presidente, como afirma Saint-Priest), discordava dessa proposta. Embora apoiasse todas as ações da Assembléia desde 17 de junho, ele sustentava, em nome do princípio da separação dos poderes, que o rei tinha o direito absoluto a nomear ou demitir ministros conforme achasse conveniente. Embora expressasse sua argumentação em termos puramente abstratos, parece mais do que uma coincidência que seu beneficiário potencial mais imediato fosse o próprio primo, que pode ter iniciado negociações com ele para conseguir apoio para seu novo ministério. De modo interessante, a posição de Clermont-Tonnerre era apoiada por seus principais aliados na Assembléia, os monarquistas constitucionais que depois seriam chamados de *monarchiens*, Mounier, Lally-Tollendal e Virieu. Isso pode significar que eles também tinham recebido propostas do barão. No entanto, Clermont-Tonnerre foi além do que fizeram. Ele discordava da proposta de Virieu de que os deputados renovassem o juramento do Jeu de Paume a fim de manter solidariedade, sem dúvida porque sentia que nessas circunstâncias isso seria por demais provocativo. Sob uma retórica bombástica, seu discurso parece muito semelhante a uma discreta tentativa de garantir pelo menos uma audiência para Breteuil:

> Em tempos de calamidade pública, devemos nos prender aos primeiros princípios. O rei tem o direito de compor e desfazer seu conselho; a nação não deveria nomear ministros; ela só pode indicá-los pelo testemunho de sua confiança ou sua desaprovação. Quanto ao juramento [do Jeu de Paume], *messieurs*, não há razão para renová-lo: a constituição sobreviverá ou sucumbiremos com ela...[43]

A QUEDA DA MONARQUIA FRANCESA

Como era de se prever, Bailly usou a antiga amizade com Breteuil em um esforço desesperado para deter a demonstração de intenções que avultava. Não ousou ver o barão em pessoa, mas em 12 ou 13 de julho escreveu-lhe uma carta pedindo-lhe para não tomar atitudes precipitadas. "Adverti-o como amigo para não se enganar com a assembléia", escreveu Bailly,

> Que ela não era nada como um *parlement*, mas, ao contrário, como a nação; que não voltaria atrás em seus decretos, nem cederia à autoridade; que era digno de seu caráter, que eu conhecia, agir para o bem público e ser tanto o ministro da nação quanto o do rei.[44]

Bailly mais tarde ouviu que Breteuil tinha se irritado com a carta; de qualquer modo não houve resposta. No entanto, ele parece ter tentado proteger Bailly individualmente à medida que a situação piorava. Ao que tudo indica, houve algum debate entre os novos ministros quanto à prisão dos principais deputados rebeldes. No entanto, Breteuil defendeu Bailly como um homem probo e moderado, e sustentou que ele deveria ser poupado. Mais tarde Bailly disse: "Eu não queria ser destacado desse modo, mas a atitude [de Breteuil] prova que ele estava preparado para abrir exceções."[45]

De fato, a atividade de Bailly como mediador não terminou aqui. Uma das afirmações mais surpreendentes em suas memórias é a de que nessa época ele foi procurado por um amigo de Artois, cujo nome não fornece. Esse contato anônimo disse a Bailly que tinha na verdade conseguido convencer o príncipe a persuadir Luís XVI a uma conciliação com os Estados Gerais. Isso não corresponde de modo algum à postura inflexível de Artois até então, mas talvez a essa altura ele mesmo estivesse começando a vacilar. De qualquer modo, Bailly era um homem sóbrio e digno de confiança, e suas memórias são em geral confiáveis. Ele escreve que, com base nessa proposta, elaborou o rascunho de um discurso conciliatório que o rei poderia fazer aos Estados, embora isso logo fosse superado pelas circunstâncias. Apesar desse esforço, como aqueles de Breteuil e Orléans, não dar resultado, ele lança uma luz reveladora sobre os acontecimentos em torno de 14 de julho. Por trás do drástico confronto, negociações discretas — e até agora cuidadosamente ocultadas — foram empreendidas por ambos os lados a fim de evitar uma prova de força que praticamente todos temiam.

Uma outra questão que permanece misteriosa é se Breteuil queria de fato voltar ao poder numa situação tão perigosa. Certamente ele era ambicioso e

O VERÃO DE 1789

estivera tramando por debaixo dos panos durante pelo menos os últimos três meses, mas mesmo um homem ambicioso poderia ter pensado duas vezes antes de apostar sua reputação numa conjuntura tão crítica. De fato, em abril de 1789, Bombelles referiu-se a ele como "sem pressa para voltar ao poder".[46] Uma das razões pelas quais Bailly ficou tão chocado ao tomar conhecimento de que Breteuil se tornara substituto de Necker era precisamente que o próprio barão com freqüência lhe tinha assegurado que não tinha intenção de fazê-lo. "Não posso imaginar como ele decidiu voltar nessas circunstâncias tão aterradoras", lembrou Bailly.

> Ele me havia dito mil vezes que não desejava voltar à vida pública e acrescentara que certamente não o faria se m. Necker deixasse o posto [..]. Estava claro que graves mudanças estavam sendo planejadas e que m. Necker estava sendo exonerado por se recusar a apoiá-las. Mas teria seu substituto concordado com a consecução delas? Era isso que me atormentava.[47]

Os temores de Bailly se justificavam? Mais uma vez, subsistem poucas pistas. Uma está em outra passagem do diário de Bombelles, que apresenta Breteuil como muito pouco ansioso para enviar tropas. No final de abril, Artois perguntou-lhe o que deveria ser feito para salvar a situação. A resposta do barão deve ter enfurecido o belicoso príncipe: "Nada, exceto ficar calmo, permanecer fiel ao rei e ao bem público e confiar no gênio tutelar da França na ausência das medidas sábias que deveriam ter sido tomadas."[48]

Por essa resposta é possível indagar se Breteuil tinha algum plano em mente quando concordou em se tornar primeiro-ministro. Uma indicação de que tinha surge nas memórias de Angiviller, amigo e confidente de Luís XVI. Segundo essa fonte, Breteuil e La Vauguyon pensavam que o rei e a família real deviam se afastar do perigo da violência da multidão, indo para Compiègne, a nordeste de Paris, e que os Estados Gerais deviam se transferir para perto de Soissons. D'Angiviller até afirma que o principal camareiro de Luís já havia sido enviado para Compiègne com as jóias da coroa, tanto pela segurança delas quanto como garantia para outro empréstimo de emergência.[49] D'Angiviller era extremamente bem informado, e seu relato tem a marca da verdade. O plano de transferir o rei para Compiègne ocorreria mais de uma vez durante a Revolução.

Após Breteuil, La Vauguyon desempenhou papel central no Ministério das Cem Horas. Ele surge claramente como o mais moderado e "constitucional" dos ministros de 12 de julho, e esse realismo persistira pelo resto de uma longa carreira política que abrangeu tanto a emigração quanto a restauração. Infelizmente, a família de La Vauguyon está extinta e parece que os documentos do duque estão irrecuperavelmente perdidos. No entanto, La Vauguyon, em um livrete publicado em Paris em 1797, deixou algumas pistas quanto a sua posição no verão de 1789.

Nessa obra, o duque se apresenta como reformador moderado mas empenhado na época em que se iniciaram os Estados Gerais. Ele escreveu o seguinte:

> Eu era dedicado [...] aos princípios que fizeram Luís XVI desejar tão fortemente uma reforma salutar dos abusos da administração pública, e os meios de alcançar isso foram objeto de minhas mais profundas meditações. Por muito tempo lamentei os sucessivos erros e operações malconcebidas que tão desastrosamente afetaram a situação financeira. Convocar os notáveis não tinha me parecido ser a solução; o necessário era que os Estados Gerais, cuja abertura solene sem dúvida teria, em circunstâncias mais tranqüilas, remediado nossos males, e habilmente auxiliado as mais virtuosas intenções.[50]

O que transformara em alarme suas esperanças em relação aos Estados Gerais, afirmava o duque, foram a crescente desordem e o radicalismo político que cercaram as eleições. Como resultado, ele elaborara um plano que apresentou para um dos ministros, que ele não nomeia mas que obviamente era Necker. O conteúdo do plano é de grande interesse, já que claramente indica o ponto de vista de La Vauguyon nessa conjuntura. "Meu desejo", afirma ele,

> era que Luís XVI, informado pelos *cahiers* [as listas de queixas que cada distrito eleitoral tinha elaborado para seus deputados] [...] formasse com base nisso uma grande carta pública e que no dia de abertura [dos Estados Gerais] ele próprio chegasse e a promulgasse. Nesse momento, as pessoas seriam arrebatadas, mais do que genuinamente revolucionárias; os que poderiam ter tido o sinistro intento de fomentar a desordem ainda não conheciam uns aos outros; ainda não se tinham formado facções [...] essa audaciosa atitude teria inquestionavelmente extinguido as primeiras centelhas de rebelião.[51]

Esse plano, por certo, era notavelmente similar àquele adotado por Luís XVI dois meses depois, em 23 de junho. Mas mostra que La Vauguyon não era de modo algum intrinsecamente hostil aos Estados Gerais; de fato, ele os considerava essenciais, sob as condições corretas, para a regeneração da França. É improvável que no início de julho, a despeito das sublevações que ocorriam, ele tivesse invertido tão completamente sua posição a ponto de defender sua dissolução. É muito mais provável que preferisse que o ministério de Breteuil mantivesse os Estados em sessão, mas garantisse que dessa vez aceitaria a "grande carta pública" de que tinha falado — sem dúvida baseado na declaração de 23 de junho — por meio de pressão militar, transferência para fora de Paris ou ambas as medidas. O testemunho de La Vauguyon é outra evidência de que em julho de 1789 Breteuil e seus colegas não estavam planejando a destruição direta dos Estados.

A partir de todos esses indícios, parece que uma combinação de negociações e pressão militar para induzir os Estados Gerais a aceitar a declaração de 23 de junho pode mais provavelmente ter sido o novo plano do ministério. No entanto, isso ainda deixa sem resposta questões vitais. Acima de tudo, havia uma óbvia contradição entre os aspectos militar e político do plano. Para os Estados Gerais estarem isolados e intimidados a ponto de cederem à coroa, tinham de estar diante de um esforço militar cuidadosamente calculado; de modo especialmente importante, Paris tinha a todo custo de estar reprimida e impedida de ir em seu auxílio. Mas não há indício, em nenhum dos documentos subsistentes de Broglie, de quaisquer disposições referentes aos Estados Gerais, enquanto as medidas que o marechal tomou para neutralizar os parisienses eram totalmente inadequadas. Essa disparidade entre fins e meios sempre foi o mistério permanente do Ministério das Cem Horas.

*

NO ENTANTO, A PEÇA final do quebra-cabeça existe, embora tenha ficado por tanto tempo escondida. Encontra-se nos documentos de Bombelles. O diário do marquês não deixa passar nenhuma pista, já que ele estava muito ocupado para mantê-lo durante esses dias cruciais de julho. Bombelles, porém, discutiu os acontecimentos desse verão dois anos depois. Em janeiro de 1792, ele se encontrava em São Petersburgo em uma missão com a finalida-

104   A QUEDA DA MONARQUIA FRANCESA

de de conseguir o apoio de Catarina, a Grande, para Breteuil e sua política.
Ele levou cartas de credenciamento do barão para a imperatriz e para seu
vice-chanceler, conde I. A. Ostermann. No fim do mês, Ostermann pediu a
Bombelles um memorando que explicasse esse aspecto da Revolução que
tanto o aturdira, a fraqueza e divisão na política real desde 1789. O marquês
escreveu adequadamente o memorando e o enviou a Ostermann acompanhado de uma nota em que salientava que tinha tentado ser tão objetivo
quanto possível:

> Sua Excelência me pediu que lhe escrevesse um *précis* do que em mi-
> nha opinião foram as causas tanto de nossos infortúnios quanto da
> falta de coordenação nessas iniciativas [monarquistas] cujos objetivos
> foram os mesmos [...] Expus no memorando anexo o que penso; foi
> ditado pura e simplesmente por minha própria opinião. Não recebi
> ordem para desacreditar ninguém; eu nunca seria escolhido para ser o
> instrumento de uma cabala...[52]

Bombelles começa sua análise com a assembléia de notáveis, mas seu elemento central é a reunião dos Estados Gerais. Sua principal revelação, que
fornece a chave para a inatividade de Breteuil e de Broglie nesse mês de
julho, é a de que Breteuil se opunha por completo à exoneração de Necker.
Ele estava perfeitamente ciente de que isso causaria uma explosão em Paris
de que Broglie ainda não tinha soldados suficientes à sua disposição para se
opor a uma revolta em grande escala. O plano de Breteuil era manter Necker
no posto pelo período necessário à reunião de tropas para lidar com a situação, ao mesmo tempo que cercando-o com ministros confiáveis para impedir novas concessões ao terceiro estado. Para esse fim, ele estava preparado
para voltar ao conselho do rei. Assim, quando tudo estivesse pronto, Necker
poderia ser dispensado e ser imposta uma decisão baseada na declaração de
23 de junho.

O diário de Bombelles relativo a esse período, exatamente antes de ele o
interromper, confirma esse relato retrospectivo. Em 24 de abril, anotou em
detalhe um plano esboçado por Provence e Artois que ele acabara de transmitir a Breteuil em Dangu. O objetivo do plano era a criação de um novo
conselho para lidar apenas com os Estados Gerais e no qual os dois príncipes, bem como seus primos Condé e Conti, seriam admitidos. Todos os outros ministros seriam afastados, exceto Necker, "porque não devemos fazer

O VERÃO DE 1789

dele uma figura de destaque da oposição".[53] Breteuil se tornaria ministro das Relações Exteriores, e o rei escolheria os ministros da Guerra e da Marinha entre La Vauguyon, o general de Bouillé e o conselheiro de estado Foulon.

Esse projeto tinha armadilhas, para dizer o mínimo. A mais óbvia era a provável reação de Necker quando visse seus próprios aliados ministeriais demitidos e ele próprio cercado por um conselho dominado por seus inimigos. Ele não teria simplesmente se demitido na hora? É possível que se tenha pensado em retê-lo à força, se necessário, mas esse era um caminho muito arriscado. Afinal, a ausência de Necker da sessão real de 23 de junho e os conseqüentes rumores de que algo exatamente desse tipo lhe havia acontecido foram suficientes para provocar uma invasão do palácio, nessa noite, por uma multidão; isolar o ministro das Finanças, em vez de demiti-lo, poderia facilmente ter provocado um levante não menos perigoso do que aquele que de fato ocorreu em 14 de julho. No máximo, essa manobra teria conseguido alguns dias a mais para a reunião de tropas; mas talvez isso fosse tudo o que Breteuil queria.

Até 11 de julho, o plano se sustentou bem. Necker protestou no conselho contra a reunião de tropas, e os Estados aprovaram uma resolução pedindo a retirada delas, mas nada mais aconteceu. Então, quando a carta da final, ou seja, a reforma do ministério, estava para ser lançada, algo deu errado. Em vez de ser apenas cercado pelos oponentes no conselho, Necker foi na realidade afastado, e a explosão que Breteuil trabalhara para evitar foi desencadeada. Bombelles resumiu tudo isso de modo vigoroso em seu memorando:

> Os Mm. de Breteuil e de La Vauguyon foram convocados, mas o rei, sob pesada pressão para afastar o senhor Necker, deixou por completo de fazer o que o senhor de Breteuil tomara a liberdade de aconselhar; esse ministro desejava que o rei mantivesse o M Necker, que estava se desacreditando por seus erros e que só recuperou sua popularidade porque foi demitido muito cedo.[54]

Mais uma vez, duvida-se que os parisienses tenham sido enganados — ou enganados por tempo suficiente — pelo plano de Breteuil. No entanto, o afastamento precipitado de Necker sem dúvida arruinou qualquer chance de sucesso que tivesse. Por que isso aconteceu ainda é um mistério. Nesse ponto crucial, Bombelles é reticente, mas sua inferência é clara. Luís XVI estava "sob pesada pressão para afastar o senhor Necker", embora o próprio Bombelles afirme que Breteuil, seu óbvio substituto, defendesse fortemente sua manutenção. Quem mais tinha a necessária influência e carisma para forçar o rei a essa fatal decisão? O candidato óbvio é Artois. Em todos os relatos do período, é o príncipe que aparece como a força propulsora na resistência ao terceiro estado. Como Saint-Priest relata em suas memórias, no final de junho, Artois tinha, temporariamente, subjugado a rainha à sua vontade, de modo que Maria Antonieta desempenhou apenas um papel secundário nos acontecimentos de julho. Também fica claro que Artois tinha um profundo ódio pessoal por Necker. Já em 30 de abril ele tinha publicamente insultado o ministro das Finanças, praticamente o acusando de traição. Logo antes da sessão real, ele até mesmo defendeu sua prisão. Nunca saberemos ao certo, mas é bem provável que tenha sido uma súbita e impulsiva intervenção de Artois que acarretou o afastamento de Necker e transformou por completo a situação que Breteuil teve de enfrentar.

O plano pode ter falhado, mas o barão estava profundamente envolvido para se retirar. Contra todo conselho e sua própria intuição, viu-se reconvocado para o conselho não apenas como um ministro entre vários, mas como principal ministro no lugar de Necker. Sua posição não era nada invejável, pois também o condenava a um jogo de espera. Embora as chances estivessem voltadas contra ele, Breteuil só podia jogar com o tempo até que as tropas se reunissem. Nas circunstâncias, não é de surpreender que tentasse iniciar negociações com Orléans e outros líderes da oposição. Estas podem até mesmo não ter sido completamente insinceras; Breteuil sabia que a força tinha seus limites e que algum grau de consenso para sua planejada pacificação valia o esforço. No entanto, em dois dias, ambos os esteios de sua política, o político e o militar, tinham sido destruídos pela revolta de Paris.

Essa interpretação também explica muito sobre as posteriores relações de Breteuil com Artois. Supondo que o memorando de Bombelles fosse exato (e o marquês não tinha razão para mentir sobre o passado), Breteuil no íntimo deve ter ficado furioso com Artois para ter tão altivamente destruído seu projeto e, com ele, suas chances de sucesso no ministério. A partir desse momento, em oposição à estreita colaboração entre ambos nos meses anteriores, Breteuil e Artois encerraram todo contato amigável. Quando o barão se tornou chefe da diplomacia secreta de Luís XVI no final de 1790, não é fantasioso discernir, em sua impassível recusa a confiar quaisquer de seus

O VERÃO DE 1789

planos ao príncipe, a empedernida lembrança da imprudência que acarretara uma revolução.

A nomeação de Breteuil como principal ministro foi anunciada em 12 de julho. A fragilidade de sua posição se tornou aparente em horas. É até possível que, entregue a si mesmo, ele pudesse ter feito um acordo com os deputados em Versalhes; o que ele não podia fazer era conter a capital. Às 9:00, nessa manhã, a notícia do afastamento de Necker e de sua própria nomeação alcançou Paris. A reação foi imediata. Grandes multidões se reuniram no Palais-Royal e arredores; no início da tarde, inflamadas por oradores radicais, irromperam no museu de cera de Curtius, em uma das arcadas, apossaram se de dois bustos, um de Necker e outro do duque de Orléans, e os puseram à frente de uma maciça manifestação que avançava em direção à Place Vendôme. Lá, pela primeira vez, o povo encontrou soldados, uma companhia de cavalaria real alemã comandada pelo príncipe de Lambesc. Os soldados receberam ordens para esvaziar a praça, mas o aglomerado de corpos era muito grande para eles, que se retiraram através da Place Luís XV (hoje, Place de la Concorde) em direção aos jardins das Tulherias. Na violência que se seguiu, um manifestante foi morto. No entanto, as tropas reais eram numericamente superadas em muito pela multidão, que agora era reforçada por companhias amotinadas de guardas franceses. Nessa noite, o comandante de Paris, Besenval, não tendo feito praticamente nenhum esforço para corrigir a situação, reconheceu seu revés ao retirar suas forças da cidade, para oeste do Pont de Sèvres.

O afastamento prematuro de Necker teve assim precisamente o efeito que Artois devia ter previsto e que Breteuil mais temia. Na noite de 12 de julho, a tentativa malfeita de subjugar Paris entregara a cidade à anarquia. Como Broglie previra, o aspecto político da revolta foi reforçado pelos tradicionais tumultos por alimentos. Nessa noite, o muro da alfândega em torno de Paris, odiado símbolo de impostos sobre consumo, ficou sob ataque contínuo. Foi demolido em vários pontos. A noite foi iluminada pelas chamas de quarenta de suas alfândegas, que foram incendiadas. Na manhã seguinte, o mosteiro de Saint-Lazare, que também servia como depósito de grãos, foi saqueado pela multidão. Foi essa completa quebra da lei e da ordem, e não a ilusória ameaça das tropas reais, que forçou o conselho da cidade a estabelecer sua própria autoridade; paradoxalmente, isso se tornara necessário pela ausência de soldados, e não por sua presença. Pouco depois do amanhecer de 13 de julho, os eleitores da capital se reuniram no

Hôtel de Ville e concordaram em estabelecer uma milícia de cidadãos de 48 mil homens para preservar a ordem. Pela primeira vez desde as guerras de religião do século XVI, Paris tinha um governo revolucionário.

A primeira tarefa da insurreição foi buscar armas, o que tinha um duplo propósito: satisfazia às multidões, que clamavam por armas para se defender contra as tropas reais, e dava às milícias de cidadãos um meio essencial de controle. Durante o dia 13 de julho, negociações não conclusivas foram feitas com o governador dos Invalides para que os 30 mil mosquetes à sua disposição fossem entregues. De modo compreensível, o governador procurou ganhar tempo. Na manhã de 14 de julho, os parisienses perderam a paciência, e uma multidão de 80 mil pessoas irrompeu nos Invalides e se apoderou dos mosquetes e até mesmo de alguns canhões. Tudo de que se precisava então era pólvora para as armas. Esta tinha sido armazenada, por ordem de Besenval, na Bastilha.

Um dos muitos aspectos notáveis de julho de 1789 é que todos os comandantes reais sabiam que a Bastilha era um lugar frágil. A guarnição que se ocupava da pólvora era insuficiente, e o comandante, o marquês de Launay, era conhecido como propenso ao pânico. Em 5 de julho, Broglie escreveu claramente a Besenval: "Direi logo que há duas fontes de inquietação no tocante à Bastilha; a pessoa do comandante e a natureza da guarnição." Afirmava que estava tentando encontrar um substituto (embora no dia 14 não se tivesse encontrado). Ele também ordenava a Besenval que reforçasse de Launay com trinta soldados suíços. Por fim, com as palavras que numa visão retrospectiva podem ser consideradas as mais irônicas de todo o verão, Broglie disse a seu tenente para enviar alguns atiradores para a Bastilha "a fim de examinar se os canhões estão em ordem e para usá-los se necessário — o que seria extremamente desafortunado mas por sorte é muito improvável...".[55]

Quanto aos Invalides, foram de início tentadas negociações para entregar a pólvora e os canhões da fortaleza, mas foram interrompidas quando a multidão espontaneamente invadiu o pátio e foi atacada. De 1:30 até às 5:00 da tarde, a Bastilha sofreu um cerco regular. Este terminou quando de Launay, sem confiança em sua guarnição e ciente de que quase não tinha suprimentos de alimentos, decidiu capitular. Nesse momento, quase cem dos atacantes já tinham sido mortos. Isso foi suficiente para que os termos de rendição não fossem respeitados. Oito dos defensores foram linchados. O próprio de Launay foi agredido e assassinado enquanto era levado para o Hôtel de Ville para julgamento. Sua cabeça foi cortada e colocada em um

O VERÃO DE 1789

poste por um cozinheiro chamado Desnot, que foi escolhido, como ele depois testemunhou, porque "sabia como lidar com carne".[56]

O enigma mais intrigante da revolução de Paris é por que, durante esses dois dias cruciais, quando a cidade foi abandonada à multidão, Broglie e Besenval, com mais de 20 mil homens à sua disposição, nada fizeram. Claro estava que Broglie sentia que não tinha soldados suficientes para conter "a insurreição geral" que ele temia, mas certamente mesmo estes teriam apresentado mais do que a patética resistência oferecida nos Invalides e na Bastilha? Como suas ordens para a parte inicial de julho revelam, os planos do marechal eram decididamente defensivos; por mais estranho que possa parecer, ele se recusou a alterá-los, mesmo quando a situação estava transformada pela revolta da capital. Isso é deixado claro pelo próprio Broglie, numa justificativa de sua conduta escrita para Luís XVI no final do mês. De modo surpreendente, esse notável documento nunca foi usado ou publicado, a despeito do fato de encontrar-se numa das mais famosas coleções públicas de material revolucionário, os documentos encontrados no *armoire de fer* depois da tomada das Tulherias e hoje abrigados nos Archives Nationales.

A carta de Broglie foi escrita de Luxemburgo, para onde fugira (contrariando as ordens do rei) depois da queda da Bastilha. Tratava-se de um veemente protesto contra a inundação de panfletos e artigos acusando-o de concordar com a ofensiva contra Paris por ambição e interesse próprio. De fato, a carta revela que Broglie tinha na verdade recusado a oferta para se tornar par do reino quando indicado para comandar as tropas em torno da capital. O marechal não foi menos firme ao declarar que nunca propusera nenhum ataque à capital. "Minha consciência me reafirma", lembrou ele ao rei,

> que apenas o chamado do dever me impeliu a obedecer-lhe em circunstâncias que o senhor mesmo me descreveu como tão difíceis e tão críticas, e espero que o senhor não me recuse a justiça de tornar sabido como eu estava distante de propor quaisquer daqueles violentos conselhos que são atualmente atribuídos a mim.[57]

Isso deve ser verdade; de Broglie nunca teria ousado falsificar o registro em uma carta ao rei, refazendo acontecimentos que ambos tinham ajudado a conceber. No entanto, a confirmação de que de Broglie não tinha planos ofensivos nos aproxima mais do mistério que é *a razão pela qual* ele não tinha nenhum. A resposta para isso só pode ser encontrada no exame de suas relações com Breteuil.

O fato-chave é que a indicação de Broglie era anterior à de Breteuil e independente desta. O marechal chegou a Versalhes na noite de 27 de junho, em resposta a uma convocação de Luís XVI, a qual, por sua vez, era uma reação às cenas tumultuosas do dia 23. A partir de então, esteve muito ocupado, primeiro com a organização e o abastecimento de grande número de soldados que lhe estavam sendo enviados em tão curto prazo, e em segundo lugar em fortalecer a resolução do rei contra as sucessivas tentativas de Necker e do terceiro estado de afastá-los. Ele não tinha nem tempo nem a inclinação para elaborar planos ofensivos. Acima de tudo, até 12 de julho estava sob as ordens de um ministério cujo objetivo confesso era conciliar, e não anular os Estados. No entanto, por toda sua oposição a Necker, Broglie não parece ter tido nenhuma ligação com Breteuil. Ele não participou dos planos do barão antes da crise de julho; e na modificação do ministério discutida por Bombelles em abril, La Vauguyon, Bouillé e Foulon são mencionados como possíveis ministros da Guerra, mas não Broglie. Sob essa luz, a nomeação final do marechal para o ministério da guerra em 12 de julho parece ditada mais pelo fato de ele estar na cena do que por ser uma escolha positiva do barão e seus colegas.

Essa falta de coordenação militar e civil bem como o afastamento prematuro de Necker são as chaves do fracasso do Ministério das Cem Horas. A decisão de chamar Broglie foi provavelmente do próprio rei, tomada a despeito do conluio liderado por Artois, pela rainha e por Breteuil. Uma vez no posto, Broglie deu andamento a seu próprio plano, que visava simplesmente a defender de um levante a família real e Versalhes. Ele tomou essas medidas de modo independente — e talvez mesmo na ignorância — dos planos de Breteuil. Tanto Broglie quanto Breteuil foram pegos de surpresa pelo afastamento de Necker; Breteuil porque precisava de mais tempo para organizar uma ofensiva militar; Broglie porque nunca havia tido nenhum plano para tal ofensiva em primeiro lugar. Sem dúvida Breteuil tinha como objetivo incorporar Broglie em sua própria estratégia. Uma vez que Necker estivesse satisfatoriamente isolado e a reunião das tropas, completa, podia-se ter ordenado ao marechal que, se necessário, tomasse medidas agressivas contra a capital. No entanto, o tempo necessário não foi dado, e a sublevação de Paris pegou os dois despreparados.

A desastrosa distância entre Breteuil e Broglie salienta uma verdade mais

O VERÃO DE 1789

ampla sobre julho de 1789. Mesmo quando a crise alcançou seu ponto culminante, não havia plano sistemático para afastar Necker e esmagar os Estados. O rei, percebendo os perigos depois de 23 de junho, pediu tropas, convocou Broglie e concordou, sob pressão de sua mulher e irmãos, em iniciar correspondência com Breteuil. Até 11 de julho, porém, ele não chegou a uma firme decisão sobre sua política definitiva. Nesse meio-tempo, o fato de Luís XVI estar se aconselhando com setores diferentes e não relacionados e de nenhuma facção chegar a ter controle total sobre ele comprometiam a tentativa de reafirmar a autoridade real. O mais arguto resumo de toda a complexa situação provém do próprio Necker em suas memórias:

> Quanto a mim, nunca me inteirei perfeitamente dos planos que estavam em discussão; o todo era um sistema de segredos dentro de segredos, e penso que o próprio rei não estava a par das visões finais de seus conselheiros, que provavelmente pretendiam revelá-las apenas por partes e de acordo com a pressão das circunstâncias...[58]

A queda da Bastilha destruiu essas frágeis associações. A notícia do levante parisiense chegou a Versalhes no anoitecer de 14 de julho. A reação foi de consternação. Na manhã seguinte, Luís XVI foi a pé para o salão dos Estados, acompanhado apenas por seus irmãos Provence e Artois, a fim de anunciar a retirada de todas as tropas em torno de Paris. Essa abrupta mudança de política sugere fortemente que seu coração nunca estivera de total acordo com o plano de Breteuil em primeiro lugar. No entanto, de modo significativo, a capitulação do rei deteve a promessa de que ele demitiria Breteuil e reconvocaria Necker. Sua política linha dura tinha fracassado, mas ele ainda esperava conservar em seu poder o ministério.

Nessa noite ocorreu uma tumultuada sessão do conselho do rei. Além de Breteuil e La Vauguyon, os nomes de apenas alguns participantes são conhecidos, mas o clima era de pânico. O conselheiro de Estado Foulon estava em desespero, tendo sempre sustentado que meias-medidas, seja de repressão ou de conciliação, seriam desastrosas. "Tudo está perdido", observou ele, "o rei deve ceder e conceder tudo."[59] Ele não podia saber que sua própria morte ocorreria dentro de uma semana. O arquiconservador Barentin, cuja presença foi registrada, desmoronou-se de modo ainda mais abjeto. "Penso", murmurou ele para um amigo, "que teremos de nos resignar com uma mudança de dinastia."[60]

112   A QUEDA DA MONARQUIA FRANCESA

A decisão-chave a ser tomada dizia respeito, já que a tentativa de subjugar Paris tinha sido abandonada, à permanência ou fuga da família real. Quanto a isso, a posição de Breteuil e La Vauguyon era firme. Sustentavam apaixonadamente que o rei e a rainha deveriam se cercar das tropas leais remanescentes e se retirar para Metz, em Lorena. Isso sem dúvida teria conduzido a uma guerra civil, mas o barão e o duque preferiam isso a se render ao que então era claramente uma revolução. O projeto tinha um duplo significado. A curto prazo, revela Breteuil e La Vauguyon como os únicos ministros que mantiveram o sangue-frio e a capacidade de resolução depois da notícia da queda da Bastilha. A longo prazo, a idéia de buscar segurança com uma guarnição leal na fronteira leste formaria a base de todas as principais tentativas subseqüentes de recuperação da autoridade real ao longo da Revolução.

O plano quase funcionou. Às 3:00 horas da manhã de 16 de julho, des Cars foi despertado por Breteuil e La Vauguyon, "quase mortos de cansaço e ansiedade",[61] que lhe disseram que o rei tinha concordado em ir para Metz. No entanto, cinco horas depois, quando os três se encontraram novamente, o projeto tinha sido arruinado por Broglie, que havia dito não poder confiar em suas tropas para garantir a segurança da família real no percurso. Dezoito meses depois, Luís XVI olharia para isso como o momento decisivo, quando deixou de dominar a Revolução. "Sei que perdi a ocasião", confidenciou a Fersen, "foi em 14 de julho, eu deveria ter partido, e eu queria fazê-lo, mas o que eu podia fazer [...] quando o marechal de Broglie, que comandava as tropas, me disse: 'Sim, podemos ir para Metz, mas o que faremos quando estivermos lá?'"[62]

Foi a intervenção do marechal que transformou a retirada em desordem. Ao se recusar seja a avançar seja a se retirar, ele excluíra todas as opções que não fossem render-se à oposição. No entanto, se esse caminho permanecia aberto para Luís XVI pessoalmente, era muito perigoso para os ministros que ele nomeara quatro dias antes e que não estavam protegidos de represálias pela posição real. No entardecer de 16 de julho, Versalhes testemunhou um *sauve qui peut* geral. Disfarçados de comerciantes, mordomos e camareiras, a nata da Corte partiu para as estradas. La Vauguyon e seu filho dirigiram-se para Le Havre, Barentin dirigiu-se para Bruxelas e os Polignac, para a fronteira via Valenciennes.

Mesmo alguns membros da família real julgaram mais prudente partir do que ficar. O príncipe de Condé voltou a seu castelo em Chantilly e daí

O VERÃO DE 1789

organizou a partida de sua família e empregados para Valenciennes, despachando-os separadamente em quatro carruagens para evitar que fossem descobertos. O mais ilustre refugiado, porém, era Artois. Sempre se supôs que o príncipe fugiu porque temia o assassinato no decorrer da revolução parisiense. Essa concepção é contestada, e nova luz foi lançada sobre sua partida por um relato manuscrito do duque de Sérent, que em 1789 era preceptor dos filhos do conde D'Artois. Esse relato foi escrito pelo duque em 1800 para Bombelles, que tinha o desejo, como o de um historiador, de reunir as impressões de seus contemporâneos sobre os acontecimentos de que tanto ele quanto eles tinham participado. Desde então o testemunho de Sérent ficou enterrado nos documentos de Bombelles e nunca foi usado ou publicado.

O principal objetivo de Sérent era refutar os rumores de que tinha sido a preocupação com sua própria segurança pessoal que motivara a fuga de Artois. A história que ele conta é bem diferente. Começa quando Artois o chama às 7:00 da noite em 15 de julho, logo depois de terminado o decisivo encontro do conselho. Levando-o até uma janela no apartamento do delfim, o príncipe disse-lhe que estava partindo nessa noite mesmo para Valenciennes e que Sérent deveria, em separado, acompanhar seus filhos até a fronteira. Quando o duque, tremendo, perguntou a Artois se sua família sabia de sua decisão, ele respondeu: "O rei sabe, aprova e me aconselhou a ir; ele será levado para Paris amanhã, será mantido preso lá e somente minha liberdade pode garantir a dele próprio."[63] Isso dá novo caráter às ações tanto de Luís XVI quanto de Artois depois de 14 de julho. Na reunião do conselho, o rei de fato tomou a decisão de ir para a capital no dia seguinte a fim de tranqüilizar os parisienses; ele pensava que muito provavelmente seria feito prisioneiro ou mesmo que seria assassinado. Nessa perspectiva, é verossímil que desejasse garantir que pelo menos um membro de sua família imediata ficasse em liberdade e livre para falar em nome da Coroa. O fato de essa versão absolver convenientemente Artois de covardia não deveria deixar de ser levada em conta.

Acima de tudo, Sérent fornece um retrato vívido e irresistível do que foram as últimas horas do antigo regime em Versalhes. Ele insistiu com Artois que precisava de uma autorização pessoal do rei para garantir a segurança do que estava confiado a ele durante a viagem. Sabendo que a partida estava marcada para meia-noite, Sérent esperou até às 11:00. Suspeitou que o atraso era causado pela despedida dolorosa do príncipe de sua família, que ele não queria interromper, embora não visse alternativa. Reunindo forças, foi para o quarto da rainha, onde a família real estava reunida, e entrou. "Nunca esquecerei o quadro que esse mal-afortunado quarto apresentava", escreveu o duque.

> Monsieur, hoje Luís XVIII, madame, mme. Elisabeth, *mesdames* Adélaïde e Victoire, encostavam-se nas paredes em atitudes de choque. O rei e monsenhor o conde d'Artois estavam de pé um perto do outro em um canto da balaustrada em torno da cama, e pareciam em um mundo próprio.
>
> A rainha veio até a porta e, tomando meu braço, levou-me ao rei e ao monsenhor. Percebendo que ainda estavam em estado de profunda perturbação, animei-me para falar ao rei. Disse-lhe que monsenhor o conde D'Artois me tinha ordenado que partisse nessa noite com seus filhos e os conduzisse além da fronteira, e que eu tinha vindo para receber as ordens de Sua Majestade e pedir-lhe para me informar de suas intenções...
>
> Depois de me dar todo o tempo de que eu precisava para falar, o infeliz monarca soltou um suspiro e, voltando seus olhos para mim, disse no tom mais penetrante: "Sim... parta agora, sabemos de sua dedicação... nós os confiamos inteiramente ao senhor... faça o melhor que puder."
>
> Dominado pela emoção, ajoelhei-me com uma das pernas num movimento involuntário [...] O rei teve a bondade de me erguer com uma expressão da mais comovente sensibilidade. Eu disse ainda que era essencial que ele me comunicasse suas intenções exatas [...] que eu precisava saber se acompanharia ou não os príncipes, seus sobrinhos, a Brabante, à Suíça, à Itália ou à Espanha.
>
> Depois de refletir por um momento, o rei disse: "Meu irmão deveria tomar o caminho de Flandres... mas faça o melhor que puder... Repito... são como seus próprios filhos: nós os confiamos inteiramente ao senhor e acreditamos inteiramente no senhor."[64]

Essa notável descrição de Luís XVI quase como um sonâmbulo em meio à maior crise de seu reinado reforça a impressão de que ele estava à beira de um esgotamento mental. O "estado de profunda perturbação" observado por Sérent se coaduna exatamente com relatos de testemunhas sobre as reações do rei em outros momentos críticos durante a Revolução: afastamento e dissociação do mundo à sua volta, incapacidade para registrar palavras dirigidas a ele e total incapacidade para tomar uma decisão. Seria perigoso

O VERÃO DE 1789

interpretar demais os indícios, mas esses testemunhos acumulados indicam com clareza que a partir de 1787 a capacidade de Luís XVI para governar estava seriamente prejudicada por depressão aguda intermitente.

De fato, nos parágrafos que escreveu a seguir, Sérent fornece mais um exemplo contundente disso. Em resposta a seu pedido de uma autorização do punho do próprio rei, Luís tinha concordado e deu um papel para ele e para Artois. Ao passar pelo Salão dos Espelhos, em seu caminho de volta para seus aposentos, Sérent olhou o documento que o rei lhe dera e ficou desconcertado ao perceber que não era de Luís, mas um simples passaporte assinado por Montmorin, que já não era nem mesmo mais ministro. Embora ciente do extremo perigo em que isso o colocaria, bem como aqueles sob seus cuidados, caso fossem parados no caminho, Sérent decidiu que não podia mais perder tempo e partiu imediatamente. Ele e os príncipes cruzaram a fronteira sem sérios contratempos.

*

UMA OPÇÃO QUE SÉRENT considerou e rejeitou, ao descobrir o lapso do rei, foi se juntar à coluna de soldados que naquela noite estava partindo de Versalhes para Metz sob as ordens de Broglie. Na reunião do conselho de 15-16 de julho, o marechal fora categórico quanto ao fato de que não se podia confiar em seus soldados para a proteção da família real numa retirada de Paris. Ele enfatizou essa opinião ao abandoná-los antes mesmo de chegarem a Metz, e fugiu pela fronteira com Luxemburgo.

A questão da lealdade ou não das tropas é o enigma final de julho de 1789. A concepção padrão é que não se podia contar com elas. Há muitos indícios circunstanciais a esse respeito nas memórias e cartas da época, mas há também fatos mais consistentes. Em 14 de julho, amotinaram-se cinco de seis batalhões dos Guardas Franceses, que tradicionalmente se instalavam em Paris. De fato, alguns guardas franceses desempenharam papel decisivo na captura da Bastilha, em particular ao mostrar aos agressores como apontar suas armas. Mesmo as tropas convocadas das províncias para a capital, especialmente os regimentos franceses, não ficaram imunes ao crescente rompimento da ordem. Nas semanas anteriores a 14 de julho, 79 homens da infantaria da Provença desertaram e 29 da infantaria de Vintimille. Havia deserções em menor número nos regimentos que falavam alemão, embora também houvesse sérios sinais de descontentamento.[65]

A não confiabilidade das tropas, naturalmente, oferece a melhor desculpa para a timidez de Broglie. Se realmente ficava evidente que se recusariam a obedecer ordens, então é claro que era tolice ordenar aos soldados que atacassem Paris ou mesmo expô-los a qualquer situação em que se vissem confrontados pelo povo. Mas o melhor e mais exaustivo estudo do moral do exército, *The Response of the Royal Army to the French Revolution*, de Samuel Scott, lança dúvida significativa sobre essa suposição. Scott conclui que, para todas as unidades que hesitaram, outras tantas permaneceram firmes. Mais uma vez, isso era especialmente verdade quanto aos regimentos mercenários estrangeiros, que eram quase todos de língua alemã. A Cavalaria Real Alemã, que entrou em conflito com a multidão nos jardins das Tulherias em 12 de julho, teve apenas 15 desertores em todo o ano de 1789, tal como a infantaria de Nassau. Três dos regimentos suíços que receberem ordens de seguir para Paris, a infantaria de Castela, Châteauvieux e Reinach, sofreram menos de noventa deserções entre setembro de 1788 e setembro de 1789.[66]

O que arruinou o moral do exército não foi a atitude dos homens, mas a dos oficiais, de que o receio de Broglie é apenas o mais visível exemplo. Isso era produto de uma fraqueza maior e duradoura do exército francês, o desprezo e a falta de preocupação dos oficiais em relação a seus homens, e o isolamento entre eles. O sistema de compra e os danos do favoritismo da Corte criaram uma casta de oficiais ineficiente extremamente malpreparada para enfrentar uma crise como a de julho de 1789. Desastrosamente ignorantes da índole dos homens, seus comandantes ficavam em pânico ao primeiro sinal de descontentamento nas fileiras. Sua convicção de que seus subordinados não lutariam se tornou, como salienta Scott, uma profecia que se cumpria. A quebra da disciplina entre os homens era basicamente uma reação à falta de confiança neles por parte dos oficiais, e não vice-versa. De modo notável, a grande maioria das deserções sofridas pelo exército em julho — quase 185 de um total de 760 — ocorreu não antes, mas depois do dia 14.[67]

De modo interessante, essa concepção era compartilhada pelos próprios Breteuil e La Vauguyon. Até o fim de suas vidas, ambos permaneceram certos de que uma retirada para Metz em 16 de julho teria salvado a autoridade real, e acima de tudo impedido o colapso do exército. Esse significativo detalhe é relatado também por des Cars, confidente de Breteuil, em suas memórias:

O VERÃO DE 1789

Vi muito o barão de Breteuil e o duque de La Vauguyon durante a emigração, e depois de nosso retorno a Paris nós três, com freqüência, relembrávamos essa manhã desastrosa de 16 de julho; estávamos convencidos de que, se o rei e a família real tivessem conseguido chegar a Metz, a Assembléia Nacional teria considerado o rei um oponente muito mais temível, e de que essa medida teria evitado a posterior defecção das tropas.[68]

À luz desses fatos, a notável falta de intrepidez de Broglie parece precipitada. É possível que, se ele tivesse dado a seus soldados a ordem para atirar na multidão, eles teriam de fato se amotinado. Mas a sua própria falta de confiança assegurou que isso nunca tivesse sido experimentado. Como conclui Samuel Scott: "Não se pode deixar de especular quais teriam sido os efeitos sobre o exército real e toda a Revolução se oficiais autoconfiantes tivessem levado seus soldados a um violento confronto com parisienses hostis em 14 de julho."[69]

Muitos segredos dessas cem horas permanecem incompreensíveis. No entanto, os novos indícios a partir dos documentos de Bombelles, combinados com um reexame de outras fontes, ajudam a solucionar alguns dos persistentes mistérios de julho de 1789. A chave para o fracasso do ministério, insuspeita até agora, é que, contrariamente aos desejos de Breteuil, Necker foi afastado muito cedo, ao que tudo indica por uma decisão surpresa imposta a Luís XVI por Artois. Isso deixou o novo governo perigosamente exposto a uma revolta na capital, com soldados insuficientes para enfrentar a ameaça. A confusão desses só era acentuada pela óbvia inadequação de Broglie como comandante. É concebível que mesmo nesse estágio a situação pudesse ter sido salva por um uso resoluto de soldados juntamente com a disposição de aceitar número substancial de vítimas civis. No entanto o marechal e seus oficiais superiores se recusaram a considerar essa possibilidade. As conseqüências para a história da Europa foram profundas. No primeiro dia da Revolução Francesa, a Coroa tinha perdido a iniciativa. Nunca mais a recuperaria.

*

ENQUANTO SEU MINISTÉRIO ruía à sua volta, Breteuil permaneceu obstinadamente em seu posto. É provável que tivesse renovado suas propostas aos moderados na Assembléia em busca de apoio. Antes de 14 de julho, essas podem ter sido insinceras; depois, foram muito sérias. Uma repetição delas pode ser encontrada na discussão sobre a responsabilidade ministerial a que a Assembléia voltou em 16 de julho, tendo-a interrompido no dia 13. A argumentação anterior de Clermont-Tonnerre de que o rei tinha o direito exclusivo de nomear e demitir ministros foi retomada por seu aliado Mounier, dessa vez contra a temível oposição de Mirabeau e Barnave. O fato de permitir à Assembléia influenciar a escolha de ministros, afirmava Mounier, iria abri-la para contínuos conflitos e negociações, "tanto para preencher quanto para desocupar postos ministeriais".[70] No entanto, essa desesperada defesa da prerrogativa real se tornou obsoleta no momento mesmo em que estava sendo preparada. A discussão foi interrompida pela notícia de que Barentin e Broglie já tinham se demitido. Às 6:00 da tarde, a Assembléia tomou conhecimento de que Breteuil e La Vauguyon tinham finalmente feito o mesmo. Para regozijo geral, foi anunciado que o rei estava chamando de novo Necker ao poder.

Nessa noite, Bailly foi ao palácio para dar informações ao rei. Havia muito o que discutir: os acontecimentos do dia 14, e a própria indicação de Bailly nesse dia pelos eleitores da capital como prefeito de Paris. Estranhamente, Luís XVI não aproveitou a oportunidade para informar ao novo prefeito que planejava visitar Paris no dia seguinte — outro possível sinal de que seu controle mental vacilava. Bailly acabara de deixar o gabinete do rei quando algo inesperado ocorreu:

> Eu mal tinha saído quando fui chamado de volta. Supus que o rei desejasse acrescentar algo. Retornei ao gabinete: o rei não estava mais lá. Encontrei, em vez dele, o senhor de Breteuil com o senhor D'Angiviller e, uma outra pessoa, o senhor de Breteuil levou-me para uma janela e disse: "Eu sabia que o senhor estava aqui, e queria vê-lo." Respondi que eu também estava satisfeito em vê-lo, mas que lamentava que aquilo se desse naquela ocasião. Ele me disse que estava partindo de Versalhes no dia seguinte. Eu lhe respondi que agora ele podia ver que os acontecimentos tinham corroborado o que eu lhe havia escrito na segunda-feira anterior. Ele disse: "Então agora o senhor é o prefeito de Paris; cumprimento-o." Acrescentou que o rei iria a Paris na manhã seguinte, e fiquei surpreso pelo fato de Sua Majestade não me ter falado disso. Afirmei sem constrangimento que estava satisfeito por tê-lo visto sem faltar com meu dever, porque eu era sinceramente ligado a ele; e o deixei, lamentando, em consideração a ele, tanto sua

O VERÃO DE 1789 119

chegada malvista em Versalhes quanto sua partida, tão necessária e tão diferente daquela que ele fizera um ano antes. Não fiz segredo aqui nem de minhas ações nem de meus pensamentos.[71]

Essa é uma comovente descrição de dois homens que tentavam salvar uma amizade do abismo revolucionário que subitamente se abriu entre eles. Bailly nunca mais reviu Breteuil.

O barão estava sozinho. Seus amigos e aliados tinham todos fugido; chegara o momento de ele próprio escapar. Mas primeiro providenciou com rapidez a guarda de seus bens mais preciosos. A Mesa de Teschen, símbolo de seu maior sucesso diplomático, foi confiada a seu amigo, o banqueiro Magon de la Balue, em sua casa da Place Vendôme. (La Balue foi guilhotinado durante o Terror e Breteuil mais tarde teve de comprar a mesa dos herdeiros de La Balue.)[72] A seguir, disfarçado de monge beneditino, o barão fugiu. Continua sendo um mistério o modo exato como ele deixou a França, mas na noite de 21 de julho ele chegou a Bruxelas com mme. de Matignon e mme. de Montmorency.[73] Compreensivelmente necessitado de repouso, ele a seguir partiu para uma temporada na estação das águas, em Spa.

CAPÍTULO 5

A VOLTA DO PARAFUSO

OS ACONTECIMENTOS DE JULHO DE 1789 marcaram uma vitória decisiva para a Assembléia Nacional. Os deputados assumiram a tarefa que tinham se imposto quando fizeram o juramento do Jeu de Paume: dar à França uma constituição. Para enfatizar isso, a partir de então se denominaram não Nacional, mas Assembléia Constituinte. No entanto, a marcha dos acontecimentos não diminuiu. A queda da Bastilha desencadeou uma onda de tumultos por toda a França, especialmente no campo. Nas províncias, camponeses abruptamente se recusavam a continuar pagando dízimos à Igreja ou obrigações a seus senhores, e pilhavam e queimavam mosteiros e castelos, concentrando-se particularmente no que restava do sistema feudal. Aos alarmados deputados em Versalhes parecia que a França estava caindo na anarquia. Foi apresentada uma moção na Assembléia pedindo calma e a continuidade do pagamento de dízimos, impostos e obrigações feudais até que estes pudessem ser reformados no tempo devido. Na noite de 4 de agosto, porém, a discussão foi assumida por um grupo de radicais. Liderados por um jovem nobre de esquerda, o duque D'Aiguillon, exigiam não apenas a reforma do feudalismo, mas sua completa abolição.

Cenas extraordinárias se seguiram. O que começou como uma proposta para reparar as obrigações feudais e abolir a servidão logo se ampliou, passando a ser um ataque a todos os privilégios do antigo regime. Num arrebatamento de sacrifício patriótico, deputados nobres e não nobres que se tinham beneficiado da antiga ordem amontoavam na fogueira metafórica a venalidade do ofício, a pluralidade de benefícios, os tribunais senhoriais, tarifas e taxas

122 A QUEDA DA MONARQUIA FRANCESA

de sacristia. A igualdade civil completa e a carreira aberta ao talento foram proclamadas. No entanto, essa orgia de renúncia também era alimentada pela recusa a colaborar em grande escala, na medida em que aqueles que não quiseram se separar de seus estatutos especiais se certificavam de que os colegas que não os possuíam ficavam com nada. Quando o bispo de Chartres denunciou os direitos aristocráticos de caça, o duque du Châtelet imediatamente propôs a abolição do dízimo eclesiástico.[1]

A noite de 4 de agosto alterou radicalmente a paisagem social e administrativa da França. Estava aberto o caminho para os deputados construírem, a partir dos primeiros princípios, sua cidade celeste do Iluminismo. Sua fundação deu-se em 26 de agosto, quando a Assembléia estabeleceu em lei a Declaração dos Direitos do Homem. Em lugar de precedente, autoridade e tradição, a Declaração afirmava que "a fonte fundamental de toda autoridade reside na nação", e proclamava um governo baseado nos direitos naturais inalienáveis. Ficavam garantidos o consenso para os impostos, a liberdade religiosa e o fim da prisão arbitrária. Embora a elaboração de toda a constituição fosse demorar até o fim de 1791, seu esboço mais amplo era visível desde o primeiro mês da Revolução. Em seu cerne estava um rompimento completo com o passado e a substituição por um sistema político inteiramente novo.

Luís XVI apoiara uma medida de reforma desde 1787, mas não negociara para isto. Tratava-se de uma indiciação direta de sua própria administração e da de todos os seus antecessores. Alguns anos antes, ele tinha comentado o seguinte sobre a *Mémoire sur les municipalités*, de Turgot, que tinha implicitamente criticado seus três antecessores:

> Não é preciso ser gênio para ver que esse documento tem como objetivo [...] desacreditar todas as nossas antigas instituições, que o autor supõe serem obra de séculos de ignorância e barbarismo, como se fosse possível para um espírito justo e razoável classificar os reinados de meus três predecessores juntamente com os dos séculos bárbaros.[2]

Agora um julgamento muito mais brutal estava sendo feito, não apenas de Luís XIII, Luís XIV e Luís XV, mas de todos os reis franceses até Clóvis.

Um outro indício muito sugestivo era a derrota dos monarquistas moderados, os *monarchiens*, com os quais Breteuil — segundo rumores — teria negociado em julho. Em duas discussões críticas nesse mês de setembro, seus líderes, Mounier, Malouet, Clermont-Tonnerre, Bergasse e Lally-Tollendal, apresentaram uma concepção da constituição que era mais evolutiva do que revolucionária. Desejavam preservar alguns privilégios e pôr um limite aos poderes da Assembléia, dividindo-a em uma câmara alta e uma câmara baixa, segundo o modelo inglês. O papel do monarca deveria ser reconhecido, juntamente com a separação dos poderes e a necessidade de um Executivo forte, dando ao rei um poder de veto absoluto sobre a legislação. No entanto, em 10 de setembro, a proposta de duas câmaras foi totalmente derrotada, acompanhada no dia seguinte pelo poder de veto absoluto, substituído por um veto suspensivo por duas sessões apenas da legislatura. O rei agora só podia adiar a legislação proposta, sem rejeitá-la por completo. Isso se deu a despeito do fato de Mirabeau — que já estava começando a ver a anarquia popular como uma ameaça para a França maior do que o poder real — alinhar-se nessas discussões com os *monarchiens*.

Armado apenas com um veto suspensivo, Luís XVI tinha de enfrentar o dilema posto pela abolição do feudalismo e pela Declaração dos Direitos do Homem. Inevitavelmente, sentia-se incapaz de dar sua concordância a ambos os decretos *en bloc*. Assim, ele tergiversou e, em 18 de setembro, propôs algumas emendas. Em particular, salientou a dificuldade de abolir o feudalismo nas terras dentro da França, na Alsácia, de propriedade de príncipes alemães cujos direitos eram garantidos pelo Tratado da Vestfália. Como esta era precisamente a questão pela qual a guerra revolucionária eclodira em abril de 1792, o rei mostrava muito mais discernimento que os deputados.

A Declaração dos Direitos do Homem também não impressionou o monarca. Em 4 de outubro, ele declarou laconicamente que seria mais sensato esperar até que a constituição estivesse completa, antes de fazer essas afirmações de princípio. No entanto, estava latente uma explosão, que Luís XVI desencadeou em setembro ao convocar o regimento de Flandres a Versalhes a fim de que reforçasse sua guarda. Na noite de 1º de outubro, os recém-chegados, como era costume, foram recebidos com um banquete oferecido pela escolta do rei, realizado na casa de ópera do palácio. O acontecimento se tornou lendário, e nos vários relatos é difícil separar fato e ficção. De modo inusitado nessas ocasiões, o rei e a rainha fizeram uma aparição. Maria Antonieta trazia o delfim de quatro anos de idade e andou entre as mesas mostrando-o aos soldados. O grupo musical cantou uma ária da conhecida ópera de Grétry *Ricardo Coração de Leão*, "*O Richard O mon roi, l'univers t'abandonne*". Sua referência à difícil situação de Luís XVI era bas-

124 A QUEDA DA MONARQUIA FRANCESA

tante clara. Isso comoveu os oficiais e soldados num nível de entusiasmo legalista. "Só reconhecemos nosso rei!", gritaram. "Não somos da Nação! Somos apenas de nosso rei!"[3] Segundo alguns relatos, a seguir arrancaram o novo penacho tricolor de seus chapéus e puseram em seu lugar não somente as cores brancas dos Bourbon, mas também, pela rainha, o preto dos Habsburgo. Verdade ou não, em vista do que ocorreu com Maria Antonieta cinco dias depois, tal relato é significativo.

Nada disso chegava a ser uma conspiração contra-revolucionária; um regimento em outubro dificilmente seria bem-sucedido onde todo um exército fracassara em julho. Mas as descrições exageradas do banquete apresentadas na imprensa radical causaram uma onda de fúria em Paris, exacerbada pelo fato de que o preço do pão, que caíra desde julho, estava subindo de novo. A família real também não era o único alvo dos parisienses; muito influenciados por políticos da esquerda, estavam cada vez mais considerando seu novo governo municipal muito cauteloso e conservador. Na manhã de 5 de outubro, o Hôtel de Ville foi cercado por uma multidão gigantesca, composta em grande parte pelas típicas e aterrorizantes mulheres de mercado da capital. Recentemente foi defendido que o objetivo original dos atacantes era organizar uma revolução municipal contra as autoridades da cidade personificadas por Bailly como prefeito e La Fayette como comandante da nova milícia urbana, a Guarda Nacional. Esse perigo, afirma-se, foi sagazmente desviado por este último para uma marcha a Versalhes a fim de pedir ao rei pão, concordância com os decretos de agosto e com os Direitos do Homem, bem como sua transferência para Paris, longe do clima "contra-revolucionário" do palácio.[4] Seja qual for a verdade exata, em torno de 11:00 da manhã uma coluna de mulheres de mercado e seus adeptos, em número de pelo menos 6 mil pessoas, fortemente armadas e arrastando atrás delas dois canhões, partiu para o palácio.

Em Versalhes, um outro levante parisiense havia muito era temido. De fato, em 30 de agosto uma primeira tentativa de marcha tivera de ser detida pela Guarda Nacional. Alarmados, os deputados *monarchiens* ressuscitaram o projeto que Breteuil e La Vauguyon tinham levado em consideração em julho, isto é, a transferência da família real para Compiègne e da Assembléia para Soissons. O plano foi discutido pelo conselho, mas dessa vez Luís XVI o vetou. Quando o bispo de Langres, um importante *monarchien*, perguntou a Necker por que Luís fizera isso, o exaurido ministro respondeu:

A VOLTA DO PARAFUSO

Se o senhor quer saber a verdade, compreenda que nosso papel é muito árduo. O rei é bom, mas difícil de persuadir. Sua Majestade estava cansado [...] ele dormiu durante o conselho. Nós estávamos para transferir a Assembléia, mas o rei acordou, disse "Não", e se retirou.[5]

Pode parecer extraordinário que Luís pudesse ter dormido durante um encontro tão fundamental, e o fato de que ele às vezes fizesse isso em conselhos foi usado com freqüência para reforçar o retrato de um governante desinteressado pelo poder. No entanto, na realidade, esse era um artifício que o rei deliberadamente empregava, como aqui, para se isolar de propostas feitas em conselho das quais discordava, tornando mais fácil para ele proibi-las ou adiar uma decisão.[6]

Luís estava fora, praticando tiro, quando lhe levaram a notícia de que Paris estava em marcha. Ele voltou às pressas para o palácio e convocou Necker e os outros ministros para o que viria a ser a última reunião do conselho em Versalhes. Saint-Priest, agora ministro do Interior, propôs uma variação do projeto de Compiègne — uma fuga imediata para Rambouillet, protegida por soldados. O conselho se dividiu quanto ao plano. De modo interessante, todos os ministros de origem militar eram favoráveis, enquanto todos os civis eram contra. O rei ficou com o voto de Minerva. Mais uma vez, ele não conseguiu se decidir. O que Malouet denominou sua "coragem passiva" ficou bastante clara nessa tarde. Ele era avesso à idéia de fuga, e andava de um lado para outro murmurando para si mesmo: "Um rei fugitivo [...] um rei fugitivo...".[7] Nesse ínterim, foram tomadas iniciativas de modo a preparar Rambouillet para receber a família real. No entanto, Luís finalmente optou pela permanência.

Depois de encerrado o conselho, o rei foi se encontrar com a rainha, que ficara caminhando nos jardins do Petit Trianon, e lhe transmitiu a novidade. Ela lhe pediu que reconsiderasse o plano de fuga, mas em vão. O tempo corria, e a multidão urbana estava para irromper no idílio rural de Maria Antonieta. Ela nunca mais veria o Trianon.

Os acontecimentos agora se sucediam numa velocidade brutal. Às 17:30, as mulheres que trabalhavam nos mercados alcançaram Versalhes e invadiram a assembléia, reduzindo-a ao caos. Nessa noite, sob renovada pressão dos deputados, Luís, em lágrimas, sancionou os decretos de agosto e a Declaração dos Direitos do Homem. Recebeu-se então a notícia de que La Fayette estava para chegar, tendo sido forçado a se pôr à frente dos 20 mil

126 A QUEDA DA MONARQUIA FRANCESA

Guardas Nacionais determinados a trazer a família real para Paris. Novamente se discutiu a fuga, e alguns dos ministros já estavam em suas carruagens a fim de partir para Rambouillet, quando Luís, a conselho de Necker, reafirmou sua decisão de permanecer.

Era meia-noite quando La Fayette entrou no palácio e, cercado por membros hostis da Corte, foi ver o rei. Insistiu na transferência da família real para Paris como único meio de evitar derramamento de sangue, mas Luís, embora prometesse considerar a possibilidade, recusou-se a concordar de imediato. O exaurido La Fayette a seguir foi para a cama. Essa foi uma decisão fatal, já que significava que ele não estava em seu posto quando se deu o próximo drama da noite. Os monarquistas nunca esqueceram isso, e rapidamente o apelidaram de "General Morfeu".

Verdadeiramente extraordinário é como, mesmo depois da fuga para Rambouillet ter sido descartada, a Corte não teve o cuidado de tomar as mais elementares precauções militares. O regimento de Flandres não tinha se deslocado efetivamente e, por razões que ainda permanecem misteriosas, um grande número dos soldados da escolta do rei tinha sido enviado para o Grand Trianon, deixando o palácio perigosamente exposto. Aqueles leais à família real foram pegos completamente despreparados pelo aparecimento das mulheres dos mercados e, a seguir, da Guarda Nacional. A confusão com que se reagruparam para defender seu rei é apreendida com vivacidade num relato de uma testemunha feito por um membro da Corte e oficial anônimo:

> Ficamos armados de 4:00 às 9:30 da noite em roupa de Corte, molhados até a alma por dez sucessivos banhos de chuva, com chapéus em nossas cabeças que deveriam ter sido carregados sob o braço, e espadas cerimoniais. Tais eram as roupas que meu coronel e eu usávamos, já que ambos estávamos em Versalhes desde o sábado por causa de assuntos particulares e nunca nos ocorreu que poderíamos ter de servir ao rei como soldados.[8]

Às 2:00 da madrugada, uma aparência de calma pairou sobre Versalhes, e a família real foi para a cama. A seguir, às 5:30 da manhã, ocorreu algo chocante. Um grupo das mulheres dos mercados, liderado por um imenso modelo barbado da Academia de Pintura e Escultura chamado Nicolas Jourdan, entrou no pátio interno do palácio por um portão lateral que não fora trancado. Brandindo espadas e machados, subiram a Escada da Rainha, indo diretamente ao quarto de Maria Antonieta. Seu objetivo era simplesmente o assassinato; gritavam, à medida que avançavam, que arrancariam o coração da rainha e fritariam seu fígado. Os guarda-costas do rei que tentaram bloquear o caminho foram rapidamente afastados. Maria Antonieta só escapou pela bravura do guarda postado em sua porta, que gritou "Salve a rainha!" antes de também ser derrubado. Ela fugiu para os aposentos do marido, de camisola e segurando as meias na mão. Atrás dela, a multidão irrompeu no quarto, e tendo encontrado a cama vazia, despedaçaram-na com machados e espadas.

Os Guardas Nacionais tinham condições de esvaziar o palácio, mas a situação geral tinha ficado fora de controle. Uma enorme multidão enchia o pátio do palácio, brandindo armas e gritando: "O rei para Paris! O rei para Paris!" Acima deles, fincadas em lanças, balançavam as cabeças cortadas de dois soldados da escolta real assassinados. La Fayette, agora despertado de seu sono, advertiu que a calma só podia ser restaurada se a família real se mostrasse ao povo. O rei fez isso, mas não foi o suficiente para satisfazer a multidão embaixo, que pedia para ver a rainha. Maria Antonieta, que deve ter pensado que tinha chegado sua hora derradeira, foi obrigada a caminhar sozinha até a sacada. Mosquetes foram apontados na direção dela, que poderia ter sido alvejada. Sua coragem, porém, impressionou a multidão, e depois de dois elétricos minutos ela pôde voltar para dentro. A capitulação final era agora inevitável. O rei reapareceu na sacada e, dessa vez sob saudações, anunciou que ele e a família iriam para a capital.

A verdade plena sobre as Jornadas de Outubro, como logo foram denominadas, nunca será conhecida. A multidão que marchou para Versalhes certamente tinha como objetivo trazer a família real de volta para Paris, onde sua liberdade de ação e influência política seriam decisivamente restringidas. Muitos contemporâneos foram além e alegaram que havia na verdade uma trama para assassiná-los. Segundo essa versão, o primeiro vilão era o duque de Orléans, acumpliciado com Mirabeau. Pelo plano de Orléans, segundo se afirmava, a marcha levaria ou ao assassinato da família real ou à sua fuga, deixando o trono vago para que dele se apoderasse. Nessa perspectiva, o atentado contra a vida de Maria Antonieta não era simplesmente uma tragédia imprevisível, mas parte de um projeto muito mais sinistro. No entanto, somente um indício circunstancial sobrevive para dar substância a essa teoria, e é improvável que possa ser comprovado.[9]

De modo nada surpreendente, Maria Antonieta ficou traumatizada com as Jornadas de Outubro. Ela escapou da morte apenas pela espessura de uma porta e passou a ser perseguida pela memória. Em 6 de outubro, seu cabelo ficou branco nas têmporas. A experiência também a deixou com ódio de La Fayette, que ela sentia que tinha sido negligente, talvez culposamente, em seu dever de protegê-la. Esse ódio durou até o fim; em 1792, ela preferiu o risco da morte à salvação pelas mãos dele.

As Jornadas de Outubro tiveram conseqüências políticas e pessoais de grande alcance. Em julho de 1789, Luís XVI tinha perdido a iniciativa; em outubro, perdeu sua liberdade. Antes de outubro, ele estava pelo menos em liberdade, e livre para defender sua posição ao deixar Versalhes e se dirigir para um retiro mais seguro; depois, era praticamente prisioneiro na capital. Doravante, a preliminar essencial para qualquer tentativa de reafirmar a autoridade real teria de ser a fuga de Paris.

Embora tivesse sido menos diretamente ameaçado pelos acontecimentos de outubro do que Maria Antonieta, Luís XVI não ficou menos chocado com eles. Para ele, representavam uma quebra final de confiança, em consonância com todos os levantes desde julho. Em sua visão, ele tinha voluntariamente abandonado uma grande parte de seu poder pelo interesse de seu povo. Este tinha retribuído com o desafio a sua autoridade, com a tentativa de assassinato de sua mulher e com a imposição a ele e sua família de um semicativeiro. Como resultado, embora sempre tenha aceitado a necessidade de reformas, depois das Jornadas de Outubro ele encarava sua concordância com os atos da Assembléia Nacional como tendo sido obtida sob coerção e, portanto, sem validade. Deixou isso bem claro, em 12 de outubro, em um protesto formal dirigido a seu primo, Carlos IV da Espanha, protesto levado às escondidas da França por Fontbrune, seu agente. De modo significativo, a carta confirma a centralidade da declaração de 23 de junho no espírito de Luís, como a última expressão livre de sua vontade política. Nela se ouve a autêntica voz do rei:

> Devo a mim mesmo, devo a meus filhos, devo a minha família e toda minha casa evitar que a dignidade régia — que uma longa sucessão de séculos confirmou em minha dinastia — se degrade em minhas mãos...
> Escolhi Sua Majestade, como chefe do segundo ramo [da família Bourbon], para colocar em suas mãos este protesto solene contra minha sanção forçada a tudo o que tem sido feito contrário à autoridade

A VOLTA DO PARAFUSO

real desde 15 de julho deste ano e, ao mesmo tempo, [minha intenção] de cumprir as promessas que fiz com minha declaração do prévio 23 de junho.[10]

Essa carta crucial marca o começo da política dupla de Luís XVI em relação à Revolução. Na superfície, o rei parecia aceitar o papel reduzido que a Assembléia lhe atribuía, inclusive o endosso à constituição. Seus objetivos verdadeiros eram expressos por meio de uma política secreta que tinha um ponto de partida muito diferente. Seus fundamentos duplos eram a declaração de 23 de junho e a fuga de Paris, e seu motor primeiro seria Breteuil.

*

DEPOIS DE SUA APRESSADA fuga da França, o barão tinha passado três meses recuperando-se em Spa e em Aix-la-Chapelle. Logo, porém, fora forçado a encontrar uma residência mais permanente. A volta a sua pátria estava fora de questão, e a residência prolongada nos instáveis Países Baixos austríacos não era atraente. O barão decidiu pela Suíça, então, como um porto seguro em tempos de perturbação européia. Em 4 de outubro de 1789, exatamente um dia antes de a multidão de Paris se deslocar para Versalhes, ele, mme. de Matignon e mme. de Montmorency chegaram a Solothurn.[11] Esta, por várias razões, foi uma boa escolha. Solothurn era a capital da confederação suíça, ligada ao circuito diplomático europeu pela presença de embaixadas estrangeiras, o ar era bom para homens que passavam da meia-idade e ficava perto, mas não muito, da fronteira francesa.

Logo depois de se instalar, Breteuil se sentou e escreveu uma longa carta para Luís XVI. Preservada hoje nos Archives Nationales, trata-se de um documento notável. Seu começo é surreal, já que o barão apresenta sua renúncia como primeiro-ministro como tendo sido causada pelas suas condições de saúde, e não pela queda da Bastilha:

> Sinto que devo a Sua Majestade um relato do uso que fiz da permissão que me concedeu a fim de que eu viajasse para fora do reino pelo tempo que minha saúde necessitasse. Tomei águas em Spa e Aix-la-Chapelle. Estou [em Solothurn] desde o dia 4 do último mês e planejo passar o inverno aqui.[12]

130 A QUEDA DA MONARQUIA FRANCESA

O ponto importante da carta está em outra parte. Como Breteuil salienta-va para o rei, ele agora estava necessitado de dinheiro; a renda de suas propriedades e investimentos na França estava suspensa, e ele esperava que a Assembléia Nacional rapidamente cortasse pensões reais de que usufruía. A solução que ele propunha, porém, era estranhamente irreal. Ele pedia ao rei que o admitisse em sua antiga carreira diplomática, nomeando-o, se possível, para uma embaixada vaga. Mas, deixava claro, não para qualquer embaixada:

> A gota que freqüentemente me atormenta torna preferível um clima ameno e me leva a pedir a Sua Majestade que me faça o favor de reservar para mim a embaixada de Roma, se o cardeal de Bernis [o atual embaixador] morrer antes de mim. Farei sessenta anos no próximo dia 7 de março; o cardeal deve estar com pelo menos 74 ou 75 anos.[13]

A avaliação atuarial de Breteuil oculta uma verdade mais importante. Longe de rejeitar imediatamente a disposição pós-14 de julho na França, nesse estágio ele estava na verdade pedindo ao rei para que lhe fosse permitido servi-la do modo que ele conhecia melhor. Longe de se lançar imediatamente na contra-revolução, como fizeram Artois e Condé, ele tentava fingir que a Revolução não ocorrera.

Embora o rei tenha recusado o pedido, a boa vontade de Breteuil para cooperar com o novo regime tornou-se visível mais uma vez alguns meses depois. No outono de 1789, a Assembléia voltou a enfrentar o déficit, que na verdade tinha aumentado como resultado da desordem dos meses anteriores. Sua medida mais drástica foi nacionalizar todas as terras da Igreja, usando-as para saldar o débito por meio de uma emissão de bônus conhecidos como *assignats*. Como ministro das Finanças, Necker também propôs uma singular "Contribuição Patriótica" de um quarto da renda de todos os cidadãos. Longe de ignorar isso, Breteuil aproveitou a oportunidade para dar mostra de ser bom cidadão. Em 22 de fevereiro de 1790, ele enviou, do exílio, uma declaração de sua renda como base para determinação de sua "Contribuição Patriótica". Estimou sua renda líquida, com muita precisão, em 75.573 libras, 18 *sous* e quatro *deniers*, e sua contribuição, depois de algumas pequenas deduções, chegou a 18.225 libras e 19 *sous*.[14] Não era o ato de um homem determinado a romper com a nova ordem.

A VOLTA DO PARAFUSO

No entanto, em setembro de 1790, o barão mudou de opinião. Nesse mês ele escreveu ao rei um memorando, insistindo com ele para que saísse de Paris. Segundo seu plano, a família real deveria fugir para a Lorena e instalar-se em Metz sob a proteção do general de Bouillé, que demonstrara sua confiabilidade no mês anterior ao esmagar uma tentativa de motim no exército por ele comandado. Isso era simplesmente uma variação da proposta original que Breteuil fizera a Luís XVI em 16 de julho de 1789, com modificações que se fizeram necessárias em função das Jornadas de Outubro. O bispo de Pamiers, que fazia freqüentes visitas à amante de Breteuil e ao pai dela na Suíça, mas que na verdade ainda não emigrara, concordou em atuar como mensageiro e levar o documento a Paris.[15]

No palácio de Saint-Cloud, fora de Paris, onde a família real tivera permissão da Assembléia para passar o verão, o rei ainda avaliava que linha de ação seguir. A proposta de Breteuil para reafirmar a autoridade real não era a única que ele tinha recebido. Já no mês de outubro anterior, Mirabeau, desiludido com Orléans e temendo cada vez mais a perspectiva de anarquia, tinha feito suas próprias propostas à família real. No mês de maio seguinte, com Mercy-Argenteau como intermediário, ele fizera um acordo clandestino com o rei e a rainha. Em troca de pagamentos substanciais, tornou-se conselheiro secreto dele, enviando-lhes volumosos memorandos sobre a situação política (as famosas "Notas à Corte"). Para selar o pacto, a rainha, em 3 de julho, dispôs-se a encontrar seu antigo inimigo em pessoa, num encontro, cuidadosamente escondido, no parque de Saint-Cloud. O encontro foi um sucesso. Desmentindo sua reputação demagógica e devassa, Mirabeau foi humilde e respeitoso. Maria Antonieta reagiu com seu famoso encanto, embora tenha desmaiado de horror depois que ele partiu.[16]

Segundo o plano original de Mirabeau, a família real deveria deixar Paris, mas não clandestinamente e não para o leste: "Retirar-se para Metz ou para qualquer outra fronteira seria declarar guerra à nação e abdicar do trono."[17] Ao contrário, tendo certeza de tropas suficientes, deveria deixar a capital abertamente e instalar-se em Rouen, onde as províncias vizinhas eram leais e não haveria indício de conluio com poderes estrangeiros. Então o rei convocaria uma convenção nacional para substituir a Assembléia e reescrever a constituição. Todavia, como um dos primeiros adeptos da Revolução, Mirabeau não era defensor da restauração do antigo regime. Estava determinado a fortalecer o Poder Executivo como uma barreira contra a anarquia, mas também a preservar as conquistas de 1789: governo constitucional, liberdade religiosa, carreiras abertas para os profissionais e reforma do sistema judiciário. Isso, juntamente com sua reputação escandalosa, era suficiente para garantir que Luís XVI e Maria Antonieta nunca confiassem plenamente nele. O plano de Rouen não foi adotado.

Cavalgar o tigre revolucionário, como sugeriu Mirabeau, era uma perspectiva por demais alarmante para um monarca que já experimentara suas garras afiadas. Além do mais, no outono de 1790, Luís XVI teve provas de que o animal era indomável. A primeira indicação foi a renúncia de Necker em 4 de setembro. Um ano de revolução não trouxera nenhuma melhora para a economia ou as finanças da França, e o ministro foi transformado em bode expiatório. Completamente desiludido, entregou o cargo e partiu de volta para a Suíça. Dessa vez, ele não voltou.

Muito mais significativa era a questão religiosa. Entre maio e agosto desse ano, a assembléia constituinte iniciou uma reforma completa da Igreja francesa, promulgada como Constituição Civil do Clero. Suas determinações eram extremamente radicais: em vez de serem indicados como antes, bispos e padres agora seriam eleitos pelo laicato. Isso abria a possibilidade de protestantes, judeus e ateus participarem da eleição do clero católico. O papa estava de agora em diante excluído de qualquer participação nas nomeações episcopais. Por fim, em dezembro, a Assembléia decidiu impor um juramento de apoio à Constituição Civil para toda a hierarquia da Igreja. Todos os que se recusassem a fazê-lo seriam imediatamente substituídos.

Esse ato desencadeou a primeira batalha aberta entre defensores e opositores da Revolução. Quase metade dos padres paroquiais e sete bispados declinaram de fazer o juramento. Por outro lado, os últimos se uniram em torno da *Exposição de Princípios* elaborada pelo arcebispo Boisgelin, de Aix, e assinada por trinta dos bispos na Assembléia, dando suas razões para votar contra a Constituição Civil. Em escala mais ampla, o "não juramento" dos padres paroquiais que não fariam o juramento e enfrentariam o afastamento em geral teve grande apoio entre seus fiéis. A questão religiosa marcou assim o começo da contra-revolução popular.

A Constituição Civil apresentava a Luís XVI o mais profundo dilema moral de sua vida. Sob pressão das circunstâncias, ele abandonara a maioria de seus poderes como rei, mas agora lhe era solicitado que fizesse concessões em sua própria fé pessoal. Ele tinha sido anteriormente preparado para conceder aos protestantes um estatuto civil e para tomar do clero "umas migalhas de sua renda". No entanto, as novas reformas, com sua completa inversão

A VOLTA DO PARAFUSO

do princípio apostólico por meio da eleição de bispos e padres, eram uma coisa completamente diferente. Em seu íntimo, Luís XVI nunca poderia aceitá-las. Como disse o grande historiador diplomático da Revolução, Albert Sorel:

> Ele tinha feito concessões à "usurpação"; não podia fazer o mesmo com o cisma e a descrença [...]. Ele não tinha opção a não ser lutar. Quando seu poder e sua segurança pessoal foram atingidos, ele permaneceu paciente. Agora sua salvação e a daqueles que considerava que Deus lhe tinha confiado estavam em jogo; percebia que não tinha escolha. O rei tinha suportado todas as suas humilhações; o cristão não podia trair sua consciência.[18]

Nessa difícil situação, o rei mais uma vez contemporizou. Em 24 de agosto, deu sua concordância à Constituição Civil, e em 26 de dezembro sancionou a imposição do juramento. No entanto, essa rendição à necessidade atormentava-o. "O senhor sabe", escreveu ele ao bispo de Clermont, "a desafortunada situação em que me encontro devido a minha aceitação dos decretos sobre o clero; sempre considerei minha sanção a eles como dada sob pressão."[19]

Em um nível prático, o rei agora começava a procurar meios para encerrar uma situação política que se tornara intolerável para ele. A Constituição Civil era tão decisiva para Luís XVI pessoalmente quanto era para a França como um todo. Ela marcou o momento em que ele começou ativamente a planejar uma contra-revolução.

Não por coincidência o plano de Breteuil para uma fuga de Paris chegou no momento em que chegou. É particularmente significativo que se tenha seguido diretamente ao brutal restabelecimento da disciplina por parte do general de Bouillé a seu exército na Lorena.[20] A ação de Bouillé provavelmente foi decisiva para convencer Breteuil a procurar o rei. Nessa ocasião, o próprio Luís pensava em termos semelhantes. Em 4 de novembro, numa carta de agradecimento a Bouillé por este ter esmagado o motim, ele escrevera: "Veja sua popularidade; ela pode ser muito útil para mim e para o reino; encaro-a como a âncora de salvação que pode um dia ser o meio de restaurar a ordem."[21] É igualmente revelador que o rei tenha escrito sua resposta favorável ao barão em 20 de novembro, quando a Assembléia Nacional estava para impor ao clero o juramento à constituição. Outra circunstância, nunca bem enfatizada pelos historiadores, também pode ter influenciado

Luís XVI — o fato de que, no auge de seu tormento quanto à questão religiosa, o projeto de Breteuil foi levado a ele por um prelado que não tinha feito o juramento — o bispo de Pamiers.

Nos 18 meses anteriores, o bispo tivera toda razão para se sentir em desacordo com a Revolução. Ao lado de inegáveis talentos administrativos, sua elevação ao episcopado revelara o traço menos admirável da extrema arrogância. Como resultado, seu clero tinha se recusado a elegê-lo como seu deputado aos Estados Gerais, a despeito de sua escandalosa e pública verificação do modo como cada um deles tinha votado. Frustrado em suas ambições políticas, o bispo dedicara-se a publicar livretes. No início de 1789 publicou um pequeno tratado, *Reflexões sobre os princípios da Constituição francesa*. Este sustentava que a monarquia absolutista se transformaria em monarquia constitucional ao aceitar que os impostos só podiam ser aumentados com o consentimento da nação. No entanto, opunha-se francamente à Constituição Civil do Clero, e logo depois de sua volta de Paris para Solothurn publicou outro livrete, com o atraente título de *Leia isto e trema*. O livrete apresentava um discurso sem rodeios:

> Meus irmãos, continuemos como fervorosos adoradores do Senhor, filhos fiéis da Igreja e firmes defensores de uma religião santa e consoladora, que hoje é atacada pelo judaísmo, pelo calvinismo e pelo libertinismo em aliança com a impiedade da moderna filosofia numa fúria que só pode ser inspirada pelo Inferno.[22]

O bispo era um personagem vigoroso, que mais tarde até mesmo menosprezou Maria Antonieta. Luís XVI sempre desconfiara dele, desaprovando especialmente sua vida particular. Mas, diante de circunstâncias radicalmente mudadas, o aparecimento desse eloqüente prelado, representante de uma fé ameaçada que inspirava o mais profundo compromisso do rei e armado de um corajoso plano de contra-revolução, estava destinado a influenciar o monarca.

A visita do bispo produziu frutos em novembro de 1791, um mês depois de sua volta a Solothurn. Ele veio sob a forma de um poder plenipotenciário, ou *plein pouvoir*, do rei, dando a Breteuil autorização plena para agir em seu nome. Em termos práticos, isso significava a organização de uma fuga de Paris. A carta ainda hoje está preservada no Château de Breteuil.

A VOLTA DO PARAFUSO

O senhor barão de Breteuil, ciente de todo seu zelo e fidelidade, e desejando dar-lhe uma nova prova de minha confiança, escolhi confiar-lhe os interesses de minha coroa. Já que circunstâncias não me permitem dar-lhe minhas instruções sobre cada assunto específico e manter uma correspondência regular com o senhor, escrevo-lhe esta carta para que sirva como poder plenipotenciário e autorização no tocante às diferentes Potências com as quais o senhor pode ter de tratar em meu nome; o senhor conhece minhas intenções, e deixo à sua prudência fazer o uso delas que julgar necessário para o bem de meu serviço. Aprovo tudo que o senhor puder fazer para alcançar o objetivo que eu mesmo estabeleci, que é a restauração de minha autoridade legítima e a felicidade de meu povo. Em conseqüência disso, peço a Deus, senhor barão, para tomá-lo sob Sua santa proteção. Luís.[23]

Esse é um documento verdadeiramente notável. Os poderes que dava a Breteuil eram excepcionalmente grandes, tornados necessários pelo semicativeiro do rei e pelo exílio do barão além das fronteiras. O próprio Breteuil mais tarde disse a Bombelles o seguinte: "Acho que ninguém jamais recebeu poderes tão amplos."[24] Faziam dele praticamente um vice-rei, falando por seu monarca *ex cathedra* e transmitindo às potências européias privadamente o que Luís XVI não podia expressar em público. Assim, formariam a base da autoridade e das ações de Breteuil até a execução do rei.

O *plein pouvoir* de Breteuil tornou-se recentemente o ponto de partida de uma radical reinterpretação da conduta de Luís XVI durante a Revolução, apresentada pelos historiadores franceses Paul e Pierrette Girault de Coursac. Esses estudiosos afirmam que a partir de 1790, sem conhecimento do marido, Maria Antonieta desenvolveu, de modo independente, sua própria política, auxiliada por Fersen e Breteuil. Eles chegam a afirmar que a rainha planejava fugir de Paris sem o rei. Para Paul e Pierrette Girault de Coursac, a diferença essencial entre Luís e a esposa era a atitude em relação à intervenção externa para restaurar a posição deles: a rainha, como austríaca, não tinha escrúpulos quanto a isso, enquanto o rei, como francês patriota, se recusava a pensar no assunto. Este é um modo hábil, ainda que complexo, de remover de Luís XVI a danosa mancha de traição, e de redirecionar toda a culpa para Maria Antonieta.[25]

A afirmação mais sensacional de Paul e Pierrette Girault de Coursac é a de que, para incrementar sua política, Maria Antonieta e Fersen forjaram o *plein pouvoir* de Breteuil.[26] O barão, alegam eles, foi assim o agente, não da diplomacia clandestina de Luís, mas de uma diplomacia substituta maquinada por Maria Antonieta e apresentada ao mundo como a de seu marido. Sempre que o barão escrevia, como fez com freqüência, que tinha recebido as ordens do rei, ele na verdade se referia às da rainha, e toda a autoridade que ele proclamava, na realidade, provinha dela.

Há algum indício para sustentar essa teoria. Houve de fato duradouras divergências de política externa entre Luís XVI e Maria Antonieta. Esta era uma Habsburgo, logo não é inconcebível que tivesse muito menos escrúpulos que Luís em esperar apoio militar da Áustria. As cartas dela para Mercy-Argenteau e para o irmão, o imperador Leopoldo, tratando dos preparativos para a fuga real, também revelam alguns aspectos curiosos. Em várias delas, a rainha às vezes escreve "eu" antes de riscar essa palavra e substituí-la por "o rei", revelando assim, inadvertidamente, que está falando mais em nome próprio que no do marido.[27] Ela também expressava para Mercy idéias sobre política externa tão afetadas que é difícil acreditar que Luís pudesse tê-las aprovado.

Os detalhados argumentos contrários e favoráveis à autenticidade do *plein pouvoir* são muito complexos para serem expostos aqui. A questão essencial, porém, é a caligrafia. Assim, pareceu aconselhável submetê-la a dois reconhecidos especialistas em caligrafia. Sua conclusão, publicada aqui em apêndice,[28] confirma a alegação de Paul e Pierrette Girault de Coursac de que o *plein pouvoir* é de fato uma falsificação.

Nenhum perito em caligrafia pode ser absolutamente infalível, mas a opinião dessas duas reconhecidas autoridades é bastante convincente. A descoberta dos Girault de Coursac mostra que a imagem que temos da política de Luís XVI e Maria Antonieta em relação à Revolução nunca mais será a mesma. Agora parece que, em uma ocasião vital, a rainha colaborou para forjar a caligrafia do marido a fim de implementar o andamento da ação que ele não tinha formalmente aprovado. Ela não somente tinha suas próprias concepções políticas, como estava convencida, nessa conjuntura crítica, de que estas deviam aparecer como sendo também as do rei, e ela não tinha escrúpulos quanto aos meios que empregaria para garantir que isso ocorresse desse modo.

No entanto, é preciso ter cautela quanto às implicações mais amplas dessa revelação. Em outubro de 1790, Luís podia estar relutante, ou pode ter hesitado, em dar sua aprovação ao ousado plano de Breteuil. Mas, no mês de junho seguinte, ele de fato acompanhou a rainha na fuga de Paris, e é um desafio acreditar que todo o detalhado planejamento dos meses tenha sido feito sem seu conhecimento ou sua aprovação. Para tornar o quadro ainda mais ambíguo, uma carta posterior do rei sobre uma subseqüente iniciativa diplomática, que mais uma vez especificamente creditava Breteuil como seu único porta-voz oficial, também foi examinada pelos especialistas que tinham analisado o *plein pouvoir*. Dessa vez, concluíram que o documento não devia ser uma falsificação.[29]

Esse indício decisivo, ainda que contraditório, tem uma explicação possível. É bastante improvável que as concepções políticas do rei e da rainha divergissem muito durante a Revolução — pelo contrário, há muitas indicações de que colaboraram na busca dos mesmos objetivos. Todavia, como vimos, em momentos cruciais Luís XVI se tornava incapaz de tomar uma decisão. É inteiramente plausível que uma dessas ocasiões tenha sido o outono de 1790, quando se viu diante da escolha entre continuar a política de cooperação com a Revolução, que ele tinha desenvolvido por mais de um ano, e a tentadora, mas arriscada, investida na liberdade proposta por Breteuil. Nessa situação, enquanto sem dúvida ouvia, solidário, o plano de Breteuil tal como esboçado pelo bispo de Pamiers, o rei pode ter evitado um compromisso formal. No entanto, Breteuil precisava de alguma espécie de autorização de Luís para dar andamento ao projeto, já que de outro modo não teria credibilidade. Foi isso que Maria Antonieta, com a ajuda de Fersen, se empenhou em propiciar. Desde outubro de 1789 ela era uma mulher desesperada, e nessas circunstâncias eram necessárias medidas desesperadas.

Isso não quer dizer que a partir de fins de 1790 Maria Antonieta tenha sistematicamente enganado o marido e desenvolvido uma diplomacia política própria que ela apresentava como dele. Há muitos indícios que apontam na outra direção, e, mesmo que ela tivesse feito isso, sua conduta teria despertado muito mais suspeita que despertou na época. De fato, nenhum contemporâneo jamais a acusou de contrafazer a política do marido. O rei e a rainha compartilhavam os mesmos anseios. A única diferença entre eles era que ele se esquivava diante das decisões necessárias para alcançá-los, enquanto ela, não. No outono de 1790, a mais crucial das escolhas — fugir ou não de Paris — tinha de ser feita, e a rainha, se necessário por meios dúbios, resolveu fazê-la para ele.

Nunca saberemos se Breteuil estava ciente de que seu estimado *plein pouvoir* era uma falsificação. Se estava e mesmo assim continuou com seu plano, estava assumindo um risco considerável. Paradoxalmente, o momento de maior perigo viria se a fuga de Paris fosse bem-sucedida; nesse ponto, Luís XVI ficaria inevitavelmente sabendo da fraude. Se Breteuil sabia que sua autorização não era genuína, ele deve ter tido muito confiança em que o brilho do sucesso dobraria a ira do rei, e acima de tudo em que a rainha o protegeria, assumindo ela própria a responsabilidade.

Seja como for, o envio do *plein pouvoir* para Breteuil marcou um momento decisivo para ele, bem como para Luís e Maria Antonieta. Para todos os efeitos, o barão era agora o ministro principal e porta-voz do rei da França em cativeiro, com autorização formal para prová-lo. No entanto, a autoridade real que ele invocava para seus atos estava no momento sendo desafiada por uma força rival na França — a Assembléia Nacional. O mais perigoso de tudo era que a política que ele estava sendo autorizado a desenvolver era diretamente contrária àquela que Luís XVI tinha estabelecido com a Assembléia de modo ostensivo. Se um boato das negociações secretas de Breteuil vazasse, a família real estaria em grave perigo. O plano para fugir de Paris e o destino do rei e da rainha dependiam da mais profunda discrição.

CAPÍTULO 6

MIRABEAU *VERSUS* BRETEUIL

A VISITA DO BISPO DE PAMIERS, portador das propostas de Breteuil, pôs em andamento o plano da família real para fugir da capital. No entanto, o plano de Breteuil não era o único plano de fuga que Luís XVI examinava. Nessa ocasião, também Mirabeau, ainda conselheiro secreto da Corte, reconsiderara sua opinião de que o único refúgio viável para o rei, caso este deixasse Paris, era a Normandia legalista. Com a rápida expansão da crise econômica, do radicalismo político e da dissidência militar, uma retirada para o interior da França não parecia segura. Como Breteuil, Mirabeau agora olhava na direção da Lorena, para o único exército disciplinado ainda à disposição do rei, o do general de Bouillé.

Mirabeau não tratou desses pensamentos em suas Notas para a Corte; a prova de que os desenvolveu vem das memórias de Bouillé.[1] François-Claude Amour, marquês de Bouillé, veio a ocupar um cargo único na política francesa em 1790 e 1791. Herói da intervenção da França na Guerra da Independência Americana, em que tomara Granada aos ingleses, era amplamente considerado como o melhor general do exército. Não era um reacionário cego, mas um partidário de reforma moderada. No entanto, sua cabal repressão do motim entre suas tropas, em agosto de 1790 em Nancy, revelara-o acima de tudo como um homem da ordem. Assim, ele rapidamente passou a ser notado por todos aqueles que, a despeito de suas orientações políticas, desejavam pôr um freio na Revolução. Tornou-se um poderoso comandante num país à beira da guerra civil, cortejado por diferentes litigantes políticos, do próprio Luís XVI a Breteuil, Mirabeau e mesmo La Fayette (que contava em demasia com o fato de ser primo de Bouillé). As propostas mais concretas que Bouillé recebeu, no entanto, partiram de Breteuil e Mirabeau.

O primeiro visitante do general foi o bispo de Pamiers, de volta a Solothurn depois de sua missão em Paris. O bispo chegou a Metz com uma breve e lacônica carta de apresentação do próprio punho de Luís XVI, datada de 23 de outubro de 1790. Se esta nada revelava, o bispo disse a Bouillé que o rei pretendia fugir de Paris e se dirigir para a Lorena em algum momento da próxima primavera. Antes de partir, o bispo esboçou para ele o plano de Breteuil. A partir desse momento, teve início uma correspondência secreta e em código entre Bouillé e Luís XVI.[2]

Assim, em 5 de fevereiro de 1791, Bouillé recebeu uma carta misteriosa do rei. Advertia-o de que em breve receberia uma visita do conde de La Marck, um grande nobre dos Países Baixos austríacos, mas também proprietário de terras francesas e deputado da nobreza na Assembléia Nacional. La Marck era companheiro próximo de Mirabeau e estaria, como Luís insinuou, apresentando propostas em nome de seu amigo. O rei escreveu:

> Embora [Mirabeau e seu círculo] não sejam homens dignos de estima, e o primeiro tenha me custado muito dinheiro, eu penso que são úteis. O senhor pode encontrar algumas coisas interessantes no projeto de Mirabeau; dê atenção a ele, mas seja reservado, e faça-me saber o que pensa.[3]

No dia seguinte, 6 de fevereiro, La Marck de fato chegou a Metz e apresentou o plano de Mirabeau. O objetivo deste era dissolver a Assembléia constituinte, baseado na idéia de que os deputados não tinham autoridade suficiente para alterar a antiga constituição da França e em que desde outubro de 1789 o rei não era mais um agente livre. Isso seria alcançado por meio de uma petição pública apoiada pelo maior número possível de departamentos do reino (Mirabeau afirmava que já tinha o apoio de 36) e que pedia uma nova assembléia e liberdade para o rei. Nesse meio-tempo, Bouillé traria suas tropas para a capital, pronto para receber em segurança a família real e instalá-la ou em Fontainebleau ou em Compiègne.[4]

Em fevereiro de 1791, Bouillé estava sendo solicitado em nome de dois planos profundamente contrastantes, ambos sendo examinados pelo rei. O de Mirabeau envolvia uma conciliação com pelo menos alguns dos revolucionários, e assegurava que algumas das conquistas deles seriam preservadas

MIRABEAU *VERSUS* BRETEUIL   141

no contexto de uma nova assembléia e constituição. O plano de Breteuil, por outro lado, apoiava-se simplesmente nas tropas de Bouillé. De modo bastante interessante, Bouillé preferiu o primeiro plano. Segundo suas memórias, ele ceticamente aconselhou Luís XVI a adotá-lo,

> para banhar Mirabeau com ouro, e [...] prometer a ele o que quisesse, salientando que as coisas tinham ido além do ponto em que homens virtuosos e honestos podiam salvar a monarquia [...] quando somente os salafrários cujo talento e audácia tinham causado inicialmente o problema tinham a percepção e os meios necessários para resolvê-lo.[5]

Uma outra diferença entre os planos de Mirabeau e de Breteuil está no elemento de risco que cada um envolvia. O projeto de Mirabeau, baseado em instrumentos constitucionais como uma petição geral, permitia a Luís e Maria Antonieta agir por procuração na Assembléia e departamentos, e assim em certa medida os protegia. O esquema de Breteuil, por outro lado, com sua fuga de capa e espada das Tulherias, trazia um perigo muito efetivo de confronto ou perseguição se a família real fosse interceptada.

Alguém que não tinha ilusões quanto aos perigos do empreendimento de Breteuil era Mercy-Argenteau, que foi informado sobre ele por Maria Antonieta em fevereiro de 1791. Embora permanecesse como embaixador na França, Mercy fora enviado em outubro de 1790 como representante pessoal do imperador para resolver a crise nos Países Baixos austríacos, que também era um Estado em convulsão revolucionária. Há um forte indício de covardia pessoal no comportamento de Mercy durante a Revolução. Ele fugiu precipitadamente do levante de Paris em julho de 1789 e não voltou durante quatro meses, e demonstraria relutância similar para retomar seus encargos na capital depois de terminada sua missão nos Países Baixos austríacos. Pode-se perceber que tal fraqueza o capacitava melhor do que muitos para avaliar os perigos apresentados pela fuga. "A coisa mais importante a garantir é a segurança da fuga", recomendou ele à rainha em abril de 1791. "Deve haver uma escolta ao longo do caminho; dá arrepio só de pensar nos horrores que poderiam resultar se houver traição e se forem parados."[6]

Mirabeau e Breteuil estavam agora empenhados em um duelo a longa distância. Em jogo estava a confiança do rei, e com ela a futura forma da monarquia francesa. Não há registro do que um pensava sobre o outro. Tendo em vista o profundo segredo em que os planos da família real foram encobertos, não é sequer certo que Mirabeau e Breteuil sabiam que eram rivais na confiança do rei. Mirabeau pode ter suspeitado de alguma coisa, já que em suas Notas para a Corte ele sugere ocasionalmente que estava ciente da influência contínua de Breteuil. Quando em junho de 1790 foi consultado sobre o envio de um emissário especial a Madri para renegociar a aliança entre França e Espanha, sugeriu um velho amigo do barão, o jornalista Rulhière, que por breve período tinha passado para o lado de Necker, mas que agora retomara seu antigo compromisso de fidelidade. "Se for necessário levar em conta apenas diplomatas experientes", escreveu Mirabeau,

> [...] eu proporia [...] m. de Rulhière, que sem dúvida tem seus inconvenientes, mas que é um homem de grande inteligência e de cuja lealdade estou quase certo, e que não trabalha mais para Necker, mas uma vez mais serve a um homem que será sempre devotado à rainha.[7]

Essa arguta referência a Breteuil não influenciaria Luís e Maria Antonieta. O barão, no entanto, sempre manteve um misterioso silêncio no tocante a questões importantes, e suas opiniões sobre Mirabeau não eram exceção. Em março de 1791 ele certamente sabia do projeto rival, já que Bombelles lhe falou sobre este, mas não fez comentário.[8] É duvidoso que tenha avaliado um ajuste com esse projeto. Isso teria exigido concessões substanciais, e há poucos indícios de que Breteuil estivesse preparado para fazê-las.

Todavia, a despeito do plano que Luís XVI adotasse, a essência de ambos era o segredo. Aqui, as opiniões e atividades de seu irmão, o conde d'Artois, representavam um grave perigo. Depois de deixar a França em julho de 1789, Artois, o príncipe de Condé e suas famílias se instalaram em Turim, na Corte do sogro do último, o rei da Sardenha. A partir daí, Artois se erigira em ponto de ligação de todos os franceses que permaneciam fiéis ao regime e rejeitava qualquer conciliação com a Revolução. Ao mesmo tempo, ele desencadeou uma série de intrigas para levantar a contra-revolução no Midi [sul] francês. Isso culminou com a chamada "conspiração de Lyon", que foi descoberta e reprimida pelas autoridades em dezembro de 1790. O efeito das ações de Artois foi desastroso. A opinião pública jamais poderia acreditar que eles não tinham a aprovação secreta de seu irmão Luís XVI. A atitude do príncipe, na segurança da Itália do norte, expunha sua família ainda na França ao perigo efetivo de um nova irrupção de fúria popular. Esse perigo

MIRABEAU *VERSUS* BRETEUIL

se tornou ainda mais intenso no início de 1791 quando Condé se transferiu de Turim para Worms, no oeste da Alemanha, a fim de aí estabelecer uma base para a contra-revolução armada.

As atividades de Artois e Condé salientam uma verdade mais ampla em relação à política monarquista depois de 1789. A emigração dos nobres depois de 14 de julho tinha assegurado, desde o início, que o conflito entre revolução e contra-revolução seria internacional. Isso significava que o planejamento da fuga da família real não podia se limitar apenas à França. De fato, na primavera de 1791 o rei e a rainha tiveram de coordenar, a partir das Tulherias, acontecimentos em três diferentes países: França, onde os arranjos de Bouillé eram cruciais; Alemanha, onde Condé então se encontrava em Worms; e norte da Itália, onde estavam não somente o centro de operações de Artois, mas também, entre março e julho de 1791, o do imperador Leopoldo II. Assim, é impossível dividir a fuga real de Paris claramente em compartimentos "francês" e "estrangeiro". Tratava-se de um acontecimento europeu, jogado em um tabuleiro de xadrez europeu.

Como representante secreto das Tulherias, as atividades de Breteuil se estendiam por todas essas áreas. Já que ficava cada vez mais claro que Artois tinha de ser contido, seu olhar se voltava inevitavelmente para o norte da Itália. Entre dezembro de 1790 e junho de 1791, todas as habilidades diplomáticas do barão foram necessárias em uma correspondência bastante delicada com Artois, na tentativa de impedi-lo de agir de modo imprevisível, ao mesmo tempo que ocultava dele os mais profundos segredos do rei e da rainha. Poucas dessas cartas foram publicadas. Os originais se perderam. Cópias, no entanto, permanecem entre os documentos de Bombelles, e são de grande importância. Revelam que os contatos de Breteuil com Artois antes da fuga para Varennes foram muito maiores do que anteriormente se julgava. Também lançaram nova luz sobre a atitude tanto de Artois quanto de Breteuil em relação ao próprio Luís XVI.

A primeira carta de Breteuil a Artois, escrita em 6 de dezembro de 1790, era uma educada porém firme advertência para que desse um fim a suas intrigas provocadoras no Midi. De modo bastante interessante, em uma indicação de suas reservas em relação a Artois, o barão não fez menção, nessa altura, ao *plein pouvoir* que acabara de receber, mas escreveu em termos estritamente pessoais, como "um velho servidor do rei, fielmente devotado aos interesses de sua majestade e sua coroa", cujos olhos estiveram "constantemente fixos nos últimos 18 meses nos infortúnios da monarquia e nos do

144 A QUEDA DA MONARQUIA FRANCESA

rei e da rainha". Fazia, porém, uma ameaça velada, a de que, se Artois persistisse em seus deslizes, Luís XVI poderia formalmente desautorizá-lo.[9]

Artois respondeu rapidamente, justificando suas ações. Sob a refinada polidez de suas expressões, percebe-se o começo de um cruel duelo entre o príncipe e o barão. Breteuil tinha insistido, em sua carta, na necessidade da presença do rei para qualquer contra-revolução bem-sucedida. Artois respondeu com um argumento vigoroso: ninguém mais do que ele saudaria isso, mas até esse momento Luís XVI não tinha mostrado tendência a romper suas amarras. "Convencido mais do que ninguém da necessidade de o rei fugir", escreveu ele,

> empreguei todos os meios que conheço: orações, súplicas, planos, argumentação, até mesmo ameaças, mas até agora tudo tem sido inútil, e até no momento em que lhe escrevo, minhas esperanças estão quase destruídas e meus temores, mais vivos do que nunca.[10]

Esta é uma passagem notável. Revela a plena extensão das desconfianças de Artois em relação ao irmão mais velho, bem como seu obsessivo temor de que, entregue a si mesmo, Luís XVI chegaria a alguma forma de conciliação com a Revolução. Em 1790 pelo menos, esses temores não eram desprovidos de justificativa. O rei não tentara escapar enquanto tinha oportunidade, e tinha docilmente consentido em ser levado de volta a Paris pela multidão em outubro de 1789. Uma vez na capital, não fez novo esforço para fugir, mesmo quando sua mudança para Saint-Cloud durante o verão de 1790 tornara isso relativamente fácil para ele. Ao contrário, iniciara negociações secretas com Mirabeau, um dos pais fundadores da Revolução. Ainda que a contragosto, sancionara os decretos de agosto, a Declaração dos Direitos do Homem e até mesmo a Constituição Civil do Clero. Até onde isso dificultara sua relação com o irmão mais novo fica claro com a extraordinária confissão de Artois de que tinha de fato feito ameaças ao rei.

Embora os sinais disso estejam perdidos, deve ter havido alguma coordenação entre as ações de Breteuil e as das Tulherias, pois no fim de dezembro um enviado secreto proveniente de Paris chegou a Turim. Trazia uma ordem categórica de Luís XVI a Artois para que este suspendesse a planejada insurreição no Midi. Se isso não fosse feito, prosseguia o rei — e dificilmente pode ser coincidência que aqui tenha usado quase a mesma expressão que Breteuil —, ele seria forçado publicamente a desautorizar seu irmão.[11] De-

MIRABEAU *VERSUS* BRETEUIL

pois de uma acalorada e áspera reunião do conselho que Artois, exatamente como um monarca reinante, tinha formado para ajudá-lo, foi decidido que os desejos de Luís XVI seriam honrados.

No mês anterior, juntou-se aos príncipes em Turim uma figura particularmente decisiva. No final de novembro, Calonne chegou da Inglaterra e rapidamente se impôs como figura principal no conselho dos príncipes e como seu primeiro-ministro *de facto*. Desde sua desgraça nas mãos da assembléia de notáveis, o antigo controlador-geral levara uma vida aventurosa. Primeiro fugira para a Inglaterra, depois voltou à França para se apresentar como candidato aos Estados Gerais. Foi imediatamente cercado por uma multidão hostil e teve de fugir de novo. Em julho de 1789, encontrou em Namur Artois e Condé, em fuga da França, e se tornou seu agente confidencial. Quando por fim reencontrou-os em Turim, Artois saudou-o como seu salvador: "Graças aos Céus, finalmente eu o tenho!", exclamou.[12]

O príncipe, naturalmente, tinha sido amigo e defensor de Calonne tanto antes quanto durante a assembléia de notáveis. No entanto, era sem tato, para dizer o mínimo, dar essa saudação — e essa função — a um homem que o próprio rei tinha afastado e que sempre fora o mais implacável inimigo da rainha. As piores suspeitas de Luís XVI e Maria Antonieta foram confirmadas: John Hardman afirmou que o envio pelo rei do *plein pouvoir* a Breteuil pode ter sido uma resposta direta à notícia da chegada de Calonne a Turim. Isso subestima o papel desempenhado pela Constituição Civil do Clero nas ações de Luís XVI, mas certamente pode ter contribuído para sua decisão. É compreensível que Maria Antonieta pudesse escrever o seguinte a Leopoldo II: "Não teríamos segredos em relação ao conde D'Artois, se ele não estivesse cercado por m. de Calonne e o príncipe de Condé, em quem nunca podemos ter confiança."[13]

Nesse cenário que se anuviava, Breteuil partiu para o ataque. Em 8 de fevereiro de 1791, escreveu uma longa resposta a Artois, notável tanto por sua franqueza quanto por sua firmeza de tom. Defendia Luís XVI vigorosamente contra a acusação de inércia por parte de Artois, salientando que o rei só tinha permanecido passivo até então porque não tinha chegado ainda o momento de ele tomar a iniciativa. "Este, assim entendo", escreveu ele,

> é o único modo de encarar a terrível situação do rei e as críticas, tão incessantes quanto infundadas, que têm sido feitas a sua excessiva paciência. Sem dúvida, estou muito longe e muito à margem para julgar

146   A QUEDA DA MONARQUIA FRANCESA

se teria sido possível ao rei fugir, como *monseigneur* parece pensar que ele poderia ter feito na carta com que me honrou em 15 de dezembro. Mas, aqui em meu remoto retiro, estou livre para voltar meus pensamentos e o reflexo de meu amor por meu rei para a grande questão de Sua Majestade poder de fato ter-se rendido a seu desejo natural, num momento em que o motim das tropas bem como de seus oficiais parecia irresistível, quando a exaltação popular estava no auge por toda parte, e quando os poderes externos pelos quais o rei podia esperar ser apoiado estavam em meio a dificuldades que só lhe permitiam ajudá-lo com palavras.[14]

Era a melhor defesa que um contra-revolucionário podia fazer da conduta de Luís XVI em 1790. Tendo se permitido ser feito cativo em outubro de 1789, fazia sentido para o rei ver que parcela de seu poder ele seria capaz de manter no contexto da constituição que emergia, embora sem excluir a fuga caso esse arranjo se mostrasse inaceitável. Também é bastante revelador o argumento de Breteuil, de que uma fuga real em 1790 seria insensatez tendo em vista os motins no exército. Oferece novo indício de que ele só decidiu que uma fuga era viável depois de Bouillé ter-se certificado da lealdade de seus soldados.

No futuro, propôs Breteuil, Artois não deveria fazer propostas a quaisquer das Potências sem a prévia aprovação de Luís XVI. O príncipe também deveria (e Breteuil julgava esse ponto importante o bastante para enfatizá-lo) afastar os muitos *émigrés* extremistas e indiscretos que então se juntavam à sua volta em Turim. Não é difícil discernir nessa recomendação uma primeira investida por parte do barão contra seu antigo inimigo Calonne. Breteuil terminava sua carta com uma peroração cuja óbvia sinceridade é especialmente tocante. Sob suas expressões floreadas, percebe-se o homem sob o político, marcado até o âmago pela reviravolta de seu mundo:

> Eu desejaria fortalecer meus argumentos com perspicácia e recursos em igual medida, mas só posso oferecer a pura devoção e a reflexão mais calma possível por parte de um homem que deve se preservar de impulsos precipitados nascidos de seu amor pelo rei, por meio desse hábito de respeito aos direitos da coroa e seu poder, que ele viu demonstrado por toda a Europa, bem como pelos próprios servidores do rei; e que, à sua oposição a tudo o que ofende a prerrogativa real, soma a necessidade de se prevenir contra a raiva em sua alma, torturada por todo tipo de dor, sacrifício e infortúnio pessoal.[15]

MIRABEAU *VERSUS* BRETEUIL

A resposta de Artois, escrita de Veneza em 21 de fevereiro, era mais bem escrita do que seus esforços anteriores. Percebe-se nela mais a mão do sutil Calonne que a do impulsivo príncipe. Supostamente, Artois dependia então muito de seu novo conselheiro para ajudar a moldar sua correspondência diplomática. Se assim era, isso empresta uma certa malícia a seus intercâmbios com o barão; de fato, ele estava simplesmente fornecendo uma fachada por trás da qual Breteuil e Calonne, que se odiavam desde 1784, podiam retomar sua longa *vendetta* política.

A carta de Artois sublinha exatamente como se tornaram tensas as relações entre as Tulherias e Turim ao longo de alguns meses precedentes. O príncipe mais uma vez defendeu a estridência de suas mensagens recentes dirigidas a Luís e Maria Antonieta. "Falei com [o rei] bem como com a rainha", declarou ele,

> na língua da honra. Minhas expressões foram fortes, severas, até mesmo duras, se o senhor quiser; mas a pureza de meus motivos desculpa tudo isso, e tudo que vi e ouvi obrigou-me a falar com franqueza; mas ao mesmo tempo em que eu estava tentando ajudar e iluminar meus infortunados parentes, eu fazia todo o possível para me conformar a suas intenções [...]. O senhor mesmo deveria saber disso mais do que eu, se o senhor se lembra da conversa que teve com m. de Calonne em Solothurn.[16]

Nessa passagem, de autojustificação, Artois deixa escapar um fato memorável. Nunca fora percebido que Calonne parou em Solothurn para ver Breteuil quando a caminho de Turim, e que os dois velhos rivais tiveram uma conversa política. Em geral se supõe que Breteuil e Calonne estivessem prontos para brigar durante a Revolução e que durante esse período não tiveram contato pessoal. No entanto, o fato de seu encontro no final de 1790 implica que nesse momento suas diferenças ainda não eram intransponíveis. Foi a planejada fuga real de Paris — e as intrigas que a cercaram — que causou o rompimento decisivo entre os dois.

A despeito das dúvidas que Artois expressou para Breteuil, nas Tulherias os planos de fuga estavam ganhando força. Depois da visita de La Marck a Metz, em fevereiro, com o projeto de Mirabeau, Bouillé deixara claro para Luís XVI que ele preferia este projeto ao de Breteuil. Não conseguiu modificar a opinião do rei, e a proposta original do barão foi escolhida. Mas ao

148 A QUEDA DA MONARQUIA FRANCESA

que tudo indica o plano de Mirabeau continuou a ser discutido. Durante o mês de março, chegou a Artois e Condé uma informação segura de que Luís estava para concordar com um plano de conciliação, quase certamente o de Mirabeau, que solucionaria a crise revolucionária. De modo surpreendente, o sinal mais concreto vinha do próprio Bouillé.

Assediado por emissários de todos os lados, não é de surpreender que o general inadvertidamente tenha deixado escapar algo dos planos em andamento. O indício, mais uma vez, vem de Bombelles, cujo diário é particularmente detalhado no trecho referente à primavera de 1791. Logo depois da queda da Bastilha, o marquês trocara Versalhes por Veneza, onde fora embaixador até pouco antes da Revolução. Quando Artois foi a Veneza em janeiro de 1791, ficou com Bombelles, e logo o incorporou a seu círculo de conselheiros. O marquês, que sentiu que ele podia ser muito útil para combater as idéias mais rebeldes de Calonne, não desprezou esse novo papel.

Bombelles, assim, estava presente em Veneza em 19 de março, quando Calonne leu para o conselho de Artois uma carta que ele acabara de receber de sua sobrinha, a marquesa de Fouquet, cujo marido servia no exército de Bouillé em Metz. Cada vez mais desconfiado das idas e vindas clandestinas em torno do quartel-general de Bouillé, Calonne pedira à sobrinha para investigar. Nisso ela foi bem-sucedida. Bouillé estava notavelmente acessível, e confiou a ela os detalhes de um plano que era claramente o que Mirabeau esboçara com ele por intermédio de La Marck no mês anterior. A marquesa prontamente os anotou e enviou-os para Calonne.[17]

A carta da marquesa de Fouquet descrevia em detalhe o projeto que Bouillé esboçara para ela. O general, escreveu ela,

> afirma que há um grupo na Assembléia que apóia o rei, que o conde de Mirabeau está à sua frente [...] e que o plano visa a possibilitar que o rei vá para Compiègne, onde pode ser protegido por tropas de Flandres, e que aí ele poderia livremente sancionar aqueles decretos que se sentir capaz de aprovar.[18]

No entanto, a marquesa também revelou um outro elemento do plano, extremamente significativo, que nunca foi mencionado em outro lugar — que, como parte do acordo, o próprio Calonne voltaria a seu cargo, como "uma espécie de Chanceler do Tesouro". Assim ela relatou ao tio:

MIRABEAU *VERSUS* BRETEUIL 149

Uma vez que o rei esteja livre, querem pôr a seu lado alguém de reconhecida capacidade, e é no senhor que estão pensando. Fiquei espantada por Mirabeau não se ver nesse cargo. A resposta foi que ele está ciente de que não pode aparecer com muito destaque, tendo em vista sua fama. Todos os envolvidos ficaram satisfeitos com seu trabalho [o livrete de Calonne do final de 1790, *Sobre o estado presente e futuro da França*], mas infelizes quanto à tentativa de sublevação em Lyon e sua viagem para Turim.[19]

Ao tomar conhecimento disso, Bombelles deve ter sentido que estava entrando em um país das maravilhas político. Calonne era muito impopular na França, tanto como controlador-geral fracassado com fama de corrupção, como posteriormente como conselheiro da ala mais extrema da contra-revolução. No entanto, não há razão para duvidar do testemunho conjunto da marquesa de Fouquet e Bombelles, que refletem exatamente o que sabemos sobre o plano conciliatório. Além disso, examinado mais de perto, o projeto tem vários aspectos, combinando habilmente lógica arguta e pura fantasia, que plausivelmente revelam a mão de Mirabeau. O tribuno conhecia Calonne havia muito tempo e atuara como seu redator por vários anos durante seu ministério. Tendo em vista esses antecedentes, não é de modo algum impossível que ele visse Calonne como um instrumento potencial de sua política secreta. Se a conciliação geral que ele planejava fosse bem-sucedida, mais cedo ou mais tarde os príncipes teriam de ser incluídos nela, e renderia dividendos ter a seu lado Calonne, o conselheiro mais confiável deles. Mirabeau conhecia o alcance completo da ambição de Calonne, e sua proposta deve ser vista sobretudo como uma tentativa audaciosa de explorar isso como um meio de conciliar a emigração com a Revolução.

A julgar pela reação de Calonne, o projeto funcionou. O diário de Bombelles retrata o antigo ministro animado pela esperança e pelo entusiasmo no conselho de Artois, com o papel da marquesa na mão: "Antes de começar a lê-lo, ele mais uma vez protestou diante do horror de um possível arranjo com *messieurs* de Mirabeau, de Lameth e outros patifes desse tipo."[20] No entanto, Calonne rapidamente passou a moderar essa desaprovação:

É horrível ter de negociar com traidores. É provável que seu trabalho se mostre de conciliação impossível com o objetivo de restaurar uma verdadeira monarquia. Mas chegará o momento em que se terá de

150   A QUEDA DA MONARQUIA FRANCESA

aceitar o que se é incapaz de evitar. Se certos decretos [da Assembléia Nacional] só podem ser rejeitados por concordarem com algumas dolorosas anistias, esse preço vale a pena pagar...[21]

Ao visar o aspecto mais destacado de Calonne, seu oportunismo, Mirabeau acertou na mosca. De modo ainda mais extraordinário, seu projeto parece pelo menos temporariamente ter conquistado a maioria do conselho de Artois. Bombelles assim se expressou: "A conclusão foi a de que, por mais medonha que seja uma conciliação desse tipo, ela é preferível à guerra civil."[22] Aqui, o diário do marquês revela uma faceta até então oculta da Revolução Francesa. Oferece uma prova consistente de que, desmentindo sua posterior fama de intransigência, no início de 1791 Artois e seus partidários admitiram uma conciliação com a Revolução.

Qualquer plano que repusesse Calonne em posição favorável por definição significava deixar Breteuil de fora, e como este sabidamente tinha influência junto ao rei e à rainha, aqui também uma conciliação tinha de ser buscada. De fato, Bombelles afirma que Breteuil foi o primeiro a ser questionado para ocupar o cargo de conselheiro de Artois e que só fora rejeitado por insistência de Condé, que estivera em contenda com o barão desde a década de 1780.[23] Todavia, Calonne então tinha o maior prazer em ser magnânimo; possivelmente, sua visita a Breteuil, em seu percurso para Turim, havia tido a intenção de ser um sinal de paz. No contexto do vasto projeto em discussão, ele insinuou que ficaria feliz em dividir seu ministério com Breteuil. Confiou tudo isso a Bombelles, esperando certamente que ele transmitisse tudo ao barão. Nessa ocasião, Bombelles avaliara Calonne, e sua descição dessa iniciativa tem uma força satírica:

> M. de Calonne falou-me de formar um ministério como se ele já estivesse em sua cadeira na mesa do conselho e em posse de poder ilimitado. Ele quer controle da justiça e das finanças. Pensa que o senhor barão de Breteuil pode ficar com todas as questões referentes à política externa e que os dois, como ministros principais, necessitariam apenas de ministros subalternos, responsáveis perante eles, para gerir os departamentos da Guerra e da Marinha e as províncias. Eu disse sim a tudo. Devemos deixar que essas crianças grandes brinquem de ser adultos quando isso os diverte, como se fossem meninos malcomportados.[24]

No dia seguinte, chegaram mais notícias de uma projetada negociação entre o rei e a Assembléia. Dessa vez, a informação vinha de Paris, de um clube monarquista semi-secreto bem relacionado, o *salon français*. Isso acrescentou outra peça ao quebra-cabeça — a dissolução da Assembléia Nacional no contexto do pacto e o estabelecimento, em seu lugar, de uma nova legislatura bicameral segundo o modelo inglês. O terceiro estado seria transformado em Casa dos Comuns, e a nobreza e o clero, em uma Câmara dos Pares.[25]

Tal como o plano de repor Calonne em seu cargo, reviver a idéia de uma legislatura bicameral tão pouco tempo após sua esmagadora derrota em setembro de 1789 parece mais um castelo no ar. Se a única fonte para isso era o *salon français*, não deveria ser levado muito a sério, tendo em vista o forte traço de fantasiosa paranóia, comum, durante a Revolução, à maioria das redes monarquistas de informações. No entanto, há forte indício de que a opção bicameral estava mais uma vez em primeiro plano, como parte do plano conciliatório de Mirabeau. De modo significativo, o relato do *salon français* mencionava a transferência da família real para Compiègne como parte do projeto das "duas câmaras".[26] Faria muito sentido se Mirabeau tivesse brincado com a idéia de uma legislatura bicameral como meio de unir monarquistas e revolucionários moderados sob a mesma bandeira. A razão pela qual a idéia das "duas câmaras" se recusou a morrer depois de setembro de 1789 foi que ela continuava a defender uma solução de compromisso com a questão fundamental que causara a Revolução em primeiro lugar — a composição do corpo representativo da nação. Tinha grandes atrativos como caminho entre a insistência igualitária dos radicais em uma única assembléia soberana e a fidelidade inflexível dos monarquistas intransigentes à "antiga constituição". Para os conservadores, uma Câmara dos Pares representava um bastião contra a democracia e a anarquia, enquanto para constitucionalistas moderados assegurava que não haveria retorno aos Estados Gerais e suas três ordens.

É inteiramente plausível que em fevereiro de 1791 Mirabeau pensasse que tinha chegado o momento de retomar a idéia das "duas câmaras" para conquistar o apoio daqueles deputados que então queriam "encerrar a Revolução", em particular dos *monarchiens* na assembléia. Mas ele podia estar olhando muito além das fronteiras da França. O diário de Bombelles oferece forte indício de que Mirabeau encarava Calonne como um instrumento essencial em seu projeto de unir os príncipes em torno de seu plano conciliatório. De fato, alguns meses antes, Calonne tinha publicado seu livrete *Sobre*

152 A QUEDA DA MONARQUIA FRANCESA

o *estado presente e futuro da França*. Este propunha uma monarquia constitucional baseada em uma legislatura bicameral, com o rei mantendo grande parte da iniciativa na legislação — exatamente o que os *monarchiens* tinham proposto em setembro de 1789. Que melhor modo para Mirabeau estabelecer ligação com Calonne do que assumir sua sugestão mais recente?

Uma demonstração mais concreta de que Mirabeau tinha definitivamente adotado o projeto "bicameral" ocorre nas memórias do velho *monarchien* Malouet, que depois da derrota de seu grupo na Assembléia em setembro de 1789 estava então envolvido nos esforços para reconciliar Mirabeau e a Corte. Malouet afirmava ter visto então um longo memorando do detalhamento por parte de Mirabeau de seu plano para restaurar a autoridade real. Segundo Malouet, o quarto item do plano era a divisão da Assembléia Nacional em duas câmaras.[27]

Como a maioria dos projetos de Mirabeau, seu plano para libertar o rei e acabar com a Revolução era tortuoso e labiríntico. Era essencialmente secreto e só pode ser reconstituído a partir de fontes bastante dispersas: as memórias de Bouilllé, o diário de Bombelles, os documentos de Calonne e as memórias de Malouet. No entanto, a partir de tudo isso evidencia-se um quadro com nitidez. Na primavera de 1791, Mirabeau trabalhava em um projeto para pôr a família real em liberdade e dissolver a Assembléia Nacional por meios constitucionais. Como parte do plano, o exército de Bouillé se aproximaria de Paris e garantiria a segurança do rei uma vez que este estivesse instalado em Compiègne ou Fontainebleau. Seria formado um novo ministério, possivelmente incluindo Calonne como preço do apoio dos príncipes, que supervisionaria a substituição da Assembléia por uma legislatura bicameral segundo o modelo inglês. O príncipe de Condé, que odiava e temia toda a idéia, considerou-a uma detestável mistura de "egoísmo, *amour-propre* e anglomania".[28] Seria mais correto vê-la como um esforço significativo para encerrar a Revolução por meio da instalação de uma monarquia constitucional forte.

O projeto poderia ter funcionado? Provavelmente não; era ao mesmo tempo muito grandioso e dependia, para seu êxito, da combinação de muitos elementos e indivíduos díspares. Sua importância histórica, porém, reside menos em sua viabilidade essencial do que no fato de que foi seriamente considerado. Desenredar seu desenvolvimento lança uma nova luz sobre a política tanto de Mirabeau quanto da família real nos primeiros meses de 1791. Mostra que as variedades das opções examinadas por Luís XVI eram muito mais amplas e mais complexas do que anteriormente se pensava.

MIRABEAU *VERSUS* BRETEUIL

A seguir, em 2 de abril de 1791, Mirabeau morreu subitamente em sua casa em Paris. Sua conduta nos últimos meses tinha provocado nos antigos amigos da esquerda uma grande suspeita, e havia uma onda de rumores de que o tinham mandado envenenar. De fato, não se encontrou traço de crime. Uma tuberculose, complicada pelos efeitos de bebida e aventuras com mulheres, constitui um diagnóstico muito mais plausível. O desaparecimento desse espírito instigador provavelmente constituiu um golpe decisivo para o plano que Mirabeau tinha concebido. No entanto, em março de 1791, como Bombelles anotou em seu diário, estava claro que o segredo já era conhecido. Se estava correta a afirmação de Mirabeau, tal como registrada por Bouillé, de que ele estava seguro do apoio dos 36 departamentos à sua grande petição, então muitas pessoas na França deviam saber do projeto, para não falar dos *émigrés* em Worms e Turim. É difícil ver como o projeto poderia ter sobrevivido tanto à morte de seu autor quanto à sua própria crescente divulgação.

Na época da morte de Mirabeau, Luís XVI também perdera a fé no plano. Quase um mês antes, no início de março, o rei tinha escrito a Bouillé outra carta em código que deixava claro que ele finalmente tinha optado pelo projeto de Breteuil. Informava ao general que, no mais tardar, fugiria no início de maio, e entrava em detalhes sobre a rota que propunha tomar. Para o estágio final dessa viagem, escrevia ele, pretendia tomar a estrada de Varennes.[29]

A redação dessa carta constituiu um divisor de águas pessoal para Luís XVI. Também pôs em evidência a controvérsia sobre o *plein pouvoir* de Breteuil. Entre outubro de 1790 e março de 1791, não estava claro qual plano de fuga o rei adotaria, se o de Mirabeau ou o de Breteuil. Essa disputa tensa e justa deu a Maria Antonieta outra razão para forjar o *plein pouvoir,* a fim de capacitar seu candidato a passar à frente do rival. O barão podia assim começar a preparar o projeto, mesmo enquanto Luís XVI ainda estava sendo persuadido a lhe dar seu endosso. Em março de 1791, o eclipse de Mirabeau e as incitações da rainha garantiram, por fim, o necessário acordo.

A atitude dos servidores mais leais ao casal real a ambos os planos é simbolizada pela conduta de Bombelles nessa conjuntura. Em 20 de março ele estava preparado para aceitar, com graves dúvidas, o projeto de Mirabeau tal como informado por Calonne. Nove dias depois, porém, ele recebeu uma carta de Breteuil em Solothurn informando-lhe secretamente sobre seu *plein pouvoir* e seu próprio projeto de uma fuga real, e sua atitude mudou

154   A QUEDA DA MONARQUIA FRANCESA

por completo. Sua desconfiança em relação à conciliação planejada e a seus defensores redobrou. Implícita na reviravolta do marquês estava um reconhecimento de que a essência do projeto de Breteuil era um convite para recuperar muito mais da autoridade real do que Mirabeau estava preparado para avaliar. Em 31 de março, dois dias depois de receber a mensagem de Breteuil, Bombelles confiou a seu diário sua negativa conclusão final em relação ao plano rival. "Seria temeroso estar limitado a negociar com os principais traidores, e tudo aponta para o perigo de ser iludido por suas astutas propostas."[30] Embora vazados em linguagem indireta, os objetivos que o barão passara para seu protegido eram muito diferentes: "É suficiente que o senhor esteja certo da resolução firme do rei de arriscar sua coroa, se necessário, para recuperar sua legítima prerrogativa."[31]

O marquês voltou então a ser o que sempre foi: o mais fiel subordinado de Breteuil. Permaneceu em Veneza; no entanto, mais como agente secreto do barão do que como conselheiro de Artois, e iniciou uma correspondência clandestina com Breteuil. Agora que conhecia as verdadeiras intenções do rei, tornou-se essencial desfazer-se do que restava do plano conciliatório. Isso significava desacreditar Calonne, tarefa que Breteuil teria o maior prazer em comandar. O método consistia em Bombelles usar informação fornecida por Breteuil a fim de inculcar suspeitas no espírito de Artois de que Calonne só apoiava o projeto conciliatório por ambição pessoal. O marquês relatou o seguinte em 10 de abril:

> É possível que eu seja capaz de fazer bom uso de suas últimas cartas, porque, embora ele nada tenha dito, o senhor conde d'Artois percebeu como m. de Calonne cedeu ao plano conciliatório desde o momento em que viu, ou pensou ver, que seria convocado ou a Compiègne ou outro lugar.[32]

Em abril de 1791, a estratégia do barão estava se ajustando. A proposta de fuga que ele apresentara a Luís XVI fora finalmente aceita, e ele tinha o precioso *plein pouvoir* para comprovar isso. Seu rival pelo ouvido do rei, Mirabeau, estava morto, e seu projeto alternativo de conciliação fora arquivado. Breteuil podia agora dar continuidade a seu próprio plano para salvar a monarquia.

CAPÍTULO 7

PREPARATIVOS

AO CHEGAR A SOLOTHURN EM OUTUBRO DE 1789, Breteuil se instalara em uma confortável casa nos arredores da cidade. Durante o "tranqüilo ano" de 1790, ele passou o tempo de seu ócio forçado construindo um passeio frondoso nas proximidades, de modo que pudesse tomar ar. Está em grande parte como ele o deixou e ainda é conhecido como "Allées de Breteuil".[1] Foi nesse cenário agradável que ele planejou a fuga da família real de Paris.

A principal razão pela qual o barão recebera o *plein pouvoir* era que assim, como experiente diplomata, podia coordenar o apoio internacional à projetada fuga. Nesses meses, os assuntos da Europa preocupavam Breteuil tanto quanto — e talvez mais — os de sua terra natal. Ao contrário de Mirabeau, que achava que os franceses deveriam resolver seus próprios problemas, o barão estava convencido, desde uma fase bem inicial, de que a Revolução só podia ser encerrada com a ajuda, de uma forma ou outra, das outras Potências. De fato, como nunca deixou de salientar em suas cartas, era interesse das Potências ajudar Luís XVI a recuperar sua autoridade, já que o ataque da Revolução ao poder monárquico podia facilmente mostrar-se contagioso.

No entanto, a cena européia em 1791 não era de modo algum propícia a um esforço internacional para ajudar a salvar o rei da França. A monarquia dos Habsburgo, ligada por laços de sangue a Maria Antonieta, e essencial para qualquer plano de fuga devido à proximidade com a França de suas possessões belgas, estava por sua vez perto de uma grande crise. Tirando vantagem da guerra imprudente de José II, em aliança com a Rússia, contra os turcos, as possessões belgas e húngaras da Áustria começaram a tramar uma insurreição. Em novembro de 1789, influenciados pelo exemplo francês, os belgas se revoltaram e expulsaram as forças austríacas; no mês de janeiro seguinte, declararam independência como "Estados Unidos da Bélgica". Embora uma seqüência de necessárias vitórias sobre os turcos no final de 1789 afastassem a monarquia do precipício, a saúde de José enfraquecera e sua disposição se abateu. Ele morreu em 20 de fevereiro de 1790. Seu epitáfio, que ele murmurou com amargura, seria: "Aqui jaz José II, que fracassou em tudo que empreendeu."[2]

Não tendo descendentes, José foi sucedido por seu irmão mais novo, Leopoldo, inteligente, cético e sexualmente voraz. Grande duque da Toscana desde 1765, Leopoldo era conhecido como "o Florentino", devido ao gosto pela duplicidade e pela intriga que desenvolvera durante sua longa residência na cidade de Maquiavel. A mudança do imperador não era bom presságio para a família real francesa à beira do combate. Ao contrário de José, Leopoldo tinha pouco sentimento familiar em relação à irmã; além do mais, tendo sempre demonstrado tendências liberais e esclarecidas, inclinava-se a pensar que sua irmã e seu cunhado deveriam chegar a um acordo com a Revolução.[3] Acima de tudo, ele não era muito capaz de conter a sublevação que tinha herdado em suas próprias terras, e muito menos de resolver a da França.

A política doméstica de Leopoldo se mostrou extremamente bem-sucedida. A revolução belga foi habilmente dominada ao se conseguir pôr as diferentes facções rebeldes umas contra as outras; no final de 1790, fora restabelecido o controle Habsburgo. Aqui a *éminence grise* foi Mercy-Argenteau, ministro plenipotenciário de Leopoldo na província desde outubro de 1790. Para ele, mesmo as incertezas da política belga eram preferíveis aos horrores de Paris.

O principal problema estrangeiro que Leopoldo agora enfrentava foi criado por seu vizinho prussiano. Em 1786, morreu Frederico, o Grande, que nos últimos vinte anos tinha desenvolvido uma política externa em geral pacífica, tendo sido sucedido por seu sobrinho Frederico Guilherme II, beligerante e oportunista. Vendo uma oportunidade para se beneficiar com as dificuldades da Áustria, Frederico Guilherme mobilizou seu exército, e uma outra guerra que teria se mostrado desastrosa para Leopoldo só foi evitada no último minuto pela convenção de Reichenbach em julho de 1790. Nessa ocasião, as crises na Bélgica e na Hungria e a guerra turca estavam na maior

PREPARATIVOS 157

parte a caminho da resolução. Todavia, o sistema dos Estados europeus tinha recebido um choque considerável, e até o início de 1791 nenhuma das grandes Potências podia se permitir mostrar muita preocupação com as questões francesas.

Foi nesse cenário diplomático instável que Breteuil começou a trabalhar. Seu primeiro movimento, de modo nada surpreendente, foi na direção de Mercy-Argenteau, que ele conhecia havia trinta anos. Mercy ainda era nominalmente embaixador em Paris, embora agora residisse em Bruxelas. Na ocasião, ele tinha substancial influência nos Países Baixos austríacos, o que seria crucial se os planos de Luís XVI necessitassem de apoio externo. Em 12 de janeiro de 1791, o barão escreveu a Mercy uma longa carta, que tinha anexa uma cópia do *plein pouvoir*. Ele havia preparado cuidadosamente o terreno no mês de outubro anterior ao enviar ao embaixador uma educada nota em que o cumprimentava por sua nomeação para a Bélgica. A resposta *pro forma* de Mercy deu-lhe a abertura de que precisava.[4]

Breteuil começou com algumas reflexões gerais sobre a natureza da Revolução Francesa. Essas são interessantes por seu claro reconhecimento de que a Revolução era distinta de qualquer acontecimento político anterior e completamente incompatível com a ordem estabelecida na Europa. No início de 1791, essa era uma conclusão a que poucos políticos e comentadores tinham chegado, com exceção de Edmund Burke. "Concordo com o senhor, meu caro embaixador", escreveu o barão,

> em que nossa revolução é diferente de qualquer outra de que a história nos fala; e acima de tudo que nenhuma outra teve tão fraca oposição. Mas, se essa observação é bastante verdadeira, a reflexão que o senhor acrescenta não o é menos. É impossível que tal estado de coisas possa durar física, moral ou geograficamente.[5]

Breteuil prosseguiu com a exposição sobre o plano de fuga, deixando claro como este dependia muito da lealdade das tropas de Bouillé. Quanto a isso, ele era otimista. "Não tenho [...] dúvida", escreveu, "que tão logo o rei seja capaz de se mostrar, os soldados que irão se reunir a ele serão incalculáveis. Podemos contar com a lealdade de vários regimentos e o arrependimento de outros mais." Mas ele também lançou uma grande indicação de que esperava que a ameaça, mais do que a própria força, realizaria seus objetivos. Envolveu isso em um hábil cumprimento sobre o modo como Mercy tinha pacificado a Bélgica: "O senhor demonstrou o poder que o raciocínio sensível tem sobre os homens mais bárbaros, quando, ao ostentar a força armada que impõe respeito, combina com isso a benevolência que inspira amor."[6] Essa frase reveladora demonstra a continuidade essencial da política de Breteuil em relação à Revolução. Ele não tinha desejo de debelá-la imediatamente com armas, como tinham alguns dos *émigrés* irascíveis. Ao contrário, exatamente como em julho de 1789, mesmo que preparado para usar tropas como último recurso, preferiu mantê-las na reserva, como um instrumento para inspirar temor em seus opositores e assim levá-los à conciliação. No entanto, a ameaça da força militar era acompanhada de um atrativo; a promessa da "benevolência" do rei ofereceria aos revolucionários alguma esperança de um arranjo generoso.

Sabendo das dificuldades dos Habsburgo na Bélgica, o barão taticamente se absteve de qualquer menção direta à possível necessidade de apoio militar austríaco. Ele devia saber que teria uma resposta desagradável. Ao contrário, tentou outra conduta. Para que seu desafio à Revolução se tornasse viável, Luís XVI precisava de dinheiro, embora seu crédito estivesse arruinado e procurar um empréstimo nos mercados europeus trazia o risco de despertar suspeitas na França. A primeira preocupação de Breteuil, mais uma vez como fora em julho de 1789, consistia em prover seu senhor de fundos. O modo mais eficaz de o imperador ajudar o rei, disse ele a Mercy, seria emprestar-lhe 15 milhões de libras "para ajudar nos primeiros momentos" de sua liberdade.

A julgar pelo relatório de Mercy a seu superior, o chanceler Kaunitz, dez dias depois, essa carta não foi bem recebida. Mais uma vez, a aversão pelo barão, a qual unira os dois homens antes da Revolução, voltou a se impor. "Rapidamente enviei de volta [o mensageiro de Breteuil]", escreveu Mercy,

> com uma resposta que em geral era inexpressiva, mas extremamente precisa quanto a minha opinião de que será impossível para o imperador preocupar-se com qualquer coisa que não os interesses de sua própria monarquia por um longo tempo à frente, e que acima de tudo ele está muito preocupado em trazer para suas províncias belgas uma ordem e tranqüilidade de que ainda têm falta, para desejar expô-las a sublevações do estrangeiro.

PREPARATIVOS 159

Mesmo o fato de que Breteuil não conseguira encontrar um secretário confiável foi usado contra ele. "Depois de refletir", acrescentou Mercy em um PS, "decidi que Sua Alteza teria muito trabalho para decifrar o horroroso rabisco de m. de Breteuil, que me escreveu de próprio punho. Assim, guardei o original e enviei-lhe uma cópia legível."[7]

Seis semanas depois, ainda sem resposta de Mercy sobre a questão vital dos 15 milhões de libras, os apelos de Breteuil se tornaram mais insistentes:

> Espero todo dia por uma resposta positiva quanto aos pedidos que o senhor gentilmente concordou em transmitir à sua Corte, e todo dia fico mais aflito com a incerteza em que o senhor me deixa no tocante aos 15 milhões pelos quais o rei espera em sinal da amizade do imperador.

O tom crescentemente desesperado do barão refletia os perigos a que o adiamento austríaco estava expondo todo o projeto:

> Não posso pedir-lhe de modo forte o bastante para obter uma resposta do imperador a essa questão capital, que determinará tanto nossas medidas quanto a data do empreendimento. O atraso de cada instante aumenta nossas dificuldades, e a experiência que me ensinou que os maiores segredos só podem ser guardados por certo tempo faz-me temer diariamente que algum acidente possa conduzir à descoberta.[8]

Breteuil também mencionava aqui pela primeira vez a possibilidade de apoio militar austríaco ao plano. Diante das repetidas afirmações de Mercy de que todas as tropas naquele momento na Bélgica eram necessárias para manter a ordem na província, ele abordou o tema cuidadosamente:

> Posso imaginar o que o senhor deve pensar sobre o perigo de espalhar suas forças grandiosas, e é para conciliar seus interesses essenciais exatamente do mesmo modo como estou certo de que o senhor mesmo faria, que o rei decidiu pedir-lhe para fazer apenas uma demonstração de força, que de modo algum iria diminuir sua vigilância sobre os belgas, mas ajudaria bastante nossos planos; ou seja, ele pede que, sem deslocar um único soldado além de suas fronteiras, o senhor simplesmente posicionasse um grande corpo de soldados perto das nossas, o que, se habilmente colocados, indicaria as mais fraternais intenções...[9]

160   A QUEDA DA MONARQUIA FRANCESA

Todavia, toda a questão do barão era que ele estava certo de que esses soldados nunca seriam necessários. Para esse fim, ele repetiu a Mercy sua confiança na lealdade e qualidade do exército na Lorena:

> Sua Majestade adquire a cada dia mais certeza de que, no momento
> em que recuperar sua liberdade, a maioria de suas tropas, e o melhor
> delas, acorrerá com entusiasmo e energia para ajudá-lo a recuperar
> sua legítima autoridade; não tenho mais dúvida quanto ao sucesso de
> seu corajoso empreendimento, tão logo se veja livre de suas amarras.

No entanto, a confiança de Breteuil era desmentida por sua frase final: "Dei-
xo-lhe imaginar a agitação de meu espírito."[10]

De fato, essa carta cruzou com a resposta de Mercy à carta anterior.
Mais uma vez, o conde manteve um silêncio ensurdecedor quanto à questão-chave do dinheiro. Breteuil só escreveu sua carta seguinte em 20 de
abril. Isso, como ele explicava, se deveu ao fato de não ter passado bem:

> Fiquei preso a meu leito, meu caro embaixador, devido a um grave
> ataque de gota em ambos os pés, quando sua carta de 28 de março
> chegou; penso que ele está chegando ao fim, mas temo que não venha
> a ter o pleno uso de minhas pernas por algum tempo, já que estão
> ainda tão fracas hoje quanto estavam há dois dias. Meu frágil estado
> físico impediu-me de responder sua carta tão rapidamente quanto eu
> teria desejado fazer.[11]

Nesse ponto, um curioso aspecto da correspondência se torna patente. As
cartas de Breteuil de 12 de janeiro e 3 de abril foram francas e abertas,
porque ele fora capaz de confiá-las a amigos leais que estavam viajando para
Bruxelas. Sua carta de 20 de abril, porém, teve de ser enviada pelo correio,
e o barão tinha a preocupação de que fosse interceptada e lida. Recorreu
então a um código rudimentar. O plano de fuga foi disfarçado como um
processo judicial que ele estava empreendendo, figurando Luís XVI como
seu "agente de negócios". Como meio de dar lugar à resposta austríaca,
Breteuil mantinha a ficção de que esse processo judicial estava sendo julgado
pela alta corte imperial, o Conselho Áulico, e de que na ocasião estava à
espera de uma decisão. Sob esse disfarce, ele e Mercy podiam, ambos, enviar
e receber informação.

PREPARATIVOS   161

O objeto da carta em código de Breteuil era, mais uma vez, dinheiro. Seu processo judicial tinha toda a possibilidade de sucesso, escreveu, mas no momento não podia dar continuidade a ele por falta de fundos. Mercy tinha claramente prometido ajudar a levantar um empréstimo nos Países Baixos, "mas suas cartas não me dão notícia sobre esse ponto capital". As linhas mais reveladoras, porém, surgem em um PS. Assim que Breteuil acabou de escrever, chegou uma carta de seu "agente de negócios". Ela anunciava que "tudo o impele a agir agora, e que ele mantém firmemente sua resolução de fazer tudo o que puder para apressar o grande julgamento. Todos os seus planos estão arranjados e serão apresentados à Corte entre 15 e 20 do próximo mês, se uma falta absoluta de dinheiro não tornar isso impossível".[12] A carta a que Breteuil se refere é claramente a que Fersen lhe escreveu em nome de Luís e Maria Antonieta em 2 de abril, informando-o de que a fuga ocorreria durante a última quinzena de maio.

Em 17 de maio, como a carta seguinte de Breteuil deixa claro, ainda não havia notícia concreta de Mercy. Nessa ocasião, ele tinha até escrito para Kaunitz, mas, de modo nada surpreendente, com pouco sucesso. "Penso que lhe disse", informou ele a Mercy asperamente,

> que eu tinha escrito em minúcias ao príncipe Kaunitz sobre meu processo. Devo lhe dizer que recebi uma pronta resposta que era especialmente cortês para comigo, mas tão perfeitamente inútil quanto a meu negócio, que eu teria ficado feliz se tivesse esperado mais antes que me fossem lembradas todas as dificuldades que afligem um suplicante.[13]

Era óbvio que nada podia ser esperado do chanceler da Áustria ou de seu ministro plenipotenciário na Bélgica. Breteuil resolveu jogar a única carta que lhe restava — o próprio imperador. Foi ajudado por um grande golpe de sorte: em 15 de março Leopoldo deixou Viena para empreender uma longa viagem por sua amada Itália. Seus ministros, inclusive Kaunitz, ficaram na capital. Era a oportunidade pela qual o barão esperava. Se enviasse um emissário ao imperador, a fim de defender a causa da irmã e do cunhado, na ausência do chanceler hostil, o plano de fuga ainda podia ser salvo. A gota de Breteuil e seus encargos em Solothurn impediam-no de ir, mas felizmente havia um candidato ideal à disposição. Bombelles tinha renunciado a seu cargo de embaixador no mês de janeiro anterior, incapaz de fazer o juramento à constituição que então se exigia dos diplomatas, tanto quanto do

162 A QUEDA DA MONARQUIA FRANCESA

clero. No entanto, ainda estava em Veneza, tentando acalmar a efervescência de seus indesejáveis hóspedes, o conde D'Artois e Calonne. Aí ele se encontrava perfeitamente posicionado para interceptar Leopoldo em sua chegada ao norte da Itália.

Em 12 de março Breteuil enviou a Bombelles uma cópia de seu *plein pouvoir* e uma longa série de instruções, chamando-o novamente, por assim dizer, ao serviço. O marquês seria recebido pelo imperador e sondaria suas disposições relativas à família real francesa. "O senhor sabe", afirmou Breteuil abruptamente,

> como o príncipe Kaunitz deseja muito pouco incentivá-las em nosso favor e como meu amigo Mercy, que no fundo é mais ardorosamente favorável a nós, não dispõe do caráter necessário para decidir nossa grande questão, de modo que devemos encontrar a força de que precisamos na pessoa do imperador, mais do que em seus ministros.[14]

Bombelles buscaria o apoio de Leopoldo para duas questões cruciais — soldados e dinheiro. Para se contrapor ao argumento austríaco habitual de que todas as tropas disponíveis eram necessárias para manter a ordem na Bélgica, ele argumentaria que sua província nunca poderia estar verdadeiramente segura até que fossem extintas desordens semelhantes, mas muito maiores, além da fronteira, e que "um duplo golpe assim se faz necessário, a fim de proteger o país que mais preocupa [Leopoldo]". O marquês também salientaria, como o barão havia feito anteriormente com Mercy, que de fato seriam necessários poucos soldados austríacos: "Tão logo o rei tiver desfraldado sua bandeira, a maioria de seu exército rapidamente se unirá a ele, em especial se a vanguarda se vir apoiada por regimentos austríacos." Quaisquer que pudessem ser as intenções pessoais de Luís XVI, Breteuil fazia pouca distinção, no plano, entre os elementos franceses e estrangeiros.

Leal como sempre a seu superior, Bombelles imediatamente aceitou essa missão. Ao fazê-lo, porém, viu-se diante de um problema. Breteuil não era o único exilado francês que acompanhava de perto os movimentos do imperador. Artois e Calonne, ainda usufruindo a hospitalidade de Bombelles em Veneza e encarados por Kaunitz com mais horror ainda que Breteuil, viam na presença de Leopoldo na Itália uma oportunidade para incrementar seus próprios planos. Sabiam perfeitamente que o imperador partilhava da suspeita de seu chanceler em relação a eles e que se recusaria a vê-los se lhe

PREPARATIVOS 163

pedissem um encontro. Seria melhor, decidiram eles, se o caminho primeiro fosse suavizado por um emissário aceitável — seu anfitrião Bombelles. O marquês, que fora levado à troca de idéias com eles bem antes de receber a convocação de Breteuil, não se sentiu capaz de recusar. Como resultado, viu-se incumbido de uma "dupla missão" extremamente complicada. Bombelles então se tornou o servo de dois senhores. Durante os dois meses seguintes, as negociações extremamente sérias de Bombelles e Breteuil com Leopoldo sempre ameaçavam resvalar para a ópera-bufa, nas numerosas ocasiões em que elas se cruzaram com os planos cada vez mais lunáticos de Artois.

A própria carta de Breteuil deu início à comédia de erros. Ele a entregou a um fiel servidor, um criado de sua filha chamado Davier, a fim de que a levasse a Bombelles em Veneza. Por azar, Davier foi detido em Aldorf, perto de Schwyz, por um prefeito desconfiado, e mantido aí por 13 dias.[15] Nesse meio-tempo, Leopoldo II chegou a Veneza e Bombelles, sem saber que um mensageiro de Breteuil estava a caminho, escreveu-lhe pedindo um encontro em nome de Artois e Calonne. Em 28 de março, o encontro foi concedido. Tem-se uma medida da habilidade diplomática do marquês pelo fato de ter conseguido a promessa de um encontro para Calonne em Bolonha. Para tal, teve de acalmar a fúria de Leopoldo em relação a Calonne, que recentemente tinha desobedecido a suas ordens e tentado conseguir acesso a ele em Viena. Proibido certa vez na capital de pôr os pés fora de sua residência, Calonne prontamente saiu para um baile de máscaras, onde passou a noite persuadindo o príncipe de Ligne, seu amigo, a interceder por ele junto ao imperador. Com sua usual frivolidade, ele escreveu depois a Ligne: "Se houver intriga sobre sua longa conversa com outra máscara masculina, acabe logo com o assunto dizendo, com sua usual cara honrada, que sou um rapaz extremamente bonito com quem você está variando seus prazeres."[16]

Na manhã seguinte ao encontro de Bombelles com Leopoldo, o mensageiro de Breteuil finalmente chegou. O marquês logo percebeu que tinha sido posto pela distância de um dia numa situação profundamente difícil. Se Davier tivesse conseguido alcançá-lo antes do encontro, ele provavelmente teria conseguido manter Artois e Calonne à distância de um braço do imperador. Agora, porém, o contato direto fora estabelecido, com o próprio marquês como seu agente. Tudo o que Bombelles podia fazer era tirar o melhor proveito da situação; transferiu suas principais energias para a missão de Breteuil, que afinal provinha do próprio rei. Ao mesmo tempo, tentou conciliar isso com a tarefa que Artois lhe tinha imposto, usando toda sua influência para persuadir o príncipe a nada fazer precipitadamente.

Bombelles desencadeou sua estratégia no decorrer de um segundo encontro com Leopoldo, convenientemente em 1º de abril. Revelou-lhe as novas instruções recebidas de Breteuil e a decisão que a família real tomara de fugir de Paris. Tendo decidido que a concordância do imperador em se encontrar com Calonne, e talvez também com Artois, podia até mesmo ser transformada em vantagem, incluiu-o em seu plano para detê-los. Se o próprio Leopoldo dissesse ao príncipe e seu conselheiro para se controlarem e nada fazer de modo a comprometer a segurança de Luís XVI e Maria Antonieta, isso seria muito mais eficaz que qualquer advertência de Bombelles ou Breteuil. Convencido do perigo que Artois significava para sua política de não-intervenção na França, Leopoldo concordou entusiasticamente com isso.[17]

Curiosamente, em sua longa mensagem de 3 de abril, em que descrevia para Breteuil seu segundo encontro, de duas horas, com o imperador, Bombelles em parte alguma mencionava a solução para sua dupla missão. Presume-se que era muito delicada para ser posta no papel. Todavia, tacitamente, ele concordava em prosseguir aconselhando Artois, mas em relatar tudo para Breteuil como seu agente não-oficial. O barão, convencido de que essa conduta duvidosa era necessária, apoiou-o com entusiasmo. Ele estava aterrorizado pela indiscrição do séquito de Artois e convencido de que revelar sua própria situação comprometeria a fuga da família real de Paris. Preferiu manter secreto seu papel, mesmo com o risco de uma ruptura com o irmão do rei. A atitude de Breteuil em relação a Artois ressalta um aspecto crucial desses meses. As artimanhas do príncipe eram, em si mesmas, descabidas, porque não eram apoiadas nem pelo próprio Luís XVI nem por nenhuma potência importante. Sua importância reside no alarme que inspiravam em outro lugar, no rei, na rainha e em Breteuil. O temor de que qualquer adiamento pudesse resultar na sabotagem do plano de fuga por Artois causava um clima de pânico sufocante tanto nas Tulherias quanto em Solothurn, o que não era proveitoso para decisões sensatas.

O cerne das discussões de Bombelles com Leopoldo era o pedido de ajuda financeira imediata para os preparativos da fuga. A resposta do impe-

PREPARATIVOS 165

rador era ambígua. Bombelles, que o observou de perto durante a conversa, saiu convencido de que ele desejava sinceramente ajudar a irmã e o cunhado. Mas Leopoldo também estava determinado a não assumir compromissos, sobretudo financeiros, até que estivesse absolutamente certo de que de fato pretendiam fugir. Leopoldo acrescentou que estava à espera de um mensageiro de Paris que lhe traria a qualquer momento detalhes exatos sobre os planos de fuga.

O ceticismo do imperador sublinhava o efetivo prejuízo que a passividade de Luís XVI desde julho de 1789 fizera a sua própria causa. Os aliados que o teriam ajudado anteriormente caso ele tivesse mostrado mais iniciativa estavam agora relutantes em se expor apoiando uma nova política que, a julgar pelo passado, podia ser alijada a qualquer momento. Bombelles recebeu uma prova disso alguns dias depois, numa conversa com mme. Giustiniani, "uma bela e muito estúpida senhora veneziana", pela qual Leopoldo tinha se encantado. Mme. Giustiniani informou que o imperador lhe disse "que ele queria muito ajudar sua irmã, mas que seu cunhado teria de mostrar mais resolução. Não repetirei aqui", observou Bombelles, "os termos injuriosos que Sua Majestade Imperial usou nessa ocasião. São tão mal aplicados quanto injustos, já que antes de acusar o rei de covardia ele deveria primeiro averiguar se até agora esse desafortunado príncipe teve alguma oportunidade para fugir de seu cativeiro."[18]

Esses comentários são tão condenatórios da promiscuidade e da indiscrição de Leopoldo II quanto o são da suposta falta de coragem de Luís XVI. No entanto, Breteuil por certo estava ciente das dúvidas sobre a fibra moral do rei, e estas aumentavam a pressão sobre ele. Algumas expressões significativas constantemente brotavam em suas cartas para Leopoldo, Mercy e Bombelles, como parte de uma clara tentativa de combater essas suposições; sua ênfase, por exemplo, na "imutável resolução" e "corajoso empreendimento" de Luís. Em 27 de maio, ele se viu compelido a escrever ao imperador todo um parágrafo nesse tom:

> Em minhas últimas cartas de 23, o rei escreve que ainda é sua intenção deixar Paris em poucos dias e se pôr à frente de seu exército; as medidas de Sua Majestade não me deixam dúvida quanto ao sucesso de seu empreendimento, e a tranqüilidade com que ele avalia essa ação apenas fortalece minhas esperanças.[19]

Bombelles também informou Leopoldo II sobre o plano alternativo de Mirabeau, sem saber que seu autor tinha morrido no dia anterior. Leopoldo imediatamente advertiu contra a adoção do projeto de Mirabeau, porque envolveria uma conciliação com os revolucionários. "O imperador", relatou Bombelles a Breteuil,

> declarou imediatamente que a adoção desse plano conciliatório consumaria a ruína da monarquia, mas acrescentou que não podia acreditar que essa fosse realmente a intenção do rei e da rainha, mesmo que tivessem decidido que o único modo para escapar de seus inimigos fosse o de os iludir a propósito de seus verdadeiros objetivos.[20]

As palavras de Bombelles lançaram interessante luz não somente sobre os persistentes rumores de conciliação, mas também sobre toda a atitude de Leopoldo em relação ao empenho de Luís XVI e Maria Antonieta. A visão corrente é que uma combinação de falta de sentimento familiar, a delicadeza de sua própria posição internacional e um certo liberalismo pessoal tornaram o imperador determinado a não intervir na França. No entanto, o comentário de Leopoldo de que o plano conciliatório iria "consumar a ruína da monarquia" mostra-o menos liberal e constitucionalista, pelo menos em questões francesas, do que antes se supunha. Os relatos de Bombelles tendem a confirmar a intuição original de Breteuil; a de que, entregue a si mesmo, distante da frieza e da cautela de Kaunitz e Mercy, o imperador estava genuinamente preocupado em ajudar sua família francesa. Todavia, era realista e só se comprometeria uma vez que soubesse que o rei e a rainha tinham um plano viável de fuga e que de fato o executariam.

Leopoldo pode ter afastado a probabilidade do plano conciliatório, mas este ainda estava destinado a fazer uma aparição final. Em 6 de abril, de Parma, Artois escreveu a Maria Antonieta uma carta francamente ameaçadora, advertindo-a de que tinha conhecimento do projeto e insinuando que faria tudo o que pudesse para frustrá-lo.

> Tudo me leva a crer que a senhora tem um plano. Penso que até mesmo conheço todos os detalhes do que lhe foi apresentado e quem está envolvido. Ah, irmã, como pode o rei desconfiar de mim assim? Só acrescentarei uma palavra: pode ser admissível fazer uso de seus inimigos para fugir do cativeiro; mas a senhora deve recusar qualquer

PREPARATIVOS

negociação, qualquer acordo com os vilões, e acima de tudo a senhora deveria calcular cuidadosamente se seus servidores verdadeiros, seus amigos verdadeiros poderiam concordar com as condições que a senhora pode ter aceitado. Em nome de tudo o que lhe é caro, lembre-se dessas poucas palavras e fique certa de que estou bem informado.[21]

Artois, porém, ainda não estava informado de que, na ocasião em que escreveu, o projeto de Mirabeau tinha morrido com seu autor. Seu legado, no entanto, continuou a envenenar as relações entre as Tulherias e os príncipes.

*

O CENTRO DOS ACONTECIMENTOS então se deslocou de novo para Paris, onde nas Tulherias existia um pequeno comitê de fuga. Era composto por três pessoas — Luís XVI, Maria Antonieta e Fersen. Em janeiro de 1790, Fersen, então com seu regimento em Valenciennes, tinha recebido instruções de Gustavo III para se deslocar para Paris e agir como ligação não-oficial entre o rei sueco e a família real. Ele prontamente fez isso e ao longo dos meses seguintes se viu profundamente envolvido nos planos de fuga.

Nunca saberemos a exata relação entre o rei, a rainha e Fersen. A despeito de suas hesitações iniciais, Luís XVI estava convencido de que a famíla real tinha de fugir de Paris. Mas até onde o rei confiava em Fersen e se nesse momento Fersen e Maria Antonieta eram amantes são mistérios insondáveis. A dificuldade de conseguir a necessária privacidade para discutir seus planos secretos, junto com as periódicas depressões do rei, significava que Luís XVI e Maria Antonieta não discutiam todos os detalhes de seus planos juntos. Ao contrário, é provável que a rainha anotasse instruções gerais de seu marido quando podia se encontrar em segredo com ele. Então as transmitia ao irmão Leopoldo em suas próprias cartas e também as passava para Breteuil em mensagens escritas por Fersen, às quais ela acrescentava comentários. Isso provavelmente não era apenas uma questão de conveniência prática, mas uma necessidade política que refletia considerável coragem por parte da rainha e de Fersen. Perceberam que, se o pior acontecesse e a trama fosse descoberta, a todo custo Luís XVI não deveria ser envolvido. Na análise final, sabiam que podiam ser sacrificados e assim estavam preparados para assumir a plena responsabilidade se o plano de fuga fosse denunciado.

168   A QUEDA DA MONARQUIA FRANCESA

Se com seu sacrifício ainda pudessem preservar a monarquia na pessoa do rei, estavam dispostos a tal.

Grande parte do método do trio pode ser percebido na primeira mensagem subsistente de Fersen para Breteuil, de 2 de abril de 1791. Foi escrita de próprio punho por Fersen, mas com notas acrescentadas na margem pela rainha. São estas que dão a chave para o modo como o casal real organizava a operação. No corpo do texto, o nome do rei é invocado com freqüência, a fim de dar a Breteuil a necessária autoridade para prosseguir com seus esforços. Fica claro, porém, que Maria Antonieta e Fersen decidiam certos detalhes sem consultar a Luís XVI. Isso é revelado por um comentário marginal da rainha extremamente significativo, que adverte Fersen para dizer a Breteuil como chegaram a empregar seu agente anterior na Espanha, Fontbrune. "Talvez fosse sensato", escreve ela, "confiar ao barão o motivo pelo qual m. de Frontbrune foi usado inicialmente, e por que estamos sendo indulgentes com ele; esta idéia é inteiramente minha, só pensei nela após ter-me encontrado com o rei."[22]

O fato de Maria Antonieta aqui fazer uma clara distinção entre ela própria e o marido é muito importante. Se ela e Fersen estivessem falsificando toda a política do rei, ela dificilmente teria se preocupado em salientar esse pequeno exemplo da prática em uma comunicação privada entre eles. Sua maneira exata de proceder é revelada por sua referência a se encontrar com o rei. Seguramente não é especulação em demasia supor que, depois da conversa particular com Luís que ela menciona, ela ditou os resultados a Fersen para que fossem transmitidos a Breteuil. Todavia, na questão de Fontbrune, Fersen se permitiu uma ligeira economia com a *vérité*; em vez de preservar a cuidadosa distinção entre Luís e a rainha, ele simplesmente escreveu a Breteuil o seguinte: "O rei quis que o senhor fosse informado sobre esse fato e de nossas razões para sermos indulgentes com m. de Fontbrune."[23]

A mensagem também revela muito sobre a parte da correspondência escrita por Breteuil e como ela era tratada nas Tulherias. Esse é de fato o primeiro tópico de que trata:

> Recebi [...] sua mensagem de 11 e 16 de março, mas seus esforços para ser misterioso o tornaram praticamente ininteligível, e quase não consegui compreendê-lo. A tinta que o senhor usou estava tão fraca que só podia ser decifrada segurando-a contra a janela, e para permitir que o rei a lesse tive de copiá-la por inteiro; como não ouso confiar em ninguém para fazer isso para mim, isso me custou um longo tempo.[24]

PREPARATIVOS

Pode-se suspeitar que essas sejam as palavras da rainha, tal como ditadas a Fersen. O tom de autoridade é dela e o lamento por não ser capaz de confiar em ninguém repete-se com freqüência em sua correspondência. O conteúdo também é muito importante: a referência às mensagens de 11 e 16 de março mostra que Breteuil mantinha uma correspondência secreta com o rei e a rainha, que agora está perdida. Uma vez introduzidas às ocultas nas Tulherias, as cartas do barão provavelmente eram entregues a Maria Antonieta, que, com ou sem a ajuda de Fersen, as decodificava ou transcrevia antes de passá-las ao rei.

A impaciente queixa sobre o mistério em que Breteuil envolvia seus relatos, mistério que se fazia necessário pelo temor constante de interceptação, enfatiza como era perigosa a transmissão dessa correspondência. Pouco sabemos sobre como as mensagens de Breteuil alcançavam as Tulherias, a não ser que algumas eram passadas por intermédio da mala diplomática pelo embaixador na Suíça, o marquês de Vérac. Existe, porém, um notável relato de como as cartas de Luís XVI e Maria Antonieta saíam clandestinamente na outra direção, para Breteuil, Mercy-Argenteau e Leopoldo II. Esse relato aparece nas memórias do conde D'Allonville e nunca foi citado anteriormente. Com 29 anos em 1791, D'Allonville era um membro da Corte e oficial estreitamente ligado à família real durante a Revolução. Suas próprias atividades clandestinas em nome do rei e da rainha são sugeridas por sua biografia durante esses anos: emigrou em 1791, retornou à França logo depois, emigrou mais uma vez, voltou de novo à França durante o Terror, fugiu para a Suíça em 1794. Uma das funções de D'Allonville era precisamente passar secretamente cartas de Luís XVI e Maria Antonieta, e ele descreve com pormenores como isso era feito. Como único relato em primeira mão da operação, vale a pena transcrevê-lo por completo:

> A correspondência do rei e da rainha com seus amigos no estrangeiro envolvia algum perigo, que só podia ser evitado por meio do segredo, e, da parte de Maria Antonieta, isso era organizado por intermédio do *chevalier* d'Esclans, um [...] deputado do partido constitucional, de seu amigo Terrier-Moncel e do [marquês] de Bombelles, que se recusara a fazer o juramento à constituição e renunciara ao cargo de embaixador em Veneza.
>
> Da parte de Luís XVI [a correspondência passava] por meio do bispo de Pamiers, que com freqüência viajava à Suíça para trazer as

mensagens do rei ao barão de Breteuil. No entanto, em muitas ocasiões foi necessário usar o correio; mas, para evitar interceptação, Sua Majestade teve a idéia de esconder suas cartas em encadernações esvaziadas de livros muito favoráveis à Revolução. Então, como ele temia ser surpreendido nesse trabalho, cercado como era por espiões, esses livros eram dados ou ao abade d'Agoult [irmão do bispo de Pamiers] ou ao padre de Tressan, que os levava para a casa da marquesa de Maupeou, a vinte léguas de Paris; daí eram entregues ao correio em Rebais, endereçadas seja a m. de Bruckhardt, antigo ajudante de campo de m. d'Affry [comandante dos guardas suíços] ou a outro homem com o mesmo nome, um comerciante em Basiléia que era sinceramente dedicado à causa real.

Por isso é que a correspondência nunca foi interrompida ou interceptada; e, se tive conhecimento disso, foi porque, como amigo e vizinho de mme. de Maupeou, com freqüência ajudei-a nesse meio de ocultar e passar adiante as cartas do rei.[25]

Todos os envolvidos em fazer sair clandestinamente suas cartas, desde D'Allonville ao bispo de Pamiers, não tinham ilusões quanto ao destino que teriam se fossem descobertos. No ano anterior, o marquês de Favras, um nobre monarquista que estivera envolvido em uma misteriosa trama para ajudar o rei a fugir de Paris para Péronne, fora enforcado por traição em frente do Hôtel de Ville.

Na primavera de 1791, dois acontecimentos decisivos advertiram a rede secreta do rei e da rainha de que a fuga não podia mais ser adiada. O primeiro teve origem improvável: as velhas tias de Luís XVI, Adélaïde e Victoire. Horrorizadas com a Constituição Civil do Clero, essas duas senhoras devotas decidiram manifestar sua desaprovação indo a Roma para cumprir suas devoções da Páscoa. No clima político crescentemente tenso, com a emigração aumentando e o ar cheio de rumores sobre a fuga da família real, o efeito foi explosivo. Em 19 de fevereiro, com um pequeno acompanhamento de vinte pessoas, partiram; quase imediatamente, foi feita uma tentativa para detê-las perto de Fontainebleau, que teve de ser rechaçada. Nesse meio-tempo, em Paris, uma grande multidão, convencida de que isso se tratava apenas de uma preliminar para a fuga do resto dos Bourbon, reuniu-se no Palácio de Luxemburgo, residência do conde de Provence, forçando-o a aparecer em público para mostrar que não fugira. Mas os riscos de *mesdames* ainda não estavam terminados. Quando de sua chegada em Arnay-le-Duc,

PREPARATIVOS 171

na Borgonha, foram detidas novamente e dessa vez mantidas por 11 dias. As duas solteironas mostraram espírito e alguma astúcia. Impassíveis diante do tumulto à sua volta, lavavam diariamente suas insuficientes roupas íntimas e iam para a cama cedo, de modo a garantir que estivessem secas na manhã seguinte. Aos seus desconcertados captores salientaram que, ao irem a Roma, estavam apenas apenas exercendo a liberdade religiosa que a nova constituição garantia.[26]

Em Paris, a notícia da detenção de *mesdames* causou consternação. Políticos radicais defendiam a ação; o centro e a direita viam-na como uma grande violação da liberdade individual. Por fim, Mirabeau, em uma de suas últimas intervenções na Assembléia, persuadiu os deputados de que, já que as tias do rei não tinham violado nenhuma lei ao partirem, não deviam ser impedidas de continuar sua viagem. Permitiu-se a *mesdames* que prosseguissem e fizessem sua viagem a Roma, parando em Parma para contarem suas aventuras a seu sobrinho-neto Artois. Nunca voltaram à França.

A detenção de Adélaïde e Victoire foi apenas um ensaio geral para um incidente muito mais sério. Este se deu em 18 de abril e demonstrou de modo crucial as coações tanto à religião de Luís XVI quanto à sua liberdade pessoal. Mais uma vez, dizia respeito à questão mais importante para o rei: a luta entre sua consciência e a Constituição Civil do Clero. Com a proximidade da Páscoa, o rei não podia se forçar a receber comunhão de um padre constitucional, de modo que, para evitar ferir a nova ordem, decidiu que a família real deveria retornar para uma breve visita ao palácio de Saint-Cloud, onde poderia discretamente freqüentar a celebração de um não-jurado. Ao meio-dia do dia 18, a família real desceu para o pátio das Tulherias, encontrando aí uma grande multidão reunida na Place du Carrousel, determinada a impedir sua partida. Os Guardas Nacionais de serviço se recusaram até mesmo a abrir os portões do palácio para deixar passar o grupo real; ao serem censurados por isso, responderam que o rei era "um maldito aristocrata [...] um porco gordo [...] que ele recebia muito e que devia fazer como lhe diziam". Por fim, depois de duas horas e meia presos em sua carruagem, cercada por todos os lados, Luís e a família retornaram. Quando entravam nas Tulherias, Maria Antonieta observou para os soldados à sua volta: "Pelo menos agora vocês podem ver que não somos livres."[27]

O confronto de 18 de abril chocou a Europa e revelou de modo completo os verdadeiros perigos que a família real então enfrentava. Dentro das Tulherias, o rei e a rainha concluíram que sua situação era intolerável e se

A QUEDA DA MONARQUIA FRANCESA

animaram a uma fuga iminente. O estado de espírito deles se revela claramente em uma carta de Maria Antonieta, dois dias depois, para Mercy-Argenteau. Esta também revela que Luís XVI estava tão determinado quanto a mulher a fugir.

> O acontecimento que recentemente se deu torna-nos ainda mais resolutos em nossos planos. A principal ameaça vem da guarda [nacional] que nos cerca. Mesmo nossas vidas não estão seguras. Temos de dar a impressão de concordar com tudo até o momento em que pudermos agir, e quanto ao resto nosso estado de cativeiro prova que nada do que estamos fazendo é de nossa livre vontade [...]. Nossa posição é terrível; temos de sair dela no próximo mês. O rei deseja isso ainda mais do que eu.[28]

Uma última avaliação entrou nos planos da família real. Esperava-se que o esboço final da constituição ficasse pronto em julho de 1791. No final de 1790, a comissão constitucional encarregada de redigi-la parecera estar se aproximando da idéia de fortalecer o poder real — provavelmente outra razão pela qual Luís XVI não concordou de imediato com a proposta de fuga apresentada por Breteuil. No entanto, na primavera seguinte, os radicais estavam se impondo: o rei não teria permissão para residir a mais de vinte léguas da Assembléia, ele perderia sua prerrogativa de perdão e os deputados então com mandato seriam inelegíveis na próxima legislatura. Se Luís fosse fugir de Paris, teria de fazê-lo logo, antes que suas mãos fossem atadas por uma constituição que o reduzia a nada.

Essa súbita radicalização da política era em grande parte obra do clube jacobino, a que pertencia a maioria dos deputados da esquerda na assembléia. Em sua sede no antigo convento da ordem jacobina em Paris, o clube começou a formar a opinião pública por meio de uma rede de clubes afiliados na maioria das cidades e províncias francesas. Exercendo seu poder por meio de petições e apresentando listas de candidatos para as eleições, constituía um partido político em embrião, e muito mais eficiente e mais bem organizado que os rivais. Boa parte do crédito disso deve ser atribuído a Robespierre, que logo usaria a máquina que criara em sua própria investida ao poder. No início do verão de 1791, um resultado crucial desses esforços já era visível. As eleições primárias para a assembléia legislativa que sucederia a assembléia constituinte estavam começando, e os jacobinos estavam claramente ganhando terreno. As primárias estavam programadas para terminar em 5 de julho, propiciando um incentivo adicional para uma fuga real que detivesse o processo.

Na situação crítica que o rei e a rainha agora enfrentavam, tornava-se ainda mais essencial uma resposta de Leopoldo II sobre a questão de dinheiro e tropas. A única pessoa em condição de conseguir isso era Bombelles, que ainda se encontrava na Itália, tentando em vão conciliar suas duas missões, a de Breteuil e a de Artois. O marquês estava considerando sua posição cada vez mais insustentável. Na noite de 19 de abril, o incansável Davier chegou mais uma vez a Veneza, trazendo duas mensagens de Breteuil do dia 13 e também uma carta que Bombelles deveria entregar a Artois. Isso de imediato levantou as suspeitas do príncipe quanto a quem Bombelles era de fato leal. O resultado foi uma cena ameaçadora, como o marquês registrou em seu diário:

> *Monseigneur* estava irado comigo mais do que nunca antes, mas isso apenas tornava minha resistência muito respeitosa ainda mais firme. Quando o ouvi estabelecer uma distinção entre obediência sensata e covarde aos desejos do rei, ousei mostrar ao senhor conde d'Artois que essa submissão sensata e condicional diferia pouco da desobediência e que, diante da opção entre essa atitude e obedecer ao rei prontamente, eu sempre preferiria ser acusado de levar a obediência ao excesso.[29]

Dificilmente se poderia encontrar uma melhor descrição para a delicada linha que Artois estava trilhando.

As coisas se complicaram ainda mais alguns dias depois com a chegada de Calonne a Veneza, de volta de Florença, onde tivera o encontro com Leopoldo II que Bombelles tinha providenciado para ele. O marquês logo lamentou ter, como expressou Breteuil, "conseguido para nosso ex-controlador-geral [essa] satisfação para sua vaidade".[30] Então a política de Calonne tinha mudado; percebendo que a morte de Mirabeau pusera fim a suas esperanças de reassumir seu ministério com a concordância da Assembléia Nacional, ele perdera interesse pelo projeto de conciliação. Agora formulava um projeto inteiramente oposto de uma marcha sobre Paris de *émigrés* apoiados por tropas austríacas, a despeito da fuga da família real. Fica claro, a partir disso, que o único objetivo coerente de Calonne era voltar ao poder

174   A QUEDA DA MONARQUIA FRANCESA

por qualquer meio que se fizesse necessário; tendo desaparecido suas esperanças de conseguir isso por um acordo com a Revolução, ele agora estava preparado para tentar a força armada, sem levar em conta o grave perigo a que o rei e a rainha seriam submetidos. De fato, ele tentou provar para Leopoldo que Luís XVI e Maria Antonieta não tinham intenção de deixar a capital e que seu plano era, assim, o único modo de restaurar a autoridade real. Distorcendo completamente a verdade, Calonne agora afirmava que em Florença tinha de fato concordado com esse ousado projeto. Essa não seria a última vez que ele transformaria os fatos em ficção.

Para tornar a posição de Bombelles ainda mais incômoda, o próprio Leopoldo tinha, de modo muito indiscreto, lançado para Calonne uma insinuação sobre o papel de Breteuil na diplomacia secreta de Luís XVI. Calonne não perdeu tempo para relatar isso a Artois na presença de Bombelles. O marquês deu a seguinte informação ao barão: "O imperador disse a m. de Calonne que o senhor era um dos principais agentes do rei, e m. de Calonne, com um astuto sorriso, insinuou para o senhor conde D'Artois que [ele só podia ter ficado sabendo disso] através de mim."[31]

Bombelles encontrou uma distração de suas preocupações com a chegada a Veneza de uma inglesa especialmente bonita. Emma Hart, mais conhecida pela posteridade como *lady* Hamilton, passava pela cidade com *sir* William Hamilton, com quem ela se havia casado secretamente. Na noite de 21 de abril, ela compareceu a uma festa dada por Bombelles e a seguir fez uma apresentação especial de seus famosos *tableaux vivants* [cenas vivas] extraídos das lendas clássicas. O marquês fez a seguinte anotação em seu diário:

> Mme. Hart, que recebeu da natureza uma bela face, esplêndido físico e um imenso volume de cabelo (cuja cor, quantidade e qualidade adornam de modo notável sua aparência), estudou em Roma e Nápoles o melhor que a antiguidade nos legou, e dela extraiu as nobres atitudes, a caracterização e o que até agora tem sido denominado, na escultura e na pintura, o *beau idéal*. Aterradora na atitude de Medéia, ela comunica para sua platéia os terrores maternais de Niobe; passa da alegria libertina, mas decente, de uma bacante para o nobre porte de uma vestal, para o arrebatamento de sentimento de um santo orando com uma paixão que toca os céus. É com [xales indianos] que mme. Hart compõe os ricos e variados tecidos que apóiam e acompanham suas diferentes poses...[32]

PREPARATIVOS 175

Para o Bombelles em posição de defesa, as poses de Emma Harte devem ter sido um bem-vindo alívio em relação à posição de Calonne.

Todavia, esse agradável interlúdio foi breve. Já armado com novas instruções de Breteuil, o marquês agora recebia uma nova orientação de Artois. Ele deveria ver o imperador de novo e pedir o auxílio de tropas austríacas para o projeto de invasão, bem como um empréstimo de 2 milhões de libras. Deveria ser usado de novo o refrão de que Luís XVI e Maria Antonieta estavam fatalmente inclinados a uma conciliação com a Revolução: Bombelles deveria fornecer prova de que, "se não havia manifestação das Tulherias, era porque nada tinham a dizer agora que Mirabeau estava morto".[33] Em 26 de abril, o marquês partiu para Florença.

Tendo chegado à capital toscana em 28 de abril, Bombelles cometeu o grave erro de pôr seus pensamentos no papel em uma mensagem a Leopoldo. Anexou uma carta de recomendação de Breteuil, que fazia menção ao *plein pouvoir*, e uma de Artois. Como explicação, acrescentou o seguinte:

> Quando eu tiver a liberdade de falar com Sua Majestade, ele não ficará surpreso de ver que tenho uma dupla missão, mas devo assegurar a ele antecipadamente que, por mais que eu queira justificar a confiança do senhor conde d'Artois, meu dever como fiel súdito sempre virá em primeiro lugar.[34]

Bombelles teve concedido seu encontro no dia seguinte, no palácio Crocetta. Quanto à questão de dinheiro, ficou indefinida, mas menos que a das tropas. Leopoldo reiterou que só agiria uma vez que estivesse absolutamente convencido de que a irmã e o cunhado estavam realmente para fugir, mas concordou em deslocar reforços do Tirol para a Suábia e enviar 2 mil soldados de suas guarnições na Bélgica a fim de prepará-los para uma marcha sobre o Reno.

Logo que Bombelles retornou para sua hospedaria, recebeu a notícia de 18 de abril. "Uma horda de canibais", escreveu ele, "impediu [Suas Majestades] de deixarem as Tulherias com destino a Saint-Cloud, onde desejavam passar a Semana Santa."[35] Imediatamente escreveu para o imperador transmitindo a notícia, na esperança de que isso levaria a um novo encontro nesse dia. À medida que a noite se aproximava, a tragédia se transformava em farsa. Bombelles sabia que Leopoldo estava passando a noite no mesmo hotel que ele com a nova amante, Milady Monck, uma compatriota de Emma

176   A QUEDA DA MONARQUIA FRANCESA

Hart, mas era muito discreto para perturbá-lo.[36] Sabia muito bem que na Itália, em 1791, encantadoras inglesas propiciam a única distração para os cuidados da contra-revolução.

Na manhã seguinte, chegou um mensageiro de Breteuil, trazendo um memorando para Bombelles apresentar ao imperador. Os acontecimentos de 18 de abril tinham deixado Breteuil muito consternado. Só se tranqüilizou com uma carta de Fersen vinda de Paris, garantindo-lhe que o rei e a rainha estavam a salvo e ainda mais determinados a fugir. "Recebi sua carta de 22 deste mês", respondeu ele. "Eu precisava da rápida ação que ela anunciava para aliviar minha aflição em relação às crueldades do dia 18."[37] Sob a pressão desses alarmantes acontecimentos, Breteuil deixara mais uma vez cair sua máscara profissional, para revelar sob ela o homem emotivo, atormentado pelas ansiedades de sua situação.

De volta a Florença, Bombelles foi direto ao palácio Crocetta, sendo aí informado de que Leopoldo estava febril e não receberia ninguém. "Sua atividade irá matá-lo", observou o marquês enigmaticamente em seu diário.[38] No dia seguinte, porém, o imperador se tinha recuperado. Bombelles achou-o "aguda e justamente afetado pela posição de Suas Majestades Cristãs, e mais do que nunca ciente da necessidade de resolvê-la".[39] Entregou o memorando de Breteuil, que fazia toda a chantagem emocional possível a partir do compromisso de Maria Antonieta: "O imperador, tendo mais razão do que qualquer outra pessoa para vingar os insultos sofridos pela filha dos Césares, é o único soberano que poderia e deveria dar uma orientação a todos os outros." No resto do memorando, a opção militar ocupava lugar de destaque: Leopoldo deveria ordenar suas tropas em Flandres e nas fronteiras da Alsácia para que fizessem demonstrações de apoio à fuga real, usar suas forças em Breisgau para se juntarem aos príncipes alemães ocidentais e pedir reforços a Espanha, Sardenha e Suíça. Caso contrário, "crimes sem remédio" poderiam ser cometidos — clara insinuação de que o rei e a rainha poderiam ser assassinados. O documento terminava com um floreio: "Se a democracia não for detida em seu caminho precipitado e aterrador, nenhum trono jamais terá descanso em bases seguras."[40]

A crescente ênfase no apoio militar austríaco era um fato significativo. Com a deterioração da situação na França, a ficção de que Luís XVI seria capaz de resistir em Montmédy apoiado apenas por tropas nativas se tornava cada vez mais inconsistente. Já em 13 de abril, em sua carta a Kaunitz, Breteuil expusera a possibilidade de a cavalaria austríaca cruzar a fronteira

PREPARATIVOS

francesa para fortalecer o exército de Bouillé. A pressão pela ajuda austríaca vinha do próprio Bouillé, que à medida que as semanas passavam estava ficando cada vez mais apreensivo quanto à lealdade de seus soldados. "As tropas estão a ponto de se amotinar", escreveu ele para Fersen em 18 de abril,

> o que fará com que percamos aqueles que ainda permanecem fiéis...
> [Eu] portanto quero insistentemente que a partir do início de maio
> haja um corpo de 10 ou 12 mil austríacos em torno de Luxemburgo
> [...] com ordens para se juntarem ao exército do rei como auxiliares
> quando necessário [...] Tudo se tornará impossível se deixarmos maio
> passar...[41]

Os historiadores complacentes com Luís XVI sempre sustentaram que ele estabelecia uma clara distinção entre contar com ajuda doméstica e com ajuda externa. O indício que citam com mais freqüência é a sua insistência em que em momento algum da fuga deveria cruzar a fronteira para o território austríaco. Na realidade, essa distinção era extremamente fraca. No verão de 1791, tudo indicava que a chegada do rei a Montmédy desencadearia uma guerra civil ou mesmo uma guerra européia.

Leopoldo II ficou tocado o bastante pelos pedidos de Bombelles de modo a lhe confiar uma carta dirigida a Maria Antonieta que Breteuil deveria passar clandestinamente pela fronteira. Nessa nota, ele repetia que só permanecia inativo porque ainda estava esperando por um mensageiro das Tulherias que lhe trouxesse os últimos planos da família real. Acrescentava que, "com o auxílio de Bombelles",[42] ele tinha conseguido até então conter Artois. Leopoldo falara muito cedo. Bombelles partiu para Solothurn a fim de dar informações a Breteuil; ao parar em Vicenza no dia 3 de maio, encontrou à sua espera um inflamado Artois. O mensageiro que lhe levara a Florença a notícia de 18 de abril (e que provavelmente também tinha sido instruído para espioná-lo) encontrara em seu quarto de hotel um rascunho da carta ao imperador em que confessa sua "dupla missão". As duas lealdades do marquês estavam agora expostas. Artois acusou-o violentamente de má-fé por ocultar sua missão de Breteuil. Quanto Bombelles argumentou que estava apenas obedecendo a ordens do rei, o príncipe explodiu: "e o que é o rei: *monsieur*, neste momento eu apenas sou rei, e o senhor me deve um relato de sua conduta."[43] Esse era um ato extraordinário de auto-incriminação. Ao

178 A QUEDA DA MONARQUIA FRANCESA

tachar Bombelles de falta de sinceridade, Artois revelara ruidosamente sua própria deslealdade para com Luís XVI.

O clímax da "dupla missão de Bombelles", com seus múltiplos equívocos e intrincados enredos secundários, poderia ter saído da pena de Marivaux ou Beaumarchais. No entanto, seus resultados foram sérios, destruindo o resto de confiança entre os príncipes e as Tulherias. A partir de então, Artois podia desculpar sua desobediência afirmando que o irmão e a cunhada o tinham deliberadamente enganado a respeito de seus planos; de sua parte, a rainha e Breteuil argumentariam que o risco de confiar a ele algo importante era simplesmente muito grande. No mundo friamente calculado da diplomacia do século XVIII, essa divisão familiar teve desastrosas conseqüências. Nenhuma grande potência estava disposta a intervir em benefício de Luís XVI e Maria Antonieta por razões puramente altruístas, e em 1791 nenhum dos interesses vitais dessas potências estava ameaçado pela Revolução Francesa. A divisão entre os Bourbon e a conseqüente confusão sobre quem era de fato o representante legítimo de Luís XVI deram aos outros monarcas da Europa uma desculpa perfeita para jogarem um contra o outro e se comprometerem com nada.

Bombelles chegou a Solothurn em 11 de maio. "Depois de abraçar o senhor barão de Breteuil com grande alegria", ele lhe entregou a carta de Lopoldo II para a rainha. "Sentindo-se autorizado a abri-la", Breteuil logo ordenou que fosse codificada para ser reenviada no mesmo dia.[44] Os dois homens então passaram a conversar. A necessidade mais imediata era dinheiro, questão sobre a qual o imperador dera menos satisfação. Bombelles concordou em retornar à Itália e insistir na questão com Leopoldo. As instruções que Breteuil lhe deu eram muito específicas. Supondo que os 15 milhões de libras pedidos não pudessem ser encontrados de imediato, um adiantamento de 4 milhões deveria ser levantado logo que possível entre os eleitores de Trier e Colônia ou nos ricos mosteiros de seus domínios, e enviado a Luxemburgo imediatamente para a chegada de Luís XVI a Montmédy. O imperador poderia a seguir pagar isso por meio de empréstimos feitos na Holanda e em Gênova. Sabendo que Leopoldo estava a caminho de Milão, Bombelles partiu para interceptá-lo.

Todavia, quando o marquês alcançou Leopoldo, Artois tinha preparado outra provocação, de um modo que aumentava drasticamente os perigos enfrentados pela família real. Em 18 de maio, acompanhado pelo conde de Durfort, que recentemente tinha chegado à Itália com notícias das Tulherias,

PREPARATIVOS 179

Artois teve um encontro com o próprio imperador em Mântua. Seu objetivo era persuadir Leopoldo a apoiar seu plano de invasão da França com tropas austríacas. Depois de terminado o encontro, Artois enviou Durfort de volta a Paris com sua própria versão do que fora estabelecido. O documento que Durfort entregou a Luís XVI e Maria Antonieta se tornou conhecido como "falsificação de Mântua". Afirmava que Leopoldo tinha prometido a Artois 4 milhões de libras e 35 mil soldados, para uma incursão que estaria pronta em 15 de julho, e que concordara que nesse meio-tempo o rei e a rainha deveriam ficar quietos e esperar pelo resgate. No entanto, Leopoldo depois insistiu que não dissera isso e que, pelo contrário, dissera a Artois que não agiria até que Luís XVI e Maria Antonieta tivessem alcançado segurança.

A importância da "falsificação de Mântua" está no efeito que teve sobre Luís XVI e Maria Antonieta. Causaram espanto as instruções que Durfort lhes levou, segundo as quais não deveriam tentar fugir, mas simplesmente esperar por uma invasão *émigré*-austríaca programada para ter início em 15 de julho. Maria Antonieta escreveu duas cartas excitadas para Mercy-Argenteau e uma para Leopoldo, exprimindo a descrença em que o irmão pudesse ter concordado com esse plano.[45] Em 12 de junho, o imperador respondeu, garantindo-lhe que não tinha feito nada desse tipo,[46] mas o dano estava feito. Exatamente quando o rei e a rainha tinham mais necessidade de *sang-froid*, na medida em que estavam cuidando dos preparativos finais para a fuga, foram lançados em um pânico que em nada contribuía para um planejamento cuidadoso. Acima de tudo, a "falsificação de Mântua" excluía de modo definitivo qualquer outro adiamento da fuga. Ficava claro que, mesmo que as notícias de Durfort não fossem confiáveis, Artois ou Condé poderiam a qualquer momento preparar alguma provocação aparatosa. No mínimo, isso redobraria a vigilância dos parisienses e tornaria a fuga impossível; no pior dos casos, até ameaçaria as vidas da família real. Sobre isso assim se expressou Maria Antonieta: "Os príncipes, o conde d'Artois e todos em torno deles estão determinados a agir; não têm recursos efetivos e nos destruirão mesmo que não aprovemos o que estão fazendo."[47] A fuga da família real de Paris foi empreendida tanto para se antecipar a Artois e impedir sua ação quanto para pôr um fim à Revolução.

Quem estava dizendo a verdade sobre a "falsificação de Mântua", Artois ou Leopoldo? A solução para o mistério se encontra em um extraordinário documento ainda preservado nos Arquivos Estatais de Viena e intitulado "Dezoito artigos lidos ao imperador pelo conde d'Artois em 18 de maio de 1791".[48]

180 A QUEDA DA MONARQUIA FRANCESA

Trata-se de uma transcrição original da conversa de Mântua, enviada por Leopoldo a Kaunitz, que lista todos os pedidos feitos por Artois a Leopoldo. O imperador ditou suas respostas e o próprio Artois as anotou na margem. Ainda hoje se podem ler as palavras de Leopoldo, copiadas pela mão de Artois.

A opinião tradicional é que, depois de Artois ter anotado as respostas de Leopoldo, os confidentes dos príncipes elaboraram uma versão distorcida que exagerava o que o imperador tinha prometido, a qual foi levada por Durfort para Paris. No entanto, essa conclusão ignora um aspecto crucial do documento original: ao anotar as respostas de Leopoldo, o próprio Artois omitiu certas especificações fundamentais. O próprio imperador teve de corrigir isso na cópia que ficou com ele. As anotações na margem do documento são, portanto, de duas mãos, a de Artois e a do imperador, fato que nunca foi plenamente avaliado. É possível que os equívocos de Artois tenham sido acidentais. Todavia, tendo em vista suas concepções e seu caráter, é mais provável que os tenha cometido de propósito, a fim de exagerar publicamente o envolvimento de Leopoldo com a causa real e forçar o imperador a apoiar seu próprio plano.

As grosseiras distorções de Artois são mais óbvias nas respostas a seus três pedidos cruciais: um exército de 30 mil a 35 mil soldados austríacos que fosse deslocado para a Bélgica no fim de junho; a publicação de um manifesto pedindo a liberdade da família real francesa; e a entrada simultânea de duas colunas austríacas na França, uma liderada pelo próprio Artois. Em cada item, há uma clara diferença entre as respostas de Leopoldo tal como anotadas por Artois e tal como retificadas pelo próprio imperador. Leopoldo afirma abruptamente que o manifesto não é possível; Artois, apenas que ele não terá finalidade se na ocasião Luís XVI já tiver fugido de Paris. Artois escreve que o exército austríaco estará pronto no final de junho, mas Leopoldo acrescenta que isso se dará apenas "quando as circunstâncias na Bélgica permitirem e sem dar motivo para alarme na França" — uma condição que muito provavelmente jamais seria satisfeita. Quanto à própria invasão, Artois anota que Leopoldo a aprova, mas, ainda uma vez, o imperador insere uma advertência crucial, a de que sua concordância está condicionada ao apoio por parte das outras potências européias.[49]

Tendo espalhado alarme e confusão de Mântua a Paris, Artois então partiu para o Reno. Seu destino era Aix-la-Chapelle, nos Países Baixos austríacos. Inevitavelmente, isso significaria que ele passaria por Worms e veria o príncipe de Condé. Um encontro tão próximo da fronteira francesa entre

PREPARATIVOS

181

Artois e Condé, cuja cabeça ainda fermentava com planos de um ataque militar à Revolução, estava destinado a ser informado e não deixaria de soar os alarmes em Paris; automaticamente se suspeitaria de um conluio entre as Tulherias e os príncipes, e a guarda ao rei e à rainha seria redobrada. Luís XVI e Maria Antonieta foram lançados ao pânico, e uma chuva de cartas foi enviada para evitar a viagem potencialmente desastrosa.

Essas cartas apresentam aspectos curiosos. Algumas chegaram a Breteuil por meio de Fersen nas Tulherias, mas Luís XVI enviou uma diretamente ao próprio Artois. Embora o objetivo delas fosse o mesmo — impedir que o príncipe completasse sua viagem —, suas instruções relativas ao local para onde ele deveria ir a seguir diferiam ligeiramente. Isso poderia ser visto como indício de que o rei, por um lado, e a rainha e Fersen, por outro, ainda desenvolviam políticas distintas. Todavia, uma explicação menos conspiratória é mais plausível. Em uma resposta, Breteuil se refere a uma ordem de Luís XVI que se perdeu. Esta quase certamente era do próprio rei, e não transmitida como as outras por intermédio de Fersen, já que de outro modo este a teria preservado com as outras em seus documentos. Além das instruções que recebeu de Maria Antonieta por intermédio de Fersen, parece provável que o barão tivesse uma correspondência própria com Luís XVI.[50]

A suposição de que Luís XVI e Maria Antonieta de vez em quando escrevessem em separado para Breteuil soluciona o aspecto mais surpreendente das cartas deste e de Fersen — ambos se referem ao rei e à rainha substituindo o primeiro pela segunda e vice-versa. Como vimos, Fersen, ao escrever para Breteuil, investia com a autoridade do rei as ordens que muito provavelmente recebera da rainha: "O rei deseja", "o rei aprova", "o rei pensa como o senhor". Breteuil deu continuidade à fórmula em suas próprias cartas para Leopoldo II: ao informar ao imperador que o rei lhe tinha escrito no dia 23, estava na verdade se referindo à comunicação de Fersen da mesma data. Ao contrário de Fersen, em outras ocasiões ele estabelecia uma clara distinção entre suas instruções provenientes do rei e aquelas provenientes da rainha. Às vezes, porém, parece ter misturado os dois por completo. O auge dessa confusão se deu em sua carta a Leopoldo de 30 de maio, que tinha anexa uma carta decodificada de Maria Antonieta. "Eu [...] tenho a honra", escreveu ele,

de enviar esta carta da rainha [...] a Sua Majestade. O rei espera, senhor, que os detalhes confidenciais que a rainha lhe dá, quanto à iminente execução do projeto do rei, farão com que o senhor perceba

182   A QUEDA DA MONARQUIA FRANCESA

> que os efetivos sinais de amizade que o senhor deseja estender a Suas
> Majestades não podem ser adiados por um instante...[51]

Nada disso tem o aspecto de uma trama sutil para substituir a política de Luís XVI pela de Maria Antonieta. Se existisse tal trama, Breteuil certamente teria sido muito mais cuidadoso para encobrir suas pistas e garantir que toda a diferenciação entre o rei e a rainha fosse eliminada. Em vez disso, é muito mais provável que suas cartas simplesmente refletissem práticas informais de trabalho, e de vez em quando confusão, nas Tulherias. A política provinha do rei, mas era em geral transmitida pela rainha por intermédio de Fersen. Às vezes, no entanto, Luís XVI escrevia diretamente a Breteuil ou Artois, e às vezes Maria Antonieta acrescentava detalhes seus. Nesses casos, as mensagens se tornavam adulteradas, como se deu com as instruções a Artois para que mudasse seu roteiro. No entanto, em essência o rei e a rainha trabalham juntos segundo a mesma estratégia, fato que era tacitamente reconhecido por todos os seus confidentes mais próximos e cujo testemunho mais eloqüente é a falta de distinção entre eles por parte de Breteuil.

Em seu alarme, o barão enviou não uma mas duas cartas ao errante Artois. Na primeira, deixou claro sua suposição de que o príncipe então conhecia em linhas gerais o plano de fuga da família real. "Tenho razões para acreditar", escreveu Breteuil, "que *monseigneur* foi informado das resoluções do rei de um modo que deve satisfazê-lo, e cumprirá todos os seus bons desejos em relação a Sua Majestade, a glória de sua coroa e o bem público."[52] Esse sinal de paz foi recebido com silêncio glacial. Oito dias depois, em 22 de maio, o próprio Breteuil o quebrou, agindo segundo instruções enviadas por Fersen para interromper a viagem de Artois a Worms e Aix-la-Chapelle a qualquer custo. Foi nessa carta que Breteuil finalmente informou Artois sobre seu *plein pouvoir*.[53] O barão por fim recebeu sua resposta em uma nota de Karlsruhe datada de 10 de junho. Era insultantemente breve. "Recebi sua carta, *monsieur*", escreveu Artois, "e me apresso a respondê-la. Estou perfeitamente ciente das intenções do rei, e ninguém as respeita mais do que eu. À luz disso, estou bastante espantado com sua carta."[54] A ruptura entre Artois e Breteuil agora era formal.

Nesse meio-tempo, a carta de Luís XVI tinha chegado a Artois. A resposta do príncipe ao irmão foi mais cordial do que a enviada a Breteuil, mas ainda não obedecia a suas ordens.[55] Concordava em não encontrar Condé

PREPARATIVOS 183

em Worms. Por outro lado, usando a ilusória desculpa de que se voltasse à Alemanha seria suspeito de estar tramando seja com os austríacos seja com os prussianos, informou a Luís XVI que permaneceria em Coblença, na Renânia. Isso não era de modo algum satisfatório; ainda era perto da fronteira francesa e não muito distante de Worms. No ano seguinte, seria a base de Artois, de onde ele continuaria suas provocações e comprometeria ainda mais a segurança do rei e da rainha em Paris.

Enquanto Breteuil tentava desesperadamente manter Artois na Alemanha, Bombelles trabalhava firme para o imperador do outro lado das montanhas, em Milão. Os esforços de Bombelles nesses meses constituíram um feito tanto de resistência física quanto de diplomacia. Entre abril e junho de 1791, ele cruzou os Alpes cinco vezes entre o norte da Itália e Solothurn. Nessa ocasião, foi ao Mont-Cenis, que era "absolutamente aterrador"; sua carruagem teve de ser desmontada e transportada pedaço por pedaço através do desfiladeiro em mulas, guiadas por muleteiros de mau humor que lhe cobraram preço ultrajantemente alto.[56] Encontrou o imperador em Cremona, onde teve dois encontros com ele, às 10:00 da noite em 22 de maio e às 3:00 da tarde do dia seguinte. O resultado foi decepcionante; Leopoldo ainda evitava dizer seja quando os primeiros 4 milhões de libras estariam disponíveis, seja quanto tempo demoraria para levantar os restantes 11 milhões. Bombelles saiu de mãos vazias, chegando de volta a Solothurn em 29 de maio depois de viajar três noites sem dormir.

Mal retornou, Breteuil o fez partir novamente. A carta de Maria Antonieta de 22 de maio acabara de chegar e tinha de ser entregue ao imperador. À carta de Maria Antonieta Breteuil acrescentou uma carta sua para Leopoldo. Dessa vez Bombelles foi pelo desfiladeiro de São Gotardo, e nem a exaustão diminuiu sua curiosidade pelos locais. "As mulheres à volta daqui têm boa postura", observou ele, "mas são desfiguradas pelo bócio, e acho que encontrei vários portadores de cretinismo."[57] A despeito dessas distrações, ele fez uma viagem rápida. No começo da tarde de 4 de junho, chegou a Milão e foi direto para o palácio ducal. O imperador, que se encontrava em uma sacada lateral, reconheceu-o e o mandou subir. Bombelles imediatamente lhe entregou a carta de Maria Antonieta. Esta era uma resposta à carta de Leopoldo de 2 de maio, em que ele se queixava de que ainda não fora informado sobre os planos da família real. Com um atraso maior do que o conveniente, detalhava o plano de fuga por completo, bem como os papéis de Breteuil, Bouillé e Bombelles.

No correr dos dois dias seguintes, Bombelles teve outros três encontros com o imperador. Seu assunto principal, dessa vez, foram as tropas. A carta que Bombelles trouxe de Breteuil era ainda mais urgente e específica sobre a necessidade de apoio militar austríaco. O barão transmitiu o pedido de Luís XVI de 9 mil a 10 mil soldados de reforço que se concentrariam perto de Luxemburgo, com ordens

> para se juntarem às tropas francesas tão logo o rei os solicitasse e para se colocarem inteiramente à disposição de Sua Majestade dentro do reino. O grau de lealdade e confiabilidade das tropas do rei determinará se Sua Majestade de fato necessitará da ajuda que a boa vontade de Sua Majestade Imperial pode pôr à disposição dele; em minha opinião, a disciplina e o espírito dos soldados de Sua Majestade Imperial servirão como grande exemplo para nossos próprios...[58]

As palavras de Breteuil mais uma vez refletiam as crescentes ansiedades e solicitações de Bouillé. Em 9 de maio, o general tinha expressado a Fersen o temor de que os prometidos soldados austríacos pudessem não chegar. "Todavia", acrescentou ele,

> é absolutamente essencial estar certo de que, se não atuarem como auxiliares, o rei é capaz de pôr 7 ou 8 mil deles a seu serviço; esse reforço é necessário para manter a ordem dos soldados que reuniremos, os quais, embora sejam quase todos alemães, poderiam se corromper, enquanto, se minha sugestão for adotada, seremos capazes de fazer o que queremos, e a lealdade de nossos próprios homens estará garantida.[59]

À medida que as semanas passavam, as chances de uma fuga bem-sucedida se tornavam cada vez menores; o descontentamento no exército começava a espalhar-se até mesmo entre os soldados de língua alemã de Bouillé.

A despeito dos renovados pedidos de Breteuil, Leopoldo não mudou sua posição; os soldados estavam prometidos, mas só depois de a família real estar livre. Quanto a Artois, no entanto, o imperador foi tranqüilizador. Repetiu que estava fazendo todo o possível para contê-lo e confirmou que Durfort não havia trazido recomendação para o príncipe da parte de Luís XVI.

PREPARATIVOS

Um aspecto importante das conversas de Bombelles com o imperador tanto em Cremona quanto em Milão dizia respeito ao sistema internacional. As implicações para a diplomacia francesa da fuga da família real raramente, ou mesmo nunca, tinham sido examinadas. De fato, além de uma política interna, Breteuil também tinha uma política externa que ele estava preparando para ser implementada no caso de uma fuga real bem-sucedida. Isso não é de surpreender, tendo em vista sua experiência de trinta anos como embaixador nas cortes da Europa. O objetivo global do barão era fortalecer as principais alianças da França, com a Áustria e com a Espanha, e direcioná-las contra a ameaça visível da Inglaterra e da Prússia, então reunidas com a Holanda na tríplice aliança. Supunha-se que a Inglaterra estivesse lançando olhares cobiçosos sobre as remanescentes possessões ultramarinas da França, enquanto a Prússia também via oportunidades no enfraquecimento da situação internacional da França.[60]

Breteuil instruiu Bombelles para levantar essas questões com o imperador. A curto prazo, queria garantir que a Inglaterra e a Prússia nada fariam para comprometer a restauração da autoridade real. A longo prazo, ele queria cooperação com a Áustria para restabelecer o equilíbrio do poder que havia se inclinado em favor da tríplice aliança. Ele foi encorajado pelo fato de que as manobras de Frederico Guilherme II na Europa Oriental eram tão alarmantes para Leopoldo II quanto seu oportunismo mais a oeste era para Luís XVI. Em 13 de abril ele escreveu a Bombelles:

> Em seu encontro com o imperador, o senhor deixará clara sua opinião quanto à necessidade de fortalecer nossos vínculos com ele e de formar uma aliança capaz de superar a do rei da Prússia com as potências marítimas. O senhor não hesitará em transmitir minhas várias concepções sobre o rei da Prússia, bem como a possibilidade oferecida pela mediocridade de seus talentos para diminuir seu poder.[61]

Nas Tulherias, Maria Antonieta também voltava sua atenção para essas questões de política externa. Em sua longa carta de 3 de fevereiro a Mercy-Argenteau, ela elaborou um projeto ousado para uma grande confederação européia — Espanha, Áustria, Rússia, Suécia e Dinamarca — contra a tríplice aliança.[62] Breteuil, no entanto, propôs uma estratégia mais modesta. Para recuperar a autoridade real, ele preferia, ao contrário, confiar nas próprias relações do rei e da rainha, e nas potências secundárias que faziam fronteira diretamente com a França. Na prática, isso significava conquistar o apoio da Áustria, Espanha e Sardenha, bem como negociar com a Suíça uma força de mercenários para apoiar o exército de Bouillé.[63]

Todavia, enquanto essas combinações estavam sendo preparadas, a cena européia se modificava rapidamente. Estando a guerra turca em seus momentos finais, a Áustria e a Prússia se encaminhavam para uma aproximação. Em Cremona, Leopoldo II falou com Bombelles, "de modo muito mais positivo do que fizera em Florença", sobre as disposições favoráveis de Sua Majestade Prussiana. "Elas são tais", acrescentou o imperador, "que considero certo que logo serão consolidadas por um tratado de aliança."[64] Bombelles, alarmado de que isso pudesse diminuir o compromisso do imperador com Luís XVI, respondeu que iria affligi-lo muito. Ele estava preocupado a tal ponto que enviou a Leopoldo uma carta tão logo chegou a seu hotel, prevenindo-o contra o canto de sereia de Frederico Guilherme. "O imperador, a Espanha, o rei da Sardenha e os suíços", escreveu ele, "estes, nossos vizinhos, têm o maior interesse pelo retorno da ordem na França. Qualquer outra potência que atue [isto é, a Prússia] terá motivos perigosos."[65] Aí havia um claro reflexo da visão de Breteuil.

Havia ainda outra questão a ser considerada. Como o cético Mercy salientou para Maria Antonieta, "não se pode ignorar o princípio amplamente reconhecido de que as grandes potências nunca fazem nada de graça". Para incentivar seus esforços, o próprio Mercy propôs que Luís XVI fizesse uma série de concessões territoriais: parte de Navarra para a Espanha e o sacrifício de Genebra independente bem como áreas de fronteira nos Alpes e o Var para a Sardenha. A Inglaterra criou o problema mais complicado. Mercy, junto com todos os conselheiros mais próximos da família real, estava convencido de que ela representava o principal obstáculo externo para uma contra-revolução bem-sucedida. Para garantir a neutralidade da Inglaterra, ele sustentava que a França deveria pagar para tal, embora não especificasse como.[66] Bouillé, em Metz, foi mais direto. Em abril, escreveu ao rei propondo garantir a neutralidade inglesa por meio da cessão de algumas, ou mesmo de todas, possessões francesas remanescentes na Índia, preservando apenas direitos de comércio. Em 18 de abril, Fersen informou que o rei esperava pelo conselho de Breteuil sobre a questão, mas não fica claro se este chegou a ser recebido.[67]

Em 11 de junho, o exaurido Bombelles chegou de volta a Solothurn. Ao longo dos últimos oito meses, ele e Breteuil tinham conseguido muita coisa. Desde outubro de 1790, o projeto do barão tinha sobrevivido à rivalidade de Mirabeau, à evasiva da Áustria e — o mais perigoso de tudo — à aterradora indiscrição de Artois. Os preparativos diplomáticos para a fuga real estavam feitos. Os acontecimentos dentro da França, mais do que os externos, determinariam agora o destino da monarquia francesa.

CAPÍTULO 8

A Fuga para Varennes

Nas Tulherias, em Metz, em Solothurn, os principais atores tomavam suas providências finais. No começo de junho, Breteuil e Bombelles tinham feito tudo o que podiam a fim de garantir o apoio externo para a fuga. Tudo agora dependia do general de Bouillé e do próprio Luís XVI.

Os detalhes exatos da fuga foram minuciosamente organizados em uma correspondência secreta entre Bouillé, que estava em Metz, e Fersen, que nas Tulherias agia pelo rei e pela rainha. Luís XVI, Maria Antonieta, a filha de 12 anos — Maria Teresa —, o delfim Luís Carlos e a governanta das crianças, a marquesa de Tourzel, fugiriam das Tulherias em grupos separados, encobertos pela noite. Já fora do palácio se encontrariam com Fersen, que, fazendo-se passar por cocheiro, os levaria em seu coche de aluguel até a Barrière Saint-Martin, uma das portas a leste de Paris. Aí passariam para outro coche, do tipo conhecido como *berline* [berlinda]. Partiriam então o mais rápido possível pela estrada para Châlons, passando por Meaux e Montmirail. Em Pont-de-Sommevesle, primeira parada depois de Châlons e início da jurisdição militar de Bouillé, um destacamento de quarenta hussardos sob o comando de um de seus coronéis, o duque de Choiseul, encontraria a carruagem e atuaria como escolta. O trajeto passaria a seguir pelas pequenas localidades de Saint-Ménehould, Clermont-en-Argonne, Varennes, Dun e Stenay, em direção a Montmédy. Em cada localidade haveria substituição dos cavalos e outro destacamento de cavalaria, que ficaria a certa distância atrás da *berline* quando esta passasse. Entre Dun e Stenay, o próprio Bouillé estaria à espera com cinqüenta soldados do regimento Real Alemão (o mes-

190 A QUEDA DA MONARQUIA FRANCESA

mo que atacara a multidão de Paris em 12 de julho de 1789), para acompanhar o rei a Montmédy.

Em Montmédy, Bouillé havia concentrado um pequeno exército de 10 mil homens. De modo significativo, era composto quase inteiramente de falantes de alemão. Dos seis regimentos de infantaria, quatro eram alemães (Hesse-Darmstadt Real, Nassau, Bouillon e Deux-Ponts Real) e dois (Castella e Reinach) eram suíços. Junto com eles havia destacamentos de dez unidades de cavalaria. Esperava-se ardorosamente que, na ocasião em que a família real chegasse, Leopoldo II, além da fronteira, já tivesse deslocado soldados austríacos em apoio. Isso, somado à própria presença do rei, garantiria a lealdade do exército. Com a situação militar assegurada, Breteuil então chegaria para desenvolver sua estratégia política.[1]

A fuga estava originalmente marcada para ocorrer em 6 ou 7 de junho. Surgiu porém um obstáculo de última hora — uma das serviçais do delfim, mme. Rochereuil, que tinha pendores pró-revolucionários e provavelmente suspeitava de que algo estava em andamento, tinha acabado de entrar em serviço e só terminaria no dia 11. A fuga foi fixada para o dia 12, mas mme. Rochereuil mais uma vez atrapalhou, pois permaneceu em seu posto para uma semana extra. Decidiu-se então pelo dia 19. Fersen alertou Bouillé sobre essa mudança de plano, mas o general então estava alarmado. Todas as movimentações de tropas tinham de ter a autorização do ministro da Guerra; se Bouillé enviasse seus destacamentos para o dia 19 e houvesse novamente outro adiamento, ele teria agido sem ordens e sua posição se tornaria insustentável. O general enviou Choiseul a Paris a fim de informar ao rei, "com respeito, mas com toda firmeza possível",[2] que o dia 20 era em definitivo a data final. Para seu horror, ao chegar às Tulherias Choiseul descobriu que mme. Rochereuil tinha conseguido continuar em serviço por mais um dia extra. Seu ultimato, porém, fez Luís XVI decidir fugir no dia 20 a todo custo. A fuga para Varennes ocorreu no último momento possível.

Mme. Rochereuil foi liberada na manhã do dia 20. Às 9:00 da noite, segundo o costume, e o conde e a condessa de Provence jantavam nas Tulherias. O rei havia informado seu irmão, mais cedo, sobre a planejada fuga, e lhe tinha ordenado que fizesse seus preparativos para fugir, mas nada lhe havia dito sobre o momento ou o destino. Ele agora dizia a Provence que estava de partida nessa noite para Montmédy e o instruiu a seguir o exemplo e partir para a Bélgica. Às 11:00 da noite, Provence e sua mulher saíram para realizar sua própria fuga. Nesse meio-tempo, Maria Antonieta deixou a mesa,

A FUGA PARA VARENNES

despertou o delfim e Maria Teresa, disfarçou o filho como menina e acompanhou as crianças e mme. de Tourzel através do pátio das Tulherias em direção ao coche de aluguel de Fersen que estava à espera. O pátio estava "iluminado como em plena luz do dia"[3] e patrulhado por guardas nacionais, um dos quais até mesmo esbarrou em Maria Teresa. Para a rainha era extremamente arriscado e exigia considerável coragem cruzar esse espaço aberto, levar os filhos até o coche, depois voltar sozinha ao palácio. Ela estava de volta com seus convidados às 10:45 da noite.

Depois de Provence e sua mulher partirem, Luís e Maria Antonieta se retiraram para seus aposentos particulares. O rei então prosseguiu com sua cerimônia normal de se recolher à cama. De modo bastante inesperado, La Fayette apareceu para assisti-la e Luís, que o detestava, claramente conversou com ele por mais tempo que o usual para deixar claro que nada de anormal estava em curso. Às 11:30 da noite, o rei estava sozinho. Ele imediatamente saiu da cama e foi para um quarto adjacente, onde vestiu roupas simples que haviam sido deixadas para ele: traje marrom, sobretudo verde, peruca cinza e chapéu redondo. Bengala na mão, deixou o palácio e deu uma volta pelo pátio, seguindo para a *rue* Saint-Honnoré, onde agora se encontrava o coche de Fersen. No meio do caminho, uma das fivelas de seus sapatos se desabotoou; em um ato de decorosa bravata, ele parou ostensivamente e a arrumou. Quando chegou ao coche, sua irmã mme. Elisabeth já estava nele. Agora só a rainha estava ausente. O pequeno grupo começava a ficar ansioso quando ela finalmente chegou, depois de algumas aventuras alarmantes. Primeiro, perdera o caminho; depois, ao sair do pátio, quase se encontrou com La Fayette, que voltava para casa em sua carruagem.

O coche de aluguel partiu, dirigindo-se para leste. Fersen, porém, decidiu fazer um desvio, de modo que só chegou à Barrière Saint-Martin por volta das 2:30 da madrugada. Aí se fez a troca para a *berline* e os ocupantes assumiram os papéis que teriam de adotar como disfarce. Mme. de Tourzel desempenhava o papel principal, como uma nobre russa, baronesa Korff. Luís XVI era seu mordomo, m. Durand; mme. Elisabeth, sua acompanhante Rosalie; os filhos reais se tornaram duas meninas chamadas Amélie e Aglaë; e a rainha era a governanta delas, mme. Rochet. Três antigos guarda-costas reais disfarçados como acompanhantes de viagem e o cocheiro de Fersen, Balthazar Sapel, completavam o grupo.[4]

Em Bondy, a primeira posta do caminho, Fersen deixou a família real a fim de partir para a Bélgica. À primeira vista, é surpreendente que não prosseguisse com a família; certamente sua presença de espírito faria extrema falta mais adiante. Suspeita-se, porém, que ele previa que, se ficasse com o grupo e fossem detidos, os revolucionários aproveitariam seu relacionamento com a rainha para destruí-la. No começo dessa noite, ele tinha recebido uma nota de Maria Antonieta, assinada pelo rei e por ela, pedindo a Mercy-Argenteau que entregasse a Fersen 1,5 milhão de libras que eles tinham na Bélgica "como uma expressão mais conveniente de nossa gratidão e como compensação por todas as suas perdas". De sua parte, poucas horas antes de a fuga começar, Luís havia dito simplesmente: "*Monsieur* de Fersen, a despeito do que possa acontecer, não esquecerei tudo o que o senhor fez por mim."[5]

Como meio de transporte para Montmédy, a *berline* foi muito ridicularizada. Seu tamanho, lentidão e aparência são em geral considerados como tendo sido fatais para os destinos da fuga. O jacobino Fréron referiu-se a ela como "carro fúnebre da monarquia"; o jornalista Mercier acrescentou que ela era "uma miniatura de Versalhes, faltando apenas uma capela e uma orquestra".[6] Nada disso é exato. Mme. de Tourzel, que obrigatoriamente a conheceu, mais tarde escreveu o seguinte: "Não há nada extraordinário no tocante à carruagem do rei: é uma *berline* grande, parecida com a minha."[7] Depois dos horrores das Jornadas de Outubro, a família real tinha jurado nunca se separar. Ciente disso, Fersen tinha mandado fazer a *berline* especialmente para acomodar todos. De fora, não chamava a atenção por nada em especial; o corpo foi pintado de cinza-escuro, as rodas e a estrutura, de amarelo, com cortinas de tafetá verde nas janelas. O interior era mais confortável do que opulento, equipado com provisões, um estojo de maquiagem de prata e um grande suprimento de urinóis.

A parte mais difícil do plano era a fuga de Paris; quando a *berline* já estava fora da capital e a caminho do leste, a atmosfera dentro se tranqüilizou sensivelmente. Todo o grupo então julgava que o sucesso era certo. Luís começou a fazer piadas grosseiras: "Logo que eu botar meu traseiro de novo na sela, serei um novo homem"; "La Fayette deve estar se sentindo bastante estúpido agora". Geógrafo amador que era, ele marcava no mapa cada uma das cidades por que passavam.[8]

Infelizmente, essa sensação de segurança recente e estimulante fez com que o grupo real abandonasse as precauções que antes havia julgado essenciais. Luís em especial não fez esforço para se ocultar. Na posta em Fromentières, saiu da carruagem e passou algum tempo conversando com os camponeses locais sobre a colheita. Pode-se ter pena dele; esta era apenas a segunda viagem que ele fazia fora de Paris e Versalhes, e ele deve tê-la achado fascinante. Um dos guarda-costas, Moustier, reclamou com ele sobre a necessidade de segredo, mas Luís respondeu: "Acho que isso não é mais necessário; minha expedição agora parece livre de acidentes."[9]

A primeira pessoa a perceber a identidade do rei foi o encarregado da posta em Chaintrix. Felizmente, ele era leal. Recusou até mesmo o pagamento por seus serviços. Maria Antonieta, comovida, deu-lhe um par de tigelas de prata com monograma (que ainda está em posse de seus descendentes). O mesmo se deu em Châlons, a principal cidade no percurso da família real. "Aí fomos sem dúvida reconhecidos", escreveu mais tarde Maria Teresa, "muitas pessoas agradeciam a Deus por estarem vendo o rei e ofereciam preces por sua segura passagem."[10]

Tudo estava muito bem, mas o fato de que depois de Châlons rumores da presença do rei seguiram à frente dele deu aos que se encontravam adiante, e que podiam ser mais hostis, tempo para se organizar. Além disso, os atrasos desde a partida de Paris estavam começando a se firmar; sair de Paris fora mais demorado do que se esperava e perto de Chaintrix os tirantes da carruagem quebraram, tendo se perdido meia hora para consertá-los. Os destacamentos de Bouillé estavam com o horário muito apertado e uma longa espera os tornaria impacientes. No entanto, quando deixou Châlons a caminho de Pont-de-Sommevesle, onde quarenta hussardos estavam à espera, a família real se sentiu muito perto da segurança.

*

EM SOLOTHURN, BRETEUIL fazia seus preparativos para se juntar ao rei em Montmédy. Às 5:00 da manhã de 16 de junho, ele acordou Bombelles para ler uma carta que acabara de chegar de Paris, anunciando que a fuga ocorreria no dia 19. O barão tomou uma rápida decisão. O bispo de Pamiers foi enviado imediatamente em direção de Trier e Luxemburgo, de modo que pudesse atravessar a fronteira e se juntar ao rei no momento em que este alcançasse Bouillé. Essa era uma mudança de plano. O bispo originalmente estava destinado a Bruxelas, "para acender o fogo sob o frio conde de Mercy".[11] Ele deveria ter-se detido a caminho, em Aix-la-Chapelle, para ajustar suas providências com uma figura ainda mais respeitável, Gustavo III da Suécia. Oficialmente, Gustavo estava numa temporada de águas, mas na

194 A QUEDA DA MONARQUIA FRANCESA

realidade tinha tomado conhecimento do plano de fuga de Paris por intermédio de Fersen e não conseguira resistir ao fascínio da ação. Enquanto a família real se deslocava penosamente para Montmédy, ao longo da fronteira os espectadores instalavam suas cadeiras.

Em 14 de junho, Breteuil escrevera uma carta para ser entregue pelo bispo a Mercy. Ele o apresentava como "meu amigo o bispo de Pamiers, com quem dividi meu trabalho desde que o rei me confiou seus negócios fora do reino".[12] Presume-se que, quando o percurso do bispo foi alterado, a carta tenha sido enviada a Mercy por outros meios. Todavia, as palavras do barão enfatizam o papel crescentemente central que o bispo agora desempenhava. Com as viagens de Bombelles pelo norte da Itália, era ele que estava ao lado de Breteuil em Solothurn fazendo política. Breteuil logo passou a confiar muito no bispo, sobretudo na área onde ele afirmava sua maior especialidade, as finanças públicas. O bispo era particularmente insistente quanto à necessidade de proibir o mais rápido possível os *assignats*.

Breteuil também informou Mercy sobre seus próprios planos, que haviam sido estabelecidos de modo meticuloso. "Como Sua Majestade expressou o desejo de que [...] eu me juntasse a ele o mais rapidamente possível", escreveu ele,

> deixarei [a Suíça] no dia 20 deste mês e viajarei para Aix-la-Chapelle. Espero que no caminho eu receba boas novas para me fazer voltar para Luxemburgo, mas, se eu acabar esperando por elas em Aix-la-Chapelle, terei apenas uma breve viagem para me juntar ao rei em comparação com o caminho direto daqui até Luxemburgo.

O barão tinha planejado todas as eventualidades, e com característico cuidado por seus arranjos internos. No caso de a fuga do rei se atrasar ou ser cancelada, ele tinha até mesmo encontrado uma casa para si mesmo em Aix-la-Chapelle. "O senhor sabe", disse ele a Mercy,

> que de qualquer modo aluguei a casa de m. Crumpipen, mas ela está completamente sem móveis e seria muito útil se m. Crumpipen a mobiliasse e aumentasse proporcionalmente o aluguel. O bispo de Pamiers está feliz por falar com m. Crumpipen sobre isso e eu ficaria muito grato se o senhor apoiasse junto a ele minha reivindicação.[13]

A FUGA PARA VARENNES

Os preparativos finais de Breteuil antes de partir para Montmédy referiam-se a Bombelles. O marquês ficaria para trás e, logo que tomasse conhecimento da chegada em segurança do rei, negociaria um recrutamento imediato de milícias suíças que apoiassem o exército de Bouillé. Bombelles passou o dia 19 de junho copiando as instruções de Breteuil e discutindo seus planos com o marquês de Vérac, embaixador francês nos cantões suíços. Monarquista fiel, Vérac fora informado do segredo da fuga três dias antes. Sua reação fora de cooperação entusiasta, especialmente quando lhe disseram que em poucos dias Bombelles poderia ser ministro das Relações Exteriores. A conversa continuou à noite. Sem saber do dia extra de atraso, ambos supuseram que naquele momento a família real estaria começando a viagem. "Enquanto conversávamos", escreveu Bombelles,

> aproximava-se a hora em que supúnhamos que o rei e a rainha dariam início a seu plano, e sentimos nossos corações batendo toda a noite. Se, nesse momento, Suas Majestades estão saindo das Tulherias, o que eles e seus serviçais devem estar passando? [...] esta manhã iniciei uma novena e pedi com todo meu coração ao Santíssimo.[14]

O dia seguinte passou lentamente; o pequeno grupo mal sabia que as coisas então estavam por completo fora de seu controle. Logo depois de meia-noite, o irmão do bispo de Pamiers, visconde d'Agoult, chegou esbaforido e confuso. Viera diretamente de Paris, trazendo o que julgava ser uma mensagem vital. De fato, isso era apenas um estratagema para mantê-lo fora da capital, em atenção a um pedido insistente do irmão. O bispo pedira que, se o visconde não fosse escolhido para acompanhar a família real, "ele não deveria ser deixado exposto às primeiras perturbações que se seguiriam à descoberta desse grande empreendimento".[15] Nesse momento, não tendo ouvido nada ao contrário, a casa real supôs que o rei e a rainha tinham fugido. Às 6:00 da manhã, no dia 21 de junho, Breteuil subiu em sua carruagem e partiu para Montmédy.

A primeira tarefa de Bombelles, uma vez que tomara conhecimento de que Luís XVI tinha alcançado Bouillé, era apresentar sua credencial como enviado especial do rei à Dieta dos cantões suíços em Zurique. Estava assinada, com um floreado "Feita em Montmédy", e datada de 23 de junho.[16] Breteuil certamente terá notado a coincidência da data com a da declaração do rei dois anos antes; o que pode ter sido até mesmo proposital. Nesse

196 A QUEDA DA MONARQUIA FRANCESA

meio-tempo, Bombelles fortaleceria sua participação, dirigindo-se a Berna e conquistando a confiança do principal magistrado da cidade, o *avoyer* Steiger. Este era favorável aos monarquistas franceses, tinha grande influência nos cantões e constituiria um poderoso aliado. Em conformidade com isso, Breteuil deixou uma nota com Bombelles para ser entregue a Steiger. Assim como tinha tranqüilizado Mercy quando lhe pediu apoio militar austríaco, o barão salientava que as milícias suíças muito provavelmente não seriam usadas em batalha e não seriam necessárias por muito tempo:

> O rei está certo da lealdade da grande maioria de suas tropas, mas, já que seu maior desejo é evitar o derramamento de sangue por qualquer de seus súditos, Sua Majestade deseja ter essas grandes forças à sua disposição, de modo que mesmo os mais audaciosos rebeldes não tenham outra opção senão submeter-se [...]
>
> O plano pede soldados franceses e auxiliares menos para lutar do que para intimidar e conter os excessos de uma multidão de ditos guardas nacionais, sem unidade, sem disciplina e que na maior parte não têm armas e munição ou não sabem usá-las.
>
> Assim, tudo faz crer que numerosos súditos fiéis de todas as classes logo se reunirão para restaurar os direitos do trono, embora a prudência e a manutenção a longo prazo da ordem exijam que o rei aumente o número de regimentos estrangeiros a seu serviço. Isso será feito em curto prazo e trará o momento em que as milícias poderão voltar para casa.[17]

Esta carta lança importante luz sobre as idéias de Breteuil nos últimos dias antes da fuga para Varennes. Nela está mais claramente expresso do que nunca seu firme desejo, desde julho de 1789, de que a ameaça de força — mais do que seu uso efetivo — se mostrasse suficiente para restaurar o poder real. Embora preparado para a guerra civil, ele esperava evitá-la se fosse humanamente possível. No entanto, sua previsão de que o rei teria de alistar mais regimentos estrangeiros traía sua básica falta de fé na lealdade das tropas francesas. Sagazmente, transformou isso em vantagem em sua proposta a Steiger: a promessa de recrutar mais de seus soldados seria um forte incentivo para os suíços, para os quais contratar mercenários era uma fonte de renda tradicional e lucrativa. Fossem ou não usados, a restauração da autoridade de Luís XVI se apoiaria pelo menos em parte em baionetas estrangeiras.

*

A PRIMEIRA PESSOA EM PARIS A perceber que o rei tinha fugido foi seu camareiro Lemoine, que às 7:00 da manhã de 21 de junho abriu as cortinas do leito real, encontrando-o vazio. Às 8:00 da manhã, a capital estava em comoção; La Fayette, erroneamente suspeito de cumplicidade na fuga, quase fora linchado, e uma enorme multidão se agrupava fora das Tulherias. Uma hora depois, no início da sessão da manhã da Assembléia, seu presidente, Alexandre de Beauharnais, anunciou a fuga. A Assembléia se declarou em sessão permanente e os deputados passaram um dia extremamente ansioso. A tensão foi quebrada à tarde por La Porte, intendente da lista civil, que trazia, como o rei tinha instruído, uma *Declaração ao povo francês* que ele tinha deixado com a justificativa da fuga. Alguns dos deputados se opuseram a sua leitura, temendo que esta legitimasse a ação de Luís XVI, mas a maioria, liderada por Charles de Lameth, derrotou-os. O secretário da Assembléia leu então o documento em meio a um silêncio sobressaltado.

Enquanto a Assembléia discutia, La Fayette agia. Por iniciativa própria, ditou uma ordem afirmando que o rei tinha sido levado por inimigos da Revolução e ordenando todos os bons cidadãos a salvá-lo e garantir sua volta a Paris. Guardas nacionais a cavalo portando cópias dessa ordem foram então enviados ao longo de todas as estradas que saíam de Paris na pista da família real. Um deles, capitão Bayon, dirigiu-se para leste, no sentido de Châlons.

*

JÁ ERAM 6:30 DA TARDE de 21 de junho e a família real se aproximava de Pont-de-Sommevesle. A qualquer momento, esperavam ver as jaquetas azuis dos quarenta hussardos que aí estavam à espera. Também contavam encontrar o duque de Choiseul, que deixara Paris 12 horas antes deles para assumir o comando da escolta. Pont-de-Sommevesle não era nem mesmo uma aldeia; simplesmente uma grande fazenda ao lado de um pequeno lago artificial e uma posta. Quando chegaram aí, os viajantes ficaram horrorizados por não verem sinal nem dos hussardos nem de Choiseul. Enquanto os cavalos eram trocados, o rei olhava para fora da janela da carruagem, "como se o chão se tivesse aberto sob ele".[18]

O desaparecimento do destacamento de Choiseul foi o primeiro grande infortúnio da viagem. O duque tinha chegado a Pont-de-Sommevesle às 11:00

dessa manhã e fora para um quarto na posta para trocar o uniforme. Enquanto fazia isso, os quarenta hussardos chegaram. Tinham passado 24 horas difíceis. Encontraram os quarenta dragões estacionados em Sainte-Menehould, a cidade a seguir no caminho, na noite anterior, mas o súbito aparecimento de dois destacamentos de cavalaria despertara suspeitas no local. A municipalidade entregou quatrocentos mosquetes a pessoas da cidade e chamou cinqüenta guardas nacionais; na manhã seguinte, parecia que poderiam se opor pela força à partida de Choiseul para Pont-de-Sommevesle. Nessas circunstâncias, o destacamento conseguiu partir sem confronto, mas deixou para trás uma população completamente alerta.

O mesmo se deu em Pont-de-Sommevesle. Por má sorte, os camponeses locais estavam em disputa com o proprietário das terras; as autoridades tinham apoiado este e ameaçavam mandar tropas para sustentar o veredicto. De imediato supôs-se que os hussardos tinham chegado com esse propósito, o toque de alarme tendo soado, e o comando de Choiseul logo se viu ameaçado por uma multidão hostil. Choiseul afirmou repetidamente que estava ali apenas para escoltar um carro de pagamento para o exército de Bouillé, mas ninguém acreditou nele. Nessa situação cada vez mais tensa, tudo o que ele podia fazer era conseguir tempo até que o grupo real fosse avistado. Foi aí que os primeiros atrasos em Paris e Cahintrix tiveram seu pior efeito. A *berline* estava destinada a alcançar Pont-de-Sommevesle às 3:00 da tarde, embora duas horas depois ela ainda não tivesse aparecido. Às 5:30 da tarde, Choiseul concluiu que não podia agüentar mais e anunciou alto, de modo que os camponeses ouvissem, que o carro de pagamento devia ter passado antes de ele chegar. Às 5:45 ele deixou Pont-de-Sommevesle, 45 minutos antes de a carruagem do rei chegar.

É difícil ver o que mais Choiseul podia ter feito até então. Suas ações a seguir, porém, foram menos desculpáveis. Ao sair de Pont-de-Sommevesle, ele não pensou em deixar alguém que pudesse pelo menos fazer a família real saber o que tinha acontecido, caso e quando ela aparecesse. Ele aumentou o erro ao informar aos comandantes do destacamento em Sainte-Ménehould e Clermont que a *berline* não viria nesse dia — suposição sem base, que espalhou confusão na cadeia de escoltas. Por fim, tendo em vista a recepção hostil de suas tropas, decidiu voltar a Varennes e passar por fora de Sainte-Ménehould e Clermont. A noite caiu e ele se perdeu, dirigindo-se para nordeste "pelas matas do Clermentois".[19]

Sem outra opção à sua frente, a família real continua em direção a Sainte-

Ménehould, aonde chegou às 8:30 da noite. Lá, por fim, viu alguns sinais de uma escolta: vários soldados do regimento dos dragões reais vagueando do lado de fora do Auberge du Soleil, na praça principal, conversando e bebendo com pessoas do local. Enquanto os cavalos eram trocados, o oficial em comando, capitão d'Andoins, aproximou-se e expôs a situação para o rei e a rainha. "Partam tão logo puderem", advertiu, "se não se apressarem estarão perdidos."[20]

A carruagem logo ficou pronta e a família real preparou-se para a partida. Foi então que a família encontrou seu castigo: o encarregado da estação de posta, Drouet. Esse funcionário estava de mau humor desde a noite anterior, quando os dragões reais tinham chegado e, em vez de alugar seus estábulos para os cavalos deles, usaram o estábulo do Auberge du Soleil. O aparecimento da *berline* acrescentou à sua raiva a suspeita. Mas ele não tomou providências logo. O estímulo para isso veio das próprias pessoas da localidade. Alertados por um dia de atividade inusitada, logo que a carruagem partira de Sainte-Ménehould vários cidadãos chegaram à conclusão de que ela levava o rei e a rainha. Isso foi confirmado pelo fato de Andoins rapidamente ter ordenado que seus homens montassem. Uma multidão irada se formou com a intenção de impedir que partissem. Foi nesse momento que Drouet se dirigiu ao Hôtel de Ville e anunciou sua convicção de que o rei acabara de passar. Ele e um companheiro, um estalajadeiro chamado Guillaume, foram escolhidos para seguir a carruagem e detê-la. Uma hora e meia depois que o alarme soou, eles partiram na busca.

Nesse meio-tempo, a *berline* seguia pela floresta de Argonne. O mais longo dia do ano, 21 de junho, estava chegando ao fim. Quando a noite caía, a família real entrava em Clermont. Aqui mais uma vez foi a mesma história: 140 dragões, comandados por seu coronel, o conde de Damas, deveriam estar à espera, mas o inesperado aparecimento de tropas tinha alarmado os habitantes de tal forma que o conde julgara prudente instalar parte de seu destacamento em uma aldeia vizinha, antes de dispersar o resto durante a noite. As suspeitas dos circunstantes foram despertadas pelo profundo respeito que Damas, um grande nobre, mostrou em relação aos ocupantes da carruagem; várias vezes ele instintivamente começou a tirar seu capacete, mas se conteve. Depois que a *berline* trocou os cavalos e partiu, os habitantes locais se reuniram, o toque de alarme soou e Damas e seus soldados foram cercados.

Pouco depois de Clermont, segundo o plano, a carruagem mudou de direção. Em vez de continuar pela estrada principal em direção a Metz, tomou uma estrada secundária que seguia para Montmédy passando por Varennes, Dun e Stenay. Aqui o destino interveio mais uma vez contra a família real. Drouet, cavalgando a toda velocidade em seu encalço, supôs que o grupo se dirigisse diretamente para Metz. Ao se aproximar de Clermont, no entanto, encontrou seus próprios postilhões trazendo a última troca de cavalos de volta para Sainte-Ménehould e ficou sabendo que a *berline* tinha se desviado para Varennes. Se não fosse por esse acaso, Drouet teria continuado em direção a Metz e teria perdido por completo sua presa. Passando por fora de Clermont, ele e Guillaume seguiram pela floresta por um breve desvio para Varennes. Sem saber, desencontraram-se por pouco dos hussardos de Choiseul, que seguiam pelo mesmo caminho e, para aumentar o capítulo dos acidentes, estavam nesse ponto a apenas meia légua da *berline*. Se os hussardos tivessem interceptado ou Drouet e Guillaume ou a carruagem, antes de Varennes, as coisas teriam transcorrido de modo diferente.

Às 11:00 da noite, a carruagem chegou a Varennes. Ainda tinha uma meia hora à frente de Drouet. Com uma rápida troca de cavalos, podia ter-se dirigido para Dun, dentro do alcance de Bouillé e do exército Real Alemão. Foi então que houve o golpe final. Ao contrário das localidades anteriores, Varennes não tinha posta. Bouillé, por isso, deixara uma muda de seus próprios cavalos para a *berline*. O grupo real julgou que a encontraria na primeira casa da cidade; não sabia que na verdade ela estava no Auberge du Grand Monarque, logo do outro lado do rio que atravessa a cidade. Nunca ficou claro se isso foi um mal-entendido ou uma omissão da parte de Bouillé. Aturdido e cada vez mais alarmado, o rei saiu da carruagem. Aproximando-se da casa mais próxima, bateu na porta e perguntou onde estava sua muda de cavalos. Uma voz de dentro respondeu que certamente não estava ali. Desconcertado, Luís procurou para cima e para baixo pela rua. A cena, com o rei desesperado, perambulando, era shakespeariana. Havia, porém, uma diferença: Ricardo III oferecera seu reino por um cavalo, mas Luís XVI precisava de seis para salvar seu reino.

Por fim, os viajantes decidiram continuar até o Auberge du Grand Monarque e ver se a muda fora deixada aí. A meia hora perdida foi crucial. Deu tempo a Drouet e Guillaume, que vinham atrás, de reconhecer a carruagem, ultrapassá-la a alguma distância, entrar na cidade e reunir um grupo

A FUGA PARA VARENNES 201

de busca. Perto do rio, um arco cruzava a rua principal; o grupo tomou posição sob ele, enquanto atrás dele a ponte foi rapidamente obstruída. Quando a *berline* se aproximava do arco, uma interpelação veio do escuro: "Pare ou atiramos!" Olhando pela janela da carruagem, mme. de Tourzel via sete homens armados com mosquetes. Atrás deles, vestindo camisão de dormir e segurando uma lanterna, estava m. Sauce, o merceeiro local e *procureur* da comuna.

Mesmo então, nem tudo estava perdido. Os passaportes do grupo foram entregues e m. Sauce considerou-os perfeitamente em ordem. Ele teria deixado a carruagem passar se Drouet não tivesse perdido a paciência, gritando que o rei e a rainha estavam dentro e que, se os habitantes da localidade deixassem que eles prosseguissem, seriam todos considerados culpados de alta traição. Isso assustou todo mundo, e ficou decidido que seria melhor tomar uma decisão até a manhã. Os viajantes foram educadamente escoltados até a mercearia de Sauce e levados para um cômodo no andar de cima. Uma hora depois, Choiseul por fim apareceu e formou seus hussardos do lado de fora. No mesmo momento, Destez, um juiz local que foi buscado porque certa vez vira a família real em Versalhes, estava subindo as escadas da mercearia de Sauce. Quando entrou no cômodo do andar superior, viu Luís XVI, exclamou "Ah, Majestade!" e se ajoelhou. "Sim", respondeu Luís, "sou de fato seu rei."[21]

Toda a simulação chegava então ao fim. Com lágrimas nos olhos, Luís abraçou cada um dos representantes municipais que se amontoavam no cômodo, dizendo que sua família estivera em perigo de morte em Paris e que ele viera buscar refúgio entre seus fiéis súditos. Logo depois Choiseul entrou, seguido por seu substituto no comando, Goguelat, e por Damas, que só conseguira tirar de Clermont seis de seus dragões. Eles imediatamente conduziram o rei e a rainha à parte. "Que fazemos?", perguntou Luís. "Salve-se, Majestade", respondeu Damas. Choiseul propôs pôr a família real em cavalos e, se necessário, cortar caminho com seus hussardos. Quanto mais seus homens ficassem do lado de fora em contato com as pessoas da localidade, porém, maior o risco de que sua disciplina se rompesse. "Não se pode perder um minuto", advertiu ele ao rei, "em uma hora as tropas terão desertado."[22]

Luís XVI cometeu então um grande erro. Ele sabia que mensageiros já estavam a caminho para informar Bouillé em Stenay, distante apenas oito léguas, sobre o que ocorrera. Às 4:00 ou 5:00 da manhã, calculou ele, o exército Real Alemão estaria em Varennes. Tudo o que ele tinha a fazer era ficar quieto e esperar a ajuda. Uma atitude brusca, por outro lado, envolvia riscos, particularmente para sua mulher e seus filhos. "O senhor pode garantir", perguntou a Choiseul, "que nesse combate desigual um tiro de mosquete não mataria a rainha ou minha filha, ou meu filho, ou minha irmã?"[23] Obviamente, Choiseul não podia, de modo que seu plano foi abandonado. No entanto, o raciocínio de Luís continha erros fatais. Deixava de levar em conta o crescente número de pessoas da região alertadas pelo toque de alarme e pela extraordinária notícia, que acorriam para Varennes das vizinhanças. Também ignorava o perigo que elas constituíam para a disciplina de quaisquer tropas com quem estivessem em contato prolongado. Se Bouillé, por qualquer razão, se atrasasse, o jogo estaria perdido. Nessa ocasião, como em tantas outras durante a Revolução, Luís mostrou apenas coragem passiva, onde a ação era necessária. Essa passividade foi sua derrocada e lhe custaria o trono e a vida.

As poucas horas seguintes ilustram claramente a questão. Do lado de fora da mercearia de Sauce, a população local se amontoava em torno dos exaustos hussardos, repetindo a mesma pergunta: atirariam nas pessoas se recebessem ordens? De início, os soldados não compreendiam, mas às 4:00 da manhã foi encontrada uma mulher que falava alemão. Teve início uma confraternização, regada a muito vinho local. Nesse momento, Goguelat saiu, assumiu a situação e ordenou que os hussardos formassem. Estes se recusaram; alguns chegaram a gritar: *"Vive la nation!"*, em alemão. Goguelat ergueu seu sabre e foi atingido e ferido por um major da Guarda Nacional. Enquanto a atmosfera na cidade se deteriorava, outro destacamento de hussardos, comandado pelo capitão Deslon, chegou de Dun. Deslon tinha partido a cavalo para Varennes com cem homens no momento em que ficou sabendo que o rei estava lá, mas achou as barreiras que agora tinham sido levantadas muito fortes para serem atacadas. Ele então deixou seus soldados onde estavam e seguiu para conversar com o rei.

Nos Arquivos Estatais de Viena encontra-se um resumo dos acontecimentos de Varennes, baseado no relato de Deslon, que mostra com clareza a paralisia que se abateu sobre o rei enquanto sua última oportunidade de segurança escapava. Retrata Deslon explicando a Luís que ele não podia atacar as barricadas, mas que Bouillé logo chegaria:

A FUGA PARA VARENNES

O rei estava num tal estado de prostração e fraqueza, que m. Deslon temia que Sua Majestade não o tivesse ouvido, embora ele se repetisse três vezes. Por fim, perguntou-lhe o que deveria dizer a m. de Bouillé. "O senhor pode dizer-lhe que estou prisioneiro, que temo que ele nada possa fazer por mim, mas que lhe peço para fazer o que puder."

Deslon então se dirigiu à rainha, mas como nenhum guarda nacional estava próximo dela, falou com ela em alemão. Depois de um momento, Luís os interrompeu. "Como o rei disse a m. Deslon que não conversasse mais com a rainha, este se despediu e corajosamente perguntou por suas ordens. O rei respondeu: 'Sou prisioneiro e não tenho ordens a dar.'"[24] As lembranças de Deslon, com seu vivo retrato do estado de quase dissociação de Luís, são reveladoras. Correspondem ao veredicto de Fersen sobre Varennes em seu diário: "O rei não tinha firmeza nem presença de espírito."[25]

A multidão do lado de fora estava ficando inquieta. Com freqüência cada vez maior se ouvia o grito: "Para Paris!" Às 5:00 da manhã Radet, o comandante da artilharia local, saiu da mercearia e disse ao povo que o rei ainda desejava seguir para Montmédy. "Não, não, para Paris!", responderam aos gritos. "Para Paris, ou vamos atirar contra ele em sua carruagem!" O impasse se arrastou até às 6:30, quando chegaram de Paris dois oficiais da guarda nacional. Traziam um decreto da Assembléia que ordenava que a família real fosse detida onde estivesse e acatasse outras instruções iminentes. Luís XVI pegou-o e o leu rapidamente. A seguir disse simplesmente: "Não há mais rei na França."[26]

Embora o decreto especificasse apenas que os fugitivos fossem retidos, e não que fossem enviados de volta, estava claro que apenas um retorno imediato satisfaria a multidão. O grupo real fez esforços desesperados para obter um último adiamento. Agarrando-se à esperança de que Bouillé pudesse ainda chegar, Luís pediu aos emissários da Assembléia que esperassem até às 11:00. Mas o clamor do lado de fora era crescentemente ameaçador e seu pedido foi rejeitado. Serviu-se o café-da-manhã; o rei comeu um pouco, depois fingiu cochilar para ganhar tempo. No momento em que abriu os olhos, uma das empregadas da rainha, mme. Neuville, encenou um desmaio, mas o doutor que foi rapidamente trazido a declarou em boas condições para viajar. Havia apenas uma coisa a fazer. Luís XVI pediu um momento a sós com a família, o que foi concedido, ficando m. Sauce de guarda. Imediatamente ele e Maria Antonieta se precipitaram sobre o *procureur*. Disseram-lhe em lágrimas que só tinham deixado Paris porque o duque de Orléans os teria mandado matar caso tivessem ficado. O único favor que pediam a Sauce era que fosse à carruagem deles e lhes trouxesse uma caixa de papéis escondida que não devia cair nas mãos de seus inimigos. Sauce fez isso e a família real passou seus últimos momentos em Varennes queimando um monte de documentos comprometedores. Sem dúvida cartas de Breteuil e Bouillé alimentaram as chamas.

Às 7:30 da manhã, o rei e a rainha finalmente desceram a escada de Sauce e subiram na *berline*. Estavam claramente angustiados; Maria Antonieta parecia esmagada, enquanto Luís parecia "em profunda dor".[27] A carruagem partiu, cercada por uma grande aglomeração. Às 9:00 da manhã, a cavalaria de Bouillé podia ser vista de Varennes.

*

POR DUZENTOS ANOS HOUVE INTENSA controvérsia sobre os motivos que levaram a fuga ao fracasso. Essa controvérsia foi inicialmente despertada pelos participantes sobreviventes. Bouilllé e Choiseul, em particular, envolveram-se numa discussão pública, um acusando o outro pelo desastre. Bouillé, que emigrou logo após a prisão do rei, publicou memórias em 1800, afirmando que o erro fatal fora o fato de Choiseul ter-se retirado de Pont-de-Sommevesle. Choiseul, que por pouco escapou de ser linchado depois que a família real saiu de Varennes, apresentou sua justificação em 1822. Esta, ao contrário, enfatizava a confusão em Varennes em relação à troca de cavalos e a lentidão de Bouillé ao se dirigir para salvar a família real. Desde então, cada etapa da viagem da *berline* tem sido debatida por historiadores, despertando discussões tão impenetráveis quanto a floresta de Argonne. Desse emaranhado destacam-se alguns fatores-chave que arruinaram a iniciativa. Alguns foram erros humanos: a falha de Choiseul em não deixar um mensageiro em Pont-de-Sommevesle, o equívoco de situar a troca em Varennes e o tempo estranhamente longo que Bouillé levou para percorrer as oito léguas entre Stenay e Varennes. Outros foram pura má sorte: o acidente em Cahintrix e, acima de tudo, Drouet ficar sabendo que a carruagem tinha se desviado para Varennes.

Se esses percalços foram acidentais, não houve falha estrutural. Longe de proteger a família real, os destacamentos ao longo do caminho na verdade mostraram sua desagregação. Não eram suficientes para um confronto maior, como os acontecimentos de Varennes demonstraram de modo incisivo. Tudo o que sua presença conseguiu foi incitar os habitantes locais e alertá-los para o fato de que algo inusitado estava ocorrendo. Os dois transtornos que causaram mais prejuízo — Choiseul ter saído prematuramente de Pont-de-Sommevesle e o alarme em Sainte-Ménehould — são resultado direto disso. O rei e a rainha teriam tido uma melhor oportunidade de segurança se tivessem abandonado a idéia de uma escolta e confiassem na rapidez e no segredo. De modo significativo, foi exatamente isso o que o conde de Provence fez. Viajando em uma carruagem rápida, disfarçado como comerciante inglês e com apenas um acompanhante, ele chegou em segurança à Bélgica no dia 23 de junho.

Não está claro se a idéia de posicionar destacamentos foi de Bouillé ou de Luís XVI. Bouillé afirma em suas memórias que Luís lhe ordenou para providenciá-los. Já que ele próprio destruiu as cartas que o rei lhe escrevera, nunca saberemos a verdade. No entanto, Fersen estava ciente dos perigos do plano e fez um alerta. "Tudo dependerá da velocidade e do segredo", escreveu ele a Bouillé em 26 de maio, "e se o senhor não estiver seguro de seus destacamentos, seria melhor não ter nenhum ou só recorrer a eles depois de Varennes, de modo a não atrair atenção no campo."[28] O pressentimento de Fersen é impressionante, até em sua intuição de que a disciplina dos soldados não sobreviveria ao contato estreito com o povo.

O fato de a ordem ter-se rompido em três das escoltas instaura a questão mais ampla de até onde o exército de Bouillé se teria mostrado confiável se o rei tivesse alcançado Montmédy. À primeira vista, a lealdade dos destacamentos, e por conseqüência a do exército de que faziam parte, parece ter sido muito precária. No entanto, o quadro é mais complexo do que isso. Duas unidades, os dragões reais em Sainte-Ménehould e os hussardos de Choiseul em Varennes, por fim se amotinaram. Mas, a disciplina dos últimos se manteve por todo o confronto em Pont-de-Sommevesle e o longo percurso noturno depois de Clermont, e só se rompeu depois de horas de pressão por parte da multidão em frente à mercearia de Sauce. Sua deserção foi auxiliada pelas grandes quantidades de vinho com que os civis os dobraram. O álcool também comprometeu a situação em Sainte-Ménehould; quando a *berline* chegou, os dragões já tinham bebido o dia inteiro.

A culpa por esses equívocos militares não cabe aos soldados, mas às instruções que os fizeram passar o dia dispersos entre os alarmados e instáveis

206   A QUEDA DA MONARQUIA FRANCESA

habitantes das cidades. Em Clermont, Sainte-Ménehould e Varennes as tropas eram numericamente superadas em muito no momento crítico, enquanto sua coesão já tinha sido solapada por várias horas de confraternização com os anfitriões. A partir de Pont-de-Sommevesle, as escoltas se viram em uma situação incomum, que qualquer soldado consideraria difícil de controlar. Não havia paralelo entre sua posição, isoladas no meio de multidões urbanas armadas, e a do exército principal de Bouillé, concentrado em seu próprio campo, distante do povo e comandado por um general duro e capaz. O fato de as escoltas ao longo do caminho por fim se terem amotinado não constitui prova de que a força principal de Bouillé teria feito o mesmo.

Uma outra consideração é o efeito que a presença do rei teria tido sobre os soldados. No caminho para Montmédy, Luís XVI preparava-se para agir militarmente pela primeira vez na vida. Com esse intuito, embalara um magnífico uniforme vermelho. Este era o mesmo que ele usara para inspecionar o novo porto em Cherbourg, cinco anos antes, a única outra ocasião em que visitara as províncias francesas. Na chegada a Montmédy, seu primeiro ato seria promover Bouillé da patente de general, dando-lhe o bastão de marechal de França. Houve, porém, um empecilho de última hora: não havia bastão sobressalente disponível e era claramente imprudente pedir outro ao ministro da Guerra. Por sorte, Choiseul tinha um a seu alcance, que pertencera ao falecido sogro, o marechal de Stainville, e o emprestou ao rei.[29]

A cerimônia da promoção de Bouillé tinha a intenção de animar o moral das tropas e elevá-lo a um nível de entusiasmo monarquista. Estava marcada para 23 de junho, o que deve ter sido deliberado. "O rei, a rainha e a família real", escreveu Choiseul,

> deveriam entrar no acampamento, assistir a uma missa militar, com as tropas prontas para a luta, fazer a revista do exército depois do serviço e então, tendo ordenado que se formasse em uma praça vazia, o rei daria ao senhor marquês de Bouillé o bastão de marechal, sob a saudação dos soldados e entre o júbilo geral.[30]

É impossível saber se esse espetáculo grandioso teria funcionado. Todavia, o simbolismo do rei, da rainha e do delfim depositando confiança em seu último exército fiel poderia ter tido o efeito desejado.

*

A FUGA PARA VARENNES 207

NA CAPITAL, A NOTÍCIA DA PRISÃO do grupo real foi saudada com imenso alívio pela Assembléia. Os deputados imediatamente escolheram três membros de uma comissão especial, não para negociar com Luís XVI, mas para escoltá-lo e a sua família em segurança até Paris. Dois dos membros dessa comissão, Barnave e Latour-Maubourg, eram moderados; o terceiro, Pétion, era da esquerda. Foram acompanhados por Mathieu Dumas, general-de-brigada do Exército. Os membros da comissão deixaram Paris às 4:00 da manhã de 22 de junho. Perto de Épernay, viram a *berline* que seguia em direção a eles, deslocando-se a passo de cágado e cercada por uma grande multidão.

A família real tinha passado um dia terrível. Havia deixado Varennes escoltada por 7 mil habitantes locais e camponeses. Fazia calor e os viajantes logo estavam cobertos por poeira e suor. Havia pouca privacidade por todos os lados em relação à aglomeração, cujo estado de espírito com freqüência era alarmantemente hostil. Em Sainte-Ménehould, um proprietário de terras local, o conde de Dampierre, com notável coragem se encaminhou à *berline* para prestar seus respeitos. Foi arrancado de seu cavalo e espancado até a morte praticamente sob os olhares do grupo real. Adiante, na aldeia de Chouilly, a tensão chegou a um ponto extremo; os que estavam mais próximos da carruagem sacudiam seus punhos para os ocupantes e batiam no rosto do rei. Tudo isso convencia os habitantes de Chouilly de que o rei e a rainha não chegariam vivos a Paris.

A completa descrição do retorno da família real está em um documento notável, embora pouco conhecido, a *Relação da viagem a Varennes*, do arcebispo de Toulouse, François-Gilbert de Fontanges. O arcebispo era deputado na Assembléia, fino membro da Corte e íntimo confidente de Maria Antonieta. Todavia, esse prelado mundano terminou sua vida de modo santo; transferido para a sede episcopal de Autun, aí morreu de tifo em 1806, cuidando de prisioneiros austríacos e russos. Seu manuscrito tem uma história curiosa. Nos primeiros anos do século XIX, Bombelles, tendo conhecimento de como ele fora íntimo da rainha, escreveu-lhe da emigração pedindo-lhe suas recordações da rainha. O arcebispo respondeu com a *Relação*, que Bombelles posteriormente entregou a *émigrés* em Londres para que fosse publicada. Seu principal valor está em sua fonte principal. O arcebispo expôs o seguinte a Bombelles: "Meu objetivo não é lhe apresentar uma história de grande precisão, mas apenas registrar fiel e imparcialmente tudo o que está gravado em minha memória de minhas conversas sobre o tema com

208 A QUEDA DA MONARQUIA FRANCESA

a própria rainha."[31] A *Relação* é o que há de mais próximo do que Maria Antonieta teria chegado a escrever sobre a fuga para Varennes.

A narrativa apresenta pouco material novo sobre a fuga e a detenção. Mas sua descrição do último estágio da volta, desde o encontro com a comissão, é notavelmente vivo e detalhado. Pelas palavras do arcebispo, pode-se ouvir a própria Maria Antonieta falando. Foi decidido que dois dos membros da comissão iriam na *berline* com a família real. Um momento de farsa se seguiu quando os recém-chegados se atrapalharam no espaço apertado. A *Relação* diz o seguinte: "Barnave, que era magro, ocupou um lugar num assento, entre o rei e a rainha, Pétion outro entre mme. Elisabeth e a jovem princesa; o delfim nos joelhos primeiro de sua mãe, depois de sua tia, depois de sua irmã."[32] Esse arranjo nos assentos teve conseqüências políticas importantes, pois permitiu que a rainha começasse uma discreta conversa com Barnave e formasse uma aliança com ele que ajudou a formar a política real para o ano seguinte. Se Barnave fosse um pouco mais gordo, isso talvez nunca tivesse acontecido.

O encontro teve um mau começo, o que foi culpa de Barnave. Ao entrar na carruagem, escreveu o arcebispo,

> ele começou [...] com uma impertinência. Olhou primeiro para um dos guarda-costas no assento do lado de fora e depois para a rainha, com um sorriso breve, malicioso e intencional. Como se dizia que o conde de Fersen fora um dos três homens detidos com o rei e como a rainha sabia das calúnias que circulavam sobre suas relações com esse nobre sueco, ela compreendeu o que estava na mente de Barnave. Ela rapidamente o desiludiu [...] deixando clara a identidade dos três homens que estavam no assento.[33]

Essa história é extraordinária. Trata-se de um dos raros testemunhos de que o rumor sobre a amizade de Maria Antonieta com Fersen era corrente na época e de que a rainha na verdade tinha ciência do fato.

Depois disso, as coisas só podiam melhorar. Luís XVI quebrou o gelo, envolvendo Barnave numa conversa sobre aspectos da Revolução e da constituição. Seguiu-se uma discussão amigável, em que Barnave defendeu seu ponto de vista com deferência e cortesia. Depois do contratempo ligado a Fersen, a rainha cobriu o rosto com o véu e decidiu não pronunciar nenhuma palavra pelo resto da viagem. Agora, porém, decidiu que afinal poderia

A FUGA PARA VARENNES

valer a pena falar com Barnave. A descrição, feita pelo arcebispo, de como ela o conquistou capta a característica de seu famoso encanto: "Pouco a pouco ela entrou na conversa, acrescentando essa graça, encanto, presença de espírito e facilidade que ela melhor do que ninguém podia misturar com o orgulho majestoso próprio de seu nascimento e sua classe."[34]

O resultado foi que Barnave desenvolveu uma admiração cavalheiresca por Maria Antonieta, que ainda se fortaleceu pela piedade com a situação dela. Permanece um mistério se os sentimentos dele foram além disso. Como Fersen, seu desejo de se tornar o cavaleiro andante da rainha provavelmente guardava algum elemento sexual, embora seja inconcebível que isso se tenha realizado. Maria Antonieta, de seu lado, não ficou imune aos encantos de Barnave; ele era jovem, belo e extraordinariamente eloqüente. A peculiar amizade entre essas duas figuras completamente diferentes é resumida pelo arcebispo de Toulouse:

> É do [retorno de Varennes] que se pode datar a espécie de confiança que a rainha sempre teve em Barnave, que não somente apagou a má impressão que seu extremismo exaltado no início da Revolução causara em Sua Majestade, mas que depois a levou a buscar o conselho dele em circunstâncias difíceis. A forma de atração que ela sentia por Barnave nunca se estendeu aos amigos deste, como Lameth e Duport, mesmo quando os acontecimentos a forçaram a [...] ter negociações com eles.[35]

Quando a *berline* se aproximava de Paris, tudo isso estava no futuro. A carruagem entrou na capital pela Barrière de Montceau. Depois se dirigiu lentamente para os Champs-Elysées, em meio a uma vasta e silenciosa multidão contida por guardas nacionais com as armas em posição de funeral. Quando a família real chegou às Tulherias, a violência irrompeu; uma turba tentou linchar os três guarda-costas e um foi gravemente espancado antes que fossem levados para a segurança do palácio. Com notável *sang-froid*, Luís XVI comportou-se como se nada tivesse acontecido nos últimos dois dias, e ele e a rainha subiram a grande escada para seus aposentos. Foram acompanhados por La Fayette, agora mais do que nunca seu carcereiro. Luís a seguir foi para seu escritório e escreveu algumas cartas, com as quais fez uma cena ao apresentá-las ao general pedindo sua aprovação. La Fayette respondeu dizendo que não estava ali para agir como espião. A seguir fez menção de

210 A QUEDA DA MONARQUIA FRANCESA

partir e perguntou ao rei por suas ordens. Luís sorriu. "Parece", respondeu ele, "que estou muito mais às suas ordens do que o senhor às minhas."[36]

*

AO AMANHECER DO DIA 25 DE JUNHO, o filho do marquês de Bouillé, que acabara de fugir pela fronteira, galopava pela estrada para Bruxelas. Perto de Arlon encontrou uma carruagem leve, viajando velozmente em direção contrária. Trazia o bispo de Pamiers, em seu caminho para se unir à família real em Montmédy. Bouillé apressadamente lhe contou sobre a catástrofe.[37] Desconsolado, o bispo mandou sua carruagem fazer meia-volta, e os dois homens rumaram para o norte. Na pequena localidade de Marche-en-Famenne, encontraram o conde de Provence, que também se dirigia para Montmédy. Provence deleitava o grupo com histórias divertidas sobre sua fuga da França. Passando-se por comerciantes ingleses, ele e seu companheiro repetiam em voz alta e em inglês, de modo a serem ouvidos pelos passantes, lugares-comuns como "Acompanhem-me", e se esforçavam para falar francês com sotaque inglês com seu cocheiro. Os recém-chegados acabaram com essa alegria. Provence mais tarde escreveu que chorara quando Bouillé deu a notícia da captura de seu irmão. Segundo Bouillé, porém, "não havia traço de lágrimas em seus olhos, que estavam inteiramente secos [...] e traziam apenas sua usual expressão de duplicidade".[38]

Em Aix-la-Chapelle, Gustavo III, a quem Fersen tinha falado da planejada fuga, mal podia conter sua impaciência. Durante todo o 21 de junho, andou de um lado para outro, com o relógio de bolso na mão. No dia 24, chegou uma carta de Fersen que descrevia a prisão da família real. O próprio Fersen cruzara a fronteira em Mons e seguira velozmente pelo outro lado da fronteira, na intenção de se encontrar com o rei e a rainha em Montmédy. À meia-noite do dia 23, em Arlon, ele ficou sabendo o que acontecera em Varennes. Imediatamente se sentou e escreveu duas cartas. A primeira, oficial, era para Gustavo. A segunda, mais pessoal, era para seu pai na Suécia: "Tudo está perdido, meu querido pai, e estou em desespero. O rei foi detido em Varennes, a 16 léguas da fronteira. Imagine minha dor e tenha pena de mim."[39]

Em 25 de junho, sem nada saber sobre o destino da família real, Bombelles partiu para Berna, a fim de negociar tropas suíças com o *avoyer* Steiger. O *avoyer* ficou encantado com a notícia da fuga do rei e prometeu seu apoio.

A FUGA PARA VARENNES

No dia 27, Bombelles voltou a Solothurn. Nessa ocasião ele estava recebendo uma torrente de informações sobre os acontecimento em Varennes. Eram completamente contraditórias: alguns relatos afirmavam que o rei e a rainha tinham sido detidos; outros, que tinham sido salvos por Bouillé. Chegou uma carta do cardeal de Rohan que afirmava estar o rei seguro em Metz, seguida por outra da mulher de Bouillé que colocava a família real em Mons. Somente no dia 28 Bombelles finalmente abandonou suas ilusões.[40]

Não há registro de como Breteuil recebeu a notícia de Varennes. Embora soubesse todos os riscos do empreendimento, o golpe deve ter sido devastador. Ele estivera a um dia de entrar em Montmédy em triunfo para encontrar o rei libertado. Agora seu próprio futuro, como o da família real, era cruelmente incerto. A questão mais premente era para onde ir a seguir. Nada restava para o barão na Suíça. A despeito do que estivesse reservado, seria mais bem enfrentado na Bélgica, onde pelo menos podia influenciar Mercy-Argenteau e os austríacos. Com o coração desolado, tomou o caminho de Bruxelas.

CAPÍTULO 9

O Segredo do Rei

O MAIOR MISTÉRIO DA FUGA para Varennes não é o motivo por que ela
fracassou, mas quais eram seus objetivos finais. O que Luís XVI e Maria
Antonieta pretendiam fazer uma vez que tivessem alcançado Montmédy?
Que plano político tinham — se é que tinham — para encerrar a Revolução? Pretendiam fazer o relógio voltar completamente e restaurar o antigo
regime ou, ao contrário, queriam negociar uma conciliação constitucional? A decisão de fugir de Paris forçou o rei e a rainha a pensar mais profundamente do que nunca sobre que tipo de arranjo com a crise revolucionária
eles de fato desejavam. As conclusões a que tinham chegado moldaram não
somente sua fuga da capital, mas também sua política em relação à Revolução até o momento final.

O rei, a rainha e seus confidentes mais próximos guardaram ciumenta-
mente o segredo de seus objetivos verdadeiros, tanto na época da fuga quanto depois. Tinham boas razões. Se a verdade tivesse vazado em algum
momento depois da recaptura da família real, as conseqüências teriam sido
desastrosas. Diante desses perigos, a discrição era o melhor. Examinando,
posteriormente, as políticas que o rei tinha se preparado para adotar,
Bombelles comentou o seguinte: "A cruel catástrofe de Varennes arruinou
todos esses planos, que foram então, felizmente, soterrados em um profundo silêncio".[1]

Na noite da fuga, Luís XVI deixou para trás uma chave do plano que
tinha em mente. Esta era sua longa *Declaração ao povo francês*, que ele escreveu para ser comunicada à Assembléia Nacional. A *Declaração* era, em

essência, uma tentativa pública do rei de justificar sua ação ao fugir de Paris. Como tal, era uma crítica da situação política existente e dos excessos que o tinham obrigado a fugir, mais do que um esboço do que pretendia fazer uma vez livre. Todavia, oferece uma idéia de seus objetivos. No correr de um longo relato retrospectivo dos sacrifícios que ele fizera para seu povo desde 1789, Luís XVI salientou de modo particular a declaração de 23 de junho. "Antes do encontro dos Estados Gerais", escreveu ele,

> o rei deixou claro que reconhecia que os impostos só podiam ser aumentados com o acordo dos representantes da nação, e que ele não desejava mais taxar seu povo sem a concordância deles. Todos os mandatos dos deputados aos Estados davam a mais alta prioridade à restauração das finanças; alguns queriam que outras questões fossem resolvidas antes [referência ao conflito sobre a votação por ordem ou por cabeça]. O rei resolveu essas dificuldades ao tomar a iniciativa e ao conceder, na sessão real de 23 de junho, tudo o que fora pedido.[2]

De modo significativo, Luís XVI reafirmava aqui o que já havia deixado claro em 23 de junho, ou seja, que pelo ato de convocar os Estados ele tinha de bom grado aceitado o atributo essencial de uma monarquia constitucional: que a taxação dependia da concordância de uma assembléia representativa. Em outro trecho, porém, usou uma linguagem dissimulada para atenuar a principal falha da declaração de 23 de junho, sua recusa em obrigar as ordens privilegiadas a aceitar a votação por cabeça. Ele apresentou a união das ordens, que de fato lhe havia sido imposta pela pressão da multidão em Versalhes, como tendo sido admitida voluntariamente: "a unificação das ordens pela vontade do rei".[3] Isso não era exato; enquanto Luís tinha pessoalmente desejado votar por cabeça em algumas questões, tinha deixado de impor isso à nobreza e ao clero.

A *Declaração ao povo francês* implica assim, mas não mais, que se Luís XVI tivesse recuperado sua liberdade em junho de 1791, ele teria retornado a sua declaração de 23 de junho de 1789 como base para encerrar a Revolução Francesa. Maria Antonieta, por outro lado, foi muito além disso, em sua carta a Mercy-Argentau de 3 de fevereiro de 1791. Aqui ela apresentou a mais detalhada descrição deixada pelo casal real de suas intenções uma vez que tivessem fugido da capital. "O rei", confidenciou ela, está ocupado reunindo material para a declaração que deve ser feita depois de deixarmos Paris. Ele em primeiro lugar deve explicar as razões da fuga; perdoar aqueles que simplesmente se desencaminharam, elogiá-los com expressões de amor; excluir do perdão os chefes dos rebeldes e a própria Paris, se esta não voltar a sua antiga ordem, bem como quem quer que não tenha entregue suas armas em uma data estabelecida; restaurar os *parlements* simplesmente como tribunais de justiça, sem poder para interferir na administração ou nas finanças. Por fim, decidimos tomar como base da constituição a declaração de 23 de junho de 1789, com as modificações que as circunstâncias e os acontecimentos tornaram necessárias. A religião será um dos pontos principais a serem abordados.[4]

Alguns historiadores recentes sustentaram que a declaração de Luís e o programa de Maria Antonieta aqui delineados nada têm em comum. A primeira, salientam eles, não estabelece condições ou prazos para um retorno à obediência, não menciona os *parlements* e faz pouca alusão à religião e apenas se refere à declaração de 23 de junho, sem apresentá-la de modo expresso como base de qualquer disposição futura. Isto ressuscita a teoria de que o rei e a rainha estavam seguindo programas distintos. No entanto, é de fato perfeitamente possível conciliar as afirmações de Luís XVI e Maria Antonieta. Cada documento se destinava a um público diferente: o do rei se destinava a tranqüilizar o público e o da rainha, a consumo puramente privado. Tendo em vista que o documento do rei representava mais uma crítica da Revolução do que um manifesto real, suas referências à declaração de 23 de junho, com sua sutil revisão do compromisso de votar por ordem, são perfeitamente compatíveis com a invocação, por parte da rainha, da "declaração de 23 de junho [...] com as modificações que as circunstâncias [...] tornaram necessárias".

À primeira vista, surge uma diferença mais óbvia entre o rei e a rainha no tocante à religião. Maria Antonieta queria claramente explorar a divisão relativa à Constituição Civil do Clero, enquanto Luís XVI apenas expressou um desejo de que "nossa santa religião" fosse respeitada. Mas essa diferença não deveria ser exagerada. A hostilidade de Luís XVI à Constituição Civil foi fundamental, e os acontecimentos de 18 de abril, que redobraram sua determinação de fugir, estavam diretamente ligados ao cisma religioso.

216 A QUEDA DA MONARQUIA FRANCESA

O homem que manteve unidos todos os fios dessas políticas foi Breteuil. Se havia alguém que estava a par do que o rei e a rainha realmente pretendiam fazer uma vez em liberdade, esse alguém era ele. Se algum dia tivesse revelado os segredos que detinha, grande parte do mistério restante sobre a fuga para Varennes agora estaria esclarecido. No entanto, o barão guardou cuidadosamente para si sua informação — e seus próprios objetivos. As únicas pequenas confidências que deixou escapar foram para Fersen. Em 30 de abril de 1791, ele informou a Fersen que só conseguiria chegar a Montmédy vários dias depois do casal real e especificou as medidas a serem tomadas em sua ausência:

> Como é impossível, por mais que me apresse, que o rei não chegue alguns dias antes de mim a seu destino, peço que, exceto quanto às operações militares, em que as opiniões de Bouillé não devem ser nem impedidas nem adiadas, Sua Majestade não deve tomar decisões em questões de pessoal ou política até que eu esteja em condições de me pôr às suas ordens. Nada é mais essencial para o serviço do rei do que evitar ações precipitadas que depois poderiam ter de ser desfeitas. Ouso acrescentar que não é menos importante que Sua Majestade deixe claros até os menores detalhes a extensão da confiança com que digna me honrar na condução das questões. O rei pode discernir ambição sob esse pedido ditado pelo mais puro zelo; se assim for, eu seria incapaz a partir desse momento de ser da menor utilidade na difícil situação em que o reino se encontra; o senhor julgará a verdade disso tanto quanto eu.[5]

Isso nada revela sobre o que Breteuil pensava que Luís XVI deveria em última instância fazer, mas deixa claro sua determinação de preservar uma autoridade incontestada, em seguida à do rei, sobre todos os aspectos do plano de ação em Montmédy. A referência do barão ao pessoal é também significativa. Ele vira em primeira mão, na década de 1780, o estrago feito por divisões no ministério (de fato, ele próprio contribuíra muito para estas). Estava convencido de que isso não deveria se repetir em 1791, e para isso insistia em que ele próprio aprovasse todas as indicações ministeriais. Ele já havia destinado Bombelles para o ministério das Relações Exteriores.

A resposta de Fersen a Breteuil contém outras chaves para o objetivo final da fuga. Ela informava ao barão que Luís XVI tinha concordado com todas as suas condições, mas acrescentava um pedido torturante. "Como

O SEGREDO DO REI

não devem ser tomadas medidas precipitadas que depois possam ter de ser revertidas", escreveu Fersen,

> mas podem surgir circunstâncias em que se tenham de tomar decisões antes de sua chegada, o rei deseja que o senhor apresente por escrito algumas idéias e sugestões para servir como base de conduta e como guia para uma política constante e uniforme. Esse documento deve ser levado por uma pessoa de confiança para Luxemburgo, em tempo suficiente para ser entregue ao rei quando de sua chegada a Montmédy.[6]

A partir daí, boa parte da correspondência de Fersen com Breteuil era dedicada aos preparativos para a chegada segura desse documento vital. Em 22 de maio, o barão respondeu a Fersen, informando-lhe que estava confiando o documento a seu camareiro, Fresnoy. Uma semana depois, informou que Fresnoy tinha partido para Luxemburgo no dia 27, acrescentando:

> Como não sabemos onde ele se hospedará, o senhor terá de mandar que procurem por ele nas hospedarias. O pacote que está levando é dirigido a m. de Dampierre. Não se esqueça de que o memorando, embora pareça em código, está de fato escrito em tinta invisível, e que o código é desprovido de sentido.[7]

O segredo de capa-e-espada dessas instruções salienta a importância do documento.

Mas a correspondência publicada de Fersen apresenta poucos indícios quanto ao verdadeiro conteúdo do memorando de Breteuil. Em 23 de maio, enquanto estava sendo escrito, Fersen transmitiu as idéias de Luís XVI sobre as medidas financeiras imediatas que precisariam ser tomadas. Estas diziam respeito sobretudo à nova moeda em papel da Assembléia Nacional, os *assignats*, e à necessidade de declarar falência. "Quanto aos *assignats*", escreveu ele,

> o rei pensa que o clero deveria receber de volta suas propriedades, reembolsando-se aqueles que tiverem comprado alguma, com a condição de que ele compre de volta, em prata, os *assignats* atualmente em circulação de acordo com seu valor no momento de sua partida. Isso provavelmente resultará numa perda de 20%, que reduzirá o valor total dos *assignats* a 900 milhões; seria possível pedir ao clero 1

218   A QUEDA DA MONARQUIA FRANCESA

bilhão. Quanta à falência, o rei pensa que deveria ser apenas parcial e
deveria garantir todas as anuidades, de modo a criar menos descontentamento; essa é também a opinião de várias pessoas com que falei a
respeito.[8]

Em 29 de maio, Breteuil escreveu sua resposta a Fersen. Nela, deu o primeiro indício concreto da política cuja adoção ele propunha. A única providência que o rei deveria tomar imediatamente, aconselhava ele,

> deveria se limitar a questões militares, que m. de Bouillé deveria diri-
> gir sozinho; qualquer decisão relativa à falência ou mesmo à declara-
> ção de 23 de junho seria prematura. Apresentei as razões disso, bem
> como as únicas medidas que considero urgentes, no memorando que
> entreguei a Fresnoy para que o levasse a Luxemburgo.[9]

Essa afirmação confirma a centralidade da declaração de 23 de junho em
relação à fuga para Varennes, mas está aberta a duas interpretações. Pode ser
vista como prova de cautela e flexibilidade por parte de um político pragmático que não desejava eliminar nenhuma opção, mesmo que isso signifi-
casse ir além das determinações da declaração. Por outro lado, podia ocultar
uma relutância de que Luís XVI fizesse quaisquer concessões e certamente
nenhuma até que o próprio barão chegasse a Montmédy. De qualquer modo,
somente o memorando podia fornecer a resposta.

Infelizmente, depois de 29 de maio o documento desaparece por completo das fontes publicadas. Fresnoy foi enviado a Luxemburgo no dia 27,
mas o que aconteceu depois disso não é conhecido. Desde então, supõe-se
que o memorando de Breteuil tenha se perdido.

No entanto, existe uma cópia. Encontra-se em uma caixa nos documentos de Bombelles em Burg Clam e é publicado aqui pela primeira vez. Não
tem título; no alto está escrito simplesmente isto: "Enviado a Luxemburgo.
Saiu de Solothurn na sexta-feira 27 de maio de 1791".[10] Trata-se sem dúvida
do documento referido por Fersen e Breteuil. Uma outra carta nos arquivos
de Bombelles, dessa vez do bispo de Pamiers, deixa clara sua proveniência.
O bispo escreveu essa carta em 9 de março de 1792 a Bombelles, que então
se encontrava em São Petersburgo, negociando o apoio russo à causa monarquista. Ele instruía Bombelles a usá-la, na mais estrita confiança, a fim de
ajudar a convencer Catarina, a Grande, de que o rei não tivera intenção de

1. *Abertura dos Estados Gerais em Versalhes, 5 de maio de 1789*, quadro de Louis-Charles-Auguste Couder. (Giraudon/Bridgeman Art Library)

2. Luís XVI retratado pouco lisonjeiramente por Joseph Boze. Quando Sir Winston Churchill viu o quadro, disse: "Agora entendo por que existiu uma Revolução Francesa." (© Simon Cox/Coleção Château de Breteuil)

3. *Maria Antonieta com os filhos*, quadro de Elisabeth Louise Vigée Le Brun de 1787, época em que as extravagâncias da rainha já a haviam transformado em uma personalidade extremamente impopular. Quando o retrato foi exibido no Salão daquele ano, afixaram nele um bilhete em que se lia: "Aqui está o déficit."
(© Bettmann/Corbis)

4. Conde Hans Axel von Fersen, amigo de Breteuil e provável amante de Maria Antonieta. (Hulton Getty)

5. Conde de Provence, posteriormente Luís XVIII, retrato de Joseph-Siffred Duplessis. (Bridgeman Giraudon/Lauros)

6. Conde d'Artois, mais tarde Carlos X, retrato de Henri-Pierre Danloux. (Bridgeman Giraudon/Lauros)

7. Calonne, retrato de Elisabeth Louise Vigée Le Brun, de quem também se dizia ser sua concubina. (Giraudon/Bridgeman Art Library)

8. Barão de Breteuil, escultura de Augustin Pajou, comissionado em 1788 pela Academia de Ciência. (© Simon Cox/Coleção Château de Breteuil)

9. Barão de Breteuil, retrato de François-Guillaume Menageot. (© Simon Cox/Coleção Château de Breteuil)

10. *As modelos*, quadro de Jean-Baptiste Le Prince, amigo de Breteuil. Este último, atrás do pintor, mostra claro interesse pelo processo.
(© Coleção particular)

11. A filha de Breteuil, condessa de Matignon, retratada c. 1772. "Vívida e cintilante, ela detinha o cetro da moda em Paris e Versalhes."
(© Simon Cox/Coleção Château de Breteuil)

12. Pasta ministerial de Breteuil. (© Simon Cox/Coleção Château de Breteuil)

13. O marquês de Bombelles quando jovem diplomata.
(© Enno Rijpma, coleção particular)

14. O conde de Mirabeau, retrato de Joseph Boze.
(© Archivo Iconografico, S.A./Corbis)

15. Selo de Maria Antonieta, enviado a Breteuil com o *plein-pouvoir* como símbolo de confiança real. (© Simon Cox/ Coleção Château de Breteuil)

16. Antoine Barnave: o único político revolucionário por quem Maria Antonieta sentiu uma "forma de atração". (© Leonard de Selva/Corbis)

17. Georges-Jacques Danton, principal articulador da derrubada da monarquia em 10 de agosto de 1792.
(© Archivo Iconografico, S.A./ Corbis)

18. O *plein-pouvoir* enviado a Breteuil em 20 de novembro de 1790.
(© Simon Cox/Coleção Château de Breteuil)

19. Carta de Luís XVI para o rei Frederico Guilherme II da Prússia, datada de 3 de dezembro de 1791, na qual apresenta as credenciais de Breteuil.
(© Geheimes Staatsarchiv Preussischer Kulturbesitz, Berlim)

20. O assassinato de Gustavo III. (© Bettmann/Corbis)

21. *Tomada das Tulherias, Pátio do Carrousel, 10 de agosto de 1792*, quadro de Jean Duplessis-Bertaux. (Giraudon/Bridgeman)

22. Luís XVI em janeiro de 1793, mês de sua execução. Desenho em carvão com realces em giz de Joseph Ducreux. (© Gianni Dagli Orti/Corbis)

23. *A Batalha de Valmy*, que salvou a Revolução. Quadro de Jean-Baptiste Mauzaisse. (Giraudon/Bridgeman Art Library)

24. Execução de Luís XVI. (Hulton Getty)

25. Maria Antonieta vestida como viúva após a execução de seu marido. Quadro de Sophie Prieur, a partir da pintura de Aleksander Kucharski. (Bridgeman Giraudon/Lauros)

26. Maria Antonieta a caminho da execução, em 16 de outubro de 1793. Desenho de Jacques-Louis David. (Bridgeman Art Library)

27. Bombelles, bispo de Amiens, em idade avançada.
(© Romain d'Ansembourg/Coleção particular)

28. Madame de Matignon, em idade avançada, retratada por sua filha, a duquesa de Montmorency.
(© Simon Cox/Coleção Château de Breteuil)

O SEGREDO DO REI

conciliar com a Revolução quando partira para Montmédy.[11] É fácil ver por que o bispo enviou o documento e por que o fez com tanto segredo. Na ausência de qualquer prova conclusiva dos efetivos sentimentos do rei quanto à questão em suas próprias mãos, isso é o mais próximo deles que provavelmente se pode chegar.

O memorando de Breteuil mencionava inicialmente a questão central que o rei tinha de enfrentar: que atitude adotar em relação à Assembléia Nacional assim que tivesse chegado a Montmédy. "Em uma situação em que tudo exige a adaptação da conduta da pessoa à extensão de seu poder", escreveu o barão,

> parece impossível estabelecer qualquer plano antecipadamente, seja no tocante aos princípios de governo, seja no tocante às finanças. Talvez seja mais fácil do que se pensa evitar uma nova convocação dos Estados Gerais. Por outro lado, talvez a prudência dite que se deva insistir em não dispensá-los, mesmo que isso pudesse ser feito sem grande inconveniente.[12]

À primeira vista, portanto, Breteuil parece indeciso quanto à continuação ou ao abandono do governo representativo. Em uma questão, porém, ele era absolutamente claro: não podia haver negociações com a atual Assembléia Nacional. Isso apenas já é um golpe decisivo a afirmações esporádicas de que Luís XVI examinava alguma forma de conciliação com os revolucionários moderados quando partiu para Montmédy. De fato, Breteuil chegou ao ponto de anexar a seu memorando um esboço de declaração para o rei, dissolvendo a Assembléia Nacional da maneira mais direta possível. Seu tom é óbvio a partir dos dois primeiros artigos.

> Ordenamos o seguinte:

> *Artigo 1*
> Que os deputados eleitos em virtude de nossas cartas de convocação para os Estados Gerais de nosso reino, e atualmente com assento na dita Assembléia Nacional, se retirem imediatamente para seus respectivos distritos eleitos.

220 A QUEDA DA MONARQUIA FRANCESA

Artigo 2

Que a dita Assembléia Nacional imediatamente cesse todas as suas funções e reuniões, sob pena dos deputados infratores serem considerados culpados de alta traição, traidores da pátria e infiéis a seus constituintes, e punidos de acordo com o rigor das leis.[13]

Se atacava violentamente a Assembléia Nacional instalada, Breteuil parecia não excluir a convocação de novos Estados Gerais. O subtexto de seu memorando, porém, deixa claro sua forte preferência por dispensar os Estados. Esta, então, era a razão verdadeira pela qual ele disse a Fersen que qualquer decisão rápida referente à declaração de 23 de junho seria prematura. A declaração tinha prometido reuniões periódicas dos Estados, e Breteuil estava determinado a evitar uma reafirmação imediata disso, que amarraria as mãos de Luís XVI. Assim, no curso de seu memorando ele se referiu à declaração apenas duas vezes, e cada vez de um modo ambíguo, destinado a adiar sua implementação:

Confesso que não posso conceber uma situação possível que obrigue o rei [imediatamente a declarar suas intenções], a menos que se suponha que os soldados em que sua Majestade confiará sua pessoa peçam isso como condição de sua lealdade, o que é profundamente improvável; pois, mesmo supondo que a presença do rei não tenha o efeito esperado sobre soldados franceses, e ainda que não fossem mantidos sob controle por temor das forças do imperador e das forças das potências aliadas, e que queiram abusar de sua situação a ponto de pôr um preço em seus serviços, não irão pedir a declaração de 23 de junho ou uma garantia do débito nacional, mas antes a confirmação desses decretos da Assembléia que melhoraram a condição dos soldados...

Não vejo como a Assembléia Nacional pode ter a audácia de exigir do rei que declare suas intenções, mas esta Assembléia que pode talvez embaraçar Sua Majestade se se limitar a pressionar o rei a anunciar se pretende implementar a declaração de [23] de junho possivelmente não pode fazer essa pergunta, que anularia não só todos os seus decretos, mas mesmo sua existência.[14]

De modo significativo, Breteuil dedicou todo um parágrafo para advertir o rei sobre a necessidade do mais profundo segredo no tocante a seus planos. Fez isso de um modo que claramente supunha que Luís XVI, uma

O SEGREDO DO REI

vez livre, adotaria uma atitude dura em relação à Revolução. Com esse objetivo, aceitou plenamente a necessidade do engano:

> Se o rei está convencido por minha argumentação e deseja adotar a política que tenho a honra de lhe propor, ouso pedir a Sua Majestade que oculte cuidadosamente seu plano até mesmo de seus serviçais mais fiéis; é igualmente necessário que, enquanto aproveita todas as oportunidades para exprimir seu desejo de se sacrificar pelo bem-estar de seus súditos, de reivindicar apenas uma participação moderada no governo, de honrar não somente seus próprios compromissos e os de seus predecessores, mas também aqueles contraídos por uma assembléia ilegal, Sua Majestade não deixe escapar nada de seu plano preferido no tocante seja aos Estados Gerais seja ao débito nacional. As palavras menos importantes de soberanos têm grande importância: tantas pessoas têm interesse em perceber suas intenções que é muito difícil evitar que ganhem alguma publicidade, e nas atuais circunstâncias o mais impenetrável segredo é, de todas as medidas, a mais essencial para o governo; sem ele a mais impressionante exibição de força se desfaz e perde todo efeito.[15]

A mesma cautela e o mesmo segredo se aplicavam às opiniões de Breteuil sobre as questões de política financeira. Como nenhuma medida que o rei tomou nessa área estava destinada a criar perdedores, era melhor manter seus opositores conjecturando pelo maior tempo possível. "Aqui", escreveu o barão,

> a ordem só pode ser restaurada de três modos: por uma falência mais ou menos violenta; pela apropriação de propriedades do clero; ou por substancial elevação de impostos: mas, se Sua Majestade prefere confiar exclusivamente em um desses planos ou se decide, como a prudência parece ditar, um caminho intermediário que combinaria de modo sensato as vantagens dos três, esse caminho está destinado a criar um certo número de descontentes, que poderiam inflar o número de partidários da Revolução ou pelo menos favorecê-los. Nosso objetivo é restaurar a prerrogativa real e chegar a isso ajudaria, por algum tempo, a cobrir com um vago silêncio uma decisão que deve necessariamente colidir com uma infinidade de interesses pessoais.[16]

A única questão em que Breteuil defendia ação imediata era a dos *assignats*. Isso sem dúvida porque aqui, por intermédio de Fersen, o rei tinha entrado em minúcias. Breteuil concordou que Luís XVI deveria garantir o reembolso de seus portadores, mas sustentava com firmeza que ao mesmo tempo deveria proibir sua circulação imediatamente. Isso porque a existência de papel-moeda sobre o qual tinha absoluto controle e que podia imprimir em grandes quantidades se necessário para pagar seus soldados, dava à Assembléia Nacional uma vantagem que faltava ao rei, que seria obrigado a pagar seus próprios soldados *in specie*. Por outro lado, um anúncio proibindo a circulação de *assignats* tiraria deles rapidamente muita autoridade e muito valor, já que ficaria claro que no caso de uma vitória real seus dias estariam contados. "A simples inquietação que essa declaração causaria", escreveu o barão, "seria suficiente para fazer com que aqueles afetados a obedecessem, de modo que não haveria um só demagogo que não desejasse evitar receber consideráveis somas em papel-moeda."[17] Implícita nessa visão — do rei e da Assembléia Nacional necessitando encontrar meios para pagar soldados — estava uma suposição de guerra civil.

O memorando de Breteuil é um forte indício de que Luís XVI não tinha intenção de conciliação com a Revolução quando partiu para Montmédy. Todavia, está em oposição às memórias de dois outros participantes da fuga real, Bouillé e Choiseul. A crença de Bouillé, expressa em memórias escritas no final da vida, era a de que o rei pretendeu sempre buscar um acordo com os revolucionários moderados e só teria usado a força como último recurso.[18] Choiseul, em um relato da fuga para Varennes que ele afirma ter sido efetivamente lido e aprovado por Luís, vai além. Em Montmédy, assegura ele, o rei teria "aceitado propostas razoáveis de Paris" para uma revisão da constituição que fortalecia a autoridade real. Depois, quando a nova constituição tivesse sido livremente discutida e recebido sua sanção, ele teria se instalado em Compiègne para supervisionar sua implementação.[19]

No entanto, há lacunas e confusões nos relatos de Bouillé e de Choiseul. Bouillé admitiu em suas memórias que nunca de fato soube quais eram as intenções exatas de Luís XVI e, uma vez em Montmédy, qual teria sido sua conduta em relação à Assembléia Nacional.[20] Se uma figura tão crucial quanto Bouillé não tinha certeza quanto aos planos decisivos do rei, é improvável que Choiseul, muito abaixo na cadeia de comando, tivesse alguma idéia clara. É provável que o plano de conciliação de que ele se recorda, com Luís

O SEGREDO DO REI

XVI indo para Compiègne, fosse o projeto descartado de Mirabeau, que ele confundiu com aquele mais duro de fato adotado.

Um indício mais forte de que um acordo negociado com a Revolução estava no ar provém do outro lado, pela reação de alguns dos líderes da Assembléia quando ficaram sabendo que o rei tinha fugido. Choiseul afirma que, uma vez que isso se tornou conhecido, os deputados do centro e a direita moderada escolheram secretamente uma delegação do comitê constitucional para segui-lo e iniciar negociações. O mediador seria o conde de Gouvernet, um nobre bem relacionado que também fora ajudante de campo de Bouillé. "Ele deveria partir às 10:00 da noite para anunciar ao rei, em Montmédy, a chegada da comissão", escreveu Choiseul. "Os cavalos tinham sido preparados e ele estava para entrar na carruagem, quando, às 9:00 da noite, chegaram notícias da prisão."[21]

Esse relato é confirmado pelo próprio Gouvernet, em duas cartas enviadas a Bouillé depois da prisão do rei e publicadas por Bouillé em suas memórias. A primeira, datada de 15 de julho, chegou ao general no Luxemburgo, onde ele se refugiara. "Com o risco de aumentar seus sofrimentos", começava Gouvernet,

> o resultado de minhas observações e meus encontros com os deputados durante a ausência do rei, tudo me levou a crer que, se o rei tivesse passado, essa grande crise política teria terminado em um mês, com uma boa constituição e sem o derramamento de uma gota de sangue.[22]

Essas palavras fornecem indícios de que alguns políticos na Assembléia saudaram a fuga da família real por esta apressar uma conciliação com a Revolução. No entanto, as intenções dos deputados não refletiam necessariamente as do rei. Muitos moderados podem ter agido na crença — ou antes, na esperança — de que Luís XVI, pela segurança do exército de Bouillé, estaria preparado para negociar. O próprio Gouvernet baseava sua convicção de que uma conciliação era possível não somente em seu conhecimento de Luís XVI, mas simplesmente em sua fé no bom senso de seu antigo comandante Bouillé. "Eu não sabia nada dos projetos do rei", escreveu ele a Bouillé, "mas reconhecia a moderação do senhor, e foi isso que me deu certeza de um ajuste."[23] No entanto, conforme vimos, o próprio Bouillé não tinha idéia clara sobre o que o rei de fato planejava fazer uma vez que tivesse alcançado segurança.

224   A QUEDA DA MONARQUIA FRANCESA

Salvo a descoberta de novo material com a caligrafia de Luís XVI, o memorando de Breteuil oferece a mais importante visão sobre o que a política do rei teria sido no caso de uma fuga bem-sucedida. Mas não é absolutamente certo que, caso tivesse recebido o documento que o esperava em Montmédy, Luís tivesse adotado tudo o que nele estava estipulado. É possível que o tivesse considerado muito reacionário. Breteuil não era o único conselheiro disponível para ele; ele até mesmo pensou em levar na fuga um outro antigo ministro, Saint-Priest, e essa possibilidade é mencionada na correspondência de Fersen.[24]

Essa divisão embrionária entre Luís XVI e Breteuil podia ser detectada vários meses antes, na falsificação do *plein pouvoir*. Breteuil com certeza tinha a confiança da rainha, mas mesmo agora teria ele a confiança plena do rei? No entanto, como de hábito, os atos de Luís desmentiam suas hesitações iniciais. Por fim, o mais moderado Saint-Priest não foi escolhido para aconselhar o rei quando este tivesse alcançado a liberdade, e Breteuil foi. Acima de tudo, logo que a família real estivesse em segurança em Montmédy, a rainha teria conquistado uma ascendência ainda maior sobre seu indeciso marido, enquanto o organizador da fuga bem-sucedida teria usufruído de imenso prestígio como salvador da monarquia. Se Luís XVI ainda tivesse tido dúvidas quanto a aceitar as propostas de Breteuil, Maria Antonieta e o barão juntos teriam se livrado delas. Bombelles, que estava bem situado para saber, estava certo de que eram as idéias do barão, e não um plano mais moderado, que Luís XVI teria adotado. Ele disse isso em uma carta ao amigo íntimo, o *chevalier* de Las Casas, embaixador espanhol em Veneza, em 8 de agosto de 1791: "O conselho [que o barão de Breteuil] teria tido a liberdade de dar ao rei teria, penso eu, recebido a aprovação de sua Majestade e de todos os homens sensatos."[25]

Outra testemunha-chave estava convencida de que o memorando de Breteuil teria formado a base da política de Luís XVI se a fuga para Varennes tivesse sido bem-sucedida. Essa testemunha era o bispo de Pamiers, que nunca teria enviado a Bombelles uma cópia do documento se tivesse julgado que ele tinha outras implicações. De fato, a razão pela qual fez isso era precisamente para dissipar rumores que seguidores de Artois estavam espalhando na Corte russa no início de 1792, segundo os quais Breteuil tinha adotado os planos dos *monarchiens* de uma monarquia constitucional no estilo inglês. Assim ele escreveu a Bombelles na carta que encaminhava o documento:

O SEGREDO DO REI

225

Estou lhe enviando também uma cópia do memorando que foi enviado de Solothurn para Luxemburgo sobre os desejos do rei pouco antes de sua partida [para Montmédy]. Penso que não se podia ter uma
prova mais decisiva com que combater os qualificativos, que são bastante injustificados, de *monarchiste* ou *monarchien*. Isso fica entre nós,
e se o senhor encontrar um uso para ele, estou certo de que a prudência dita imperiosamente que o senhor não permita que ninguém faça
cópia dele, já que a menor indiscrição desse tipo, ao alertar os dema-
gogos para as verdadeiras intenções de Sua Majestade no momento de
sua partida, confirmaria todos os seus piores temores e poria sua vida
em perigo.[26]

A última palavra deveria caber ao próprio Bombelles. Quase uma década
depois da fuga para Varennes, em agosto de 1800, ele se viu servindo no
exército *émigré* do antigo opositor, o príncipe de Condé. Na noite de 23 de
agosto, Condé visitou suas instalações, e os dois tiveram uma conversa sobre
o que Luís XVI teria feito caso tivesse chegado a Montmédy em 1791.
Bombelles relatou o incidente em um trecho inédito de seu diário. Mais uma
vez, isso dissipava qualquer idéia de que Luís XVI teria estabelecido uma
conciliação com a Revolução Francesa caso a fuga tivesse sido bem-sucedida. Oito anos depois da execução do rei, trata-se também de uma última e
retumbante declaração de fé na monarquia absolutista:

Monsenhor o príncipe Condé esta noite [...] falou-me sobre o barão de Breteuil, na crença de que esse ministro estava trabalhando
para preservar parte do regime constitucional no caso de a fuga do
rei ser bem-sucedida. Penso que consegui convencer Sua Alteza de
que nada poderia ser mais falso do que essa suposta intenção, e que
se Sua Majestade não tivesse sido detida em Varennes e tivesse chegado a Montmédy, teria encontrado o barão de Breteuil determinado a apoiá-lo na clara intenção e necessidade de um retorno geral
à ordem, ou seja, a restauração da monarquia, não como era depois
da formação das assembléias provinciais [em 1787], mas como era
antes de ter tido início a destruição da admirável estrutura erguida
e completada pela mão de mestre do maior dos monarcas, Luís
XIV, Luís o Grande, o verdadeiro grande, que sabia à perfeição o
que era necessário para que nossa nação se erguesse acima de todos
os outros países do globo.[27]

CAPÍTULO 10

O Rei e a Constituição

A FAMÍLIA REAL IMEDIATAMENTE sentiu as conseqüências de sua fuga fracassada. Em 25 de junho, dia em que voltou a Paris, o rei foi suspenso de suas funções. Nas Tulherias, precauções excepcionais foram tomadas para garantir que daí por diante a fuga fosse impossível, e o palácio se tornou uma prisão. Seus pátios ficaram cheios de soldados, um verdadeiro acampamento do exército estabeleceu-se em seus jardins, e sentinelas foram postas nos telhados. Dentro, a vigilância era ainda mais opressiva. A rainha suportava o impacto disso; dois guardas ficavam postados em seu quarto com ordens de não deixá-la fora de vista dia e noite. Por vários dias, ela foi forçada a se deitar, levantar de manhã, vestir-se e despir-se diante deles. Uma noite, Maria Antonieta não conseguia dormir, acendeu a lâmpada ao lado da cama e começou a ler. O guarda de serviço, observando isso, pôs a cabeça através da cortina da cama e disse em tom familiar: "A senhora não consegue dormir? Vamos conversar. Isso lhe fará mais bem do que ler." A rainha, com tato, persuadiu-o de que preferia continuar com seu livro.[1]

A fuga para Varennes mudou espantosamente a situação política. Mesmo antes de a família real ter voltado a Paris, em 24 de junho, o clube político mais radical, os Cordeliers, tinha entregue uma petição à Assembléia pedindo a deposição do rei. As semanas seguintes assistiram, pela primeira vez, ao surgimento do republicanismo como uma séria força política. O hiato entre moderados e a esquerda agora ficava claro, e a frente revolucionária estava dividida como nunca antes.

228 A QUEDA DA MONARQUIA FRANCESA

O catalisador dessa onda radical foi a proclamação pela assembléia, contrária a todas as aparências, de que a família real de fato não fugira, mas fora seqüestrada por contra-revolucionários. Essa ficção absurda foi ditada pela determinação dos deputados moderados, ainda maioria, de manter a monarquia constitucional a despeito do embaraço de Varennes. Ironicamente, nisso foram ajudados por Bouillé, que, numa tentativa cavalheiresca de proteger seu mestre real, escreveu de Luxemburgo, em 26 de junho, para a Assembléia, assumindo toda a responsabilidade pela fuga. Essa absolvição do rei, no entanto, enfureceu a esquerda. Em 15 de julho, dia em que a Assembléia publicou seu decreto atribuindo toda a culpa pela fuga a Bouillé, houve uma tumultuada reunião do clube jacobino. A sala foi invadida por uma multidão de 4 mil pessoas, que forçaram a publicação de uma petição segundo a qual se consideraria que Luís XVI tinha abdicado, não devendo ser substituído a menos que uma maioria do povo o desejasse. Na essência, com isso se pedia a república.

O resultado imediato dessa sublevação foi, temporariamente, a destruição do clube jacobino. Quase todos os deputados que antes tinham pertencido a ele, liderados por Barnave, abandonaram-no no dia seguinte e fundaram um clube rival instalado em outro antigo convento, o dos Feuillants. Eram liderados por Barnave e seus aliados Duport e os irmãos Lameth, tendo La Fayette se unido rapidamente a eles. Só seis deputados, entre os quais Robespierre, permaneceram com os jacobinos. Esses remanescentes, porém, seguiram com os preparativos para apresentar a petição antimonárquica. Ficou decidido que haveria uma cerimônia de assinatura em massa no altar da pátria que acabara de ser erguido no Champ-de-Mars. No dia seguinte, uma multidão de 50 mil pessoas aí se reuniu. Enquanto a aglomeração se postava em fila para assinar, foram descobertos um cabeleireiro e um aleijado com perna de pau escondidos sob o altar. Provavelmente tinham se posto aí para olhar as saias das mulheres enquanto estas se aproximavam, mas imediatamente se supôs que fossem espiões contra-revolucionários, tendo então sido linchados.

No Hôtel de Ville, essa notícia por fim forçou os moderados a agir. Como prefeito da cidade, Bailly declarou a lei marcial e enviou La Fayette à frente da Guarda Nacional para dissolver a multidão. Os soldados chegaram ao Champ-de-Mars com a bandeira vermelha da advertência, e o general pediu à multidão que se dispersasse. Esta não se dispersou, mas, ao contrário, respondeu com gritos de desafio e uma chuva de pedras. La

O REI E A CONSTITUIÇÃO

Fayette deu ordem para que se atirasse; cinqüenta pessoas foram mortas e o restante fugiu. Ao "massacre do Champ-de-Mars" seguiu-se uma onda de prisões de radicais destacados, e os que escaparam prudentemente se esconderam. Era uma cruel ironia — a única ofensiva militar contra o povo de Paris durante toda a Revolução fora obra não dos soldados do rei, mas dos próprios revolucionários.

O espectro do republicanismo e as vigorosas medidas tomadas para exorcizá-lo criaram uma atmosfera favorável para uma conciliação entre os moderados e a Corte. Foi Maria Antonieta, incentivada pela relação estabelecida durante o retorno de Varennes, que tomou a iniciativa de entrar em negociações com Barnave nos primeiros dias de julho. Barnave e os outros dois líderes dos Feuillants, Adrien Duport e Alexandre de Lameth, reagiram com entusiasmo. Logo se estabeleceu uma correspondência regular, que continuaria até o mês de janeiro seguinte. Foi realizada com extremo sigilo. A fim de evitar sua descoberta, foi usado um intermediário — o conde de Jarjayes, um dedicado monarquista e marido de uma das damas da rainha. Jarjayes atuou como uma caixa de correio humana; Maria Antonieta escreveria um bilhete para Barnave, o selaria e o poria no bolso do conde. Jarjayes então providenciaria um encontro com Barnave, que pegaria a carta, leria e selaria novamente, repondo-a no bolso de Jarjayes. Para se assegurar de que sua caligrafia não fosse reconhecida, Barnave ditava suas respostas a Jarjayes, que as passava para a rainha.[2]

Barnave na verdade via Maria Antonieta apenas raramente depois da volta de Varennes. Seus colegas Duport e Lameth ao que tudo indica tiveram vários encontros com o rei e a rainha durante o verão de 1791, mas Barnave era vigiado de muito perto por seus inimigos da esquerda para arriscar-se a ser visto entrando nas Tulherias. Segundo mme. Campan, que permaneceu como a principal dama da rainha até a queda da monarquia, as visitas de Barnave só se tornaram possíveis depois de setembro, quando a guarda posta no palácio foi reduzida em conseqüência da aceitação da constituição por Luís XVI. No entanto, essas visitas eram perigosas. A primeira teve de ser adiada depois que Barnave, a caminho das Tulherias, deu de cara com um espião republicano; como ele não tinha meios de informar aos que estavam dentro sobre o que havia acontecido, primeiro mme. Campan e depois o próprio rei esperaram por horas no local do encontro, uma porta que não estava fechada à chave na lateral do palácio.[3]

As negociações entre Maria Antonieta e Barnave visavam a forjar uma

230 A QUEDA DA MONARQUIA FRANCESA

política comum entre a coroa e os revolucionários moderados. Nesse sentido, Barnave estava simplesmente pegando o bastão que Mirabeau deixara no momento de sua morte. Isso era profundamente irônico, já que Barnave tinha odiado Mirabeau, enquanto Lameth com freqüência o acusara de envená-lo. No entanto, em menos de seis meses a situação mudara radicalmente. Tendo antes denunciado Mirabeau por se vender à Corte, esses antigos esquerdistas agora eram forçados a adotar sua política. A Revolução tinha de ser encerrada antes que escapasse completamente ao controle.

A política que os Feuillants apresentaram à rainha tinha como objetivo refrear os radicais e restaurar a estabilidade na França, isso de três modos. O rei deveria aceitar a constituição, adequadamente revista de modo a dar mais poder ao Executivo, quando lhe fosse apresentada dentro de poucos meses. Na frente diplomática, a rainha usaria toda a sua influência sobre o imperador para persuadi-lo a reconhecer a constituição, estabelecendo assim uma nova base, mais duradoura, para a aliança franco-austríaca. Os príncipes e os *émigrés* também deveriam ser incentivados a retornar. Com essas duas medidas em particular, a Europa e a Revolução estariam conciliadas.

Quando a correspondência de Maria Antonieta com Barnave foi descoberta e publicada em 1912, muitos historiadores importantes da Revolução Francesa se recusaram a aceitá-la como autêntica. Os partidários de Barnave, em particular, ficaram indignados com a nódoa que esses supostos entendimentos secretos com a Corte lançavam sobre sua pureza revolucionária. A exaustiva perícia da caligrafia realizada em 1934, porém, afasta qualquer dúvida quanto à autenticidade das cartas.[4] É claro que, nos meses que se seguiram a Varennes, a rápida deterioração da situação política obrigou Luís XVI e Maria Antonieta a uma improvável aliança com os Feuillants numa derradeira tentativa de salvar a monarquia.

O que permanece misterioso é o grau de sinceridade de ambos os lados da parceria. Já que as principais negociações ocorreram entre Maria Antonieta e Barnave, foi seu relacionamento que se tornou objeto da mais minuciosa investigação. À primeira vista, há muitos indícios de que a rainha agiu sempre de má-fé. Em 19 de outubro, ela escreveu a Fersen:

> Não tenha medo, não estou me unindo aos homens rebeldes; se os vejo ou tenho entendimentos com alguns deles, é apenas a fim de fazer uso deles, e eles me enchem de muito horror para pensar em algum dia passar para o lado deles.[5]

O REI E A CONSTITUIÇÃO

No mês de agosto anterior, em carta para Mercy-Argenteau, ela tinha expressado seu desprezo pelos defensores da constituição. "Nosso único plano é aquietá-los e inspirar-lhes confiança, o melhor para confundi-los a seguir."[6] No entanto, seus sentimentos em relação aos líderes dos Feuillants, e especialmente em relação a Barnave, eram tanto mais complicados quanto mais complacentes. Outra carta para Mercy, de 31 de julho, constitui prova disso:

> Tenho razão para estar satisfeita [...] com Duport, Lameth e Barnave. Atualmente tenho uma espécie de correspondência com os últimos dois de que ninguém, nem mesmo os amigos deles, tem conhecimento. Para fazer-lhes justiça, embora se apeguem obstinadamente a suas opiniões, até agora não vi nada neles além de grande sinceridade, energia e um autêntico desejo de restaurar a boa ordem e em conseqüência a autoridade real.[7]

O único modo de conciliar essas opiniões distintas de Maria Antonieta é situá-las no contexto cronológico. Em julho, temendo por sua posição e mesmo por sua vida depois do desastre de Varennes, ela ansiosamente agarrou a mão prestimosa de Barnave. No entanto, logo que a situação se estabilizou e até melhorou depois da divisão dos jacobinos e do "massacre do Champ-de-Mars", ela ficou tanto mais confiante quanto mais ciente do abismo que a separava das opiniões políticas dos Feuillants. Mesmo que pessoalmente tenha tido boa impressão dos líderes dos Feuillants, e sentimentalmente tenha ficado ligada a Barnave, ela resolveu usar a amizade deles para ganhar tempo e nada mais. Georges Michon, cujo estudo de 1924 sobre Duport ainda é o melhor trabalho sobre os Feuillants, fez a propósito o seguinte comentário: "Se [a rainha] sentia afinidade pessoal com os triúnviros, ela nunca deixou de demonstrar uma invencível desconfiança em relação à constituição."[8] Ou, segundo as palavras de Maria Antonieta para Mercy em 1º de agosto: "[Os triúnviros] foram úteis para mim e ainda são; mas, por melhores que sejam suas intenções, suas idéias são por demais extremistas para servirem para nós."[9]

Outro fator, provavelmente decisivo, no desencanto da rainha com os Feuillants foi a revelação, quando o verão dava lugar ao outono, da crescente impotência deles na Assembléia. A base da negociação era que os triúnviros usariam sua eloqüência e recursos a fim de forjar uma sólida maioria parlamentar para a Coroa e de garantir a revisão da constituição

232 A QUEDA DA MONARQUIA FRANCESA

numa orientação monárquica. No entanto, os próprios Feuillants estavam divididos por rivalidades pessoais e políticas. A despeito de sua temporária demonstração de unidade diante da ameaça republicana, os triúnviros e La Fayette sempre se detestaram. Também havia diferenças de princípio: La Fayette apoiava a constituição em sua totalidade, enquanto os triúnviros a queriam modificada. O pior era que o sólido bloco de 250 deputados monarquistas cujos votos eram essenciais para uma revisão constitucional tinham ainda mais desconfianças dos moderados que os radicais. Em última instância, preferiam a perspectiva de anarquia a uma monarquia que ficava longe de seus ideais. Em setembro, em um ato que cunhou a eloqüente expressão *la politique du pire*, uniram-se aos jacobinos para votar contra a revisão.

Temporariamente, e ainda sem ter ciência das fraquezas dos Feuillants, Maria Antonieta deu apoio à política deles. A primeira tarefa, que só ela tinha condições de realizar, era intermediar um entendimento entre seu irmão Leopoldo e os triúnviros. Seu indispensável conselheiro nisso, como sempre, foi Mercy-Argenteau, que era muito mais acessível em Bruxelas do que Leopoldo em Viena. Mercy, por sua vez, iniciou no segredo dois de seus próprios informantes em Paris. Estes eram o conde de La Marck e Jean-Joachim Pellenc — o primeiro era o amigo mais próximo de Mirabeau e o segundo, seu antigo secretário. A influência deles sublinhou a continuidade entre a antiga aproximação de Mirabeau com a Corte, em que o próprio Mercy tinha sido parte ativa, e a política a que então os Feuillants estavam dedicados.

A rainha compreensivelmente percebeu que Mercy, que a rigor nunca tinha deixado a embaixada, seria mais útil para ela em Paris do que em Bruxelas, e pressionou de modo considerável para que ele retornasse, escrevendo-lhe em 29 de julho:

> A posição em que me vejo faz-me desejar com urgência sua presença em Paris [...] Temo que eu possa cometer erros ao longo do caminho a ser tomado; tenho necessidade do seu conselho, de sua lealdade para comigo e de sua presença aqui.[10]

No entanto, Mercy, de modo obstinado, se recusou a deixar Bruxelas. Seus motivos permanecem misteriosos, mas suas frias respostas aos pedidos de todos os lados para seu retorno dão a impressão de que tudo o que de fato

O REI E A CONSTITUIÇÃO

233

importava para ele nessa terrível crise era sua própria segurança e a de suas posses. Em 6 de julho, ele escreveu para seu secretário da embaixada, Blumendorff:

> É possível, mesmo provável, que todas as missões estrangeiras [em Paris] sejam retiradas [...] nesse caso terei de passar clandestinamente meus móveis e mesmo minha adega; o senhor terá de conseguir permissão para que muitos caixotes deixem o país.[11]

Respondendo ao banqueiro Laborde, seu amigo íntimo, que lhe pedira por mandado de Maria Antonieta para voltar "para o bem da França, em consideração [da rainha] e do império que o senhor representa", ele deixou escapar como ficara apavorado com a violência que testemunhara em 1789 e 1790:

> A difamação e a distorção de minha conduta [como embaixador] têm-me exposto a grande aborrecimento; tenho sentido que é necessário evitar situações em que isso poderia repetir-se. Eu me protegi afastando-me, depois de 10 de outubro [de 1790, data em que saiu de Paris para a Bélgica], de todos os contatos que se tornaram improfícuos para a causa e perigosos para mim. Assim, estou sem influência exatamente no lugar onde será muito necessário aproveitar a informação que me pode ser revelada. Estou feliz por difundir no exterior tudo que pudesse suavizar o caminho da conciliação. É a sabedoria dos líderes da Revolução Francesa que deve fornecer os meios para isso, buscando um interesse comum baseado nem em ameaças [...] nem no princípio de que o destino [de outras nações] deveria depender da adoção irrestrita de novos princípios de liberdade e igualdade cujas vantagem só podem ser demonstradas pelo tempo e pela experiência [...][12]

O som de Mercy lavando suas mãos em relação a Maria Antonieta é quase audível. A partir desse ponto, sua atitude em relação aos assuntos franceses começou visivelmente a endurecer. Em 13 de julho ele escreveu a Blumendorff que "qualquer conciliação com a Assembléia seria danosa".[13] Suspeita-se de que as razões por trás dessa posição eram ao mesmo tempo pessoais e políticas; quanto mais desesperançada a situação em Paris se tornava, menos chance havia de que ele fosse trazido de volta para salvar a família real.

234 A QUEDA DA MONARQUIA FRANCESA

Com ou sem Mercy-Argenteau em Paris, o esforço para reconciliar os triúnviros com o imperador ainda tinha de ser feito. Em 30 de julho, Maria Antonieta, sob orientação dos triúnviros, escreveu uma longa carta para Leopoldo, oferecendo uma renovação da aliança franco-austríaca em troca de seu reconhecimento da constituição concluída. Ao mesmo tempo, ela informou Mercy que um emissário secreto dos líderes Feuillant, o *abbé* Louis, logo estaria chegando a Bruxelas a caminho de garantir a concordância com o plano por parte do imperador em Viena e talvez mesmo dos irmãos de Luís XVI em Coblença. Ela pediu ao embaixador, a despeito do que ele de fato pensava da proposta, que pelo menos aparentasse levá-la a sério. O *abbé* Louis de fato esteve em Bruxelas nos primeiros dias de agosto, mas voltou a Paris desanimado, sem ter visitado Viena e Coblença.[14]

A resposta de Leopoldo a sua irmã veio sob a forma de duas cartas escritas num intervalo de dias, em 17 e 20 de agosto. Embora formalmente dirigidas a Maria Antonieta, na verdade eram destinadas aos triúnviros e expunham com clareza seus termos de cooperação. Desmentindo sua fama maquiavélica, as cartas eram eminentemente francas e sensatas. O imperador saudava a aproximação entre os Feuillants e a Corte, mas advertia os primeiros que os julgaria mais por suas ações que por suas palavras. O teste tinha de ser a natureza da constituição concluída. Leopoldo anunciou que só a reconheceria e consideraria genuína sua aceitação por parte de seu cunhado na medida em que ela fosse ao encontro das críticas que Luís XVI fizera na última expressão inquestionavelmente livre de sua vontade, a declaração que deixara na noite de sua fuga. Um acordo viável, salientou o imperador,

> só pode tender à manutenção dos aspectos mais essenciais do governo monárquico, a inviolabilidade, a segurança pessoal e a dignidade do rei e de sua família, sua devida influência sobre o governo e a execução daquelas leis que lhe garantem isso; e, por fim, um sistema compatível com uma adequada cadeia de autoridade e a preservação da ordem pública.[15]

Sem essas garantias, advertia Leopoldo, a constituição não valeria o papel em que estava escrita.

A questão crítica então passou a ser os termos exatos da constituição; destes dependiam não somente o apoio do rei e da rainha à política interna dos Feuillants, mas o da Áustria a sua política externa. Foi aqui que a falha dos Feuillants se tornou mais visível. A versão final da constituição seria redigida pela comissão constitucional da Assembléia, sintetizando todas as diversas leis votadas nos dois anos anteriores em uma minuta a ser votada pelos deputados. Essa comissão tinha poderes discricionários substanciais para modificar ou mesmo omitir decretos inteiros que não estavam a seu gosto, e, como os Feuillants controlavam a comissão, isso lhes dava uma oportunidade significativa de remodelar a constituição numa orientação conservadora. No entanto, todas as principais propostas da comissão constitucional naufragavam na Assembléia diante do rochedo formado pela terrível aliança da extrema direita com a extrema esquerda. Nos debates constitucionais finais, de agosto de 1791, os moderados tiveram apenas uns poucos sucessos. O mais importante foi que tanto a Constituição Civil do Clero quanto a abolição da prerrogativa do rei de perdão foram reclassificadas como leis ordinárias, que podiam ser revogadas no curso normal dos acontecimentos, e não como leis constitucionais, que só poderiam ser alteradas depois de dez anos. Uma nova guarda real de 1.200 soldados de infantaria e seiscentos de cavalaria foi criada e se inseriu uma declaração de que Luís XVI era o "representante hereditário da nação", e não simplesmente seu "primeiro funcionário". No entanto, nada disso chegava perto de satisfazer as esperanças de revisão constitucional que as Tulherias tinham originalmente defendido. Em meados de agosto, estava claro que os Feuillants não poderiam cumprir as promessas que tinham feito a Maria Antonieta.

O rápido e ignominioso fracasso dos Feuillants tornou difícil avaliar seus objetivos maiores. Tiveram muito pouco tempo para formular sua política — do final de junho até o início de agosto de 1791 — e o fizeram em profundo sigilo. Nem Barnave nem Duport jamais expuseram em detalhe quais foram seus objetivos básicos nesse verão. Estes só podem ser reconstituídos a partir de indícios fragmentários fornecidos pela correspondência deles com Maria Antonieta, a partir do que a rainha transmitiu para Mercy-Argenteau e a partir dos indícios dados pelos próprios informantes de Mercy e outras testemunhas. É provável, porém, que o projeto constitucional dos triúnviros fosse muito mais ambicioso que os parcos resultados que na realidade conseguiram e incluísse a ressurreição do veto absoluto, uma participação igual para o rei na formulação da legislação, a nomeação de juízes pela Coroa e a criação de uma legislatura bicameral.

O fato de os Feuillants aderirem a esse tipo de programa é bastante significativo. Era precisamente o mesmo que os *monarchiens* tinham defendido e que Mirabeau apoiara desde o final de 1789 até sua morte, como o mínimo irredutível necessário para se alcançar um acordo estável com a Revolução. É extremamente discutível se esse projeto de monarquia de "estilo inglês" na França tinha alguma chance a mais de sucesso em agosto de 1791 do que tivera no mês de fevereiro anterior ou em setembro de 1789. Sua tragédia foi que, ao longo da Revolução, seus defensores nunca se uniram no momento certo e em número suficiente. Os vários grupos de moderados cuja adesão inicial *en bloc* teria garantido seu sucesso só aderiram lentamente e em diferentes conjunturas, de modo que o projeto nunca conseguiu conquistar uma maioria segura na Assembléia.

O aspecto mais característico desse modelo constitucional "anglo-saxão" era a legislatura bicameral, a famosa *deux-chambres*. Há indícios de que os Feuillants tentaram muito estabelecê-lo no verão de 1791. O plano veio à tona duas vezes entre agosto e setembro, de uma vez abertamente e de outra sob disfarce. Em um dos debates constitucionais mais importantes da Assembléia, em 8 de agosto, o antigo *monarchien* Malouet salientou vigorosamente as desvantagens de uma legislatura unicameral e pediu aos colegas que reconsiderassem seu apoio a ela. Segundo as memórias do próprio Malouet, isso era na verdade uma manobra tramada por ele, Barnave e os líderes Feuillant. Malouet se ofereceu para erguer-se e atacar todo o esboço da constituição, permitindo aos Feuillants se colocarem como seus defensores, enquanto ele atraía o fogo dos jacobinos. Le Chapelier, colega de Barnave, então se levantaria e, à guisa de responder a algumas das objeções de Malouet, proporia modificações-chave que enfraqueceriam a legislatura e fortaleceriam a autoridade real. Isso parece uma manobra transparente e é difícil imaginar que a Assembléia fosse ludibriada por ela. Na verdade, nem sequer foi tentada; no meio da fala de Malouet, alarmado pela hostilidade que a manobra estava provocando na esquerda, Le Chapelier abreviou o estratagema erguendo-se subitamente e denunciando Malouet. Como a sessão se transformou em caos, a última defesa das duas câmaras feita por Malouet mal foi ouvida.[16]

A segunda tentativa dos Feuillants para estabelecer o princípio de uma segunda câmara foi mais sub-reptícia. Ocorreu durante o debate sobre como — se fosse o caso — a constituição deveria ser revista no futuro. Quando foi votada uma proposta de que isso deveria ser realizado por uma assembléia especial, Duport, Barnave e seus aliados viram nela um meio de promover uma legislatura bicameral. A comissão constitucional da Assembléia, que eles

O REI E A CONSTITUIÇÃO

dominavam, decretou que a assembléia especial em pauta deveria ser eleita ao mesmo tempo que os deputados da legislatura ordinária, mas numa lista separada, criando assim o núcleo de uma segunda câmara. Frochot, o deputado que primeiro propusera uma assembléia especial, afirmou depois que protestou com Duport a propósito dessa distorção, observando que parecia uma tentativa de impor duas câmaras sub-repticiamente. "Então?" Duport supostamente respondeu. "E se essa for nossa intenção?" No entanto, no final, a maioria dos deputados se rebelou contra o plano e assim limitou os poderes da proposta assembléia especial, de modo que ela nunca pudesse se transformar numa segunda câmara.[17]

No verão de 1791, a tentativa de encerrar a Revolução pelo renascimento da idéia de uma monarquia de "estilo inglês" foi provavelmente condenada antes de começar. No entanto, um ingrediente para seu sucesso sempre foi necessário além do apoio da Assembléia: a aquiescência do rei e da rainha. O que Luís XVI e Maria Antonieta na verdade pensavam sobre o plano de uma monarquia constitucional baseada em uma legislatura bicameral permanece misterioso. De todos os planos de uma monarquia constitucional, o projeto "de duas câmaras" tinha mais chance de reunir apoio ao longo do espectro político. Era em última instância a opção preferida de todos os políticos moderados mais sérios e influentes: Malouet, Mounier, Clermont-Tonnerre, Duport, Barnave, Lameth e provavelmente Mirabeau. A atitude do rei e da rainha em relação a esse determinado plano é assim um teste crucial para sua disposição em aceitar a monarquia constitucional em geral.

Na época houve considerável especulação pública quanto ao casal real aceitar ou não as "duas câmaras". Certamente alguns de seus amigos, como o *monarchien* conservador Montlosier, estavam autenticamente convencidos de que o casal aceitava.[18] Os *émigrés* em Coblença não pouparam esforços, em seus jornais e livretes, para dar a mesma impressão, mas por razão diferente. Nos círculos monarquistas intransigentes, a qualificação *deux-chambres* tinha se tornado em 1791 uma forma sintética para identificar alguém mesmo com as mais tênues tendências constitucionalistas, condenando-os assim como preparados para se desfazer dos mais sagrados direitos da nobreza e do clero. Aplicar o termo a Luís XVI e a Maria Antonieta era assim mais uma tentativa dos *émigrés* para desacreditá-los e antecipar as afirmações de Provence e Artois.

É mais fácil acompanhar as concepções da rainha sobre o tema que as do rei. Isso se deve ao fato de boa parte da correspondência política mais

238 A QUEDA DA MONARQUIA FRANCESA

íntima de Maria Antonieta — com Leopoldo, Mercy e Fersen — ter sobrevivido, ao passo que quase nada da de Luís XVI sobreviveu. Como essas cartas deixam claro, em julho de 1791 a rainha ficou favoravelmente impressionada pelos triúnviros e estava de fato preparada para dar uma oportunidade à política deles. Todavia, a atitude dela rapidamente endureceu. O mais forte indício de que os triúnviros de fato apoiavam as "duas câmaras" e que Maria Antonieta sem dúvida as rejeitava surge em uma carta dela para Mercy em 1º de agosto. Nessa carta, ela descreve um memorando escrito pelos líderes Feuillants que não sobreviveu. "Depois de algumas reflexões sensatas sobre a atual situação", escreveu ela, "ele expõe todo o sistema das duas câmaras [...] Como o rei não deve nunca, pelo bem do país, adotar o plano das duas câmaras, o resto do documento parece descabido para mim."[19]

O quase completo silêncio de Luís XVI durante esse período mais uma vez permite que se indague sobre até onde ele aprovava, ou mesmo conhecia, as negociações de Maria Antonieta com os Feuillants e com a Áustria. No entanto, as memórias da dama de companhia da rainha mme. Campan, e do político *monarchien* Montlosier apresentam o rei como envolvido nas discussões com os triúnviros.[20] Depois de Varennes, tornara-se ainda mais vital que nenhuma ligação direta existisse entre o rei e uma política secreta que, se descoberta, poderia destruí-lo. De qualquer modo, nas negociações com os Habsburgo obviamente fazia sentido que Maria Antonieta desempenhasse papel central. Os próprios Feuillants demonstraram seu reconhecimento disso ao enfatizarem repetidamente o papel de intermediação vital da rainha entre eles e o imperador.

As pressões por desempenhar um papel importante criavam grande tensão para Maria Antonieta, e isso fica palpável na mais pessoal de suas correspondências, a correspondência com Fersen. Ela considerava exaustivo o simples esforço físico de escrever por horas em sua mesa, o que nunca fizera antes. Em 7 de dezembro de 1791, ela escreveu o seguinte:

> Estou em melhor forma do que poderia esperar, tendo em vista o enorme cansaço de espírito que vem do fato de eu sair tão pouco; não tenho um momento para mim mesma, entre todas as pessoas que tenho de ver, a escrita e o tempo que passo com meus filhos. Estes últimos, que não são os menos importantes, são meu único conforto.[21]

O REI E A CONSTITUIÇÃO

Ainda mais cansativa era a constante duplicidade que se fazia necessária por seus contatos com políticos cujas opiniões e políticas ela secretamente desprezava. Só para Fersen ela revela quanto isso lhe custava e como ela ansiava por um dia tirar sua máscara e exigir vingança por sua humilhação:

> O senhor deve compreender (...) minha posição e o papel que sou forçada a desempenhar todo dia; às vezes perco o fio e acho difícil acreditar que sou eu de fato que estou falando; mas o que se pode fazer? Tudo isso é necessário, e acredite-me, estaríamos muito pior do que estamos agora, se eu não tivesse imediatamente adotado essa política; pelo menos desse modo ganhamos tempo, e é disso que precisamos. Que alegria se um dia eu pudesse triunfar o suficiente para mostrar a todos esses patifes que nunca fui tapeada por eles![22]

Nenhuma dessas intrigas podia adiar o momento da verdade que o rei tinha de enfrentar em setembro — aceitar ou não a constituição, agora que a revisão tinha fracassado, quando lhe fosse apresentada. Os poderes que o esboço final concediam à coroa estavam distantes do mínimo que Luís XVI julgava necessário para um governo efetivo. O rei indicaria ministros, embora fossem proibidos de participar da legislatura, receberia uma soma anual de 25 milhões de libras e seu direito de comandar as forças armadas e dirigir a política externa era reconhecido. Por outro lado, seu veto aos decretos da Assembléia permanecia mais suspensivo que absoluto, a durar por duas legislaturas apenas, e, se ele tinha o poder de declarar guerra e fazer tratados de paz, esses atos só seriam válidos se ratificados pela legislatura. Acima de tudo, o rei não teria direitos de dar início a uma legislação, que se tornava prerrogativa exclusiva da Assembléia. De um só golpe, Luís XVI era despojado do atributo que a seus olhos definia a monarquia — a elaboração ativa de leis. Seus poderes eram assim muito mais limitados que os do mais destacado monarca constitucional da época, Jorge III da Inglaterra. Não admira que em uma carta para Breteuil em dezembro Luís se referisse à "absurda e detestável constituição que me dá menos poder do que o rei da Polônia costumava ter".[23]

Nessas circunstâncias, o rei estava diante de um enorme dilema. Se fosse sincero consigo mesmo, recusaria submeter-se à constituição. Isso teria o mérito da sinceridade, mas sem dúvida provocaria a guerra civil, caso não provocasse a prisão imediata ou o assassinato da família real pelos parisienses.

240   A QUEDA DA MONARQUIA FRANCESA

Caso se sentisse forçado a aceitá-la, poderia fazê-lo de dois modos. Sem aprová-la em seu íntimo, ele tentaria fielmente seu juramento de observá-la, esperando que, com o tempo, número suficiente de seus cidadãos viessem a partilhar suas opiniões de modo a permitir que fosse revista como ele desejava. O outro caminho, mais perigoso, era jurar publicamente apoiar a constituição, mas em particular fazer todo o possível para derrubá-la por meio de uma contra-revolução interna ou de uma invasão externa.

Em 14 de setembro, Luís XVI por fim prestou juramento à constituição. Ele suportou a humilhação de jurar apoiá-la de pé e com a cabeça descoberta, diante de uma assembléia de deputados sentados com seus chapéus firmes na cabeça. Tratava-se de uma amarga inversão dos papéis nos Estados Gerais exatamente dois anos antes. O único deputado com a coragem de tirar o chapéu e ficar de pé enquanto o rei prestava juramento foi Malouet. A rainha assistiu à cerimônia de um camarote. Logo que o casal voltou às Tulherias, o rei se jogou numa poltrona e levou um lenço aos olhos. "Tudo está perdido!", lamentou ele. "Ah, madame, a senhora teve de testemunhar essa humilhação! A senhora teve de vir para a França para ver..."[24] Os soluços impediram o resto de suas palavras.

A política que surgiu dessa traumática experiência foi falsa, para dizer o mínimo. Se publicamente proclamavam sua fidelidade à constituição a fim de tranqüilizar o povo francês, por trás da cena o rei e a rainha desenvolveram um esforço organizado a fim de persuadir as potências européias a exercer pressão diplomática sobre a França, apoiada pela ameaça de força militar. As potências deveriam fazer duas exigências centrais — que a assembléia garantisse respeitar obrigações de tratados franceses anteriores e que a família real fosse posta em liberdade. Seu instrumento seria um "congresso armado" dos estados mais atingidos, apoiado por tropas, que se reuniria em um local adequado perto da fronteira francesa, como Aix-la-Chapelle. Com a confiança de seus súditos animada por seu juramento à constituição, Luís XVI atuaria como mediador entre a Assembléia e o congresso armado, o que lhe permitiria recuperar sua liberdade e sua autoridade. Sobre isso assim falou Maria Antonieta a Mercy-Argenteau em 28 de setembro:

> Se [...] as Potências encontrarem um modo rápido e impositivo de falar conosco e de exigir o que têm o direito de exigir em nome da segurança e do equilíbrio da Europa, reconquistaremos a confiança. O medo de uma força externa, que, no entanto, falaria apenas a lin-

O REI E A CONSTITUIÇÃO

guagem da razão e a dos direitos de todos os soberanos, atenuaria o primeiro choque e levaria [os rebeldes] a pedir ao rei para agir como mediador, que é o único papel adequado para ele, tanto pelo amor que têm por seu povo quanto porque desse modo ele também poderá reimpor sua autoridade sobre as facções de *émigrés* que, pelo tom que estão adotando e que duplicará se desempenharem algum papel na restauração da ordem, lançarão o rei em outra forma de escravidão [...] É por isso que continuo a pensar que um congresso de todas as Potências em Aix-la-Chapelle, com um interesse pela sobrevivência da monarquia francesa, é o único modo verdadeiro de nos ajudar.[25]

A idéia de um congresso estivera em circulação por algum tempo antes de Luís XVI e Maria Antonieta a adotarem. Bombelles afirmou que ela germinara inicialmente em Turim em 1790, em discussões ocorridas no conselho de Artois.[26] Mas, seu primeiro endosso formal se deu em uma circular a todos os representantes diplomáticos austríacos, escrita por Kaunitz logo depois de Varennes, em 17 de julho de 1791.[27] Aí, o velho chanceler sustentava que estava rapidamente se aproximando a época em que as Potências européias teriam de se unir contra a ameaça comum apresentada pela França revolucionária. Sua opção preferida era um congresso, mas ele já previa que isso podia rapidamente dar lugar à guerra.

O fracasso do projeto do congresso — e os enormes obstáculos que enfrentou desde o início — levou muitos historiadores a rejeitá-lo como uma quimera inexeqüível desde o começo. Segundo Albert Sorel, o plano do casal real era um sonho de "prisioneiros, conturbado e incoerente, como os sonhos do doente; uma idéia fantástica abandonada uma centena de vezes porque a razão a condenava e uma centena de vezes retomada porque perseguia a imaginação".[28] Essa é uma descrição viva mas injusta. A situação podia ser desfavorável desde o início, mas isso não quer dizer que a idéia de um congresso em si fosse absurda e irracional. Como meio de salvar a família real, era inadequado, mas num nível mais amplo era uma tentativa autêntica de solucionar as questões levantadas pela Revolução e de concil24-las com a lei internacional. Mesmo Maria Antonieta, no meio de suas lutas em Paris, compreendeu esse quadro mais amplo. Em 19 de outubro ela escreveu para Mercy-Argenteau:

Nos artigos constitucionais aceitos pelo rei, há um que certamente lida com a ratificação dos tratados; mas, além do fato de que não tenho idéia se as Potências desejariam concordar com isso, que garan-

242   A QUEDA DA MONARQUIA FRANCESA

tia se dá atualmente a tratados anteriores? Isso me parece um ponto de tal importância para todo o equilíbrio da Europa que as Potências devem se reunir para discuti-lo.[29]

Foi Kaunitz, em sua circular de julho de 1791, que mais enfatizou o congresso como um instrumento de lei internacional. Diante da ameaça francesa, o chanceler foi inflexível no tocante a que isso devia ser defendido e que a disseminação do "contágio" dos princípios revolucionários devia ser evitada. No entanto, Kaunitz estava muito relutante em se imiscuir nas questões internas francesas. Para ele, o ponto crucial era que a França devia respeitar suas obrigações internacionais e que era por isso que defendia o congresso. A novidade nessa idéia era que um congresso desse tipo deveria ser convocado não para estabelecer a paz depois de uma guerra, mas para impedi-la. Foram necessários vinte anos de derramamento de sangue até que essa proposta fosse revivida, quando o Congresso de Viena se reuniu em 1814 e as guerras revolucionárias finalmente chegaram a um fim. Nessa época, Kaunitz estava morto havia muito, mas um eco de sua circular pode ser percebido no acordo a que se chegou em Viena de que as futuras disputas européias deveriam ser resolvidas por congressos habituais das Potências.

Só o mais intrincado sofisma podia ter conciliado o trabalho por um congresso armado com a sincera aceitação da constituição. Como a família real justificou sua dupla política? A atitude da rainha era direta. Para ela, o juramento à constituição era um ultraje extraído sob coerção e não impunha obrigação. Em uma carta de 26 de agosto a Mercy, pouco antes de Luís XVI prestar o juramento, ela explicitou sua opinião:

> É impossível para o rei, tendo em vista a posição aqui, recusar-se ao juramento. Acredite-me que essa é a verdade, já que sou eu quem lhe está contando isso. O senhor tem experiência suficiente a meu respeito para saber que eu preferiria um caminho mais nobre e mais corajoso; mas está fora de questão procurar a destruição certa. Nossa única esperança está assim nas Potências estrangeiras.[30]

A atitude do rei era mais complexa. Ele a expôs detidamente em um longo memorando aos irmãos em setembro de 1791, explicando suas razões para aceitar a constituição. Todos os historiadores aceitam o documento como autêntico. Trata-se de uma análise extremamente inteligente, demonstrando

O REI E A CONSTITUIÇÃO

percepção da natureza da Revolução muito superior à demonstrada pela rainha e de fato pela maioria dos contemporâneos ao longo do espectro político. Trata-se também de um tocante pedido aos *émigrés* para que não desencadeiem os horrores da guerra: "Sei o quanto a nobreza e o clero têm sofrido com a Revolução [...] eu também tenho sofrido; mas percebo que tenho a coragem de sofrer ainda mais, a fim de poupar a meu povo meus próprios infortúnios."[31]

A julgar por esse memorando, Luís XVI pretendia autenticamente apoiar a constituição. O rei reconhecia que o estado de espírito do país estava firmemente a favor dela e que esse estado de coisas só podia ser modificado com o tempo e pela experiência: "Não se pode governar uma nação contra a vontade desta. Essa máxima é igualmente verdadeira tanto em Constantinopla quanto numa república; a opinião em nossa nação atualmente favorece os direitos do homem, por mais absurdos que sejam." Nem se falava em forçar a mudança por um congresso armado; ao contrário, Luís sustentava que o progresso só podia ser conseguido caso se convencesse o povo da inviabilidade da constituição, e que isso só podia ser feito se ele a observasse escrupulosamente. Quanto à sinceridade de seu juramento, não foi ambíguo:

> Decidi, portanto, usar o único caminho que me resta, a adesão de minha vontade aos princípios da constituição. Estou ciente de todas as dificuldades, até mesmo da impossibilidade, de assim governar uma grande nação; mas opor-se a ela teria desencadeado uma guerra que eu queria evitar e teria evitado que o povo julgasse justamente a constituição, porque ele teria visto apenas que eu estava contra ela. Ao adotar seus princípios e executá-los em boa-fé, [farei o povo] ver a verdadeira causa de meus infortúnios; a opinião pública mudará; e, como sem essa mudança novas convulsões serão inevitáveis, terei mais oportunidade de alcançar um melhor estado de coisas por minha aceitação do que por minha recusa.[32]

A diferença fundamental entre a política de Luís XVI, tal como exposta aqui, e a de Maria Antonieta é a insistência do rei em que a ligação do povo francês com a constituição só pode ser mudada por persuasão pacífica, não por ameaças externas. Assim, a idéia do congresso armado não se originou com Luís XVI. É provável, todavia, que dois meses depois de sua aceitação da constituição ele tenha capitulado à insistência de Maria Antonieta na idéia. Tal como quando o plano de fuga de Paris lhe foi apresentado, ele de início hesitou, depois se curvou ao ponto de vista da mulher.

No entanto, Luís também tinha de conciliar em seu espírito sua adesão ao congresso armado com seu juramento à constituição. Aqui, havia precedentes para ele seguir. No passado, o rei com freqüência se inclinara à conveniente ficção de que a letra de seus compromissos era mais importante do que seu espírito. Esse era seu modo de acomodar sua consciência quando sabia que tinha feito algo não muito louvável; embaraçado com a moral mais ampla de sua atitude, ele como que se refugiou naquelas partes dos textos em letra em corpo miúdo. Um exemplo notável disso fora sua desculpa, em maio de 1776, de que seu subsídio secreto aos rebeldes americanos, que acelerou de modo significativo a guerra da independência, não violou seus compromissos com a Inglaterra. Exatamente do mesmo modo, é possível vê-lo persuadindo-se de que o conceito de um congresso armado, baseado não em força efetiva, mas simplesmente na ameaça dessa força, podia, com um pequeno exagero, adequar-se a essa definição de persuasão pacífica. Para Luís XVI, pode-se suspeitar, a distinção entre ameaçar com uma guerra e de fato declará-la era de grande importância, embora fosse essencialmente capciosa.

O indício mais forte de que o rei e a rainha tinham atitudes idênticas em relação à constituição e ao congresso armado provém de uma fonte bastante conhecida, embora até hoje ignorada pelos historiadores. O texto oficial do memorando de Luís XVI a seus irmãos é a cópia que se encontra entre os documentos de Mercy-Argenteau nos Arquivos Estatais em Viena. Todavia, nunca se salientou que a única razão para o documento estar lá era o fato de Maria Antonieta tê-lo enviado a Mercy, anexado a uma carta para ele de 28 de setembro de 1791.[33] Se a rainha estivesse de fato desenvolvendo uma política secreta em disputa com a do rei, como poderia ter enviado a Mercy, para que fosse remetido a Viena, o memorando de seu marido que teria tornado clara a duplicidade dela? Ou ela era de uma estupidez monumental, caso em que dificilmente pode ter sido a intrigante maquiavélica retratada por seus críticos, ou de fato não via contradição entre as opiniões de seu marido e as suas. A carta com que enviou o memorando de Luís fornece um indício fortíssimo para acreditar na última possibilidade. Justificando a aceitação da constituição pelo rei, ela parafraseia exatamente as palavras dele:

O REI E A CONSTITUIÇÃO   245

De qualquer modo, era essencial parecer unir-se de boa-fé ao povo. Se a opinião pública não mudar, nenhum poder humano poderá governar [a França] num espírito contrário. Esse raciocínio está mais desenvolvido em um memorando que o rei acaba de enviar aos príncipes e de que estou lhe enviando uma cópia.[34]

A rainha também estava de acordo com o marido em sua atitude quanto à perspectiva de guerra. Nesse ponto, ela encarava isso com tanto horror quanto o rei, o que fica claro a partir da carta dela para Leopoldo em 26 de novembro:

> Não, estou longe de pensar em meios violentos. Se adotarmos a violência, sucumbiremos pela violência; esse é o tema de todas as minhas cartas e é por isso que insisto tão fortemente em um congresso; é por isso que eu sempre disse que devemos acima de tudo conquistar essa classe de pessoas que é tão numerosa, que até agora tem sido tão temerosa, mas que permanece amiga da ordem e da monarquia e cujo horror pela guerra civil e pela sede de sangue dos republicanos finalmente lhe dará a coragem e a unidade de que hoje carece.[35]

Enquanto sua mulher trabalhava dia e noite pelo congresso armado, o rei permanecia nas sombras. Mais uma vez, a depressão pode ter sido um fator. A própria rainha indicou isso para Mercy, em carta de 16 de agosto de 1791, em que repercutem seus comentários de 1788: "O senhor conhece a pessoa com que tenho de lidar; no momento em que se pensa que ele foi persuadido, uma palavra, um argumento, faz com que mude de opinião sem nem sequer perceber isso. Por esse motivo, mil coisas simplesmente não podem ser tentadas."[36]

As afirmações da rainha são confirmadas por outras testemunhas. Em 28 de setembro, um antigo amigo de Mirabeau, La Marck, que continuava a aconselhar informalmente Maria Antonieta, enviou a Mercy uma importante carta que analisava o estado de espírito de Luís. La Marck admitia que havia "grande número de áreas em que ele fugia da rainha".[37] Todavia, descreveu isso menos em termos da busca de uma política distinta por parte de Luís do que de uma fraqueza e uma indecisão arraigadas que tornavam suas ações enlouquecedoramente incoerentes. A única solução vista por La Marck era a rainha tornar-se o centro indiscutível do governo, contando com o ministro das Relações Exteriores, Montmorin, que era da

246 A QUEDA DA MONARQUIA FRANCESA

confiança do rei, para controlá-lo no dia a dia. A conclusão de La Marck era condenatória:

> Enquanto a rainha não for o foco da política, não for secundada por um ministro capaz e não for ajudada no que disser respeito ao rei por alguém confiável com quem ele tenha adquirido o hábito de se sentir à vontade, só podemos esperar grandes erros e mil perigos, porque temos de admitir que *o rei é incapaz de governar* [grifo do original]...[38]

Esse veredicto pode parecer severo, mas tem eco em outros comentários daqueles que eram próximos de Luís XVI. Em janeiro de 1791, o próprio Montmorin dera a La Marck uma idéia clara do estado de dissociação do rei, lamentando que, quando Luís "falava para ele sobre seus assuntos e sua posição, parecia estar falando [...] sobre questões relativas ao imperador da China".[39]

Esse retrato de um monarca completamente inerte carece de algum abrandamento. Em setembro, poucas semanas depois de Maria Antonieta lamentar a fraqueza dele com Mercy, o rei conseguiu redigir seu longo, cuidadosamente argumentado e eloqüente memorando aos irmãos. Sua ausência dos registros nesse momento pode ser muito bem resultado tanto de seus métodos de trabalho quanto de seu estado psicológico. Ele parece ter formulado sua política pela redação de detalhados memorandos, às vezes dirigidos a outros, às vezes a si mesmo. Deixou a execução de suas idéias para a mulher. Essa rotina aparece em uma carta da rainha para Fersen de 25 de novembro, com instruções anexas para Breteuil:

> Eis aqui uma nota para o barão; trata-se de um extrato de um longo memorando que o rei escreveu para prestar contas a si mesmo por tudo que fez recentemente. Esse documento fica bem junto; mas, tanto quanto o fato de que contém algumas discussões desnecessárias, seria muito demorado pô-lo em código.[40]

O memorando não sobreviveu, mas o extrato anexo sobrevive e dá uma visão reveladora do espírito do rei nessa conjuntura. De modo significativo, Luís XVI fala indiscriminadamente de ser fiel à constituição e de promover o congresso armado; assim como sua mulher, ele claramente não via contradição entre as duas coisas. "Um congresso", escreve ele, "alcançaria o objetivo desejado." No entanto, alguns parágrafos depois, ele também escreve:

O REI E A CONSTITUIÇÃO

> O rei não pode nem deve voltar atrás unilateralmente no que foi feito; a maioria da nação deve desejar isso ou ser forçada a isso pelas circunstâncias, e nesse caso [o rei] deve adquirir confiança e popularidade por agir segundo a constituição; se ele executa suas determinações literalmente, todos os seus vícios se tornarão óbvios.[41]

No final de novembro, as energias do rei renasceram. Ao que tudo indica, ele reagia às importantes mudanças políticas do outono. O trabalho se completou com a aceitação da constituição por Luís, a Assembléia Constituinte se desfez e foram realizadas eleições para uma nova Assembléia Legislativa, que se reuniu pela primeira vez em 1º de outubro. A nova Assembléia era muito diferente da anterior. Isso era resultado de uma "regulamentação desprendida" aprovada em maio, segundo a qual os deputados à Assembléia Constituinte seriam inelegíveis para a legislativa. O primeiro motor dessa proposta foi Robespierre, que a via como meio de privar seus opositores moderados na Assembléia de seus assentos e, portanto, de sua plataforma. O fato de que ela impedia o próprio Robespierre de se reeleger não o incomodava em excesso, já que no momento ele estava satisfeito de assumir o cargo, que acabara de lhe ser oferecido, de procurador-geral no novo tribunal criminal de Paris.

De um só golpe, a "regulamentação desprendida" despojava de sua autoridade todos esses deputados, de Malouet a Barnave, que haviam ajudado a constituir a Revolução e que agora desejavam controlá-la. Permaneceram em Paris para ajudar a liderar seu partido, mas daí em diante sem posição política formal. Inicialmente, isso não pareceu de importância vital; dos 745 novos deputados, 345 aderiram aos Feuillants. No entanto, de suas fileiras não surgiram políticos de estatura para suceder aos triúnviros. Além disso, o clube Feuillant, com sua conduta formal e desencorajamento de espectadores, não conseguiu captar a atenção pública. Em dezembro, a influência dos moderados tinha declinado de modo acentuado.

Seu lugar foi tomado pelos jacobinos. Embora só 135 dos novos deputados aderissem ao clube jacobino, eles logo conquistaram uma posição política dominante. O próprio clube era um fator, com seu espírito democrático e suas reuniões concorridas, que faziam dele um foco para a discussão pública de um modo que nunca se deu com o clube dos Feuillants. Outro fator era a presença, entre os novos deputados jacobinos, de vários oradores extraordinariamente eloqüentes, logo chamados de girondinos porque três deles —

Vergniaud, Gensonné e Guadet — provinham da Gironde, no sudoeste da França. O nome não era de grande exatidão, já que vários membros do grupo vinham de outras partes, enquanto seu líder, Jacques-Pierre Brissot, nascera em Chartres, fora preso em Paris por sedição e por dívida em Londres e escrevera para jornais de várias partes da Europa. Por fim, um grupo menor emergiu na ala esquerda dos jacobinos. Era conhecido como a Montanha, porque seus deputados sentavam nos assentos elevados do lado esquerdo da assembléia, e era fiel a Robespierre.

Desde o início da Assembléia Legislativa, os girondinos tomaram a iniciativa. Como defensores apaixonados da Revolução, estavam determinados a completar seu trabalho, o que os levava inevitavelmente ao confronto com o rei. Estavam convencidos de que a aceitação da constituição por Luís era insincera e, embora nunca tenham tido prova de sua política secreta, podiam fazer uma perspicaz suposição de seus contornos. Assim, decidiram desmascará-lo e forçá-lo a declarar-se abertamente a favor ou contra a Revolução. No primeiro caso, ele deixaria de ser um obstáculo para eles; no segundo, poderia ser afastado e substituído seja por um monarca mais maleável, seja por uma república. Com infalível precisão, atingiram as três questões mais próximas de seu coração — religião, os *émigrés* e a política externa.

A primeira batalha foi travada contra os *émigrés*. Em 14 de outubro, em um movimento sagazmente calculado, o rei emitiu um anúncio que os exortava a retornar e a ajudá-lo a restaurar a estabilidade da França, seguido dois dias depois de uma carta semelhante dirigida aos irmãos. Esse foi o primeiro fruto de sua política de recuperação da popularidade por meio da aparência de fidelidade à constituição — e funcionou. Os radicais foram pegos despreparados e forçados à defensiva. Mas logo atacaram. Um semana depois, Brissot propôs à assembléia que a propriedade de eminentes *émigrés* fosse confiscada. O resultado, depois de acalorados debates, foi a aprovação de um decreto draconiano em 9 de novembro. Os *émigrés* reunidos na fronteira foram declarados suspeitos de conspiração contra a França; os que não haviam retornado em 1º de janeiro de 1792 estavam sujeitos à pena de morte e ao seqüestro de todos os seus bens. Luís não poderia suportar isso, e em 11 de novembro ele desafiou a Assembléia e vetou o decreto. A tentativa de fazer a constituição funcionar durara exatamente dois meses.

Os girondinos se voltaram então para a questão religiosa. O ponto central aí era a Constituição Civil do Clero, cujas cláusulas discutíveis estavam levando à violência em muitas áreas da França. Isso era pior em Avignon,

O REI E A CONSTITUIÇÃO

que por séculos fora um enclave papal governado por Roma. Desde o início da Revolução, o território se dividira completamente entre aqueles que exigiam a anexação à França e seus opositores, que permaneciam leais ao papa. Em 13 de setembro, a Assembléia unilateralmente encerrou o governo papal e uniu Avignon à França. A maioria dos habitantes de Avignon desejava tornar-se francesa, sustentou a Assembléia, o que anulava os direitos e precedentes em que a soberania papal se baseava. A vontade do povo era a lei suprema. Se aplicada universalmente, essa doutrina solaparia os fundamentos de todas as monarquias da Europa — e as Potências se deram conta disso.

A soberania de Avignon, porém, estava ligada à questão religiosa de modo inseparável. Seu governante temporal, o papa, tinha rejeitado abertamente a Constituição Civil do Clero e muitos sacerdotes em toda a França seguiram seu exemplo. Em Avignon mesmo, essa mistura inflamável entre o sagrado e o secular logo explodiu em uma sangrenta guerra civil. Algumas semanas depois da anexação, os defensores papais lincharam um funcionário municipal favorável aos franceses. A reação dos adeptos da anexação foi violenta. Liderados por um homem apropriadamente chamado Jourdan Coupe-Tête — Jourdan degolador — em 15 e 16 de outubro tomaram uma torre no palácio papal onde um grupo de seus opositores tinha sido feito prisioneiro e dessa torre lançaram 65 prisioneiros para a morte.

Para os girondinos em Paris, os culpados não eram Jourdan e seu bando de assassinos, mas o papa e seus aliados clericais. Eles pediam que todos os padres que se haviam recusado a jurar lealdade à constituição civil fizessem um novo juramento cívico. Se não o fizessem, seriam declarados suspeitos e postos sob vigilância. Em 29 de novembro, essas propostas relativas ao "clero refratário", como se tornou conhecido, foram aprovadas pela Assembléia e enviadas ao rei para aprovação. Depois de sofrer por três semanas, Luís mais uma vez usou seu veto.

A situação encontrava-se então num impasse. Se Luís XVI optasse por manter seu veto, os decretos relativos aos *émigrés* e ao clero refratário ficariam bloqueados por duas legislaturas. Por outro lado, tendo sido forçado a usar o veto, o rei estava agora isolado como nunca. Nesse clima tenso, os girondinos desferiram o golpe final. O método fatal escolhido era indispor a França com seus vizinhos. A questão, mais uma vez, eram os *émigrés*. O ataque frontal a eles tinha fracassado, mas um ataque pelo flanco podia ser organizado, dirigido não aos *émigrés* diretamente, mas aos principados do Reno que os protegiam. Isso forçaria o rei a tomar partido ou da França e da

Revolução ou das Potências estrangeiras e da contra-revolução. Em 29 de novembro, o mesmo dia em que a Assembléia aprovou o decreto sobre os padres refratários, foi enviada uma representação ao rei, que pedia que ele apelasse aos príncipes eleitores de Mainz e Trier para que expulsassem imediatamente os *émigrés* armados reunidos em suas terras.

A reação de Luís oferece outra prova de que no final do outono de 1791 ele tinha recuperado sua energia. Ele viu que os girondinos sem querer o tinham favorecido e partiu para desmascará-los. Acolheu de modo positivo que os *émigrés*, cujas provocações criavam um perigo constante para sua própria segurança, fossem removidos da fronteira. Ao tomar a frente, fazendo essa solicitação, ele também recuperaria uma parte da popularidade que perdera ao usar o veto. Em 14 de dezembro, foi à Assembléia e anunciou que emitira um ultimato ao príncipe eleitor de Trier para que dispersasse os *émigrés* por ele abrigados em 15 de janeiro de 1792. Se o príncipe eleitor não o fizesse, seria tratado como inimigo da França. A reação da Assembléia foi extraordinária. Uma tempestade de aplausos irrompeu dos deputados, misturada com gritos de "Longa vida ao rei dos franceses!" e prosseguiu por vários minutos. Só a extrema esquerda se recusou a aderir. O rei tinha conquistado um triunfo pessoal.[42]

A reação dos eleitores ao ultimato não foi menos satisfatória. Completamente alarmados diante da perspectiva de uma invasão francesa, logo se movimentaram para obedecer. Os *émigrés* foram expulsos de seus domínios e em poucas semanas a Assembléia tinha recebido garantias convincentes disso. No momento pelo menos, a ameaça dos *émigrés* à política do rei tinha recuado.

Esse sucesso, porém, não desviou o casal real de seu objetivo central, que continuava sendo o congresso armado. No entanto, nem o rei nem a rainha podiam esperar, em seu semicativeiro na capital, conduzir a intrincada diplomacia internacional exigida por seu plano. Mais uma vez lançaram o olhar através da fronteira, na direção de Breteuil.

CAPÍTULO 11

INVERNO DE 1791: BRETEUIL, AS POTÊNCIAS E OS PRÍNCIPES

DURANTE ALGUMAS SEMANAS depois de Varennes, os movimentos de Breteuil não são claros. Ao tomar conhecimento das terríveis notícias, ele parece ter seguido o plano que havia previamente anunciado a Mercy-Argenteau e se dirigido para Aix-la-Chapelle. Em 16 de julho, Mercy, que fazia uma temporada de águas em Spa, escreveu para a arquiduquesa Maria Cristina, governadora dos Países Baixos austríacos, com notícias do barão: "M. de Breteuil, que está em Aix-la-Chapelle, ameaça-me com uma visita; mas devo ter cuidado em meu trato com ele a fim de não constituir ponto de apoio para sua atividade de maquinador".[1] Com amigos como esse, Breteuil não precisava de inimigos. É de surpreender que em um mês ele estivesse em uma casa perto da própria residência de Mercy em Bruxelas. Esse seria seu quartel-general durante o próximo ano.

Como de hábito, um importante grupo logo se reuniu em torno do barão. Além de sua filha, neta e do sempre presente bispo de Pamiers, a ele se juntou, em outubro, La Marck, antigo amigo de Mirabeau que sensatamente concluíra que Paris estava então muito quente para ele. O grupo se completava com um casal verdadeiramente invulgar, que consistia em um escocês extremamente rico, Quintin Craufurd, que ganhara dinheiro como representante britânico em Manila, e sua amante Eléonore Sullivan. Originalmente acrobata de circo italiana, Eléonore usara seu grande charme para obter os favores do duque de Württemberg, de seu marido Sullivan e agora

252 A QUEDA DA MONARQUIA FRANCESA

de Craufurd. Como se sua vida não fosse complicada o bastante, nesse momento ela estava tendo também um caso com Fersen.

Outra importante figura que gravitava em torno de Breteuil em Bruxelas era o famoso jornalista monarquista Rivarol, que acabara de emigrar. O único problema com o recém-chegado era que ele tendia a monopolizar a conversa no jantar. Esse incômodo hábito foi mais tarde lembrado em detalhes impiedosos por Chateaubriand nas *Mémoires d'outre-tombe*. Na época, o jovem Chateaubriand tinha acabado de voltar da América para aderir ao exército de Condé, e seu aspecto castigado pelo tempo contrastava fortemente com os brilhantes convidados à mesa do barão:

> Eu e meu irmão fomos convidados para jantar pelo barão de Breteuil; lá encontrei a baronesa de Montmorency, que era então jovem e bela [...] bispos martirizados em batinas de seda brilhante portando cruzes de ouro [sem dúvida entre eles o bispo de Pamiers [...] e Rivarol, que vi então pela única vez em minha vida. Ele não me tinha sido apresentado e fiquei chocado com a linguagem desse homem, que discursava sozinho e era ouvido como se fosse um oráculo [...] Eu partia [para o exército] depois do jantar e minha mochila estava atrás da porta... Minha atitude e meu silêncio perturbaram Rivarol; o barão de Breteuil, observando sua inquietação, veio em seu auxílio. "De onde o *chevalier*, seu irmão, vem?", perguntou ele a meu irmão. "De Niagara", respondi. "Da catarata!", exclamou Rivarol. Fiquei em silêncio. Ele aventurou o início de uma pergunta: "*Monsieur* está indo?..." "Aonde há luta", interrompi. O jantar rapidamente chegou ao fim.[2]

Breteuil logo teve mais a ocupá-lo do que sua vida social. O fracasso da fuga para Varennes deixara sua própria posição política ambígua e insegura. A questão mais premente era a situação de seu *plein pouvoir*. A validade desses poderes — e com eles todo o encadeamento da diplomacia secreta de Luís XVI — tinha então se tornado ainda mais confusa. A causa essencial disso era a fuga bem-sucedida de *monsieur*, o conde de Provence, que teve implicações importantes para a liderança do movimento realista. *Monsieur* no momento suplantava Artois como membro mais velho da família real em liberdade, e Bombelles, por sua vez, imediatamente previu que ele não suportaria nenhuma rivalidade de Breteuil. Diante dessa ameaça, Bombelles sustentava que o barão devia apegar-se a suas armas. "O senhor é o único ministro legal do rei", escreveu ele ao barão em 2 de julho. "Segure firme-

INVERNO DE 1791: BRETEUIL, AS POTÊNCIAS E OS PRÍNCIPES   253

mente em suas mãos seu *plein pouvoir*. Deixe que ele seja o penacho [uma referência ao famoso penacho branco — *le panache blanc* — de Henrique IV] a que todos os verdadeiros franceses irão aderir."[3]

Como o marquês tinha previsto, a investida de Provence não se fez demorar. Nesse mesmo dia, 2 de julho, ele enviou uma breve e fria nota a Breteuil, ordenando-lhe que cessasse de imediato todas as suas atividades em nome de Luís XVI:

> Tendo sido informado diretamente, *monsieur*, de que a intenção de meu irmão, o rei, é que durante seu cativeiro eu me incumba, em conjunto com o conde d'Artois, de tudo que possa ocasionar sua liberdade e o bem do estado pela negociação nesse sentido com as Potências por cuja ajuda espero, não posso mais acreditar que Sua Majestade deseje ampliar as incumbências e poderes que antes pode ter atribuído. Portanto, o senhor deveria considerar como obsoletos aqueles que estão em suas mãos e só empregar seu zelo em conformidade com o que lhe prescrevermos. De fato, ficaríamos muito felizes em ouvir suas opiniões sobre a política que o senhor considera mais adequada. Em conseqüência, se o senhor tiver algo para nos comunicar, nós o convidamos para que se apresente em Coblença, para onde estamos viajando sem demora. Depois dessa advertência, não há necessidade de mencionar que o senhor será responsável por qualquer ação que não esteja de acordo com a nossa.
>
> Esteja certo de meus sentimentos para com o senhor,
> Louis-Stanislas-Xavier.[4]

A reação de Breteuil a essa carta permanece tema de controvérsia. Com freqüência se diz que ele continuou a usar fraudulentamente seu *plein pouvoir*, mesmo depois de ficar sabendo que não era mais válido. (Nenhum contemporâneo, porém, jamais afirmou publicamente que o próprio documento era uma falsificação.) O primeiro acusador de Breteuil foi o ex-ministro Bertrand de Molleville em suas influentes *Memórias secretas da história do último ano do reinado de Luís XVI*. Bertrand escreve que, ao receber a carta de Provence, Breteuil correu atrás dos príncipes que se dirigiam para Coblença e os alcançou em Bonn. "Sem hesitação ele concordou", afirma Bertrand,

> que *seus poderes estavam revogados*; mas pediu a *monsieur* para deixar em suas mãos esse documento, que ele considerava como a mais honrosa recompensa possível por seus longos serviços e como sua

254   A QUEDA DA MONARQUIA FRANCESA

mais preciosa herança para a família, dando sua palavra de honra de nem fazer uso dele nem tomar parte nos negócios da França ou dos príncipes, a menos que Suas Altezas Reais o desejassem e em conformidade com as ordens que julgassem adequadas lhe dar. No entanto, continuou a usar esses mesmos poderes sem o conhecimento dos príncipes [...][5]

Há certamente indícios de que Breteuil momentaneamente se desencorajou diante da hostilidade de Provence. Em carta de 12 de agosto, Mercy-Argenteau, então em Bruxelas de volta de Spa, informou a Kaunitz sobre a campanha dos príncipes contra o barão. Todavia, em vez de tomar um partido ou outro, ele distribuiu seu desdém igualmente entre os dois lados:

> Alguns dias antes de eu partir de Spa, m. de Breteuil foi ver-me. Ele ficou apenas 24 horas e nem disse nem propôs nada de substancial em termos de política. *Monsieur* e o senhor conde d'Artois querem pô-lo de lado; a intriga que segue esses dois príncipes por toda parte onde vão nunca deixará de agir contra tudo que possa levar a uma política sensata, não que eu pense que m. de Breteuil é mais bem qualificado para essa tarefa; nesse aspecto, todas essas pessoas são semelhantes.[6]

É claro que Breteuil viu os príncipes em Bonn e que o *plein pouvoir* foi discutido. O próprio Provence confirmou isso, em uma curiosa correspondência enviada às Tulherias para sua irmã, mme. Elisabeth. Esta era uma intransigente monarquista, muito mais indulgente para com os príncipes do que Luís XVI e Maria Antonieta, e Provence confiava muito mais nela do que no rei e na rainha. Para a eventualidade de uma interceptação, Provence disfarçou sua carta com uma terminologia médica, de que gostava muito. A rainha se tornou "a paciente", "os remédios prescritos pelos médicos" eram sua própria política e Breteuil era alternadamente "o charlatão" e "L'Olivisianello", um obscuro italianismo:

> Eu deveria dizer que não estou de modo algum satisfeito com nossa paciente. Todas as consultas dela com os médicos foram favoráveis, mas ela persiste em confiar nos charlatães que quase já a mataram, e se ela não procurar médicos respeitáveis, sua doença logo se tornará incurável. Dois de seus amigos, passando há alguns dias por uma cidade perto daqui, encontraram, na hospedaria em que jantaram, o primei-

INVERNO DE 1791: BRETEUIL, AS POTÊNCIAS E OS PRÍNCIPES 255

ro e pior dos charlatães. Ficaram curiosos para falar com ele e pedi-ram-lhe notícia da paciente. L'Olivisianello, que ainda estava estupe-fato com o último ataque que ela tivera, praticamente admitiu sua ignorância e disse-lhes que estava abandonando a prática da medici-na. Meus dois sinceros amigos, que, embora não tenham opinião mui-to favorável a ele, não o consideram um estúpido completo, falaram com ele sobre os medicamentos prescritos pelos médicos nesses casos. Ele pareceu convencido de sua eficácia. Mas agora fico sabendo que o tratante correu para se apoderar da paciente de novo e a persuadiu de que esses medicamentos são muito violentos para o estado dela e que irão acabar com ela...[7]

Provence obviamente teve prazer em escrever essa carta, embora seja duvi-doso que seu código tivesse enganado alguém caso caísse em mãos erradas. Ela não afirma especificamente, como o faz Bertrand de Molleville, que Breteuil reconheceu que seus poderes tinham sido revogados. No entanto, insinua algo nesse sentido, e *monsieur* claramente queria que a irmã acredi-tasse que o barão tinha agido de má-fé.

A verdade é mais cabal e não tão simples. Parte dela está contida em uma carta de Bombelles para um amigo e confidente, o cavaleiro de Las Casas, embaixador espanhol em Veneza, de 15 de agosto de 1791. Esta revela que, ao se apresentar como único representante do rei, Provence de fato agira com base apenas em uma mensagem verbal de Luís transmitida a ele por uma terceira pessoa — base pouco sólida para essa apropriação completa de autoridade. Ironicamente, acrescentou Bombelles, três semanas depois Provence tinha de fato recebido um *plein pouvoir* escrito de seu irmão. Este, porém, não era tão amplo como ele desejava. Também continha instruções de que ele devia cooperar com Breteuil — mas naturalmente Provence "não soltou uma palavra sobre isso".[8]

O indício disponível confirma Bombelles em quase tudo. Em 7 de julho Luís XVI escreveu um *plein pouvoir* para seus irmãos, que foi levado clan-destinamente das Tulherias e transmitido para eles por meio de Fersen. Era cuidadosamente formulado:

Confio-me completamente à afeição de meus irmãos por mim, ao amor e dedicação que têm por seu país, à amizade dos príncipes soberanos meus parentes e aliados e à honra e à generosidade dos outros sobera-nos, para que decidam em conjunto sobre o modo e o meio das nego-

256 A QUEDA DA MONARQUIA FRANCESA

ciações cujo objetivo deve ser a restauração da ordem e da tranqüilidade em meu reino; mas julgo que qualquer uso da força deveria estar subordinado a negociações. Dou plenos poderes a meus irmãos para agirem com esse intuito com quem desejarem, e escolherem as pessoas que desejarem empregar nessa diplomacia.[9]

Esse *plein pouvoir* era uma resposta à carta escrita por Fersen em 27 de junho e levada clandestinamente às Tulherias. Fersen perguntara claramente se Provence ou Artois receberiam agora plenos poderes e se a escolha de Breteuil ou Calonne como principal conselheiro caberia a eles ou seria feita pelo rei e pela rainha. A resposta de Luís XVI mostra sua persistente cautela em relação aos irmãos, especialmente o impetuoso Artois, ao limitar os poderes deles a negociações apenas e especificamente ao excluir o uso da força. A identidade de sua política e de Maria Antonieta está salientada pelo fato de que foi ela quem levou a correspondência do marido a Fersen e a encaminhou com uma carta dela própria. Isso aumentava as reservas do casal real em relação a Provence e Artois, e a determinação de não dotá-los de poderes completos: "O rei julga que não pode nem deve emitir um *plein pouvoir* ilimitado; mas envia esse documento escrito em tinta invisível, para ser entregue a seus irmãos."[10]

O relato de Bombelles está errado em apenas um ponto. A instrução para que os irmãos colaborassem com Breteuil, que respondia à indagação de Fersen, não está na correspondência do rei, mas na carta de encaminhamento da rainha. Aí se lê: "É importante que o b. de Bret. se associe aos irmãos do rei e a quem quer que escolham para essa importante negociação."[11] À luz disso, Maria Antonieta ficou particularmente irada com a carta de Provence para Breteuil, o que deixou claro para Fersen em 31 de outubro. Ao mesmo tempo, ela revelou que a tolerância de mme. Elisabeth para com os irmãos do rei estava dividindo a família real:

> A carta de *monsieur* para o barão nos espantou e revoltou, mas devemos ter paciência e não demonstrar nossa ira muito abertamente nesse momento; todavia, farei uma cópia e a mostrarei a minha irmã [Elisabeth]. Estou curiosa para ver como ela a justificará, tendo em vista a situação em que nos encontramos. Nossa vida doméstica é um inferno; com a maior boa vontade do mundo, não se pode discutir nada. Minha irmã é tão indiscreta, cercada por intrigantes, e acima de

INVERNO DE 1791: BRETEUIL, AS POTÊNCIAS E OS PRÍNCIPES 257

tudo dominada por seus irmãos que se encontram no exterior, que não podemos falar um com o outro, pois discutiríamos diariamente.[12]

O mais significativo de tudo é o pós-escrito da rainha a sua carta, que revela a identidade da terceira pessoa que supostamente tinha dado a Provence a autoridade verbal para agir como único representante do rei. De fato, parece ter sido ninguém mais do que Fersen. O que claramente ocorrera foi que Fersen, em seu encontro com *monsieur* logo depois de Varennes, falara algumas palavras que *monsieur* depois transformara em poder plenipotenciário. Os termos em que a rainha alertou Fersen quanto a isso deixam pouca dúvida sobre a falsidade de Provence:

> Minha irmã me mostrou uma carta de [*monsieur*], datada de Bruxelas [...] em que ele diz que foi o senhor quem o informou de que o rei queria confiar-lhe tudo durante seu cativeiro: eu o advirto quanto a isso, caso seja dito próximo do senhor, já que sabemos muito bem como está a situação. *Adieu.*[13]

O testemunho de Bombelles desse modo está em consonância com quase todos os fatos conhecidos e expõe os exageros e as meias-verdades da versão difundida pelo próprio *monsieur* e depois por Bertrand de Molleville. Breteuil, que obviamente estava profundamente desencorajado, pode ter dito aos príncipes que pretendia afastar-se, e não há nada nesse momento que sugira que seu desejo não fosse autêntico. A situação tinha claramente se modificado com a fuga de Provence, e isso apenas fortaleceu o desejo do barão de sair de cena. Todavia, se ia se afastar, ele o faria a seu modo, reservando-se o direito de retorno caso os acontecimentos tomassem rumo diferente.

A culpa decisiva por toda essa confusão fica com o próprio rei. Ele tinha reagido à fuga bem-sucedida de Provence dando a ele e a Artois uma autorização limitada para negociarem em seu nome com as Potências. No entanto, por alguma razão, não desautorizou formalmente Breteuil. Isso pode ter ocorrido porque ele desejava manter o barão à mão como um contrapeso a seus irmãos. Também pode ter ocorrido por causa da pressão de Maria Antonieta, que desconfiava de Provence e Artois ainda mais do que ele e estava determinada a manter seu candidato Breteuil em cena para proteger seus próprios interesses. Nesse aspecto, é significativo que tenha sido a rainha, e não o rei, a acrescentar a instrução a Fersen de que Breteuil devia trabalhar com os príncipes.

A controvérsia em torno da situação de Breteuil depois de Varennes é assim atribuível sobretudo à própria hesitação de Luís XVI. É possível que por alguns meses depois de sua recaptura o rei estivesse de fato irritado com Breteuil. Montlosier lembra-se de que ele expressava irritação quando o nome de Breteuil era mencionado e de que bufava: "Foi ele quem me pôs nessa fuga de Varennes."[14] No entanto, no final de 1791 o barão recuperara sua confiança. Prova disso surge em uma carta que Luís escreveu a Frederico Guilherme II, da Prússia, em 3 de dezembro, na qual se discutia o congresso armado. Ali o rei afirmava explicitamente: "Somente o barão de Breteuil está a par dos meus planos, e Sua Majestade pode dar-lhe tudo o que ele desejar."[15]

Essa carta é extremamente importante, já que constitui o único documento do punho de Luís XVI, além do próprio *plein pouvoir*, que de modo explícito confere poderes a Breteuil. Como sua autenticidade também foi questionada pelos Girault de Coursacs, pareceu aconselhável submetê-la aos mesmos especialistas em caligrafia que tinham examinado o *plein pouvoir*. Dessa vez, porém, não puderam encontrar indicações de que o documento não fosse autêntico.[16] Assim, não há razão para duvidar de que Breteuil continuasse a usufruir a confiança de Luís XVI, bem como a de Maria Antonieta, depois da fuga para Varennes.

Resta o desconcertante motivo pelo qual Luís XVI se voltou novamente para Breteuil apenas três meses após o pôr de lado em favor de Provence e Artois. A resposta pode estar na rápida deterioração de suas relações com os irmãos durante esse período. A reconciliação entre o rei e os príncipes teve curta duração. Luís escreveu o memorando para os irmãos sobre sua aceitação da constituição no transcurso de setembro de 1791. Ainda antes de tê-lo concluído, recebeu uma carta desafiadora que, somando insulto à injúria, eles tinham publicado antes de enviá-la. Afirmando de má-fé que o rei estava então completamente cativo em Paris e que não tinha nenhum meio de comunicar-lhes seus verdadeiros sentimentos, eles anunciavam que nenhuma das declarações públicas dele podia portanto ser respeitada e que, a despeito do que ele pudesse dizer em contrário, seu desejo efetivo era de que os irmãos pudessem resgatá-lo pela força, com a ajuda das Potências européias. Isso era o mesmo que explorar a Revolução a fim de usurpar o trono. Qualquer coisa que pudesse contradizer a afirmação dos príncipes de que o irmão

INVERNO DE 1791: BRETEUIL, AS POTÊNCIAS E OS PRÍNCIPES   259

era simplesmente um instrumento nas mãos dos revolucionários, como seu memorando de setembro, era atentamente ignorado por eles.

Luís XVI tinha de encontrar alguma resposta para essa flagrante traição, e a mais óbvia era reativar Breteuil. A iniciativa diplomática necessária para implementar o congresso armado foi confiada a ele como representante autorizado do rei. Assim como a fuga para Varennes, o objetivo era frustrar tanto os planos dos *émigrés* quanto os da Assembléia Nacional. Assim, quatro meses depois do pior revés de sua carreira, o barão era de novo o plenipotenciário de Luís XVI, incumbido de sua política pessoal para encerrar a Revolução.

*

A MISSÃO QUE BRETEUIL tinha à frente era complexa e perigosa. Seu sucesso dependia da atitude das Potências, acima de tudo da Áustria, para piorar o apuro da família real francesa. Em sua volta da Itália para Viena, Leopoldo II tinha acompanhado todas as etapas da fuga para Varennes. Em Pádua, ele recebera falsas notícias de que Luís e Maria Antonieta haviam sido presos mas tinham conseguido escapar em segurança. Ele escreveu à irmã uma carta eufórica:

> Você sabe de minha afeição, dedicação e amizade por você e pode facilmente imaginar como tenho me sentido nos últimos dias, particularmente quando fiquei sabendo que vocês foram presos. Agradeço a Deus por sua feliz libertação. O rei, o Estado, a França e todas as monarquias devem sua libertação e existência a sua coragem, sua firmeza e sua prudência. Se eu pudesse estar com você e o rei, abraçá-la e exprimir-lhe a alegria de um irmão, amigo e aliado, e saber que você está finalmente livre dos perigos que a têm ameaçado há tanto tempo! Tudo o que tenho é seu: dinheiro, soldados, tudo! Use-os à vontade, só quero ser de alguma valia e provar minha amizade em todas as ocasiões, mas especialmente nesta.[17]

Quando finalmente ficou sabendo da verdade, a reação de Leopoldo foi rápida. Em 6 de julho, ele enviou às Potências européias a "circular de Pádua", convocando a uma ação conjunta para libertar a irmã e o cunhado. Isso também tinha a intenção de advertir a França revolucionária para o respeito

260 A QUEDA DA MONARQUIA FRANCESA

às pessoas e à posição do rei e da rainha. Recebeu um apoio suplementar de uma importante mudança na política das Potências européias. Estava quase completo o *rapprochement* austro-prussiano, em relação ao qual Leopoldo, em Cremona, tinha se expressado para Bombelles liricamente. Para isso muito ajudou o fim oficial da guerra turca com o tratado de Sistova em 5 de agosto, que diminuiu as dificuldades austríacas no Leste Europeu, exploradas por tanto tempo pela Prússia. Com a França em estado caótico, Leopoldo precisava de um aliado novo e confiável, e a Prússia agora parecia um parceiro aceitável. Em 25 de julho, em Viena, a Áustria e a Prússia assinaram uma convenção conjunta, que as unia numa aliança formal.

A situação na França estava agora solidamente no alto da agenda diplomática européia. O passo seguinte foi dado por Leopoldo e Frederico Guilherme da Prússia. Em 25 de agosto de 1791, eles se encontraram em Pillnitz, residência de verão do eleitor da Saxônia nos arredores de Dresden, para selar sua recém-estabelecida amizade. No dia seguinte, porém, suas pacíficas conversas foram rudemente interrompidas por hóspedes não convidados. Estes eram Artois e todo o seu séquito, incluindo Condé e Calonne. Como em Mântua, o objetivo do príncipe era amedrontar seus anfitriões a fim de que lhe dessem soldados para intervir na França; de novo, tal como em Mântua, veio armado com uma lista de "pontos a serem definidos". Entre estes estava a emissão de um manifesto que ameaçava a Assembléia com punições drásticas (e Paris com a "exterminação"), se a família real sofresse alguma coisa. Agora que Provence estava livre, outra exigência foi acrescentada — enquanto o rei e a rainha estivessem em cativeiro, que ele fosse reconhecido como regente da França. Leopoldo, que estava farto das visitas não anunciadas de Artois, ficou furioso. Quanto a Calonne, loquaz e cheio de planos impraticáveis, ele o considerou particularmente exasperante. "Sempre que eu o contradizia", observou mais tarde o imperador, "ele dizia: 'Ah! acabo de ter uma idéia sublime!'— e se tratava de outra sandice."[18]

Diante de todas as exigências substantivas dos *émigrés*, Leopoldo e Frederico Guilherme se mantiveram firmes. A regência de Provence foi vetada, enquanto o pedido de soldados foi recebido com a resposta habitual que o imperador tinha usado em Mântua — a de que isso tinha de esperar uma ação conjunta de todas as principais Potências. Nessa ocasião, porém, os dois monarcas estavam desesperados para se ver livres de seus incômodos hóspedes e se prepararam para fazer uma concessão que apressasse a saída deles. Concordaram com o pedido de Artois de que publicassem um mani-

INVERNO DE 1791: BRETEUIL, AS POTÊNCIAS E OS PRÍNCIPES 261

festo. O resultado foi a famosa declaração de Pillnitz, publicada em 27 de agosto. Ela anunciava que o imperador e o rei da Prússia consideravam a situação de Luís XVI como assunto de interesse comum de todos os monarcas da Europa. Leopoldo e Frederico Guilherme convidavam os governantes amigos a se unir a eles para garantir que Luís e Maria Antonieta fossem postos em liberdade e que a França se estabilizasse como monarquia. Expressavam a esperança de que esse acordo pudesse se realizar. "Nesse caso", prosseguia a declaração,

> Suas Majestades o imperador e o rei da Prússia estão decididos a agir prontamente e de comum acordo, com todo o empenho necessário para alcançar o objetivo comum proposto. Nesse meio-tempo, emitirão as ordens necessárias para pôr em movimento suas tropas.[19]

Externamente, a declaração de Pillnitz parecia muito ameaçadora, mas na realidade era um tigre de papel. A afirmação de que Leopoldo e Frederico Guilherme só marchariam caso todas as Potências concordassem com isso tornava a promessa deles sem sentido. Leopoldo, naturalmente, estava ciente disso, motivo pelo qual inserira a condição em primeiro lugar. "'Nesse caso' (*Alors et dans ce cas*) estão comigo a lei e os profetas",[20] escreveu ele para Kaunitz. Ele não tinha a intenção de tão cedo ser levado a outro conflito depois da guerra da Turquia.

Logo que Leopoldo retornou a Viena, sua política se tornou ainda mais cautelosa. Em sua cidade era mais difícil que os *émigrés* o "atacassem", e a influência de Kaunitz era correspondentemente fortalecida. O chanceler estava mais do que nunca convencido de que a Áustria não devia intervir na França, e sua opinião teve efeito sobre seu senhor. A saída mais conveniente para o impasse seria se Luís XVI conseguisse chegar a uma conciliação com os revolucionários moderados e tornar desnecessária a ação prevista na declaração de Pillnitz. Foi por isso que Leopoldo deu seu apoio nesse verão às negociações do rei e da rainha com os Feuillants. Pela mesma razão, ele preferia acreditar que o juramento de Luís à constituição em setembro foi feito livremente, a despeito das cartas de Maria Antonieta que deixavam claro que não tinha sido. Em vez de reconhecer essa desagradável verdade, ele deixou de escrever para sua irmã e só recomeçou a fazê-lo em janeiro de 1792. Kaunitz ficou particularmente feliz com o fato de o rei aceitar a constituição, e com a desculpa de que isso propiciava a inação. "A covardia e a fraqueza de nosso bom Luís XVI", escreveu ele, "nos livrarão de uma situação difícil."[21]

Se a Áustria, com todos os seus laços de sangue e diplomáticos com a França, nada fez, a perspectiva de outras Potências apoiarem um congresso armado parecia, portanto, inviável. A Prússia e a Espanha rapidamente seguiram o exemplo de Leopoldo e se afastaram do projeto. A ingrata tarefa de Breteuil consistia em mudar esse estado de coisas, como representante de um senhor cativo sem crédito ou recursos. No entanto, ele se pôs a trabalhar com determinação e engenhosidade.

A primeira prioridade do barão era restabelecer as comunicações com as Tulherias. Desde 8 de julho, quando Maria Antonieta enviou a Fersen o *plein pouvoir* limitado para os irmãos de Luís XVI, não houve comunicação alguma nem do rei nem da rainha. A seguir, no final de setembro, o silêncio foi rompido. Breteuil e seus colegas deram um suspiro de alívio. "Por fim essa correspondência tão necessária com meu desafortunado senhor foi retomada",[22] escreveu Bombelles ao bispo de Pamiers. Como antes, a maior parte das cartas do casal real era escrita por Maria Antonieta. Eram dirigidas a Fersen, em Bruxelas, onde agora ele também estabelecera residência. Algumas vezes havia notas e memorandos do rei anexos às cartas. Em outras ocasiões, Luís parece ter escrito diretamente a Breteuil. Permanece um mistério o modo como se deu a retomada do contato; a rainha simplesmente disse a Fersen que agora tinha "um método seguro sempre a minha disposição".[23] Este pode ter sido a rede de mensageiros descrita por D'Allonville em suas memórias.

Agora que ele podia estar onde o rei e a rainha queriam, Breteuil iniciou sua própria diplomacia. Logo percebeu que a Áustria estava se afastando do congresso (isso foi confirmado por Fersen, que estivera em Viena em agosto e falara longamente tanto com Leopoldo quanto com Kaunitz). Sua estratégia anterior a Varennes, que girara em torno da Áustria, agora tinha de ser modificada, tendo de ser elaborada uma nova combinação diplomática. Para isso, Breteuil procurou as Potências do Norte, Rússia e Suécia. Se assumissem a frente na defesa da causa real francesa, isso poderia desencadear a ação dos outros monarcas. O plano era corajoso. Ao pô-lo em prática, Breteuil tinha um grande trunfo, a amizade de Gustavo III, o que era contrabalançado pela persistente inimizade de Catarina, a Grande.

Gustavo ainda se encontrava em Aix-la-Chapelle, de onde esperava encontrar o rei e a rainha postos em liberdade. A notícia de Varennes, longe de aniquilá-lo, incitou-o a uma intensa atividade. Em 5 de julho, realizou um

INVERNO DE 1791: BRETEUIL, AS POTÊNCIAS E OS PRÍNCIPES   263

encontro em Aix com Provence, Artois e seus conselheiros, e delineou um projeto de grande alcance, ainda que extremamente irrealista. Tendo em vista o cativeiro de Luís XVI, Provence deveria assumir o título de regente e reconhecer Gustavo como líder de uma liga internacional armada destinada a restaurar a monarquia francesa. Os príncipes invadiriam a França através da Alsácia com os *émigrés* e com contingentes fornecidos pelos príncipes alemães, em particular soldados fornecidos pelo Landgrave de Hesse. O próprio Gustavo daria o *coup de grâce*, desembarcando na Normandia à frente de 16 mil soldados suecos e 8 mil soldados russos, tomando o controle do Sena e marchando sobre Paris.

Não somente esse projeto era prematuro, mas era especialmente indesejável o fato de dar papel de tanto destaque aos príncipes. Breteuil se movimentou o mais rápido que pôde para acalmar o ardor de Gustavo e afastá-lo de Provence e Artois. Ele esteve com o rei em Aix e conversou longamente com ele. No fim de julho, Gustavo regressou à Suécia, estando reforçada sua antiga amizade com o barão. No entanto, esta não prosseguiria sem sobressaltos — Gustavo era de temperamento mais inclinado às fantasias belicosas dos príncipes do que à sóbria diplomacia de Breteuil. As promessas feitas em Aix também fizeram dele um herói para os *émigrés*. Um observador russo observou sarcasticamente o seguinte: "Esperavam por ele como se fosse o Messias com uma frota proveniente de Gotemburgo."[24]

De fato, Gustavo reconheceu Breteuil como plenipotenciário de Luís XVI, e com base nisso os dois iniciaram uma correspondência secreta. Esta é de especial significação, já que Gustavo era o único monarca europeu em que Breteuil de fato confiava e com quem podia dividir seus planos com segurança. As cartas do barão para Gustavo são a fonte mais importante que sobreviveu no que diz respeito às suas verdadeiras idéias entre o outono de 1791 e a primavera de 1792.

Logo que o rei chegou à Suécia ocorreu a primeira tempestade. Gustavo ficou chocado com a notícia de que Luís XVI tinha aceitado a constituição. Para ele, isso era uma traição abjeta da causa monárquica. Incapaz de acreditar que o juramento fosse autêntico, escreveu a Breteuil uma carta urgente para indagar sobre o que estava ocorrendo:

> Precisarei de muita explicação sobre os motivos por trás dessa atitude, que é tão prejudicial à dignidade do trono e que não enganará ninguém [...] Se os perigos da situação forçaram o rei a uma aceitação

264 A QUEDA DA MONARQUIA FRANCESA

insincera, não vejo por que ele teve de adotar a forma que adotou e aviltar sua dignidade e sua pessoa. Tudo isso deve necessariamente ocultar um grande propósito; que é importante que seus amigos fiquem sabendo [...] Espero que o senhor, senhor barão, que está em melhor posição que eu para compreender esses mistérios, não me deixará na ignorância do que o senhor sabe e me dará as armas que preciso para defender a Corte [da França].[25]

Breteuil se apressou em tranqüilizar Gustavo — e preservar sua amizade — em uma longa resposta datada de 11 de novembro. Nesta, apresentou um detalhado relato das razões de Luís XVI para aceitar a constituição. Trata-se do indício mais explícito que temos de que o rei fez o juramento de má-fé. Já que boa parte da informação do barão provinha de Maria Antonieta por intermédio de Fersen, pode ser que ele tenha adotado a explicação crua de Maria Antonieta para a atitude e ignorado a abordagem mais sutil por parte do rei. Todavia, tendo em vista todos os indícios, essa carta confidencial de uma fonte tão bem situada quanto Breteuil constitui outro sinal das opiniões compartilhadas por Luís e Maria Antonieta em relação à constituição:

Minha única explicação, senhor, para o juramento do rei é que Sua Majestade, encurralado pelos rebeldes, se encontrava na mais completa ignorância do que podia esperar das Potências; sentia-se abandonado, já que não ficou sabendo nada do imperador ou tendo recebido dele apenas as mais tênues expressões de preocupação e mesmo conselho no sentido do próprio rumo que por fim adotou: nessa cruel posição, sem conselho ou apoio, o rei só via a necessidade e a importância de aparecer para fazer o juramento de boa-fé, de modo a inspirar confiança no povo e concilia-lo o suficiente de modo a criar mais meios de ação a sua disposição [...] O senhor verá que, a fim de ganhar tempo [para que chegasse auxílio externo], o rei não podia recusar as seguranças que os rebeldes estavam exigindo como garantia de sua fiel promessa de aderir à constituição. A força de seu nobre espírito, de seus princípios e de sua amizade pelo rei, senhor, pode ter aversão por essa conduta, mas Sua Majestade não pode ter dúvida de que o rei sente todo o horror de sua posição e está ativamente procurando modificá-la; pensar de outro modo seria esquecer sua coragem ao partir para Montmédy e ignorar o fato de que, antes de implementar um novo plano, o rei deve ter uma clara idéia das intenções das Potências

INVERNO DE 1791: BRETEUIL, AS POTÊNCIAS E OS PRÍNCIPES   265

com cuja amizade conta e de até onde podem ou irão exprimir interesse por seu destino, de modo que ele possa se portar de acordo.[26]

Breteuil esboçou para Gustavo o plano do congresso armado e os meios diplomáticos que pretendia alcançar. Propôs uma versão modificada da liga projetada em Aix-la-Chapelle, mas tinha como objetivo garantir o congresso e não uma efetiva invasão da França. À sua frente estaria não Gustavo, mas o rei da Espanha, já que era o Bourbon reinante mais velho depois de Luís XVI:

> Se ficar claro que o imperador prefere permanecer como um tranqüilo espectador de nossas perturbações, Sua Majestade poderia transformar essa resolução em vantagem ao se ligar à Rússia e ao rei da Prússia, de modo a forçar o imperador a uma política mais generosa e convencer a Espanha a se pôr à frente da liga. É verdade, senhor, que precisaremos estar certos de pôr a Espanha em ação no tocante a esses objetos de modo a superar a lentidão espanhola. Para realizar esse plano, serão necessárias negociações com as diferentes Potências de modo a fazer com que tomem conhecimento das verdadeiras opiniões do rei.[27]

Na ocasião em que voltou a escrever a Gustavo, em 1º de janeiro de 1792, Breteuil tivera a vantagem de dois conjuntos detalhados de instruções por parte de Luís XVI. O primeiro era o memorando, do qual a rainha enviou a Fersen um excerto em 25 de novembro. O rei apoiava entusiasticamente o congresso, mas se apegava a sua opinião de que o único modo de recuperar a confiança da nação era pela escrupulosa observância da constituição. Ele insistia vigorosamente em que os *émigrés* fossem contidos. A segunda carta, datada de 14 de dezembro, é a mais longa de Luís para Breteuil que possuímos. O rei começava com uma longa explicação sobre o motivo pelo qual vetara os decretos sobre os *émigrés* e o clero refratário. Segundo ele, que nesse ponto era inflexível, caso os primeiros não retornassem à França, deveriam pelo menos se dispersar:

> Em qualquer governo estabelecido, se cidadãos expatriados se reúnem em grande número com o objetivo de organizar uma invasão armada de seu país para destruir esse governo, com o apoio de Potências estrangeiras, torna-se impossível para o chefe de Estado tolerar

tal coisa, pois de outro modo perderia por completo a confiança pública. Essa é precisamente minha posição, e minhas opiniões são compartilhadas por muitas pessoas articuladas [...] Essa era minha idéia quando aceitei a constituição. Escrevi várias vezes [para os *émigrés*] pedindo que se dispersassem e se afastassem; que não deveriam dar motivo para alarme que me forçaria a agir contra eles; que deveriam me poupar dessa dor cruel...[28]

O rei repetia que sua autoridade só podia ser recuperada pela argumentação e persuasão. No entanto, essa carta deixa claro que o catalisador disso tinham de ser as Potências estrangeiras e o congresso. A outra grande vantagem de dar a iniciativa a seus colegas governantes estava em que seriam capazes de conter os *émigrés* e impedi-los de organizar alguma provocação violenta. "O senhor sabe", escreveu Luís a Breteuil, "que minha estratégia sempre foi a de refrear os *émigrés* e conseguir que as Potências tomassem a frente."[29]

Fazendo eco a Kaunitz e a Maria Antonieta, Luís estava igualmente persuadido de que o congresso devia evitar pronunciar-se sobre as questões internas da França. Ao contrário, devia ser convocado como uma reação às violações da lei internacional por parte da Assembléia. Em particular, o rei pensava que os pedidos feitos aos eleitores de Mainz e Trier para que expulsassem os *émigrés* armados podiam ser apresentados como uma ameaça às liberdades germânicas e assim como justificativa para o congresso. Breteuil já havia sustentado em sua carta de novembro para Gustavo que os ataques da França a seus vizinhos ofereciam a melhor desculpa para a intervenção. Mas o exemplo que escolheu era ainda mais sólido do que o do rei — a anexação de Avignon.

Ao longo de toda essa correspondência reservada, enquanto a uma proposta seguia uma contraproposta, a família real esteve em grande perigo. Isso a forçou a formular e comunicar suas instruções de modo apressado e fortuito, e a fazer declarações públicas que com freqüência contradiziam suas opiniões privadas. No entanto, por meio de todas as mensagens clandestinas e da tinta invisível, emerge uma política coerente. Tendo aceitado a constituição, o rei a observaria ao pé da letra, ao mesmo tempo que esperava um congresso armado das Potências que lhe permitisse retomar a iniciativa. O rei e a rainha estavam unidos na busca desse objetivo; mas, aonde este os iria levar era outra questão.

*

O MISTÉRIO FINAL QUE CERCA o congresso armado diz respeito a seu propósito fundamental. Como a fuga para Varennes, ele era um meio, não um fim. O fim era um acordo com a Revolução nos termos de Luís XVI. No entanto, até agora permanecem obscuros quais eram precisamente esses termos e se tinham se modificado por completo a partir de Varennes.

Luís e Maria Antonieta eram vagos em suas cartas quanto a seus objetivos para o congresso — talvez de propósito. Breteuil deixou passar um pequeno indício de que o congresso poderia favorecer uma conciliação constitucional. "O rei pensa", escreveu ele a Gustavo em janeiro de 1791, "que essa medida vigorosa, ainda que conciliatória, o ajudará muito na contenção da situação doméstica, e se faz necessário a tomada de resoluções mais fortes e inflexíveis no exterior."[30] O aspecto central do plano era que Luís XVI deveria recuperar sua liberdade graças a sua ação como mediador entre a assembléia e as Potências, mas nem o rei, nem a rainha, nem Breteuil deram quaisquer detalhes sobre isso.

Luís e Maria Antonieta podem não ter exposto suas expectativas políticas quanto ao congresso por escrito, mas há indícios de que o fizeram verbalmente. No inverno de 1791-2, três confiáveis confidentes vindos do exterior conseguiram introduzir-se nas Tulherias para descobrir diretamente quais eram as intenções deles. Na primeira semana de dezembro, o bispo de Pamiers fez uma visita secreta de vários dias. No final do mês, o rico escocês Craufurd esteve em Paris e lá ficou até abril de 1792. Depois, em meados de fevereiro, o próprio Fersen chegou.

Não está claro como o bispo conseguiu chegar a Paris. Ele deve ter se disfarçado, já que era conhecido na capital. Por mais arrogante e presunçoso que possa ter sido, sua coragem só pode ser admirada; se tivesse sido descoberto, a prisão imediata teria sido o destino mais leve que poderia ter esperado. Nas Tulherias, Maria Antonieta correu para saudá-lo: "O senhor não pode imaginar minha alegria ao ver o bispo", escreveu ela a Fersen, "eu não podia deixá-lo por um momento sequer."[31] Pela primeira vez desde Varennes, a rainha conseguia desabafar com alguém que não seu marido. Ela descreveu em detalhe suas negociações com seus "novos conhecidos", os Feuillants; com sua habitual presunção, o bispo a repreendeu por não ter feito mais nesse sentido. Os termos em que Maria Antonieta descreveu essa discussão fazem com que ela pareça uma estudante arrependida: "[O bispo] foi muito severo comigo; eu pensava que tinha feito muito e que ele admiraria meu trabalho: nem um pouco. Ele me disse rudemente que eu deveria ter feito muito mais."[32]

Tendo feito sua reprimenda à rainha, o bispo voltou secretamente para Bruxelas. Sua visita salientou a utilidade de colocar um agente confidencial mais permanente em Paris, que poderia ver o casal real regularmente e transmitir informação e instruções com mais freqüência do que o casal conseguia fazer. Quintin Craufurd, tão corajoso quanto excêntrico, apresentou-se como voluntário para essa perigosa tarefa, e na véspera do Natal partiu com Eléonore Sullivan. Ficou em Paris, em estreito contato com a rainha, por quase quatro meses, e sua casa na *rue* de Clichy se tornou uma "casa segura" monarquista. Foi lá que Fersen se escondeu quando chegou à capital na noite de 13 de fevereiro, disfarçado como mensageiro sueco que levava mensagens para Portugal.

Muito se escreveu sobre a visita de Fersen, porque constitui o melhor indício de que ele de fato dormia com Maria Antonieta. Ele penetrou nas Tulherias poucas horas depois de sua chegada, encontrou a rainha sozinha em seus aposentos e aí ficou escondido até a manhã. Sabemos disso, porque as últimas palavras na anotação de seu diário referente a esse dia, parcialmente obliterada por descendentes ansiosos por preservar a reputação dele, dizem: "Fiquei lá."[33] Tendo em vista que Fersen e Maria Antonieta estavam inquestionavelmente apaixonados, e então se viram sozinhos nos mesmos aposentos por toda uma noite, parece provável que tenham ido para a cama juntos. Será sempre um mistério se essa foi a primeira vez que o fizeram ou se era parte de uma relação física de longa duração.

O significado pessoal da visita de Fersen, porém, obscureceu sua importância mais ampla. Durante sua estada em Paris, Fersen teve longas discussões políticas com o rei e a rainha, de que deixou um detalhado relato, tanto em seu diário quanto em um longo relatório para Gustavo III. Esses escritos fornecem o melhor indício que temos das verdadeiras opiniões de Luís e Maria Antonieta nos últimos meses da monarquia. Às vezes, Fersen registra literalmente as palavras do rei, começando com uma conversa na noite de 14 de fevereiro. Luís começou com um *cri de coeur* que revelava quanto ele tinha refletido sobre a Revolução e sua participação nela: "Ah, estamos sozinhos e podemos falar livremente. Sei que todos me censuram por fraqueza e indecisão, mas ninguém nunca esteve antes numa posição como a minha." Ele prosseguiu confessando o grande erro que cometera em 1789: "Sei que perdi minha oportunidade em 14 de julho; eu deveria ter partido então [...]"[34]

O objetivo de Fersen era descobrir como o rei e a rainha queriam que o congresso armado se desse e o que esperavam do acontecimento. Ele tinha

INVERNO DE 1791: BRETEUIL, AS POTÊNCIAS E OS PRÍNCIPES   269

preparado um memorando "sobre os diferentes métodos de atuação do congresso", que leu para eles. Ele informou as reações deles para Gustavo III em uma mensagem de 29 de fevereiro, que foi publicada. O memorando, porém, permaneceu desconhecido nos Arquivos Estatais Suecos até agora.[35] Trata-se de um documento crucial por duas razões. Primeiro, o relato de Fersen sobre a reação de Luís e Maria Antonieta às suas propostas só faz sentido quando lemos as propostas. Segundo, o texto expunha dois possíveis objetivos do congresso e pedia ao rei e à rainha que escolhessem entre os dois. A escolha que o casal real fez indica claramente as bases que prefeririam para um acordo com a Revolução.

Para Fersen, havia dois modos de o congresso agir, e cada um teria um resultado diferente. O primeiro consistia em insistir que nenhuma negociação com a Assembléia era possível enquanto o rei estivesse no cativeiro. As Potências, portanto, deveriam

> exigir como precondição essencial que o rei e sua família deixassem Paris num prazo determinado para um local combinado perto da fronteira, protegidos por soldados e uma guarda escolhida por ele próprio, de onde ele negociaria com as Potências sobre os diferentes objetos das demandas destas e de onde o rei renovaria plenamente ou em parte sua aceitação da constituição ou proporia as mudanças que a experiência lhe sugerira como necessárias.[36]

A segunda opção era mais complicada — e muito mais arriscada. Nesse cenário, as Potências evitariam com muito cuidado qualquer menção ao cativeiro do rei, mas atuariam exclusivamente em nome da lei internacional. Pediriam satisfação sobre duas questões — a anexação de Avignon e os ataques às liberdades germânicas — e garantias quanto a uma terceira, a inviolabilidade dos tratados existentes. O objetivo desse ultimato, cujos termos foram calculados para serem inaceitáveis pela França, seria levá-la à guerra. "Ao adotar essa estratégia", escreveu Fersen,

> as Potências deveriam estar prevenidas de que a conduta do rei não pode ser diferente da que ele tem seguido até agora [...] [Ele deve] [...] parecer fazer de boa vontade tudo que lhe é pedido; e mesmo declarar guerra a elas, tomando todas as medidas necessárias a esse respeito de modo a inspirar suficiente confiança para ele ficar à frente de seu

exército [...] Se alcançar esse objetivo, então será fácil para ele encontrar uma posição segura a partir da qual possa tratar com as Potências, e com a segurança do apoio delas ditar leis para seu povo.[37]

Aqui, em sua forma final, estava a escolha que o rei e a rainha tinham à sua frente desde outubro de 1789 — aceitar pelo menos alguns aspectos da Revolução ou combatê-la até o fim. Esse conflito fundamental esteve subjacente tanto aos planos rivais de Mirabeau e Breteuil para fuga de Paris quanto às posteriores diferenças entre Maria Antonieta e Barnave. A primeira opção de Fersen refletia o projeto inicial de Mirabeau: o rei deixaria Paris, porém usaria sua liberdade não para renunciar à constituição, mas para renegociá-la. Mas, a segunda opção de Fersen repercutia exatamente o plano de Breteuil da fuga para Varennes. O rei recuperaria sua liberdade não por meio de um processo de acordo, mas por meio de subterfúgio e força militar. Uma vez em liberdade, não procederia com base na constituição, mas a poria de lado. Ao contrário, apoiado por tropas leais e pelos exércitos das Potências, imporia um arranjo baseado em sua própria autoridade — "ditar leis a seu povo".

Por meio do expediente do congresso, Fersen assim pedia a Luís XVI para tomar uma decisão final entre a monarquia constitucional e, se não monarquia absolutista, algo muito perto disso. A questão essencial era a fonte de soberania. Consentiria o rei em partilhá-la com a Assembléia Nacional, o que implicaria até mesmo aceitação parcial da constituição? Ou, ao contrário, rejeitaria a constituição e reafirmaria sua autoridade indivisa? Nesse caso, mesmo que tivessem de ser feitas concessões a fim de acalmar a situação, isso se daria por graça do rei, deixando sua prerrogativa intacta.

A resposta de Luís XVI foi clara: "Eu [...] apresentei ao rei as duas opções contidas em [meu] memorando", informou Fersen a Gustavo. "Ele preferiu a segunda, dizendo que lhe oferecia a melhor oportunidade de se associar ao congresso."[38] O rei assim usaria o congresso não para renegociar a constituição, mas para restabelecer a monarquia segundo seus próprios termos. Essa era uma decisão intransigente, mas pelo menos era coerente. Tendo sucumbido brevemente ao canto de sereia dos Feuillants, no momento da verdade Luís XVI descartou qualquer concessão significativa em termos de autoridade.

Em sua mensagem a Gustavo, Fersen expandiu isso. Ele estava determinado a extrair do rei e da rainha uma clara indicação sobre seus objetivos políticos fundamentais, e o fez transmitindo a eles a forte oposição de

INVERNO DE 1791: BRETEUIL, AS POTÊNCIAS E OS PRÍNCIPES 271

Gustavo e Catarina, a Grande, a qualquer forma de monarquia constitucional na França. É extremamente revelador seu relato da resposta de Luís e Maria Antonieta. Retrata a hesitação inicial do rei, mas a mudança de rumo pela insistência da rainha quanto a uma virtual restauração da monarquia absolutista:

> Eu então declarei ao rei, em nome de Sua Majestade, sua intenção e a da imperatriz da Rússia de não suportar em nenhuma circunstância o estabelecimento de um governo misto na França; de não ter negociações com os rebledes, mas de restaurar a monarquia e a autoridade real em toda sua plenitude. A rainha apoderou-se dessa solução com entusiasmo, e o rei, embora o deseje, pareceu pensar que isso poderia ser difícil de alcançar; mas não tive dificuldade em demonstrar-lhe que com a ajuda estrangeira — e certo como eu estava de que era impossível e que ele estava decidido a não entrar em conciliação com os rebeldes — nada podia ser mais fácil; por fim ele estava convencido e me assegurou que não tinha intenção de negociar com os rebeldes, metade dos quais, disse ele, não tinha capacidade para ter sucesso e a outra metade não tinha desejo de negociar.[39]

Essa passagem mostra claramente que, embora possa ter havido diferenças de ênfase entre Luís e Maria Antonieta, no fundo estavam de acordo. Também é significativo que o argumento com que Fersen finalmente venceu o rei dissesse respeito à soberania. Sua afirmação foi a de que qualquer conciliação constitucional envolveria negociações com os rebeldes. Se Luís o fizesse, argumentava Fersen, iria fatalmente prejudicar sua autoridade. Como sem dúvida se pretendia, isso teve efeito; reunindo em si os fragmentos de sua prerrogativa, o rei respondeu que nunca negociaria com os insurgentes.

A cena é tão notável que se poderia duvidar da sinceridade de Fersen, a não ser pelo fato de que o relato encaminhado a Gustavo corresponde exatamente ao exposto em seu diário, que, como era inteiramente privado, ele não tinha razão para tornar inverídico. O rei, tão cioso de sua autoridade pública, estava privadamente se submetendo a um jovem nobre sueco que podia ter acabado de dormir com sua mulher. Luís teria suspeitado de que Fersen fosse amante de Maria Antonieta? As palavras que dirigiu a Fersen, tal como registradas por este, mostram afeição e completa confiança — "m. de Fersen, não importa o que ocorra, não esquecerei o que o senhor fez por mim", "ah, estamos sozinhos e podemos falar livremente". Se Fersen e a rainha estavam tendo um caso, ou o rei não tinha nenhuma idéia disso ou, ao contrário, era um marido complacente, que compreendia e aceitava plenamente o arranjo.

A despeito do que Luís XVI possa ter sentido, essas situações eram conhecidas de Fersen. Quer tenha ou não dormido com Maria Antonieta na primeira noite de sua visita, nas noites subseqüentes ele voltou para a *rue* de Clichy e dormiu com Eléonore Sullivan. Isso fica claro em seu diário. De fato, na *rue* de Clichy, uma ameaça muito mais imediata do que a prisão pelas autoridades revolucionárias foi descoberta por Quintin Craufurd, que não tinha idéia de que Fersen era amante de sua amante ou mesmo que no momento ele estivesse em sua casa. Durante uma semana, Fersen ficou escondido em um quarto no andar superior, passando suas horas vagas com a leitura de romances. A Revolução tinha retrocedido, substituída por *Les liaisons dangereuses*.

O relato de Fersen apresenta um último enigma — mais político do que pessoal. Se Luís estivera tão determinado poucos meses antes a respeitar escrupulosamente a constituição, como então podia admitir derrubá-la pela guerra? A resposta mais provável está na rápida deterioração da situação da França e no endurecimento que isso provocava em sua posição. Entre novembro de 1791 e fevereiro de 1792, os ataques dos girondinos, longe de diminuir, tinham se intensificado. O rei concluiu que, se era preciso uma guerra para completar sua derrota, então os girondinos estavam prontos, na verdade entusiasmados, para uma. Tal reconhecimento fica claro em sua carta de 14 de dezembro para Breteuil. Depois de uma longa discussão sobre como as Potências poderiam lidar com a questão dos *émigrés*, ele acrescentou: "Resta a guerra, caso se torne inevitável",[40] e esboçou sua política caso esta eclodisse. A inviabilidade de sua posição estava levando esse homem pacífico a aceitar até mesmo um conflito europeu caso este trouxesse a libertação.

Também aqui as opiniões do rei eram plenamente partilhadas pela rainha. Nessa época, o casal real desejava simplesmente um fim, qualquer fim, para sua terrível situação. Seu estado de espírito é retratado com vivacidade por Fersen em sua mensagem para Gustavo III:

> Em suma, considero o rei e a rainha decididos a suportar qualquer coisa a continuar em sua atual situação, e a partir de minha conversa com Suas Majestades posso assegurar-lhe, senhor, que sentem profun-

INVERNO DE 1791: BRETEUIL, AS POTÊNCIAS E OS PRÍNCIPES   273

damente que qualquer conciliação com os rebeldes é tanto inútil quanto impossível e que o único meio de restaurar a autoridade deles está na força e na ajuda externa.[41]

Na noite de 21 de fevereiro, Fersen se despediu de Luís e Maria Antonieta. Ofereceram-lhe chá e ele ficou para jantar. À meia-noite, partiu, e nunca os viu novamente.

*

À MEDIDA QUE O INVERNO AVANÇAVA, um drama final se desenrolava. Determinado a acabar com as divisões no campo monarquista, Breteuil fez um último esforço para impor aos *émigrés* a autoridade do rei. As ameaças e provocações vindas do lado dos *émigrés* não tinham diminuído desde Varennes; quando nada, tinham aumentado, já que o irmão mais novo do rei estava em liberdade.

Depois de Provence ter fugido da França de modo bem-sucedido, na noite em que o rei e a rainha partiram para Montmédy, ele e Artois se estabeleceram em Coblença, a convite de seu tio Clement-Wenceslas, eleitor de Trier. O eleitor pôs à disposição deles o vasto palácio barroco de Schönbornlust, nos arredores da cidade. Lá, instalaram uma Corte que tinha Versalhes como exato modelo, com todo seu cerimonial, hierarquia e funções; tudo o que faltava era um país para sustê-la. Os príncipes organizaram casas reais separadas cercadas por todos os ornamentos da antiga monarquia, com tropas de escolta e soldados suíços. Mesmo algumas unidades de guardas que haviam sido abolidas como medida de economia já na década de 1770 foram recriadas, como os Granadeiros de Cavalaria da Casa Real!

Tanto na vida privada quanto em público, as maneiras de Versalhes foram mantidas. O casamento de Provence havia muito deixara de ter algum significado, na medida em que sua mulher cada vez mais se deixava dominar pelo alcoolismo. A condessa de Provence vivia em Schönbornlust, mas seu papel como consorte foi assumido pela amante do marido, mme. de Balbi, inteligente, sagaz e formidável intrigante. Os estilos de vida do irmão e do primo de *monsieur* diferiam pouco. Artois ainda vivia abertamente com mme. de Polastron, irmã de mme. de Polignac, enquanto Condé e sua companheira mme. de Mônaco estavam juntos havia tanto tempo que ela era tratada como sua mulher de fato. Condé, no entanto, não vivia em Coblença, porém, mais abaixo no Reno, em Worms, onde se pôs a criar um exército de nobres refugiados que por fim alcançou o número de 22 mil homens. Embora tivesse falta crônica de recursos, esta ainda era uma força substancial, e é possível observar por que sua presença nas fronteiras da França incomodava tanto a assembléia legislativa.

Esse reino de Cocanha não tinha apenas um exército, mas também um serviço diplomático, que era o que mais preocupava Breteuil. O duque de Polignac o representava em Viena, o duque d'Havré, em Madri, o conde d'Esterhazy, em São Petersburgo, e o barão de Roll, em Berlim. Por meio desses embaixadores, os príncipes reivindicavam o direito exclusivo de falar pela monarquia francesa e arrogavam para eles próprios a autoridade do irmão mais velho. A ficção conveniente de que Luís XVI estava em completo cativeiro e não podia ter sua própria política era usada para desacreditar quaisquer instruções provenientes das Tulherias que não estivessem em concordância com as opiniões de Provence e Artois. Era urgente que o rei pusesse sua família sob controle.

Breteuil contava com a Suécia e a Rússia para manter Artois e Provence sob controle. Acima de tudo, o barão contava com Gustavo III, que usufruía tanto a confiança dos príncipes quanto a sua própria, para compartilhar a tarefa de contê-los. Em 11 de novembro de 1791, apresentou o assunto para Gustavo tão claramente quanto ousava fazer:

> Não posso deixar de repetir para Sua Majestade que o rei tem boas razões para temer a indiscrição de Coblença, e como os infortúnios resultantes disso são sentidos primeiro por ele próprio e sua família, o senhor não pode culpá-lo por impor alguns limites a sua confiança; se o círculo [dos príncipes] se sente ferido por essa reserva, esse mal é preferível ao que resultaria do que fosse revelado em excesso. A única solução que posso ver para esse problema, senhor, é a própria influência de sua Majestade sobre os príncipes [...] Quanto a mim, senhor, isso me agradaria sobremaneira, na medida em que, ao encobrir minha conduta, Sua Majestade me protegeria de duros juízos motivados pela ansiedade ou pela má-fé. O senhor pode facilmente julgar se a atitude insensível do imperador não é causa suficiente para sua inatividade e como é cruel ser constantemente atacado como causa de [sua] indiferença quando o tempo todo estou tentando incitá-lo à ação.[42]

INVERNO DE 1791: BRETEUIL, AS POTÊNCIAS E OS PRÍNCIPES   275

Ao mesmo tempo, Breteuil era inflexivelmente contra Provence se declarar regente, a despeito do apoio de Gustavo à idéia em julho. "Não devo ocultar de Sua Majestade", escreveu ele,

> que o rei em princípio se opõe profundamente à idéia de *monsieur* se tornar regente. Sua Majestade julga que as atitudes do príncipe a esse respeito irão simplesmente irritar em vez de atemorizar [os rebeldes]. O rei da Espanha e o imperador estão plenamente cientes das opiniões do rei e as partilham por inteiro. Não penso que alguma dessas cortes vá aceitar essa regência; só medidas sérias e bem coordenadas por parte das Potências causarão impressão nos rebeldes.[43]

Breteuil foi tão categórico sobre a regência que parece provável que estivesse agindo segundo instruções específicas do rei. De fato, há indícios de que Luís XVI lhe escreveu sobre o assunto. Em suas memórias, o conde D'Allonville reproduz uma carta de Luís, não datada mas com certeza desse período, em que ordenava formalmente que o barão se opusesse à regência de *monsieur*. Essa carta também contém um pós-escrito de Maria Antonieta que endossa as palavras do marido. Infelizmente, o original se perdeu e a única prova de que ela existiu é essa versão publicada. Todavia, o papel de D'Allonville na transmissão clandestina da correspondência do rei e da rainha dá credibilidade à sua história. Se ela merecer confiança, oferece outra confirmação de que Luís XVI e Breteuil se escreviam diretamente, e não apenas por intermédio de Maria Antonieta e de Fersen.

A carta mostra o rei determinado a não ceder sua autoridade, a despeito da situação difícil — e certamente não para seu irmão mais novo. "Estou informado, senhor barão de Breteuil", escreveu ele,

> de que meu próprio e querido irmão, *monsieur*, conde de Provence, enganado quanto a minha verdadeira situação e julgando-me acorrentado, julgou necessário estabelecer uma autoridade central destinada a dirigir meu império, como se o trono estivesse vago ou como se houvesse uma minoridade real: com a ajuda de Deus, esse não é o caso: à parte algumas crises, usufruo a liberdade necessária a um príncipe, e eu, e somente eu, devo dar ordens em meu reino.
>
> Portanto, senhor barão, logo que receba esta o senhor deve viajar para Viena, apresentar-se a nosso querido e poderoso irmão o imperador e informá-lo de nossas intenções. O senhor também tomará a ini-

ciativa de solicitar a todas as cabeças coroadas, em meu benefício e em meu nome, que não aceitem nem reconheçam a regência acima. Os atos dessa autoridade questionadora só podem irritar meu povo e infalivelmente o levarão aos piores excessos contra mim. Enquanto eu viver, farei tudo o que puder para cumprir meus deveres e dar paz e felicidade aos meus súditos. Se Deus quiser me levar, a rainha, minha fiel e honrada companheira, se tornará regente em seu pleno direito. Seu justo juízo, seu bom coração, suas virtudes asseguram-me da sabedoria de sua administração; seu amor por meu filho redobrará seus recursos pessoais e seu zelo. *Adieu*, meu caro barão de Breteuil; no infortúnio quanto na prosperidade serei sempre seu bom senhor e seu mais sincero amigo.

A rainha a seguir acrescentou seu pós-escrito:

Senhor barão de Breteuil, estando o rei convencido de que a regência de nosso irmão apresentaria desvantagens, acrescento minha própria recomendação às ordens dele. Nossa intenção não é nos opormos a *monsieur*, mas evitar infortúnios ainda maiores, e parece que essa medida enfureceria toda a França. Peço-lhe, *Monsieur*, para nunca duvidar da viva gratidão que tenho para com o senhor; a qual nunca diminuirá.[44]

A autenticidade desse texto é comprovada por um detalhe vigoroso. Em sua carta a Gustavo, Breteuil a parafraseia de modo muito preciso. Em particular ao enfatizar a má impressão que a regência de *Monsieur* criaria na França, o barão chega a usar a mesma palavra que Luís: "irritar". Isso salienta o fato de que o documento é genuíno e que D'Allonville de fato publicou uma carta — hoje desaparecida — de Luís XVI para Breteuil.

Se esse é o caso, então, em um aspecto importante o barão claramente desobedeceu ao rei. Contrariamente às instruções deste, não viajou a Viena, mas permaneceu em Bruxelas. Supostamente, não queria perturbar as redes que havia estabelecido, e sua proximidade com Mercy-Argenteau e com a arquiduquesa Maria Cristina já lhe davam um privilegiado canal de comunicação com o imperador. Além do mais, era muito mais fácil vigiar os príncipes a partir da Bélgica do que na Áustria.

Nessa época, Coblença precisava ser vigiada mais de perto do que nunca. Nunca saberemos se o plano de Breteuil de usar Gustavo III para conter

INVERNO DE 1791: BRETEUIL, AS POTÊNCIAS E OS PRÍNCIPES 277

Provence e Artois teria funcionado, porque em dezembro de 1791 ele foi arruinado a partir de um ponto inesperado — o próprio rei e a própria rainha. Abandonados nas Tulherias, Luís e Maria Antonieta haviam refletido sobre como seria melhor reconciliar o barão com os príncipes. Isso não podia ser feito diretamente, como foi deixado claro pelos próprios príncipes. Ao escreverem para o rei em 4 de agosto, eles tinham recusado categoricamente trabalhar com Breteuil:

> Suas intrigas, suas manifestações e sua má-fé para conosco são muito conhecidas de todos para acreditar que ele estivesse agindo sob nossas ordens [...] Essa razão apenas nos proíbe de promover um homem cuja incompetência é afinal de contas muito bem conhecida para que ele possa ser de alguma utilidade.[45]

Uma trégua tinha de ser estabelecida indiretamente, por um intermediário. O rei e a rainha procuraram com afinco por um candidato e por fim chegaram ao marechal de Castries, antigo ministro da Marinha, que emigrara em 1790 e agora vivia em Colônia.

Castries era uma figura de peso, duro, hábil, respeitado pelos príncipes e, de um modo mais sutil, tão obstinado quanto Breteuil. No final de novembro de 1791, ele recebeu de Luís XVI uma mensagem secreta, em tinta invisível, pedindo-lhe para "chegar a um entendimento com o barão de Breteuil quanto ao melhor modo de tratar com Coblença",[46] com ambos atuando como intermediários. O marechal aceitou a tarefa com entusiasmo. Breteuil, porém, estava completamente aborrecido. Ele conhecia bem Castries; os dois tinham sido colegas de ministério na década de 1780 e mantinham uma amizade prudente. Já que agora Castries estava autorizado pelo rei, ainda que apenas nessa missão específica, o barão teria de tratá-lo — e, em decorrência, os príncipes — em pé de igualdade. Isso era exatamente o contrário de sua própria concepção de como deveriam ser tratados Provence e Artois: por meio de ordens, dadas por ele próprio como único representante de Luís XVI, e inquestionavelmente obedecidas.

No momento, nada havia a fazer a não ser enfrentar com coragem o revés. Breteuil rapidamente escreveu a Castries uma mensagem cordial: "Como o senhor, saúdo tudo que impeça as idéias e as medidas de Coblença de tomarem o rumo político e militar errado. Acrescento, com a sinceridade da amizade, que a divisão dessa difícil tarefa com o senhor muito me anima

278   A QUEDA DA MONARQUIA FRANCESA

e me tranqüiliza."[47] De sua parte, no início de janeiro de 1792, Castries conseguira obter a anuência dos príncipes ao acordo, o que transmitiu a Breteuil com uma carta perguntando como o novo relacionamento deveria ser gerido.

A resposta do barão, escrita em 20 de janeiro, era inflexível. Ele atribuiu firmemente a culpa pelas más relações anteriores entre as Tulherias e os príncipes a estes últimos. "Concordo com o senhor", escreveu ele, "em que deve afastar por completo quaisquer falsas idéias de que as Tulherias estão em oposição [aos príncipes]."[48]

Todavia, quanto às relações futuras, as opiniões de Breteuil eram rígidas.

> O rei deve ser juiz e senhor do que ele [...] deveria comunicar aos príncipes pelo bem comum, enquanto, por outro lado, é absolutamente necessário que os príncipes não se permitam a menor providência sem antes a ter submetido a Sua Majestade e recebido dele autorização para iniciá-la e tomá-la.[49]

Nesse meio-tempo, Provence e Artois deveriam passar para ele uma descrição detalhada do estado de suas negociações com as cortes européias e os meios à sua disposição.

Nada disso era particularmente útil, mas chegava à insignificância ao lado da atitude que Breteuil tomara pouco antes de escrever essa carta. Tendo em vista a importância que ele agora atribuía às cortes do Norte, parecia sensato enviar-lhes um representante. Suas estreitas relações com Gustavo III tornavam um emissário em Estocolmo desnecessário, mas este não era o caso de São Petersburgo. Catarina, a Grande, ainda se ressentia de Breteuil por este não a ter ajudado em seu *coup d'état* trinta anos antes, e como seus recursos eram infinitamente maiores que os de Gustavo, era urgente apaziguá-la. Mais uma vez a escolha recaiu em Bombelles, e em 31 de dezembro de 1791 o resignado marquês partiu para a Rússia.

A notícia da chegada de Bombelles a São Petersburgo desencadeou uma explosão em Coblença. De todas as maiores Potências, a Rússia fora a mais generosa com os príncipes, tanto em promessas de apoio quanto, mais concretamente, em dinheiro. O agente deles em São Petersburgo, o conde d'Esterhazy, usufruía grande estima por parte de Catarina. A escolha de futuros representantes nas cortes européias era a questão mais delicada a ser resolvida entre Breteuil e os príncipes. Para eles, sua decisão unilateral de

INVERNO DE 1791: BRETEUIL, AS POTÊNCIAS E OS PRÍNCIPES 279

relegar Esterhazy era bastante ruim. Substituí-lo por Bombelles, depois da violenta rixa do marquês com Artois no mês de maio anterior em Vicenza, parecia um insulto calculado.

A fúria de Artois foi dirigida a Breteuil por meio de Castries. O marechal enviou uma carta aflita, queixando-se amargamente dessa quebra do espírito, quando não da letra, das novas disposições. A seguir, esboçou um caminho mais positivo. Era obviamente vital que nenhum sussurro das relações de Breteuil com o rei e a rainha deviam chegar à França. Castries, portanto, propôs que Breteuil continuasse a dirigir a diplomacia secreta deles a partir de Bruxelas, mas que encobrisse suas atividades usando os representantes dos príncipes como seus agentes em campanha. A linguagem da proposta de Castries é reveladora, já que mostra que o próprio marechal não tinha dúvidas sobre a validade dos poderes de Breteuil:

> Como quer que olhemos isso, senhor barão, mais o senhor se mostra, mais difícil é para o rei anunciar fidelidade à constituição; o senhor sabe a influência que sua Majestade atribuiu ao senhor quanto ao conteúdo da política, esse é o único papel que vale a pena ter. O senhor elaborou o plano, o senhor o pôs em execução e lhe deu a orientação, e cabe aos príncipes tratar abertamente com as cortes [européias]. É desse modo que sempre considerei que o rei e a monarquia seriam mais bem servidos.[50]

Breteuil, porém, não se importou. Ele dissimuladamente expressou surpresa e pena por Artois se ter ofendido tanto com a missão de Bombelles em São Petersburgo. A única razão para não ter anteriormente mencionado isso, acrescentou ele de modo nada convincente, foi que a discrição era a essência da tarefa do marquês, e ele não quisera que a notícia de sua chegada o precedesse. Também foi rejeitado o uso dos emissários do príncipe no futuro, "com base no princípio de que somente ao rei cabe a direção de seus assuntos". Mas, a observação de Castries de que o papel do barão tinha de ser a todo custo mantido oculto provocou uma resposta mais ponderada. Ela mostrava como Breteuil estava ciente da necessidade de profundo segredo em todas as suas atividades e do enorme perigo que o rei e a rainha enfrentariam se estas se tornassem amplamente conhecidas:

> O senhor está certíssimo, senhor marechal [...]. Devo ocultar o mais cuidadosamente possível o papel que Sua Majestade decidiu confiar-me. Estou firmemente convencido dessa necessidade, e todos os meus

280 A QUEDA DA MONARQUIA FRANCESA

esforços nos últimos dois anos têm se empenhado em ocultar minhas atividades sob a mais espessa obscuridade. Estou longe de desejar emergir dela agora e não tenho necessidade de me fazer digno de crença salientando os perigos a que dariam ocasião uma conduta diversa.[51]

A essa altura, Castries não seria iludido por uma carta. Enviou seu filho, o duque de Castries, que era o único a contar com sua confiança, para levar a Breteuil seu protesto em relação a Bombelles. Armado com uma lista de perguntas que o pai tinha preparado para ele, o duque deveria conseguir um encontro com o barão e relataria sua conclusões sobre cada ponto. Isso diz algo sobre o clima dos tempos em que Castries, como Bouillé, pouco antes de Varennes, se recusou a confiar as missões mais secretas a outros que não os membros mais íntimos de sua família.

A lista de instruções e perguntas de Castries feita para seu filho sobrevive, junto com as respostas deste último. Ambos os documentos formam mais um vínculo na cadeia de testemunhos, de Mercy-Argenteau a Kaunitz e Chamfort, que atestam os erros do barão. A advertência inicial de Castries para o filho os confirmava claramente: "A confiança do rei em m. de Breteuil aumenta a tendência natural deste para a imponência e a presunção. O menor sucesso torna difícil argumentar com ele, e [...] a contestação o enfurece até a brutalidade." Num nível pessoal, o encontro do duque com Breteuil ocorreu melhor do que o esperado. O barão foi agradável com ele e cheio de elogios a seu pai. No entanto, quanto às questões em pauta, ele foi inflexível. O duque assim se expressou a respeito: "Ele foi mais aberto comigo do que eu tinha esperado, mas quanto aos príncipes ele é o primeiro-ministro e cheio da supremacia real."[52]

Breteuil era tão intransigente em relação a Castries que nos leva a partilhar a suspeita deste último de que na verdade ele queria que as negociações fracassassem. Sua motivação era óbvia. Ele sabia que contava com a confiança do rei e da rainha e que era improvável que a perdesse caso o acordo com Castries se mostrasse inviável. A despeito do dano que isso significaria para a causa real, ele estava bastante seguro de que, em qualquer disputa entre os príncipes e ele pela atenção das cabeças coroadas da Europa, sua afirmação de falar em nome do rei por fim prevaleceria.

Ao longo da Revolução, mas em especial depois de Varennes, Breteuil opôs-se tenazmente a qualquer conciliação com os príncipes. Sua obstinação

INVERNO DE 1791: BRETEUIL, AS POTÊNCIAS E OS PRÍNCIPES

a esse respeito era verdadeiramente notável. Para ele pessoalmente, tratava-se de uma má estratégia, porque por fim o afastava de seu papel político. Mas é provável que não se importasse. Ao concordar em servir a Luís XVI, ele insistira em que somente ele devia ter a confiança real, quer ao tratar com as Potências sobre a restauração da autoridade real, quer ao formar um ministério depois que isso tivesse ocorrido. Não estava em seus planos partilhar essa confiança com Provence e Artois, insubordinados e em última instância traiçoeiros. De fato, em suas cartas para Castries há uma nota de autêntica ira em suas referências aos príncipes. Breteuil era um homem emocional e sua reação ao comportamento deles pode ter sido simples aversão.

Quando Breteuil discutia com Castries, uma prova decisiva da má-fé dos príncipes chegou às Tulherias. A carta de Luís XVI para seus irmãos de 16 de outubro insistira com eles para que voltassem à França de livre vontade, já que de outro modo eles o colocariam em uma posição insustentável. Por não receber resposta, ele lhes escreveu novamente em novembro, repetindo seu pedido. Por fim, no início de dezembro, recebeu uma resposta fria e profundamente hipócrita de Provence, fingindo acreditar que Luís tinha sido forçado a escrever a carta. "A ordem que ela contém para voltar à presença de Sua Majestade", escreveu *monsieur*, "não é a expressão de sua livre vontade, e minha honra, meu dever, mesmo minha afeição proíbem-me de obedecer a ela."[53] A conseqüência foi que ele continuaria suas provocações do outro lado do Reno, a despeito da fúria que isso despertava nos parisienses e do perigo em que punha seu irmão e sua cunhada. Isso era demais para Maria Antonieta. Ao ler a carta, ela explodiu: "Caim! Caim! *Monsieur* está nos sacrificando, nos matando! Que coração de pedra!... Não nos resta mais nada a não ser morrer."[54]

CAPÍTULO 12

FIM DE JOGO

NA ASSEMBLÉIA NACIONAL, somente por pouco tempo os girondinos ficaram desconcertados com o triunfo do rei em 14 de dezembro de 1791 em relação à dispersão dos *émigrés*. Destemidos, apegaram-se a sua estratégia de solapá-lo por meio de ataque aos vizinhos da França. De fato, em dois meses tinham provocado uma crise que levou inexoravelmente à guerra.

Ironicamente, foi o cauteloso Leopoldo II quem forneceu o pretexto. Mesmo que não se preocupasse em responder a eles, os pedidos desesperados de Maria Antonieta tiveram algum efeito, sobretudo no contexto de ameaça da Assembléia. No correr de dezembro, sua posição se endureceu perceptivelmente. O imperador buscou um pretexto para advertir os franceses de que não toleraria suas provocações. Ele o encontrou na complicada questão dos príncipes alemães na Alsácia. Quando a França assumira a província em 1648, vários príncipes alemães do Sacro Império Romano tinham mantido enclaves nela. Desde 4 de agosto de 1789, ficara obscuro se a abolição do feudalismo decretada pela Assembléia Constituinte se aplicava também a essas áreas. A Assembléia, naturalmente, afirmava que se aplicava; os príncipes alemães, sem levar muito a sério a perspectiva de assim perderem a renda de seus tributos feudais, respondiam que não se aplicava. As negociações entre os dois lados se arrastaram por dois anos, mas ainda estavam incompletas. Em 3 de dezembro, Leopoldo protestou contra a rejeição pela Assembléia das reivindicações feitas pelos príncipes. Baseou-se na inviolabilidade dos tratados existentes, o mesmo ponto que Fersen logo a seguir recomendaria à rainha como desculpa para convocar um congresso.

284 A QUEDA DA MONARQUIA FRANCESA

Mas não era tudo. Nessa época, até mesmo Kaunitz passava a apoiar uma linha firme. Embora não tivesse feito objeção à expulsão dos *émigrés* de Mainz e Trier, ele desejava deixar claro que outra agressão francesa no lado alemão do Reno não seria tolerada. Em 21 de dezembro, entregou ao embaixador francês uma notificação diplomática. Esta advertia que tinham sido dadas ordens aos soldados austríacos para marchar em ajuda do eleitor de Trier caso as tropas francesas cruzassem suas fronteiras. Se a França optasse pela guerra, prosseguia o chanceler, teria a oposição não apenas da Áustria, mas de um conjunto de Potências européias.

Era exatamente isso que os girondinos estavam esperando. O rei pode tê-los vencido em relação aos *émigrés*, mas Viena agora apresentara a eles um inimigo muito mais promissor — um conjunto das monarquias da Europa. Em 24 e 31 de dezembro, respectivamente, as notas austríacas se tornaram públicas. Foram lidas na Assembléia por Lessart, o novo ministro das Relações Exteriores, que no mês anterior substituíra o exaurido Montmorin. Encantados por terem um desafio que segundo eles só poderia beneficiá-los, o líder girondino Brissot e seus aliados prosseguiram na ofensiva.

Os discursos girondinos na Assembléia, no correr de janeiro de 1792, foram decisivos para lançar a França na guerra. Eram uma extraordinária mistura de eloqüência e auto-ilusão. De 14 a 24 de janeiro, no debate crucial sobre a notificação de Kaunitz de 21 de dezembro, todos os principais oradores do grupo — o próprio Brissot, Vergniaud, Guadet, Gensonné e seu aliado Isnard, deputado pelo Var — levantaram-se para denunciar a Áustria e seus cúmplices dentro da França. A partir de suas implacáveis palavras materializava-se a fantasia de um "comitê austríaco" liderado pela rainha e que trabalhava dentro das Tulherias para entregar a França a seu país natal. O motivo condutor dessa violenta investida era a austrofobia, arraigada há séculos na opinião pública francesa, agora usada para apresentar todos os monarquistas, mas acima de todos a rainha, como se estivessem coligados com o inimigo ancestral. No entanto, as conseqüências eram mais decisivas do que mesmo os girondinos podiam ter imaginado. Ao relacionar o inimigo externo com o interno, estavam forjando uma arma que, em mãos mais implacáveis que as deles, logo desencadearia a fase mais sangrenta da Revolução.[1]

É difícil avaliar a motivação dos girondinos nesse momento. Provocar uma guerra externa para obrigar o rei a se manifestar era uma estratégia racional, mas muito perigosa. No entanto, os girondinos não o fizeram numa

FIM DE JOGO

linguagem diplomática, ou mesmo militar, normal, mas num fluxo de retórica messiânica que se destinava a despertar paixões incontroláveis. Ou isso era simplesmente uma tática para excitar a opinião pública ou tinham caído sob o fascínio de suas próprias palavras hipnóticas, sendo mais provável esta última situação. A devoção pseudo-religiosa dos girondinos à Revolução era tal que eles saudavam positivamente uma guerra que iria desmascarar seus inimigos fora e dentro da França e permitir a esta esmagá-los. Isso os levou do âmbito da política sensata para o da escatologia e seu conseqüente estado de espírito, a paranóia. Em um discurso no Clube Jacobino em 30 de dezembro, Brissot indicou o caminho:

> Sim, deveremos ou prevalecer sobre todos eles, nobres, padres e príncipes-eleitores, e estabelecer nossa credibilidade pública e prosperidade, ou deveremos ser derrotados e traídos [...] os traidores no final serão condenados, serão punidos e por fim estaremos em condições de nos livrar de tudo que impede a França de se tornar uma grande nação. Admito, senhores, um único temor — que não sejamos traídos. Precisamos de grandes atos de traição: aí está nossa salvação.[2]

O "comitê austríaco" era de fato uma fantasia, mas era sintomático da névoa de suspeita que se tinha abatido sobre todos os atores do drama revolucionário. Tinha na verdade alguma base. O rei e a rainha de fato desaprovavam a constituição, e eram autênticas tanto as ameaças da Áustria quanto de os *émigrés* estarem se armando. No entanto, os girondinos fundiram todos esses elementos em uma vasta conspiração a ser explorada em benefício de seus objetivos internos. Deixaram de ver, ou preferiram não ver, que seus inimigos não estavam unidos, que havia grandes discordâncias entre as Tulherias e Viena, entre as Tulherias e os *émigrés*, e entre Viena e os *émigrés*. Para os girondinos, esses opositores eram simplesmente cabeças diferentes da mesma hidra contra-revolucionária. Para Brissot e seus aliados, acusar os príncipes e Calonne de alta traição, o que fizeram em 1º de janeiro, era apenas uma parte de seu ataque mais amplo aos inimigos externos.

Os girondinos eram notáveis oradores, mas sem ajuda não poderiam ter levado a Assembléia à beira da histeria em massa. Essa ajuda foi dada pelo método de trabalho da Assembléia e mesmo por seu desenho físico. Ela tinha pouco semelhança com outras legislaturas contemporâneas, como a Câmara dos Comuns. O Manège, a escola de cavalaria perto das Tulherias

286 A QUEDA DA MONARQUIA FRANCESA

onde se reunia, não era apenas um fórum para os deputados. O próprio recinto onde os deputados ficavam era dominado por grandes galerias públicas, geralmente lotadas por várias centenas de espectadores. Os oradores dirigiam seus discursos tanto para a galeria quanto para os colegas deputados, e a galeria reagia na mesma moeda, incentivando seus heróis e vaiando os oradores de que discordava. O clima era mais de um teatro barulhento que de uma assembléia parlamentar.

Nesse cenário, era fácil para os participantes serem levados por ondas de emoção das massas. Os ecos disso podem ser vistos ainda nas atas dos debates — "repetidos aplausos", "na sala ressoam aplausos", "essa onda de entusiasmo se transmite a todos os presentes". O foco não se dirigia à sóbria elaboração de leis, mas à formação de uma unidade por meio da demagogia. Foi nessas condições que se tomou a decisão de partir para a guerra.

Embora com freqüência arrebatados, os girondinos nunca perderam de vista seu objetivo básico. Este consistia em usar o espectro da agressão austríaca para confundir o rei e a rainha. Eles não sabiam qual era a natureza exata dos projetos reais, mas podiam ter uma suposição sagaz. Acima de tudo, logo perceberam o plano do congresso armado. É impossível saber se isso se deveu a um vazamento, mas as referências públicas a um concerto de Potências contra a França nas notas austríacas e a declaração de Pillnitz eram chaves suficientes. Qualquer que fosse a verdade, desde o início da discussão sobre a notificação de Kaunitz, o congresso estava na mira dos girondinos. Já no primeiro dia, Gensonné se levantou e, em nome da comissão diplomática da Assembléia, apresentou um relatório sobre as relações vigentes da França com a Áustria. Este constituiu um ataque geral à aliança franco-austríaca desde seu começo, incluindo o imperador, a rainha e a sombra do "comitê austríaco". Nesse contexto, Gensonné denunciou as intrigas para um congresso, acusando-as de um complô traidor planejado pela Corte. Isso deu uma chance para seu aliado Guadet, atual presidente da Assembléia. Erguendo-se de sua poltrona oficial, Guadet se dirigiu ao pódio e soltou uma arenga inflamada:

> Vamos destinar um lugar para os traidores, e que seja o cadafalso. Vamos decretar neste instante que a nação francesa denuncie como infames, traidores da pátria e culpados de traição em relação à nação qualquer agente do Poder Executivo, qualquer francês que participe, direta ou indiretamente, seja de um congresso com o objetivo de ob-

FIM DE JOGO

287

ter modificações da constituição, seja de qualquer forma de mediação entre a nação e os rebeldes, seja de qualquer negociação com os príncipes alemães na Alsácia.[3]

O efeito foi eletrizante. Com o aplauso frenético e a ondulação de chapéus, toda a Assembléia se levantou. Todos — deputados, espectadores e mesmo os porteiros — estenderam as mãos para a mesa do presidente e gritaram: "Sim! Juramos! Viveremos em liberdade ou morreremos! A constituição ou a morte!" A brutal proposta de Guadet foi aprovada por aclamação. Tratava-se de um momento decisivo. Os deputados tinham acabado de aprovar que a legislação adotasse o termo mais elástico "traição em relação à nação" (*lèse-nation*). Tinha sido preparado o mais perigoso instrumento do Terror.

O decreto foi levado às Tulherias no mesmo dia. Percebendo que o veto só faria confirmar todas as suspeitas que o tinham ditado, Luís XVI sancionou o decreto imediatamente. O estratagema dos girondinos tinha funcionado. O rei não podia mais fingir, mesmo para si próprio, que trabalhar para um congresso armado fosse remotamente compatível com a defesa da constituição. Se ele persistisse em sua política secreta, não haveria agora possibilidade de conciliá-la com a Revolução; em vez disso, ele seria seu inimigo e, em sua forma mais inflexível, culpado de "traição da nação". Os girondinos tinham afinal conseguido separar o rei e a França.

O debate sobre a notificação austríaca terminou em 24 de janeiro. O resultado foi outro decreto, aprovado nesse dia, que dava ao imperador até 1º de março para declarar que ele renunciava a quaisquer intenções ou atos hostis contra a independência ou soberania francesas. O silêncio, ou uma resposta ambígua, seria tomado como declaração de guerra. Tratava-se, essencialmente, de um ultimato, com o qual Leopoldo só podia concordar ao preço de abjeta humilhação.

Nessa ocasião, o imperador tinha finalmente decidido aceitar o desafio francês. Em sua presença e na de seu filho e herdeiro, o arquiduque Francisco, realizou-se em 17 de janeiro uma reunião do conselho de Estado. Tendo condenado, no mês de setembro anterior, o projeto do congresso armado, Leopoldo e seus ministros agora buscavam sua retomada. A França deveria ser convocada a dissolver suas forças no Reno, respeitar os direitos dos príncipes alemães na Alsácia, devolver Avignon ao papa e garantir a observação de todos os tratados existentes. Internamente, deveria propiciar a liberdade e a segurança da família real e apoiar a forma monárquica de governo. As outras

288 A QUEDA DA MONARQUIA FRANCESA

Potências foram convidadas a se juntar à Áustria para compelir a França a aceitar essas exigências. A preliminar essencial, porém, era o apoio da Prússia. Esse fato deu novo ímpeto ao *rapprochement* já em andamento. Em 7 de fevereiro de 1792, chegou-se à conclusão lógica, com a assinatura em Berlim de um tratado de aliança entre a Áustria e a Prússia.

Esse foi o último grande ato de Leopoldo como imperador. Ele morreu, súbita e inesperadamente, em 1º de março. No agitado clima da época, houve logo a suspeita de que tivesse sido envenenado por um agente francês, mas na autópsia não se encontrou qualquer sinal disso. A verdadeira causa da morte foi uma súbita febre reumática, exacerbada pelo ritmo intenso que o imperador sempre se impunha, tanto na sala do conselho quanto em seu quarto. A previsão de Bombelles se tornara verdadeira: a atividade de Leopoldo o matara.

O impacto político da morte do imperador foi simplesmente acelerar a tendência para a guerra. Seu filho e sucessor, Francisco II, de 23 anos de idade, era infinitamente menos flexível e inteligente que o pai. Acima de tudo, considerava-se um soldado, tendo recentemente servido na guerra turca. Isso reduzia ainda mais qualquer possibilidade remanescente de uma solução negociada para a crise. A probabilidade de conflito também ameaçava a primazia de Kaunitz. Com 81 anos, o chanceler via sua política ponderada e calculadora em relação à França cada vez mais desafiada por dois colegas mais jovens, Philipp, conde Coblença, e Anton, barão Spielmann. Como resultado, seu próprio tom em relação à Assembléia se tornou cada vez mais estridente. Em um comunicado de 17 de fevereiro para Blumendorf, o *chargé d'affaires* austríaco em Paris, que fora designado para a comunicação com o governo francês, ele condenou numa linguagem ameaçadora "a influência e violência do partido republicano".[4] Julgava que isso intimidaria os radicais e fortaleceria os moderados; na verdade, teve exatamente o efeito oposto.

Em 1º de março, o ministro das Relações Exteriores, Lessart, levou o comunicado de Kaunitz para ser lido na Assembléia, juntamente com sua própria resposta às notificações austríacas anteriores. Como membro dos Feuillants, Lessart se apegou aos últimos farrapos da política de paz deles. Sua resposta a Viena fora, portanto, tímida e conciliatória. Ao ouvi-la, os girondinos ficaram exasperados e sua fúria chegou ao ponto máximo com a comunicação seguinte de Kaunitz. Por trás dessa agressão austríaca e da resposta complacente do ministro, eles viam a mão do rei e, em especial, a da rainha. As intrigas do casal real tinham de ser detidas, concluíram eles, e isso

FIM DE JOGO

só podia ser conseguido por meio de um ministro das Relações Exteriores girondino. Um ataque ao governo também teria o efeito benéfico de intimidar os partidários da paz. Para afirmar isso, Lessart foi escolhido como vítima sacrificial.

O plano foi implementado em 10 de março. Quando a Assembléia estava para começar sua sessão, foi recebida a notícia da morte do imperador, o que inflamou mais ainda o clima. A probabilidade de que isso causasse pelo menos confusão temporária em Viena incentivou os girondinos. Brissot se levantou e propôs que Lessart fosse destituído por negligência e traição de seus deveres e por comprometer a honra e a segurança francesas. Não havia base para as acusações, mas os girondinos, incontidos, usaram sua retórica para pintá-lo como um agente da conspiração familiar austríaca. Além do infeliz Lessart, naturalmente, Brissot e seus aliados visavam também à família real, e não se preocupavam em ocultar o fato. No clímax do debate, Vergniaud subiu à tribuna e apontou teatralmente para as Tulherias, claramente visível através das janelas do Manège. "Deste pódio", declamou ele,

> podemos ver o lugar onde conselheiros traidores estão desviando o rei [...] terror e horror com freqüência provieram desse palácio; hoje deveriam entrar nele em nome da lei! Todos dentro dele deveriam saber que apenas a pessoa do rei é inviolável, mas a lei julgará todos os criminosos sem distinção, e nem uma só cabeça culpada escapará de sua lâmina![5]

Essas palavras inflamadas tiveram efeito, a Assembléia foi levada a seus arrebatamentos habituais, e o decreto de acusação a Lessart foi aprovado por maioria substancial. Mas o discurso de Vergniaud sublinhava os perigos que cercavam determinado habitante das Tulherias — a rainha. Foi amplamente divulgado que os girondinos queriam pô-la em julgamento, sob a acusação de conspiração com o inimigo austríaco. Outro boato, sobre o qual Breteuil foi rapidamente informado em Bruxelas, era o de que ela seria separada do rei e posta em um convento. Nesse plano mais amplo, o destino do ministro das Relações Exteriores era de pouca importância. "Deixaremos Lesart fugir", ouviam-se os deputados murmurarem casualmente, "mas não a rainha."[6]

O legado mais imediato do *impeachment* do ministro das Relações Exteriores foi uma crise ministerial. O rei tinha duas opções. Uma era defender seus atuais ministros, todos moderados e estreitamente ligados aos Feuillants,

290 A QUEDA DA MONARQUIA FRANCESA

contra uma Assembléia hostil agora em perseguição cerrada. A outra era se render aos girondinos e dar-lhes o poder por que ansiavam, na expectativa de que nessas condições de crise isso seria um cálice envenenado. Luís escolheu o segundo caminho. Entre 15 e 23 de março, os ministros Feuillants se afastaram e um governo girondino assumiu o lugar deles. Esse governo contava com três figuras-chave: Roland — assiduamente estimulado por sua dominadora esposa, Manon Roland — ocupava o ministério do Interior, o especulador suíço Clavière, o das Finanças, e o soldado, aventureiro e antigo espião Dumouriez, o das Relações Exteriores.

A rede se aproximava inexoravelmente do rei e da rainha, que estavam cientes do fato. Ambos se viam diante da possibilidade de não sobreviver. Segundo Bertrand de Molleville, Luís estivera por algum tempo convencido de que em breve seria assassinado. Quanto a Maria Antonieta, ainda mais diretamente ameaçada do que o marido, estava tão exaurida pelas lutas dos últimos meses que encarava a tempestade que se aproximava quase com alívio. "Todos aqui instigam a guerra", escreveu ela para Fersen em 15 de abril, "e o melhor seria se ela resolvesse as coisas, porque nossa posição não é mais suportável."[7] Nessas desesperadoras circunstâncias, a política do rei e da rainha se modificou. O congresso armado, como perceberam, estava rapidamente se tornando inadequado. A prioridade deles se tornava então a autopreservação no caso de um conflito armado.

*

SE A POSIÇÃO DE Luís e Maria Antonieta dentro da França piorava, sua diplomacia secreta no exterior se tornava mais coerente. Embora os príncipes ainda mantivessem seus representantes nas principais cortes européias, estavam aos poucos ficando marginalizados. Isso porque a alegação de Breteuil de ser o único a falar em nome do rei estava sendo amplamente reconhecida. O mais importante foi que a carta de Luís XVI para o rei da Prússia, de dezembro de 1791, tivera o desejado efeito. Prova disso estava em duas cordiais respostas de Frederico Guilherme, uma para Luís e a outra para o próprio barão. Na segunda, Frederico Guilherme informava a Breteuil que estava autorizando seus ministros a negociar apenas com ele no tocante à ajuda prussiana para a monarquia francesa. Até mesmo Catarina, a Grande, inimiga de Breteuil, a despeito de seu apoio aos príncipes, se via forçada a

FIM DE JOGO

aceitar, privadamente, que ele, e não eles, contava com a confiança de Luís XVI. "Está claro", observou ela, "que o barão de Breteuil é o homem tanto do rei quanto da rainha e que tivera poderes plenipotenciários de Luís XVI durante nove meses."[8]

Com sua posição mais segura do que nunca, Breteuil agora podia ampliar suas atividades. Para consolidar relações com Frederico Guilherme, no fim de janeiro de 1792 mandou um enviado a Berlim, o visconde de Caraman, de trinta anos de idade. O mais jovem dos protegidos de Breteuil, Caraman sempre fora destinado a uma carreira diplomática. Aos 18 anos, seus parentes o enviaram para uma grande viagem pela Europa, no curso da qual conhecera Frederico, o Grande, Catarina, a Grande, José II, Gustavo III, Pitt, o Jovem e Charles James Fox. Caraman se encontrou pela primeira vez com Breteuil em Viena, em 1782, durante o período deste último como embaixador nessa cidade. Permaneceu por quase um ano e fez seu aprendizado político lendo esboços de mensagens para Breteuil todas as manhãs, enquanto o barão se vestia e empoava o cabelo, como era seu hábito, com as próprias mãos. Mais tarde, Caraman escreveu suas memórias, da qual trechos que tratavam do início de sua vida foram publicados na década de 1850.[9] Tragicamente, o manuscrito então se perdeu e nada de suas recordações da era revolucionária jamais foi publicado. As mensagens de Caraman para Breteuil enviadas de Berlim sobrevivem, porém, e fornecem muitos detalhes sobre sua missão.

Como importante Potência, ainda que em declínio, governada por Carlos IV, primo de Luís XVI, a Espanha ocupava importante lugar na diplomacia do barão. Não precisou mandar um enviado a Madri, pois já tinha um nessa cidade. Este era ninguém menos do que o duque de la Vauguyon, seu antigo colega no Ministério das Cem Horas. Depois de sua renúncia em 16 de julho de 1789, La Vauguyon, que ainda era oficialmente embaixador na Espanha, deixara Versalhes para retomar o cargo de embaixador. Detido em Le Havre por revolucionários locais, foi por fim liberado e teve permissão para prosseguir. La Vauguyon continuara como embaixador por mais 18 meses antes de renunciar, mas tinha prudentemente decidido permanecer em Madri. Ele sempre se dera bem com o rei e continuou a usufruir sua confiança mesmo depois que deixou de ser embaixador. Breteuil, por sua vez, nunca perdera contato com La Vauguyon desde a queda de seu ministério. Sabia que não podia esperar aliado mais bem colocado na Corte espanhola, e o duque tinha o maior prazer em ser útil.

Em São Petersburgo, Bombelles travava uma difícil batalha contra a educada hostilidade de Catarina, a Grande. Depois de uma exaustiva viagem de inverno, ele chegou à capital russa em 26 de janeiro. Trazia uma carta de Maria Antonieta para a imperatriz, que pedia o apoio desta ao congresso armado, com o endosso de dois memorandos de Breteuil, um para Catarina e outro para seu chanceler, conde Ostermann. No entanto, ele logo descobriu que seus anfitriões tinham reservado toda sua boa vontade para os príncipes e seu representante em São Petersburgo, o conde Valentin Esterhazy. O marquês foi recebido por Ostermann no dia de sua chegada, mas teve de ficar esperando impacientemente por várias semanas até que Catarina concordasse em recebê-lo.

O encontro especialmente importante de Bombelles com a imperatriz ocorreu em 17 de março. Às 3:00 horas da tarde ele se dirigiu ao palácio Hermitage e foi levado à sala de bilhar. Catarina então chegou com Platon Zubov, o último em sua longa fila de jovens amantes. Zubov logo saiu, e a imperatriz puxou uma cadeira para perto da mesa de bilhar e convidou seu hóspede a ocupar uma poltrona em frente. Sob seu encanto superficial, porém, Catarina não fazia concessões. Falou duramente sobre a vacilação e a falta de energia de Luís XVI, rechaçou o congresso armado como sendo algo impraticável e terminou por elogiar incisivamente Provence e Artois. Por trás dessas palavras encontra-se um cálculo eminentemente prático. A Rússia não podia colher ganhos sólidos de uma intervenção na distante França, enquanto a vizinha Polônia, no momento ainda mais intranqüila do que o habitual, parecia madura para uma nova divisão. Era interesse da imperatriz que as Potências ocidentais ficassem distraídas com o problema da França, enquanto ela se abstinha e esperava que a Polônia caísse em seu colo.

Ficava claro, a partir disso, ser improvável que a aliança do Norte projetada por Breteuil para auxiliar Luís XVI chegasse à consecução. Cada vez mais deprimido, Bombelles ficou em São Petersburgo até o fim de agosto e então partiu. Enquanto a Rússia ficava de lado, o foco dos acontecimentos se deslocava para outra parte.

A verdadeira ruptura na diplomacia do barão durante esses meses foi a súbita irrupção de boa vontade prussiana. No entanto, Breteuil não tinha ilusões de que isso fosse desinteressado. Frederico Guilherme II declarou ruidosamente sua solidariedade pela difícil situação de Luís XVI e Maria Antonieta, mas seu objetivo verdadeiro era intensificar o poder e o prestígio de seu próprio reino. Frustrado em uma guerra expansionista no Oriente

FIM DE JOGO

com o fim do conflito turco, ele então olhava para o Ocidente. Breteuil logo recebeu prova concreta de suas verdadeiras intenções. No fim de janeiro de 1792, uma carta de Schulenberg, ministro de Frederico Guilherme, salientava que não se podia esperar que seu imperador fosse salvar Luís XVI sem levar em consideração seus próprios interesses, e que ele deveria receber alguma compensação pelo incômodo e pelas despesas resultantes. De modo claro ele apontava para a cessão à Prússia de efetivas terras francesas, talvez toda a Alsácia ou parte dela. Seriamente alarmado, Breteuil se apressou em desviar a avidez prussiana para canais menos perigosos, propondo uma indenização financeira, em vez de territorial. Por fim, sua solução foi aceita.[10]

De modo mais positivo, os prussianos reagiram com entusiasmo às idéias de Breteuil de um congresso armado. Estas logo foram objeto de detalhadas negociações entre o barão, em Bruxelas, e Schulenberg e Caraman, em Berlim. Foram discutidos o número de soldados necessários para apoiar o congresso, bem como as exigências que este acarretaria e até que ponto a mediação de Luís XVI deveria ser invocada. Houve muita discussão sobre onde exatamente o congresso deveria se reunir. Os locais mais óbvios eram Aix-la-Chapelle e Colônia. Citando sua experiência no congresso de Teschen em 1779, Breteuil salientou que uma localidade pequena e tranqüila seria preferível, na medida em que propiciaria menos diversões para os diplomatas reunidos e assim apressaria seu trabalho. Por essa razão, recomendou vivamente Colônia,

> que é na verdade extremamente desagradável: insisto na importância disso porque lembro que a intensa atividade [...] que concluiu o congresso de Teschen teve muito a ver com o tédio do local; pelo que concluí que os congressos deveriam sempre se realizar em um local que oferecesse o mínimo possível de distrações de sociedade.[11]

O fato de a Prússia e a Áustria terem acabado de assinar um tratado de aliança modificou ainda mais a situação. Embora Berlim e Viena ainda elogiassem da boca para fora a idéia de um congresso, estava claro que medidas mais fortes estavam sendo ativamente preparadas. Frederico Guilherme observou que o ultimato de 24 de janeiro da assembléia legislativa dirigido a Leopoldo chegava a ser uma declaração de guerra, e agiu em consonância com isso. O duque de Brunswick, que combatera com Frederico, o Grande, foi convidado a Berlim a fim de traçar planos de uma campanha militar

294 A QUEDA DA MONARQUIA FRANCESA

contra a França, e o embaixador francês oficial foi mandado embora. A Áustria propôs a mobilização conjunta de 80 mil homens, e os prussianos concordaram imediatamente.

Esse endurecimento de atitude em relação à França revolucionária se harmonizava com os sentimentos de Breteuil. Ele trabalhara pelo congresso armado porque Luís XVI lhe tinha ordenado tal, mas é possível que ele próprio tivesse pouco entusiasmo pelo congresso. Certamente o bispo de Pamiers, em quem então tinha muita confiança, tinha se oposto ao congresso desde o início, sentindo que era muito incômodo e que poderia não trazer um resultado decisivo. A partir de janeiro de 1792, o barão passou a ver a guerra como cada vez mais inevitável. Seu único temor era de que a França pudesse começá-la antes que seus opositores estivessem preparados. Por essa razão, quando a Assembléia convocou os eleitores de Mainz e Trier a expulsar os *émigrés*, ele relutantemente aconselhou a aquiescência, sabendo que a Áustria e a Prússia ainda não estavam prontas para agir. Ele expôs seu pensamento em uma longa carta de 1º de janeiro para Gustavo III, em que expunha algumas sagazes observações sobre a motivação dos revolucionários:

> O comportamento prudente dos príncipes eleitores não deterá a agressão dos rebeldes; estes estão se dizendo que serão atacados logo que se inicie a temporada de campanha, e pensam que se pode obter grande vantagem ao antecipá-la devastando vinte léguas de campo antes de seu ataque ser contido pelas forças superiores. Pensam que esse primeiro movimento dará a sua facção e a seus soldados um grande arrojo, bem como um prestígio que seu orgulho exagerará; acima de tudo se iludem com o fato de que esse sucesso momentâneo e aparente dará a seus prosélitos estrangeiros meio poderoso de incitar a população e arregimentá-la em torno de *slogans* e bandeiras de independência. O senhor pode saber, senhor, que para alcançar esse fim eles pretendem estampar em grandes letras em suas bandeiras: Paz nas cabanas, guerra aos castelos. Também pensam que levantarão o crédito dos *assignats* pelo tempo que puderem manter seus soldados em solo estrangeiro. Essas, senhor, são as razões que impelem o partido dominante a lançar seu ataque sem demora e que me fazem prever um recurso às armas. Nessa suposição, e também na convicção de que o andamento dos acontecimentos dentro da França está deixando para trás nossas contramedidas no exterior, tentei inculcar em Coblença a necessidade de combinar firmeza com prudência...[12]

FIM DE JOGO

A crescente probabilidade de intervenção austríaca e prussiana não diminuía, aos olhos de Breteuil, a importância da Suécia e da Rússia. A resolução austríaca e prussiana poderia recuar a qualquer momento, e se sua ajuda por fim se materializasse, certamente teria um preço. Em oposição a isso, a Suécia pelo menos estava relativamente desinteressada. Gustavo III não deixou de salientar isso e advertiu Breteuil, em março, sobre os perigos de depender exclusivamente do imperador e do rei da Prússia:

> A temporada está avançada e a Áustria e a Prússia logo agirão e excluirão o Norte. Deixo para o senhor o juízo sobre o que acontecerá com o senhor, com a França e com Sua Majestade Cristianíssima caso fiquem à mercê desses duas Potências se não forem contrabalançadas pelas do Norte.[13]

Gustavo ainda persistia em seu plano de liderar uma força expedicionária russo-sueca contra a costa da Normandia, e Breteuil julgou prudente incentivar isso. Em termos gerais, era importante manter bem aceso o entusiasmo volúvel do rei pela causa de Luís XVI. De modo mais específico, caso a Áustria e a Prússia suspendessem seu ataque, o plano de Gustavo seria a única esperança.

A dificuldade era o dinheiro. A Suécia era um país pobre, financeiramente esgotado pela custo de sua recente guerra com a Rússia. Além disso, a Revolução tirara de Gustavo o subsídio francês anual que ele usufruíra — de fato, uma de suas motivações para ajudar nas tentativas de restaurar a autoridade de Luís XVI era garantir a retomada desse subsídio. A ajuda financeira tinha de ser buscada em outra parte, e o olhar inquieto de Gustavo se dirigiu para a Espanha. O rei Carlos IV claramente não estava disposto a enviar soldados através dos Pireneus para ajudar o primo, mas seu reino tinha recursos econômicos substanciais, provenientes sobretudo das minas de ouro e prata da América do Sul. Para abrir essa porta, Gustavo precisava de uma chave que somente Breteuil podia fornecer — o duque de la Vauguyon, com suas amplas ligações na Corte espanhola. Estas eram vitais para neutralizar o andamento reconhecidamente altivo com que o governo espanhol realizava seus negócios: "É sua tarefa, senhor barão", escreveu Gustavo, "encontrar o melhor meio de apressar a lentidão espanhola."[14]

La Vauguyon se pôs a trabalhar, e no fim de fevereiro seus esforços tinham começado a dar resultados. Carlos IV insinuou que forneceria 16 mi-

296 A QUEDA DA MONARQUIA FRANCESA

lhões de *reales* a Gustavo imediatamente, e tanto quanto pudesse ser levantado daí em diante.[15] Então veio um sério golpe. O principal ministro espanhol, conde Floridablanca, que era favorável à causa real francesa, caiu do poder. Foi substituído por seu rival de longa data, conde Aranda, que era correspondentemente indiferente em relação à ajuda a Luís XVI. As negociações de La Vauguyon começaram a enfraquecer. Isso deixou Breteuil numa situação nada invejável, já que a pressão de Gustavo aumentava rapidamente. Bouillé, que agora estava a serviço da Suécia, elaborara para o rei um detalhado plano de operações para um desembarque na costa francesa e estava impaciente para executá-lo. Ficava claro, porém, que o dinheiro da Espanha não estava disponível. Tudo o que Breteuil podia fazer era exprimir sua frustração em termos cada vez mais intensos:

> Estou encantado com o fato de sua Majestade ter gostado do plano de campanha que m. de Bouillé lhe enviou; seria terrível se a mera falta de dinheiro viesse a impedir sua implementação. Eu poderia beber meu próprio sangue, senhor, ao ver esse obstáculo no caminho de seus primeiros passos, quando está tão claro que abundantes meios se seguirão rapidamente a eles.[16]

A despeito de seu fervor pela causa real francesa, Gustavo também tinha de cuidar de seu próprio reino. A nobreza sueca, sempre turbulenta, tinha tentado explorar as dificuldades de Gustavo durante a guerra com a Rússia, de modo a recuperar seu antigo poder. Na primavera de 1789, no entanto, ele conseguira virar a situação contra eles ao convocar uma Dieta em Estocolmo, ao prender os principais líderes nobres, inclusive o pai de Fersen, e ao promulgar uma nova constituição que transformou a Suécia numa monarquia quase absolutista. Gustavo só conseguiu fazer isso ao conseguir o apoio na Dieta dos estados não nobres. Luís XVI teria feito bem se tivesse se lembrado disso quando iniciou seus próprios Estados Gerais um mês depois.

Em janeiro de 1792, Gustavo realizou outra Dieta bem-sucedida, em que foram aprovadas medidas para afastar o estado de falência que avultava em seguida à guerra russo-sueca. Nessa época, porém, vários nobres se sentiram cansados de fazer oposição ao rei por métodos constitucionais, e resolveram assassiná-lo. Não se sabe até onde a conspiração se estendeu, mas algumas fontes afirmam que ela abrangeu quase metade da aristocracia sueca. Escolheram como instrumento um antigo oficial do exército fanático e

FIM DE JOGO 297

descontente, Jakob Johan Anckarström. Logo começaram a transpirar rumores sobre o complô, de modo que se tornou imperativo agir imediatamente. Quando se anunciou que Gustavo compareceria ao último baile de máscaras da temporada na ópera de Estocolmo, em 16 de março, os conspiradores decidiram matá-lo nesse local.

Às 11:00 da noite do dia 14, o rei chegou à ópera acompanhado por seu principal camarista, barão Essen, e um pequeno grupo de membros da Corte, e se sentou para cear nos aposentos particulares que aí mantinha. Durante a refeição, foi entregue a Gustavo uma carta anônima que o advertia de que um atentado contra sua vida seria cometido nessa noite durante o baile. Mas o rei, cuja coragem pessoal sempre fora notável, deixou de lado o aviso, e pôs um chapéu de três bicos, uma capa de seda veneziana e uma meia-máscara que de modo algum ocultava sua identidade. A seguir foi para o camarote real com Essen a fim de observar o baile que se desenrolava embaixo. Logo percebeu um grupo de convidados com capas pretas e meias-máscaras que sussurravam entre eles e que apressadamente se dispersaram logo que o viram. Gustavo continuou, imóvel, à plena vista dos participantes da festa embaixo por 15 minutos. Depois, voltando-se para Essen, gracejou: "Perderam uma boa oportunidade para atirar em mim. Venha, vamos descer."[17]

Ao entrar no grande salão onde transcorria o baile, o rei logo foi reconhecido e andou em meio à aglomeração antes de desaparecer brevemente no Salão Verde. Anckarström e seus companheiros, que o observavam o tempo todo, rapidamente fizeram seus planos. No momento em que Gustavo e Essen voltaram ao salão, as capas pretas se precipitaram, cercando-os por todos os lados. Um dos conspiradores então bateu no ombro do rei de modo a indicá-lo para Anckarström e pronunciou as palavras combinadas: "*Adieu, beau masque* [Adeus, bela máscara]!" Anckarström imediatamente disparou uma pistola que continha duas balas, 14 fragmentos de chumbo e ferro e alguns pregos por precaução nas costas do rei.

Mantido de pé pelos agressores que se encostavam nele, Gustavo não caiu, mas certamente teria sido morto se outro camarista e um guarda, alertados pelo tiro abafado, não tivessem acorrido em sua ajuda. Consciente, o rei foi levado para seus aposentos, enquanto rapidamente se espalhava a notícia do que tinha acontecido.

Anckarström, que na confusão deixara cair suas armas, foi rapidamente detido quando estas foram reconhecidas como dele, e logo a seguir os principais conspiradores estavam presos. Anckarström sofreu a pena prescrita para regicídio: açoite, amputação da mão que cometera o delito e decapitação. Não houve, porém, outras execuções. O rei resistiu por mais duas semanas, morrendo em 29 de março. Como seu filho ainda era menor, tornou-se regente seu irmão Charles, que não tinha intenção de envolver-se em aventuras externas. Todos os planos suecos de salvar a família real francesa morreram com Gustavo III.

Breteuil recebeu a notícia do atentado contra a vida do rei em 1º de abril. Sua reação, segundo Fersen, que a observou, foi de consternação. As comunicações seguintes anunciaram a morte de Gustavo. Escrevendo a Bombelles, Breteuil não fez segredo de seu pesar:

> Como eu, o senhor hoje estará lamentando esse grande homem; o senhor sabe como fui ligado a ele desde a sua infância e conhece toda a generosidade dele para comigo. Não posso exprimir ao senhor de modo suficiente a extrema dor de meu coração, e a escuridão que esse terrível acontecimento lança sobre meu espírito e minha alma.[18]

O barão tinha boas razões para lamentar a morte de Gustavo III. O tiro de pistola de Anckarström lhe havia tirado uma amizade de trinta anos e havia privado Luís XVI e Maria Antonieta de seu único aliado desinteressado. A partir de então, a tarefa de Breteuil seria muito mais dura e sem horizonte.

*

UMA INTERVENÇÃO AUSTRÍACA e prussiana estava cada vez mais próxima e do mesmo modo a perspectiva de um fim para a Revolução. Para Breteuil isso tinha um significado especial. Na primavera de 1792, ele estava mais uma vez na posição que estivera logo antes da fuga para Varennes. Se o rei e a rainha fossem de fato resgatados e sua autoridade restaurada, era óbvio que o barão seria seu primeiro-ministro. Como antes, sua primeira tarefa seria encontrar um arranjo para as convulsões dos últimos três anos. Até onde suas concepções sobre a questão se tinham modificado desde Varennes e que luz lançavam sobre a política de Luís e Maria Antonieta?

Quanto a esse aspecto vital, a posteridade mais uma vez é devedora de Bombelles. Durante sua missão em São Petersburgo, o marquês manteve uma substancial correspondência com Breteuil, que sobreviveu em grande parte.

FIM DE JOGO

Nela, o barão foi sincero quanto a suas concepções políticas e sua estratégia. Havia uma razão particular para isso. Desde Varennes, os príncipes e seus emissários vinham desenvolvendo uma campanha com o objetivo de desacreditá-lo. Acima de tudo, buscavam retratá-lo como um *deux-chambres*, aliado aos revolucionários moderados para pôr em execução uma monarquia constitucional baseada em um parlamento bicameral. O objetivo era apresentá-lo como um traidor da "antiga constituição" da França, disposto a uma conciliação com uma revolução à qual o resto da Europa tinha horror.

Nada podia estar mais longe da verdade. Breteuil permanecia o que sempre fora, um partidário das três ordens tradicionais, e não da legislatura de duas câmaras defendida pelos *monarchiens*. Ele próprio rejeitou a acusação de ser um *deux-chambres* em um comunicado para Bombelles de 16 de março de 1792. Nesse comunicado, ele sugeria modos como o marquês podia desfazer a suspeita de Catarina, a Grande, de que ele estava disposto a comprometer a autoridade de Luís XVI. Seria provável, salientou Breteuil, que um homem que defendera os direitos do rei tão intrepidamente contra os príncipes fosse adotar uma política diferente com os revolucionários e rebeldes? "Por certo não escapará a Sua Majestade", escreveu ele,

> que teria sido mais fácil para mim ser muito mais complacente em relação aos príncipes, e o senhor não achará difícil insistir em que um *monarchien* ou *monarchiste* hipócrita, feliz por negociar com os direitos do rei, agiria do modo como agi em relação a seus irmãos. Eu me iludo com o fato de que a duradoura estima que a imperatriz tem por mim dará força às palavras do senhor e destruirá todas as calúnias que contaram a ela sobre mim. O senhor poderia se lembrar de como o infeliz arcebispo de Sens [Loménie de Brienne], cujo objetivo era a destruição da autoridade real e da monarquia e que sempre me viu fortemente oposto às idéias traidoras que ele insinuava ao rei, abusando de suas virtudes, cognominou-me o *louisquatorzian*, para me retratar como um extremista em meu apoio aos direitos da coroa.[19]

De fato, Bombelles não precisava de incentivo para defender seu senhor. Por sua própria iniciativa, fez uma defesa escrita de Breteuil e leu todo o documento para Catarina, a Grande, em sua audiência de 17 de março de 1792. A acusação mais implacável que ele citava — aquela que ele mais cuidou de refutar — era a de que "m. de Breteuil tinha um plano pronto para pôr em ação no momento em que o rei estivesse livre [na época de Varennes], que

300 A QUEDA DA MONARQUIA FRANCESA

incluía a formação de duas câmaras e uma nova constituição que aboliria todos os direitos do clero, da nobreza e da magistratura".[20]

De modo interessante, para Bombelles o apoio às *deux-chambres* era inseparável da anglomania, o desejo de impor à França uma constituição de estilo inglês por meio de um parlamento bicameral. Para limpar o nome de Brteuil no primeiro caso, seu método foi refutar o segundo:

> É fato [...] que m. de Breteuil, embora respeite a forma inglesa de governo, nunca pensou por um único instante que fosse adequada para a França e que sempre trabalhou — e nunca sugeriu ao rei qualquer outra constituição — pela restauração daquela sob a qual a França floresceu por muitos séculos.[21]

Fica claro por esse indício que as concepções gerais de Breteuil sobre constituição não se modificaram depois de Varennes e permaneceram tão conservadoras quanto antes. Como, nesse novo clima de confronto e guerra, ele propôs pô-las em prática? O mais objetivo relato de seus objetivos e de sua estratégia nessa conjuntura foi feito pelo bispo de Pamiers. Em 7 de março, enquanto o barão estava de cama com um grave ataque de gota, o bispo escreveu uma longa carta em seu nome para Bombelles, que se encontrava em São Petersburgo. A parte central da carta discutia a política austríaca em relação à Revolução. Como Breteuil, o bispo estava convencido de que o verdadeiro objetivo da Áustria em relação à França era uma monarquia constitucional que a manteria enfraquecida no futuro. No entanto, previu que esse objetivo seria rapidamente frustrado se a família real recuperasse a liberdade. "O imperador está estranhamente enganado", escreveu ele,

> se pensa que, uma vez os rebeldes derrotados e o rei livre, Sua Majestade ainda será obrigado a fazer um doentio acordo com os agitadores, pelo qual teria de ceder grande parte de sua legítima autoridade [...] O rei, uma vez em liberdade, encontrará, em sua nobreza e seus fiéis súditos, bem como nos soldados suíços e hessenos que poderá ter a seu serviço, meios suficientes para recuperar e manter sua legítima e tutelar autoridade.[22]

Essas linhas mostram com clareza um fato. Em seguida à bem-sucedida invasão da França, o arranjo político que Breteuil e seus colegas desejavam impor era inflexível. Em vez de uma solução negociada, a autoridade real seria reimposta, pela força, se necessário. Assim como tinham planejado na primavera de 1791, quando dos preparativos para que o rei fugisse de Paris, seu principal instrumento seriam os soldados suíços, reforçados agora pelos hessenos. A continuidade da política anterior a Varennes era salientada pelo fato de que, junto com essa carta, o bispo enviava o plano extremamente conservador que Breteuil havia remetido para Luxemburgo no mês de maio anterior com presteza suficiente para a fuga de Luís XVI ser bem-sucedida. Bombelles deveria usá-lo, escreveu ele, a fim de desfazer qualquer dúvida remanescente no espírito de Catarina, a Grande, de que Breteuil era um constitucionalista dissimulado. Mais uma vez, as palavras do bispo deixaram claro esse propósito: "Não posso pensar que o senhor pudesse ter uma prova mais decisiva com que destruir essas acusações, que nada pode justificar, de *monarchiste* ou *monarchien*, e apóstolo das duas câmaras."[23]

O plano estava pronto; só restava pô-lo em prática. O agravamento da crise tornou muito menos provável a convocação de um congresso, o que deixava o bispo muito satisfeito. Ele sempre tinha suspeitado de que, caso se reunisse, o imperador iria explorá-lo para negociações abertas com a Assembléia. Uma luta direta, em sua opinião, oferecia melhor chance de restauração do poder real. A aliança austro-prussiana e a súbita conversão de Berlim à contra-revolução tornavam essa restauração mais próxima. O bispo não escondeu de Bombelles sua satisfação, escrevendo:

> O senhor pode ver, meu caro marquês, que ninguém mais está pensando em congresso, e estou certamente muito aliviado, pois ele era puro produto da necessidade, e a resolução da Corte de Berlim, forçando a mão do imperador, possibilitará que dispensemos essa medida.[24]

A guerra avultava, e pelo menos para alguns era bem-vinda. Breteuil podia estar de cama com gota, mas seu colaborador mais próximo estava em seu elemento. Com inabalável fé na autoridade real, e pensando mais nos planos de batalha do que na cura das almas, o bispo de Pamiers aguardava ansiosamente o conflito.

*

302 A QUEDA DA MONARQUIA FRANCESA

EM PARIS, A CRISE MINISTERIAL tinha levado ao poder o homem que por fim desencadearia a explosão. Tratava-se do general Charles François Dumouriez, o novo ministro das Relações Exteriores. Com 53 anos de idade, "forte e vigoroso, com um rosto comum, quase feio, expressão agradável e olhos corajosos, rápidos",[25] Dumouriez desempenharia papel central nessa crise da Revolução. Tinha um passado aventuroso; tendo lutado na Guerra dos Sete Anos, tornara-se a seguir espião de Luís XV. Tendo entrado em choque com intrigas ministeriais, fora aprisionado na Bastilha antes de ser libertado com a ascensão de Luís XVI. Em 1778, tornara-se comandante militar em Cherbourg, posto que manteve até 1790. Na política externa, seu princípio norteador era um profundo ódio pela Áustria.

A passagem de Dumouriez para os girondinos tivera a ver com sua austrofobia. No entanto, ele não era de modo algum, como eles, um radical em política interna. Não tinha o envolvimento apaixonado deles pela Revolução; desconfiava do movimento popular e seu ideal era uma monarquia constitucional que garantiria a ordem. Esse princípio também se harmonizava com sua imensa ambição pessoal. A estabilidade e a ordem só voltariam se o atual caos político da França tivesse fim, o que ele pretendia conseguir com a ajuda dos militares. Como primeiro político revolucionário a seguir esse caminho, trazendo o exército para o centro da cena político, Dumouriez adiantou-se a Napoleão.

Em termos externos, Dumouriez estava convencido de que a Áustria estava propensa a explorar a Revolução para invadir e desmembrar a França. A melhor forma de defesa, concluiu ele, era o ataque. Uma invasão francesa da Bélgica deixaria os austríacos perplexos, enquanto o recente levante dos belgas contra Viena faria deles presa pronta para a propaganda revolucionária. Ao mesmo tempo, Dumouriez planejou um ofensiva diplomática para isolar seu inimigo. Ele era grande admirador de Frederico, o Grande, e sonhava com uma aliança com a Prússia. Também desejava conquistar alguns dos estados alemães menores. Nessa ocasião, naturalmente, qualquer *rapprochement* com a Prússia era um sonho irreal, mas o novo ministro das Relações Exteriores era determinado. Apressou a descida final para a guerra.

O método de Dumouriez era a provocação. Em 27 de março dirigiu um novo ultimato à Áustria. Em linguagem deliberadamente insultuosa, advertia que, se em 15 de abril ela não tivesse formalmente renunciado ao projeto do congresso armado e abandonado seu deslocamento de tropas para o Reno, a França se consideraria em guerra. Quando Kaunitz recebeu essa nota, ex-

FIM DE JOGO

303

plodiu em fúria. Ecos de sua ira alcançaram o visconde de Caraman em Berlim. "Como os interesses de toda a Europa tinham anteriormente deixado de mobilizar [o chanceler]", escreveu Caraman para Breteuil, "ele ficou exasperado com as insolências de m. Dumouriez, a quem quer provar que suas velhas mãos ainda podem infligir golpes."[26] A resposta austríaca foi uma lacônica rejeição das exigências francesas. Chegou a Paris na noite de 14-15 de abril, e foi discutida em um conselho de ministros três dias depois. Foi nessa reunião que se tomou por fim a decisão de combate.

Todavia, uma declaração formal de guerra só podia vir do rei. Como as perspectivas do congresso tinham recuado, Luís XVI aceitara que esse conflito armado era inevitável e, em conseqüência, já tinha começado a adaptar sua política. Mas, estava certo, caso a guerra fosse malsucedida — como estava convencido de que seria —, de que os girondinos não conseguiriam esquivar-se da responsabilidade jogando a culpa nele. Pediu que cada ministro expusesse de próprio punho e assinasse sua opinião sobre o assunto, e que tudo fosse publicado, o que foi feito. Satisfeito, Luís concordou em apoiar a decisão deles. Na manhã de 20 de abril de 1792, compareceu à Assembléia, que já estava cercada por uma grande multidão. Dentro, o plenário e as galerias estavam lotados. Em primeiro lugar, Dumouriez leu um relatório preparado pelos ministros, acusando a Áustria de sistematicamente trair sua aliança com a França desde seu início em 1756. A seguir, o rei, com voz desanimada e vacilante, propôs que fosse declarada guerra à Áustria.

Em seguida, Luís saiu do plenário e os deputados começaram a discutir a proposta. A exaltação patriótica logo tomou conta. Um a um, os oradores girondinos se levantavam para alimentá-la. "O povo quer a guerra", declamou Mailhe, "os senhores devem rapidamente se render a sua generosa impaciência. Os senhores darão liberdade talvez ao mundo inteiro." "Acredito", gritava seu colega Merlin, "que devemos levar a guerra aos reis e a paz ao povo!"[27] Em meio a excessos de entusiasmo e com apenas sete votos discordantes, foi declarada guerra. Com poucas e breves pausas, ela duraria por 23 anos.

*

SE A ASSEMBLÉIA PENSAVA que as hostilidades podiam limitar-se à Áustria, estava gravemente enganada. Frederico Guilherme II encarava o ataque ao aliado como um ataque a si mesmo, e acelerou seus preparativos militares.

304 A QUEDA DA MONARQUIA FRANCESA

Em meados de julho, a França estava em guerra com a Prússia e, por precaução, com o reino da Sardenha.

Na primavera de 1792, o estado do exército francês desmentia a retórica confiante dos deputados. Desde 1789, a insubordinação entre as tropas fora crescente. A reação de muitos oficiais, que como nobres tinham razões particulares para não gostar da Revolução, era emigrar. Só no período entre 15 de setembro e 1º de dezembro de 1791, 2.160 oficiais deixaram a França. Os regimentos que constituíram a frente da grande ofensiva de Dumouriez na Bélgica estavam, assim, mal preparados para manter a campanha. O exército do Norte começou o ataque em 28 de abril de 1792. Foi disposto em três colunas, comandadas respectivamente pelos generais Dillon, de Biron e La Fayette. Perto de Tournai, a coluna de Dillon ficou sob fogo da artilharia austríaca. O resultado foi pânico ignominioso, a retirada se transformou em tumulto, e o próprio general foi levado na corrente. Os soldados depois se voltaram contra Dillon, acusando-o de traí-los, e o enviaram preso para Lille. Mal chegou lá, foi retirado de sua carruagem, esfaqueado e atingido com baioneta até a morte, e seu corpo foi queimado publicamente na praça principal da cidade.

As outras colunas tiveram destino semelhante. Os soldados de Biron, como os de Dillon, fugiram ao primeiro contato com o inimigo em seu avanço em Mons, atribuindo o fiasco a seu general. Biron também foi preso, mas felizmente escapou ao linchamento. Com o restante do exército em plena fuga, La Fayette foi obrigado a fazer uma retirada apressada. Se os austríacos tivessem sem demora levado adiante sua vantagem, podiam ter obtido uma vitória decisiva. No entanto, também estavam despreparados, seus comandantes eram cautelosos e estavam à espera dos aliados prussianos. Esse foi um precedente profético. Ao longo do ano seguinte, os franceses deveram sua sobrevivência às hesitações dos inimigos.

Tais desastres levaram a novos levantes em Paris. Na cidade tomada de pânico, crescia rapidamente a paranóia popular, alimentada por rumores de complôs contra-revolucionários. As autoridades se apressavam em ser condizentes com o estado de espírito do povo. Em 18 de maio, todos os estrangeiros de Paris foram postos sob vigilância. Nesse clima, era fácil para os girondinos mais uma vez pôr a culpa em Luís XVI. As más notícias da frente de guerra, afirmava Brissot, eram causadas não pela covardia das tropas, mas pelas maquinações do "comitê austríaco" das Tulherias. Como antes, o objetivo era forçar Luís ou a se declarar abertamente oposto à Revolução, ou a render-se a ela por completo. Entre 27 de maio e 8 de junho, os girondinos apresentaram na Assembléia três outros decretos destinados a deixá-lo a descoberto. O primeiro era dirigido a esse alvo favorito, o clero refratário, que agora deveria enfrentar a deportação se não fizesse o juramento à constituição. O segundo se destinava a desarmar o rei, abolindo a guarda que a constituição lhe concedia. Para intimidá-lo ainda mais, um acampamento de 20 mil guardas nacionais provenientes das províncias, cujos sentimentos revolucionários eram confiáveis, seria estabelecido nos arredores de Paris. Como a chegada deles estava prevista para coincidir com a comemoração anual da federação, em 14 de julho, seriam conhecidos como *fédérés*.

O rei bebeu um pouco desse cálice envenenado, mas não todo. Concordou em dissolver sua guarda constitucional, que foi então substituída por unidades da guarda nacional de Paris. Todavia, nessa situação enfraquecida, teria sido suicídio aprovar uma força hostil de 20 mil homens nas portas da capital. Luís então decidiu vetar esse decreto, bem como o referente aos padres refratários, que ele encarava como outra violação de sua consciência.

Quando informou aos ministros suas intenções, o resultado foi uma crise política. O ministro do Interior, Roland, escreveu uma carta aberta que a seguir leu para Luís, pedindo-lhe que sancionasse imediatamente os decretos. "Se houver mais atraso", advertia, "um povo aflito verá em seu rei o amigo e cúmplice dos conspiradores."[28] Isso era o mesmo que uma acusação de alta traição, e não podia ser tolerado. Em 13 de junho, invocando um de seus poderes remanescentes, o rei demitiu Roland, junto com Clavière e o ministro da Guerra, Servan. Dumouriez permaneceu, mas foi deslocado do ministério das Relações Exteriores para o da Guerra. Ele pensava que então poderia dominar a orientação política, mas depois de poucas semanas percebeu que o rei não pretendia seguir seu conselho. Concluindo que mais nada havia a ser feito em Paris, ele se exonerou e seguiu para um comando na frente de luta. A situação política era grave, e sua verdadeira fé sempre estivera no exército.

Os girondinos se apressaram em aceitar o desafio que Luís lhes fizera. Em alguns dias, tinham mais razões para tal. Em seu comando na fronteira, La Fayette acompanhara alarmado os acontecimentos na capital. Ainda mantinha algum prestígio, e era tempo de pô-lo na balança. Escreveu uma carta aberta para a Assembléia, que foi lida em 18 de junho. Em tom duro, pedia a supressão dos clubes populares e um reforço da autoridade real. Rapida-

306 A QUEDA DA MONARQUIA FRANCESA

mente fazendo valer seus direitos, os deputados da direita e do centro se ergueram em aplauso e aprovaram que a carta fosse publicada e distribuída. Por trás das frases ameaçadoras de La Fayette, apoiado por um exército, avultava a sombra de um *coup d'état*.

Os girondinos responderam com sua arma — o povo de Paris. Organizaram uma manifestação de massa para 20 de junho. Ostensivamente esta apresentaria uma petição que defendia a reintegração dos ministros girondinos e a retirada dos vetos reais, mas seu verdadeiro objetivo era intimidar a Assembléia e romper para sempre o poder real remanescente. Nessa manhã, uma massa de 8 mil homens, armados com mosquetes, lanças e maças, convergiu para o centro da cidade. A Assembléia foi invadida, e todos os manifestantes se dirigiram para ela, cantando e gritando *slogans* revolucionários. Foi brandida uma lança com um coração de bezerro, acima da inscrição: "O coração de um aristocrata". Animada por essa demonstração de força, a multidão se dirigiu às Tulherias.

A família real esperou com estoicismo a chegada da multidão. O rei acabava de sair de uma grave crise de depressão. Em maio, segundo mme. Campan, ele caíra em uma espécie de letargia e ficara dez dias seguidos sem dizer uma única palavra, exceto as necessárias quando jogava gamão com mme. Elisabeth. Certa vez, chegou a não reconhecer seu filho e perguntou quem era o menino. Como no caso das provocações girondinas no mês de dezembro anterior, os ataques da Assembléia forçaram Luís a sair dessa desesperança. Ele sabia o preço que poderia ter de pagar por sua resistência. Quando tomou conhecimento do que estava planejado para 20 de junho, escreveu uma breve mensagem para seu confessor: "Não tenho mais nada a ver com os homens; conto com o Céu. Grandes infortúnios são esperados amanhã; terei de ter coragem."[29]

Às 4:00 da tarde, a multidão irrompeu nas Tulherias, sem que a Guarda Nacional nada fizesse para detê-la. Seguiu pela escadaria principal, arrastando um canhão. Avançou pelas salas do andar superior, derrubando portas com machados e estacas, até que encontram o rei numa ante-sala. Mme. Elisabeth, que estava ao lado dele, adiantou-se para protegê-lo, mas foi rapidamente retirada em segurança. Nesse meio-tempo, alguns cortesãos levaram às pressas a rainha e seus filhos para a *salle du conseil* [sala do conselho], empurrando-os para trás de uma barreira improvisada de mesas e móveis virados. A sala foi logo invadida pela multidão, que se comprimiu contra a barricada dizendo insultos, mas não fez mais do que isso.

FIM DE JOGO 307

O foco da fúria popular era o rei. Encostado no vão de uma janela, com apenas uns poucos granadeiros e serviçais fiéis em torno dele, Luís enfrentou os irados manifestantes, separados dele apenas por uma mesa. Um dos granadeiros disse-lhe que não tivesse medo. Em resposta, Luís pegou a mão do homem e a pôs sobre seu peito. "Sinta meu coração", disse ele, "está tranqüilo." A petição que solicitava a reintegração dos ministros girondinos e a retirada dos vetos foi lida para ele, pontuada por sonoros gritos de "Não aos aristocratas! Não aos vetos! Não aos padres!". Pistolas e sabres foram dirigidos para seu rosto. Durante essa terrível provação, Luís permaneceu sereno e com bom humor. Um gorro vermelho da liberdade foi empurrado para ele na ponta de uma estaca, e ele o pôs. Apresentaram-lhe uma garrafa de vinho, pedindo-lhe que bebesse à saúde de seus visitantes, e ele brindou ao povo de Paris. Quanto às questões de princípio, porém, permaneceu absolutamente firme: nem reconvocaria os ministros nem sancionaria os decretos.

Chegara-se a um impasse. Só foi quebrado pela chegada de Pétion, que acompanhara a família real no retorno de Varennes e agora era prefeito de Paris e aliado dos girondinos. Embora soubesse perfeitamente o que estava acontecendo, com habilidade evitou interferir, esperando que o rei fosse morto ou forçado a concordar com a petição. No entanto, às 6:00 da tarde, até Pétion foi levado a agir, tendo então se dirigido às Tulherias. Saudou o rei com a mais surrada das desculpas: "Senhor, acabei de tomar conhecimento de sua situação". "Isso é muito surpreendente", respondeu Luís, "já que vem se estendendo há pelo menos duas horas."[30] Às 8:00 da noite, a multidão finalmente deixou o palácio. A família real ainda estava viva, mas vira a morte de perto.

Em termos imediatos, a brutal invasão do palácio e a notável coragem do rei criaram uma reação em favor da monarquia. Numerosas manifestações leais vieram das províncias, condenando o que tinha acontecido, o que repercutiu na própria capital, onde uma petição que protestava contra os acontecimentos de 20 de junho coletou 20 mil assinaturas. O departamento de Paris suspendeu Pétion de suas funções de prefeito. No entanto, se o rei tinha ganhado essa rodada, o confronto final havia sido apenas protelado. Voluntários monarquistas se alistaram para guardar as Tulherias, enquanto unidades leais da Guarda Nacional se preparavam para a luta. Por outro lado, as forças populares se reagruparam para planejar a próxima ofensiva. A partida final se aproximava.

*

308 A QUEDA DA MONARQUIA FRANCESA

A CONDUTA DO REI e da rainha durante as últimas semanas da monarquia com freqüência pareceu confusa e hesitante. Não fizeram nenhum movimento nítido para romper as forças hostis que se aproximavam deles, e permaneceram firmemente na defensiva. Os historiadores têm concluído a partir daí que não dispunham de política coerente, e que então não passavam de simples vítimas infelizes de acontecimentos além de seu controle. Não é esse o caso. A passividade de Luís XVI e Maria Antonieta fazia parte de uma estratégia deliberada e refletia, *in extremis*, uma última opção.

O acontecimento mais significativo durante esse período, do lado monarquista, foi que os revolucionários moderados fizeram uma última tentativa para salvar a coroa. Esse esforço de última hora constituiu o canto de cisne dos Feuillants, e sua figura central foi La Fayette. Chocado com as notícias de 20 de junho, ele fez um discurso na Assembléia, pedindo mais uma vez o fechamento dos clubes e a restauração da ordem. Tinha seus próprios planos para conseguir essa restauração. No dia seguinte, haveria uma revista da 2ª Legião da Guarda Nacional nos Champs-Elysées. La Fayette se propôs acompanhar o rei, unir-se aos soldados e marchar para o clube jacobino. Maria Antonieta, porém, não perdera em nada sua aversão e sua desconfiança em relação a ele, e estava determinada a não colocar a monarquia em dívida com ele. Providenciou para que Pétion fosse avisado sobre o que estava em andamento, e a revista foi cancelada.[31]

Algumas semanas depois, os Feuillants tentaram outra aproximação com o rei e a rainha. La Fayette mais uma vez desempenhou papel crucial, mas o plano era mais amplo e funcionou melhor. Centrava-se no exército do Reno, comandado por La Fayette, e no exército das Flandres, liderado por outro moderado, general Luckner. Sob o simulacro de troca de posições, os exércitos se uniriam perto da fronteira em La Capelle. La Fayette iria então pessoalmente a Paris e acompanharia a família real a Compiègne, para onde as tropas teriam então se deslocado. Luís XVI convocaria a seguir a maioria da Assembléia a Compiègne. Proibiria os exércitos austríaco e prussiano de continuar avançando, negociaria uma trégua, mediaria entre seus súditos e os invasores estrangeiros e proporia uma constituição revista que reforçaria a autoridade real.[32]

O plano parece um compêndio de todas as tentativas para encerrar a Revolução por meio de uma conciliação desde que Mirabeau desertara da Corte. Todos os elementos familiares estavam presentes — partida da família real de Paris, residência em Compiègne, a distância segura, mas não mui-

FIM DE JOGO   309

to longe da capital, e modificação, mas não derrubada, da constituição. O projeto predileto dos moderados, as duas câmaras, também foi ressuscitado, pela última vez, o que fica claro a partir de um relatório de Mercy-Argenteau para Kaunitz. Fiéis a sua antiga política, os Feuillants queriam o apoio austríaco. Assim, enviaram um emissário secreto, Masson de Saint-Amand, a Bruxelas, para pedir apoio. "M. de Saint-Amand", escreveu Mercy,

> delineou minuciosamente todo o sistema. Ele consiste em dividir a legislatura em duas câmaras, uma das quais, a câmara alta, seria composta de pessoas notáveis, eleitas para todo um parlamento e elegíveis não por direito como nobres, mas como os mais ricos proprietários; a nobreza será restaurada na França, mas sem privilégios exclusivos, e apenas com a posse de títulos, brasões, condecorações etc., por cortesia. Uma legislatura permanente permaneceria a base da constituição, e o rei receberia poderes próximos daqueles que os ingleses destinaram a seu monarca.[33]

A confirmação dessa conversa é fornecida pelo próprio Masson de Saint-Amand. Quando Duport, que como Feuillant proeminente apoiara firmemente o plano, foi preso logo depois da queda da monarquia, várias cartas incriminadoras foram encontradas com ele. Embora anônimas, eram claramente de Masson de Saint-Amand, que relatava a Mercy sua missão. Como era de se esperar, usavam um código para se precaver contra a interceptação, mas era de tipo rudimentar: Mercy se tornou o agente de negócios "da mãe" (isto é, da Áustria), Luís XVI, "o marido" e a segunda câmara legislativa, "um quarto de hóspedes para seus amigos". Masson escreveu a Duport:

> Eu tivera minha segunda conversa com o agente de negócios da mãe e estava mais satisfeito do que havia imaginado [...]. O objetivo é acabar com a doença do marido, vê-lo abrigado de modo mais confortável e em condições de ter mais ar fresco, e com espaço suficiente para ter um quarto de hóspedes para seus amigos.[34]

Os meios de efetuar esse tratamento de saúde também foram discutidos. Repetindo o que o bispo de Pamiers tinha anteriormente escrito para Bombelles, Mercy pensava que isso seria mais bem realizado por soldados suíços. Na carta de Masson, estes eram encantadoramente disfarçados como "ervas suíças". Fortalecido por esse "remédio estrangeiro", o "marido" con-

310 A QUEDA DA MONARQUIA FRANCESA

valescente completaria então sua recuperação em uma cidade com um estimulante vento norte, sem dúvida Compiègne:

> A menção de um remédio estrangeiro surpreendeu-me, mas [acrescentou o agente de negócios] não fique alarmado, há um muito simples, as ervas suíças. Estou certo de que estas restaurarão o conforto da digestão necessário para a saúde [do marido]. Ele não terá de viajar até os Alpes para encontrá-las, mas pode simplesmente fazer com que sejam levadas até ele e então poderá escolher um lugar saudável para si em suas propriedades — ele tem muitas escolhas —, mas o mais elevado e mais exposto ao vento norte seria o melhor.[35]

Porém, se Masson pensava que tinha persuadido Mercy, estava enganado. Em sua mensagem para Kaunitz, o embaixador afastou o procedimento com seu usual desprezo. Tratava-se simplesmente, disse ele, de prova de desespero e "estado de nulidade a que os líderes Feuillant estão agora reduzidos".[36] Ele fazia objeção, em particular, ao fato de que Masson não tinha atribuição formal e usava isso como desculpa para não se comprometer em suas propostas. A despeito do que os austríacos podiam ter pensado no passado, agora não era o momento para negociação.

O mais decisivo foi que, depois de difícil deliberação, o rei e a rainha rejeitaram o plano dos Feuillants. Durante algum tempo, eles estiveram divididos, com Luís apoiando e Maria Antonieta se opondo ao plano. Isso fica claro a partir de uma mensagem de Maria Antonieta para Fersen, datada de 11 de julho:

> Os const[itucionalistas], juntamente com La Fayette e Luckner, querem escoltar o rei até Compiègne no dia seguinte à [festa da] Federação. O rei está disposto a se prestar a esse projeto; a rainha o combate. O resultado dessa grande questão, que estou longe de aprovar, ainda é duvidoso.[37]

Muito se produziu a partir da discordância de última hora entre Luís XVI e Maria Antonieta. Isso se deve mais uma vez ao fato de que tal discordância parece refletir uma divergência política mais profunda entre marido e mulher. Ao apoiar o plano dos Feuillants, o rei se punha nas mãos dos revolucionários moderados que nunca teriam permitido um retorno à monarquia absoluta. Era precisamente por essa razão que a rainha se opôs ao plano. No entanto, mais uma vez Luís se rendeu a Maria Antonieta. Ele recusou os

FIM DE JOGO 311

oferecimentos cada vez mais desesperados de Duport e La Fayette, tendo dito a este para voltar a seu exército. Por fim, conformou-se ao padrão de comportamento evidente ao longo da Revolução e observado por Fersen em sua última visita: hesitação inicial e disposição para a conciliação, rapidamente superada pelas incitações de sua mulher.

Ao chegar a essa conclusão, Luís e Maria Antonieta reafirmaram a decisão que já haviam tomado em conjunto duas vezes antes, na primavera e depois no outono de 1791. Pela terceira e última vez, recusaram o oferecimento de uma conciliação com a Revolução baseada em uma monarquia constitucional. Em vez disso, arriscaram suas vidas no mais perigoso dos caminhos. Permaneceriam em Paris e esperariam sobreviver tempo suficiente para serem salvos pelos exércitos estrangeiros invasores. Isso se devia ao fato de que uma restauração completa da autoridade real agora só poderia ser alcançada pelos exércitos austríaco e prussiano. Para o rei e a rainha, esse prêmio valia a aposta, embora as vantagens diminuíssem dia a dia.

Em um setor, Maria Antonieta desempenhou ação de que seu marido pode não ter tido conhecimento. Em 26 de março, em uma carta para Mercy-Argenteau, e em mensagens para Fersen de 5 e 23 de junho e 11 de julho, ela transmitiu informação sobre os planos de guerra franceses a partir do que ouvira nas discussões do *conseil*. Do ponto de vista dos revolucionários, isso era traição, embora fosse improvável que a rainha visse a coisa desse modo. Se essa prova tivesse sido apresentada no julgamento de Maria Antonieta, fortaleceria bastante a acusação. Mas, para a sorte dela, a prova permaneceu nas mãos seguras de seus confidentes no exterior.[38]

Uma medida da eficiência dos espiões monarquistas é o fato de que Provence e Artois quase imediatamente tomaram conhecimento da trama dos Feuillants. Em 10 de julho, encaminharam um memorando para Breteuil, com cópias para todas as cortes européias, perguntando, para sua tranqüilidade, se os rumores eram sem fundamento. Estavam alarmados, em particular com os relatos de que o rei estava para declarar uma trégua que favoreceria a posição dos Feuillants. Uma parte do temor dos príncipes era autêntica. No entanto, como de hábito, eles também tentavam desacreditar Breteuil pela insinuação de que, se estavam em andamento negociações secretas, ele deveria estar envolvido nelas. A esse propósito, Fersen assim se expressou em seu diário:

> Os príncipes escreveram um insensato memorando que é insolente para com o rei, afirmando que por fraqueza ele está trabalhando com

312 A QUEDA DA MONARQUIA FRANCESA

os constitucionalistas a fim de pedir uma trégua e negociações e que não devemos ouvi-lo; enviaram esse memorando ao barão para que este respondesse [...]. Calonne diz que o barão certamente não responderá, deixando assim implícito que ele apóia tal política.[39]

Fica claro a partir do diário de Fersen que Breteuil respondeu ao memorando dos príncipes. Essa resposta nunca foi publicada. Todavia, existe uma cópia, preservada pelo próprio Fersen e hoje em seus documentos nos Arquivos Estatais Suecos, que delineia claramente a atitude do barão em relação às negociações com os revolucionários nesse momento. Em concordância com sua política anterior, Breteuil resolutamente se opunha às negociações. O documento também fornece confirmação da relutância básica do rei e da rainha para a conciliação. O barão estava bem-informado sobre as deliberações das Tulherias. Caso tivesse seriamente suspeitado de que seus soberanos adotariam a conciliação apresentada pelos Feuillants, ele nunca teria ousado rejeitar a possibilidade do modo tão categórico como o fez. E o mais importante foi que o fez em nome do rei:

> Seria muito injusto defender que Sua Majestade tinha outra opinião além daquela ditada por seus interesses, sua glória e sua coragem; na atual e cruel posição do rei, ele é obrigado a ouvir seus inimigos e com freqüência fingir compartilhar suas opiniões, mas o rei tem o direito de esperar, e mesmo de pedir, que seus desejos não sejam confundidos com os de seus captores.
>
> O rei está ciente de que os constitucionalistas são tão pouco merecedores de confiança quanto os jacobinos; Sua Majestade tivera prova suficiente de que as opiniões distintas dessas facções sempre se uniram em seu desejo de destruir a coroa; podemos, portanto, estar certos de que ele nunca se iludirá a ponto de pensar que alguém tem intenção de restaurar seus direitos. Para recuperá-los, o rei conta exclusivamente com a coragem e a fidelidade dos príncipes e da nobreza francesa e com as Potências cuja amizade e altos princípios as levaram em seu auxílio.[40]

Quanto à questão da trégua, Breteuil não foi menos direto. Ele admitia que inicialmente tinha tomado conhecimento do rumor por meio do memorando dos príncipes, mas negava com vigor que pudesse ter emanado do rei: "[O barão] pode facilmente acreditar que essas iniciativas fraudulentas provenham dos jacobinos ou dos constitucionalistas, mas não hesita em afirmar que de modo algum são autorizadas pelo rei."[41]

A passividade da política de Luís XVI e Maria Antonieta nos últimos dias de seu reinado não deve ser tomada equivocadamente por incoerência. A única estratégia ativa possível era aceitar o plano de La Fayette e dos Feuillants, e fugir para Compiègne. Como isso significava concordar com uma monarquia plenamente constitucional, o rei e a rainha a rejeitaram. O único caminho remanescente era permanecer em Paris e esperar pelos exércitos invasores. Esta foi a opção que o casal real escolheu, embora estivesse ciente de que, na época em que os austríacos e os prussianos chegassem, eles poderiam não estar mais vivos para recebê-los. Aqueles que buscam prova da moderação do rei e da rainha nessa conjuntura ficarão desapontados. Por outro lado, os admiradores da bravura não ficarão. O bispo de Pamiers fez o seguinte comentário para Bombelles: "O ponto de vista de nossos soberanos permanece o mesmo; a coragem e a firmeza que eu mesmo testemunhei não vacilaram e espero que essas virtudes, tão necessárias na situação deles, os sustentem até o fim."[42]

*

EM JULHO DE 1792, uma invasão da França era iminente. Um exército de 80 mil homens, comandado pelo duque de Brunswick, se concentrava na Renânia. Seu centro era formado por 42 mil prussianos, apoiados por 5.500 hessenos. Os flancos se compunham de soldados austríacos, 15 mil à direita, conduzidos por Clerfayt, e 14 mil à esquerda, conduzidos por Hohenlohe. Não se previu que as desorganizadas forças francesas que o enfrentariam apresentariam séria resistência. O plano de Brunswick era avançar para Champagne, repelir essas forças e marchar direto para Paris.

Era óbvio que a entrada austro-prussiana na França levaria a um ponto crítico os perigos que a família real enfrentava. Como enfrentá-los melhor era uma questão delicada e dolorosa. Nas Tulherias, o rei e a rainha preocupavam-se sobretudo com o fato de que os príncipes não deveriam fazer o que tinham ameaçado antes da fuga para Varennes — emitir um manifesto provocativo. Estavam convencidos de que isso enfureceria o povo de Paris e poria suas vidas em sério perigo. Imediatamente depois de declarada a guerra, em maio de 1792, Luís XVI enviou o jornalista monarquista moderado Jacques Mallet du Pan ao marechal de Castries, em Colônia, com um esboço de manifesto. À primeira vista, parece estranho que o documento tenha sido dado a Castries e não a Breteuil. De fato, isso não é de surpreender, tendo em vista as relações arriscadas do barão com os príncipes, que recentemente se tinham deteriorado ainda mais depois de ele ter enviado Bombelles a São Petersburgo. O objetivo irredutível de Luís XVI era refrear seus irmãos; ele tinha muito mais oportunidade de fazê-lo com Castries do que com Breteuil, tendo então posto o primeiro em atuação justamente com esse propósito.

O documento que Mallet du Pan apresentou a Castries foi avaliado com muito cuidado. Evitava deliberadamente o detalhe, mas insistia na segurança e na liberdade da família real, bem como na restauração da ordem e da religião católica na França. O rei salientava, em particular, que qualquer manifesto "devia ameaçar apenas os rebeldes e não a França como um todo; não deveria refletir quaisquer sentimentos de animosidade ou vingança".[43] Castries de início foi cético, mas Mallet du Pan por fim o convenceu e o marechal concordou em enviá-lo para se encontrar com os príncipes.

Mas já era tarde. Atrasado por vários contratempos, Mallet du Pan chegou a Colônia somente depois dos acontecimentos de 20 de junho em Paris. Nesse meio-tempo, a situação se deteriorara bastante. A invasão das Tulherias horrorizou os *émigrés* e fez com que mesmo o mais moderado deles pensasse em vingança. Nessas circunstâncias, era difícil esperar que os príncipes mostrassem comedimento. O mais importante de tudo foi que, depois da provação da família real nas mãos da multidão de Paris, o tom de suas cartas se modificou acentuadamente. Em particular, Maria Antonieta, que antes concordara com os sentimentos do marido em relação ao manifesto, agora mudara de orientação. A invasão do palácio demonstrou a proximidade do perigo que ameaçava a ela e sua família; em seu desespero, ela concluiu que somente o temor de represália impediria uma repetição. "Tudo está perdido", escreveu para Mercy-Argenteau em 4 de julho,

> se os rebeldes não forem detidos pelo temor de iminente punição. Querem a república a qualquer preço; para alcançá-la, decidiram matar o rei. É preciso emitir um manifesto que torne a Assembléia Nacional e Paris responsáveis por sua segurança e pela de sua família.[44]

Quando Mallet du Pan chegou aos príncipes, sua missão tinha sido surpreendida pelos acontecimentos. Nem mesmo os austríacos agora depositavam fé na linguagem moderada, e os prussianos eram tão belicosos quanto

Provence e Artois. Fersen, preocupado em salvar a mulher que amava e perturbado pelas últimas e desesperadoras cartas de Maria Antonieta, também trabalhava por trás da cena. Em colaboração com o marquês Limon, um *émigré* de reputação dúbia, que contava com a confiança dos príncipes, esboçou um manifesto alternativo, muito mais ameaçador que a versão de Mallet du Pan. Tal manifesto recebeu aprovação geral, e em 25 de julho foi publicado com a assinatura do comandante do exército invasor, o duque de Brunswick.

O "manifesto de Brunswick" é um dos documentos mais famigerados da história moderna. Seu início, porém, era quase conciliatório, enfatizando que a Áustria e a Prússia não desejavam imiscuir-se na política interna da França e pedindo apenas que Luís XVI fosse deixado livre para passar a residir perto da fronteira — o objetivo primordial que tanto a fuga para Varennes quanto o congresso armado tinham deixado de conseguir. Todavia, a seguir, empregava as mais terríveis ameaças para impedir uma repetição de 20 de junho. Se "a menor violência ou ultraje for dirigida à família real", os invasores "exigiriam uma vingança exemplar e inesquecível, entregando Paris à lei marcial e à completa destruição". Como Maria Antonieta tinha recomendado, os deputados da Assembléia Nacional e os membros do governo da capital foram declarados pessoalmente responsáveis pela segurança do rei e da rainha, sob pena de "punição militar sem esperança de perdão".[45]

Publicado em 25 de julho, o manifesto Brunswick estava disponível na França três dias depois. Como era costume no conflito revolucionário, teve exatamente o efeito oposto ao desejado. Tentava distinguir entre franceses leais e rebeldes, mas, ao fazê-lo, praticamente proscrevia o grupo mais vital em todo o país, que tinha nas mãos o destino da família real — o povo de Paris. Ao ler as pavorosas ameaças de Brunswick, os parisienses concluíram que sua cidade seria saqueada se os invasores a alcançassem e que, portanto, nada tinham a perder. Outro fator inflamou ainda mais a situação. Embora Luís XVI tivesse proibido a criação de um acampamento armado nas imediações de Paris para os *fédérés* que chegavam para as comemorações de 14 de julho, centenas destes, todos revolucionários comprometidos, se reuniam de qualquer modo na capital.

Os girondinos ainda dominavam a Assembléia, mas os acontecimentos rapidamente fugiam de seu controle. Como em 20 de junho, planejaram usar o povo de Paris para forçar Luís XVI a capitular diante deles, levá-los

316 A QUEDA DA MONARQUIA FRANCESA

de novo para o ministério e permitir-lhes governar em seu nome. Mas não conseguiram depor o rei e proclamar uma república, o que criou a oportunidade para os radicais. Os bairros parisienses, conhecidos como seções, que em sua maioria eram então abertamente republicanos, começaram a pedir o fim da monarquia. No dia 3 e novamente no dia 6 de agosto, apresentaram petições em massa à Assembléia pedindo que o rei fosse destronado. Os deputados prometeram discutir o assunto três dias depois, 9 de agosto. Mas, quando amanheceu, estava claro que não havia maioria para a deposição. As seções, que havia algumas semanas tinham criado um comitê central permanente, decidiram por um levante armado naquela noite.

Os líderes da rebelião eram diferentes, mas temíveis. Por meio de sua própria "regulamentação desprendida" de 1791, Robespierre se tinha inabilitado para a candidatura à assembléia legislativa. Como desde meados de julho ele era vice-presidente do Clube Jacobino, usava-o como plataforma para pedir a derrubada de Luís XVI. As figuras centrais do levante, porém, eram Danton e Santerre. Com 33 anos de idade em 1792, Georges-Jacques Danton era um próspero advogado que então ocupava um cargo jurídico no governo municipal de Paris. Desde a eclosão da Revolução ele fora um dos chefes do movimento popular, apoiando seu poder no Clube dos Cordeliers, que era ainda mais radical que os jacobinos. Homem grande e forte, com um rosto marcado por cicatriz, supostamente resultado de ter sido atingido pelos chifres de um touro quando criança, Danton era um organizador enérgico e o orador mais popular da época. Antoine Santerre, de quarenta anos, era um rico cervejeiro parisiense que desempenhara importante papel na tomada da Bastilha, e em julho de 1791 orquestrara a malfadada manifestação no Camp de Mars. Como coronel de um batalhão dos Guardas Nacionais, ocupou-se dos aspectos militares do golpe planejado.

À meia-noite de 9 de agosto, os sinos de igreja na parte leste e central de Paris começaram a dar o toque de alarme, como sinal para que a insurreição tivesse início. A decisão final de pôr o povo em marcha foi tomada às 3:30 da madrugada pelos delegados das 19 seções mais radicais de Paris reunidos no Hôtel de Ville [prefeitura]. Como havia no total 48 seções, os revolucionários tinham seis a menos do que a maioria, mas esse não era momento para escrúpulos de procedimentos. Foi combinado que duas colunas armadas convergiriam para as Tulherias. Os *fédérés* e os Guardas Nacionais do lado sul do rio marchariam ao longo da margem esquerda, enquanto Santerre lideraria os Guardas Nacionais das seções de leste ao

FIM DE JOGO   317

longo da margem direita. O objetivo era ocupar o palácio e destronar o rei, se necessário pela força.

Nas Tulherias, a família real passava uma noite insone, interrompida pelo toque de alarme dos sinos. O interior do prédio era uma colmeia de atividade militar. O núcleo da defesa eram oitocentos guardas suíços, apoiados por aproximadamente 1.250 Guardas Nacionais leais. Durante as últimas horas, voluntários monarquistas também acorriam ao palácio. Havia cerca de duzentos deles, a maioria antigos membros da guarda pessoal do rei e da guarda constitucional. Alguns, porém, eram antigos amigos e servidores de Luís XVI, como o ex-ministro das Relações Exteriores Montmorin. No início da manhã, alguns membros da Guarda Nacional começavam a titubear, mas os suíços permaneceram firmes. Silenciosos e disciplinados, esperavam o dia em formação de batalha.

Em geral se supunha que os defensores das Tulherias eram esmagadoramente sobrepujados em número por seus atacantes, e que desde o início a resistência era inútil. No entanto, pesquisas recentes mostraram que isso estava longe da verdade.[46] Certamente Paris estava em polvorosa — Luís em certo momento recebeu a informação de que 20 mil pessoas compunham a marcha —, mas a força efetiva dos insurgentes era muito menor. A coluna da Margem Esquerda provavelmente não tinha mais do que 1.100 homens, enquanto a da Margem Direita, a de Santerre, tinha em torno de 1.500. No amanhecer de 10 de agosto, ambos os lados se igualavam.

Como em julho de 1789, o que arruinou a causa real não foram as tropas, mas a liderança fraca e indecisa. Não foi feita nenhuma tentativa para controlar a situação ou modificá-la em favor da monarquia. Ao contrário, diante de um flagrante *coup d'état*, o rei e seus conselheiros mantiveram uma estranha deferência à autoridade constitucional. A Assembléia, sem força armada à disposição, estava reduzida à irrelevância, mas os grupos que administravam a capital, o Departamento de Paris e o governo municipal, ou comuna, ainda estavam teoricamente funcionando. Em vez de tomar decisões próprias, Luís XVI, seus ministros e comandantes militares se permitiram ser manipulados tanto pelo Departamento quanto pela Comuna, e isso foi seu desastre. Às 4:30 da manhã, o general incumbido da defesa, o marquês de Mandat, foi persuadido a obedecer a uma convocação para se apresentar à Comuna no Hôtel de Ville. Ele não percebeu que as seções revolucionárias estavam no processo de derrubar a municipalidade existente e se proclamar "comuna em insurreição". Às 7:00 horas da manhã, Mandat estava preso; às 10:30 da manhã, tinha sido morto.

Aproximadamente no momento em que Mandat saiu das Tulherias para encontrar sua morte, o rei emergiu de seu quarto de dormir, onde conseguira ter algumas horas de sono. Então, na última ocasião em que sua liderança poderia ter sido importante, ele mais uma vez nada fez. Nem mesmo sua aparência inspirava confiança. Usava um casaco e calções amarrados abaixo do joelho de cor violeta, e parecia ansioso e desalinhado. Seu cabelo não tinha sido penteado desde a noite anterior e estava amassado do lado em que dormira. Às 5:00 da manhã, ele se retirou para encontrar-se com seu confessor, encontro que durou mais de meia hora. Em sua ausência, o oficial superior do Departamento de Paris, Pierre-Louis Roederer, tornou-se a figura central do palácio. Como se esperava que o Departamento politicamente moderado pudesse se mostrar útil para contrabalançar a Comuna, Roederer fora convocado durante a noite às Tulherias. Tratava-se de um astuto e experiente político, mas não tinha estômago para um confronto com o povo de Paris. Estava determinado a evitar derramamento de sangue, mesmo ao preço de uma rendição real.

Foi Maria Antonieta quem deu a Roederer sua primeira oportunidade. Com o rei ainda a sós com seu confessor, ela o procurou e lhe perguntou o que devia ser feito. Roederer prontamente respondeu que a família real não deveria tentar resistir, mas, ao contrário, refugiar-se na Assembléia. A rainha, porém, recebeu mal a resposta. "É hora de descobrir quem irá vencer", respondeu ela, "o rei e a constituição ou os rebeldes." Nesse ponto, tudo rumava para um combate. Luís XVI reapareceu, portando uma espada, e decidiu passar em revista suas tropas. Primeiro apareceu no balcão da frente do palácio e foi saudado por gritos de *"Vive le roi!"*. A seguir, desceu para o pátio e inspecionou os guardas suíços e nacionais aí formados.

Em seguida, o rei cometeu um erro fatal. Em vez de voltar para dentro, continuou para o lado do palácio que dava para o Sena. Os guardas nacionais aí estacionados, uma companhia de atiradores, eram de lealdade muito duvidosa. Em vez de *"Vive le roi!"* gritaram *"Vive la nation!"* o que visivelmente desconcertou Luís. Aumentou seu erro ao encaminhar-se para o lado do jardim das Tulherias, para o Terrasse du Bord de l'Eau, onde os batalhões de guardas nacionais eram francamente hostis. A essa altura, Luís fora descoberto por uma multidão de parisienses armados que se infiltraram no lado oposto do jardim e agora se voltavam para ele gritando insultos. Foi salvo por um grupo de ministros e funcionários leais que correram do palácio e se deram os braços para protegê-lo. O grupo sitiado retirou-se

FIM DE JOGO

319

lentamente em segurança, cercado por manifestantes que gritavam: "Abaixo o porco gordo!"[47]

De volta às Tulherias, o rei foi para a *salle du conseil* [sala do conselho], onde a ele se juntaram a família, ministros e comandantes militares. Seu estado abalado deu a Roederer a oportunidade para renovar o ataque. Roederer foi ajudado pelo fato de os guardas nacionais que haviam insultado o rei terem prontamente deixado seus postos e desertado. "Sua majestade não tem cinco minutos para perder", advertiu ele. "Só há segurança na Assembléia." Como Luís permaneceu em silêncio, Maria Antonieta tentou desesperadamente defender sua resolução. Em vez de buscar a proteção dos deputados, disse a Roederer, ela se agarraria às paredes do palácio. Roederer intimidou-a. "Se a senhora se opõe a essa providência, madame", respondeu ele, "a senhora será responsável pelas vidas de seu marido e de seus filhos." A rainha ficou vermelha de raiva, mas nada disse; de qualquer modo era muito tarde. O que restava da vontade do rei tinha sido destruído pela brutal compreensão da ameaça a sua família. Ele levantou sua mão direita e disse simplesmente: "Vamos. Já que iremos para a Assembléia, nada há a fazer aqui."

Esse foi o fracasso final de Luís XVI. Supostamente seu objetivo era manter-se vivo, por quaisquer meios, mesmo fugindo para a Assembléia, até que a iminente invasão austro-prussiana pudesse salvá-lo. No entanto, deve ter percebido que o fato de se afastar de seus últimos defensores leais iria colocá-lo inteiramente à mercê dos inimigos. Nessa crise derradeira, sua pior deficiência foi claramente revelada: ele não se guiaria, nem permitiria que outra pessoa o fizesse. Como resultado, a defesa das Tulherias se desintegrou. Embora menos inteligente que Luís, Maria Antonieta instintivamente se mostrou à altura da situação. Ela sabia que aquele era o momento decisivo e que só uma demonstração clara de intenções poderia salvar a coroa. Uma vez que o marido tinha concordado em deixar as Tulherias, apesar de seus insistentes esforços para persuadi-lo do contrário, ela não podia contradizê-lo em público. No entanto, se a rainha, e não o rei, tivesse liderado a defesa do palácio, apoiada por um comandante resoluto, a história da França poderia ter sido outra.

O abandono das Tulherias pelo rei foi de fato uma abdicação. O que se seguiu foi uma horrível tragédia. Quando a decisão de partir para a Assembléia se tornou conhecida no palácio, houve uma debandada geral. Cortesãos e ministros se acotovelavam em torno da família real, enquanto uma

320 A QUEDA DA MONARQUIA FRANCESA

escolta de 150 guardas suíços e trezentos guardas nacionais entrava em forma. Às 8:30 da manhã o cortejo saiu. No entanto, por uma razão que nunca ficou conhecida, os soldados que ficaram para trás — aproximadamente seiscentos guardas suíços e uns poucos guardas nacionais leais, apoiados pelos voluntários monarquistas — não receberam ordens. Em última instância, o rei foi o responsável, mas nesse ponto ele tinha mais com que se ocupar do que com questões militares. Deviam ser mais responsabilizados os dois comandantes suíços superiores, coronel Maillardoz e major Bachmann, que acompanharam a escolta à Assembléia, mas não deram instruções aos subordinados antes de partir. A única explicação para essa negligência é que supunham que, uma vez que a família real tivesse deixado as Tulherias, qualquer motivo de conflito estaria afastado. Tratava-se, porém, de uma suposição injustificada. A agonia da monarquia mais uma vez revelava a incompetência de seus superiores.

As forças remanescentes da coroa ficaram nas mãos de um homem muito velho. Este era o marechal de Mailly, de 84 anos. No entanto, a cadeia geral de comando tinha sido rompida, ficando a iniciativa com capitães de companhia isolados. Nessas circunstâncias, tudo o que restava era o orgulho militar básico de cada unidade. Na ausência de ordens claras, isso significava acima de tudo não depor as armas; mas, era exatamente o que seus agressores insistiam que fizessem. Quando, logo depois das 9:00 da manhã, os *fédérés* se deslocaram através do pátio e entraram no grande salão do palácio, a tensão alcançou seu ponto máximo. Convocado a se render, o comandante aí estacionado, capitão Durler, recusou-se. Um sargento que se encontrava perto dele acrescentou: "Somos suíços, e os suíços só abandonam suas armas com suas vidas." Iniciou-se uma desordem e foram disparados tiros. Imediatamente explodiu uma verdadeira batalha.

Entregues a si mesmos, os defensores rapidamente assumiram a ofensiva. O marechal de Mailly dirigiu um fogo mortífero das janelas do palácio contra as fileiras dos *fédérés*, enquanto os capitães Durler e De Salis-Zizers conduziam um ataque que esvaziou o pátio e avançou pela Place du Carrousel. Os insurgentes fugiram, deixando mais de trezentos mortos no chão. A essa altura, porém, os suíços já estavam ficando perigosamente com pouca munição e voltaram às Tulherias para uma última posição. Nesse momento, o conde d'Hervilly, antigo comandante substituto da guarda constitucional, chegou ao palácio vindo às pressas da Assembléia, em meio a uma tempestade de tiros, com uma ordem atrasada do próprio rei para um cessar-fogo e uma retirada.

FIM DE JOGO

As Tulherias foram então evacuadas em duas fases. Durler e Salis-Zizers lideraram um destacamento de 150 suíços até a Assembléia. Ao cruzarem os jardins das Tulherias, foram alvo de fogo pesado e sofreram muitas baixas, mas conseguiram chegar ao destino. O segundo grupo, composto pelos suíços remanescentes e dos voluntários monarquistas, teve menos sorte. Dirigiu-se para a Place Luís XV (hoje Place de la Concorde) no extremo dos jardins, a fim de aí se dispersar, mas foi massacrado no caminho. No palácio, houve um massacre geral enquanto parisienses e guardas nacionais para aí se dirigiam a fim de eliminar os empregados domésticos e os suíços feridos. Como de hábito, os indefesos sofreram mais. Foram mortos, despidos, suas cabeças foram expostas em estacas e seus corpos mutilados. Nunca se saberá quantos morreram.

Na Assembléia, a família real fora amontoada no camarote dos relatores, atrás da cadeira do presidente, separado do plenário da câmara por uma grade. Uma multidão de parisienses armados se agrupava em torno do prédio, e os sons da luta nas Tulherias eram claramente audíveis. Dentro, sob os olhos das galerias lotadas, os deputados logo se viram confrontados por uma comissão da Comuna insurgente que pedia novas eleições. Os girondinos tinham desencadeado a crise ao empurrar a França para a guerra. De modo conveniente, eram eles que agora apresentavam a capitulação final. Guadet, cujos discursos muito haviam contribuído para inflamar a Assembléia contra a Áustria, passou a cadeira de presidente para seu colega Gensonné. A seguir Vergniaud se levantou e propôs que o rei fosse suspenso de suas funções e a Assembléia, substituída por uma nova convenção nacional eleita por sufrágio masculino universal. Os deputados consentiram com um sinal de mão. De um só golpe, a monarquia e a constituição tinham sido eliminadas.

O rei olhava a destruição de sua autoridade por trás da grade dos relatores. Sua vontade pode tê-lo abandonado, mas sua lucidez, não. A partir do momento em que decidira deixar as Tulherias, ele sabia quais seriam as prováveis conseqüências. O fato foi reforçado por um incidente simbólico no caminho para a Assembléia. Um jornal jacobino tinha escrito que a monarquia seria abolida no outono. Ao cruzar os jardins, a família real viu que muitas árvores já estavam secas e que as folhas haviam sido empilhadas pelos jardineiros. O delfim se divertiu chutando-as nas pernas dos cortesãos que andavam na sua frente. "Ah", observou Luís, "as folhas estão caindo cedo este ano."[48]

CAPÍTULO 13

Sangue Real

NOVE DIAS DEPOIS DO ASSALTO às Tulherias, em 19 de agosto de 1792, o exército do duque de Brunswick invadiu a França. Seu avanço foi rápido. A cidade fronteiriça de Longwy foi rapidamente cercada. O comandante da defesa, coronel Lavergne, estava preparado para lutar, mas teve a oposição das autoridades civis, que temiam a destruição que um ataque em grande escala acarretaria. Em 23 de agosto, Longwy capitulou. Brunswick deslocou-se para a vital cidade e fortaleza de Verdun. A mesma coisa aconteceu lá; depois de um bombardeio inicial, as autoridades da cidade entraram em pânico e forçaram o oficial superior, coronel Beaurepaire, a buscar um acordo. Em 3 de setembro, Verdun se rendeu, mas Beaurepaire se suicidou antes de assinar. O caminho para Paris estava aberto.

Breteuil chegou a Verdun na noite de 6 de setembro. Dois fatores decisivos exigiam sua presença no *front*. Uma marcha rápida para Paris era essencial para a salvação da família real, mas Brunswick era um comandante cauteloso, e era possível que mesmo nessa fase os austríacos pudessem tentar negociar com o inimigo. A influência do barão poderia inclinar a balança a favor do arrojo. Além do mais, em 29 de agosto, seus fantasmas, os príncipes, tinham cruzado a fronteira com uma pequena força de 4.500 *émigrés*. Temeroso de que sua entrada na França pudesse afastar a população local, Brunswick manteve-os bem distante da dianteira, mas uma vez em solo francês as pretensões deles se elevaram. Com o rei, a rainha e o delfim feitos prisioneiros da Assembléia, Provence estava mais determinado do que nunca a ser reconhecido como regente do reino. O visconde de Caraman, na época no quartel-general prussiano, advertiu Breteuil de que o único modo de combater essas pretensões era pessoalmente. Quando o barão concordou em fazer a viagem, Caraman ficou encantado. "Irei para Luxemburgo no dia 28 [de agosto], senhor barão, e esperarei pelo senhor lá...", escreveu ele. "Não temos um momento a perder."[1]

A declaração de intenções ocorreu no dia seguinte à chegada de Breteuil a Verdun. Foi convocada uma reunião em seus alojamentos, sendo a regência o único item da agenda. O barão, no entanto, tinha o trunfo. Este era a confiança do rei da Prússia, que, almejando glória militar, tinha acompanhado seu exército. A carta de Luís XVI de 3 de dezembro de 1791 tinha convencido Frederico Guilherme II de que Breteuil de fato falava em nome do rei da França, o que deu ao barão uma autoridade que faltava aos rivais. O papel central de Frederico Guilherme no desenvolvimento da campanha garantiu, por outro lado, que os aliados seguissem seu exemplo. Durante esse crucial outono de 1792, as Potências concederam a Breteuil a posição de quem falava como seu senhor *ex cathedra*.

A reunião começou na noite de 7 de setembro. Provence e aliados argumentavam que era essencial organizar um governo em solo francês o mais rapidamente possível para desafiar os revolucionários em Paris, e que isso só podia ser feito por meio de uma regência. Tinha de ser criado um conselho de regência e a recompensa de Breteuil seria presidi-lo. A posição do barão, ao contrário, era de que no prazo de seis semanas o exército de Brunswick estaria de qualquer modo em Paris para libertar o rei, de modo que uma regência nesse momento simplesmente não valia a pena. A resposta de seus opositores tinha alguma força: era bastante improvável que a família real ainda estivesse na capital quando Brunswick chegasse, já que então teria sido levada como refém para as províncias do sul. Breteuil relutantemente aceitou a argumentação, e concordou que, se o rei fosse levado para o Midi, Provence deveria tornar-se regente.[2]

As manobras dos dias seguintes são difíceis de acompanhar. Claramente, se Breteuil fosse liderar o conselho de regência, não haveria espaço para Calonne. A essa altura, o grande rival do barão estava também sendo muito responsabilizado pela desastrosa falta de organização e recursos do exército dos *émigrés*. Em 15 de setembro, foi dispensado pelos príncipes, tendo gastado a maior parte de sua fortuna nos últimos dois anos a serviço deles. Apesar disso, a solução de compromisso em relação à regência logo apresentou obstáculos. Como tática de adiamento, Breteuil tinha antes persuadido o representante austríaco na reunião, o príncipe de Reuss, a pedir que a questão fosse submetida a Viena. O governo austríaco, porém, simplesmente se recusou a dar uma resposta. Então Provence não se tornou regente; por fim, teve de assumir o título unilateralmente em janeiro de 1793, depois da execução do rei. Esse não foi um começo auspicioso para seu novo relacionamento com Breteuil.

Com Calonne, de qualquer forma, fora do caminho, o barão podia dedicar-se a administrar o território francês ocupado, que Brunswick lhe entregou. Pela primeira — e última vez — durante a Revolução, ele teve poder efetivo dentro da França, e seus atos lhe deram um antegosto do que seu triunfo final lhe teria proporcionado. Sempre que possível, o barão restaurava o antigo regime. Deixou isso claro para Fersen em 17 de setembro. "Ontem [...] reintegrei o bispo, os cônegos e os monges [de Verdun]", vangloriava-se. "Não resta nem um único padre constitucional."[3] Essa intransigência podia ter sido prevista. No final de agosto, Fersen anotou uma conversa entre Breteuil e um antigo amigo de Mirabeau, La Marck, em Bruxelas. La Marck observou que, no caso de vitória, alguns aspectos da "antiga constituição" da França deviam ser mantidos. "Diante do quê [...] o barão de Breteuil respondeu que ele nunca tinha tido e nunca teria nenhum outro objetivo que não o retorno de tudo a seu antigo estado."[4]

O aspecto menos agradável do breve exercício do poder por Breteuil foi seu desejo de vingança. Ele estava convencido de que o único modo de restaurar a ordem era aplicar punições exemplares de modo a intimidar o populacho. "Nada poupei para convencer o duque de Brunswick da necessidade de grande severidade", escreveu ele de Verdun para Fersen, "mas seu caráter é moderado e seus princípios atuais fazem-no recuar da dureza que é tão claramente necessária."[5] O barão desejava, em particular, que Brunswick fizesse de Varennes, que distava apenas algumas milhas, um exemplo, destruindo-a completamente. Nisso, porém, ele seria desapontado — seria necessário esperar outra invasão alemã, a da Primeira Guerra Mundial, para infligir dano significativo à cidade.

Os sentimentos de Breteuil devem ser vistos no contexto dos acontecimentos recentes na capital. Alguns dias antes, em 2 e 3 de setembro, a multidão em Paris se sublevou, entrou nas prisões e assassinou 1.400 pessoas suspeitas de serem contra-revolucionárias. O próprio Breteuil conhecia várias das vítimas. Também estava longe de estar sozinho em sua sede de vingança. "Clemência", escreveu Fersen nessa ocasião, "seria extremamente

326 A QUEDA DA MONARQUIA FRANCESA

pernicioso";[6] de fato, foi ele, e não o barão, quem primeiro insistiu na destruição de Varennes. Mesmo os moderados foram contagiados. Mallet du Pan advertiu contra qualquer "piedade danosa".[7] Superando-se, Mercy declarou em 24 de setembro, que "se os jacobinos não fossem exterminados e a França transformada em exemplo, todos os países [...] cedo ou tarde seriam arruinados".[8] No dia seguinte, ele foi além, acrescentando que "a severidade era o único caminho e que os quatro cantos de Paris deveriam ser incendiados".[9] Como os massacres de setembro, essas reações mostravam que a Revolução tinha se transformado em guerra civil.

Um problema final que dizia respeito a Breteuil nesse momento era o destino de La Fayette. Ao tomar conhecimento da derrubada da monarquia, o general fizera tudo o que estava a seu alcance para revertê-la. Convocou suas tropas para que renovassem o juramento ao rei e à constituição, antes de mandá-las atacar os jacobinos. Os soldados, no entanto, se recusaram. Só restava um caminho para La Fayette, que levava à fronteira. Em 21 de agosto, ele cruzou a fronteira com vinte oficiais e se entregou aos austríacos. O ilustre prisioneiro foi logo objeto de uma indigna disputa. Os austríacos estavam inclinados a lhe dar posição privilegiada como instrumento potencial de alguma futura negociação; os aliados dos austríacos se opunham a isso. Foi realizada uma conferência diplomática a que Breteuil compareceu como representante de Luís XVI. A conferência emitiu um comunicado que afirmava ser a existência de seu prisioneiro "incompatível com a segurança de todos os governos europeus".[10] La Fayette foi enviado a cárceres rigorosamente vigiados em uma série de fortalezas prussianas e austríacas. Só foi libertado em 1797.

O destino da França, porém, seria decidido não por Breteuil em Verdun, mas por Brunswick no campo de batalha. Curiosamente, o teatro do conflito foi a floresta de Argonne, pela qual a *berline* real passara 18 meses antes no caminho para Varennes. Dumouriez, que assumira o comando do exército francês depois da defecção de La Fayette, ocupou uma forte posição defensiva em meio às colinas e matas. Incapaz de realizar um ataque frontal, em 12 de setembro Brunswick deslocou-se para o flanco inimigo. Encobrindo-se por meio de um ataque simulado à direita e ao centro de Dumouriez, ele desencadeou seu principal ataque à sua esquerda em torno de Croix-aux-Bois. Os franceses foram repelidos em desordem e a linha de Argonne foi rompida. Brunswick agora tinha uma boa chance de capturar e esmagar a força principal de Dumouriez. No entanto, não o conseguiu. Permaneceu onde estava até 18 de setembro, permitindo que o opositor escapasse para o sul. Na ocasião em que Brunswick retomou seu avanço, Dumouriez tinha encontrado uma nova e segura posição. Mais uma vez, tinha evidentes ecos da fuga para Varennes; seu centro era Sainte-Ménehould e se estendia até o moinho em Valmy, pelo qual a família real tinha passado em seu caminho para leste a partir de Châlons.[11]

A razão da ação de Brunswick permanece misteriosa. As duas razões mais prováveis são sua própria cautela inata, aliada a crescentes problemas de suprimento. A intendência prussiana sucumbia rapidamente ao esforço de manter um exército em solo inimigo. Tinha tentado alimentar as tropas a partir de suas próprias reservas, o que logo se mostrou impossível, já que as panificações de campanha e os depósitos de grãos estavam muito atrás das linhas. Como resultado, os soldados famintos logo começaram a fazer saques, e isso afastou os camponeses franceses, já hostis. Logo se espalharam rumores de soldados perdidos que eram assassinados e de destacamentos isolados emboscados por guerrilheiros. Com alimentos e moral reduzidos, Brunswick não estava em condições de assumir riscos.

Tendo em vista essa difícil situação, o duque estava disposto a ouvir o antigo refrão segundo o qual o caminho mais rápido para Paris poderia ser obtido por negociações. O principal incentivo para isso veio de Breteuil. Não se tratava, porém, de uma questão de conciliação com o grupo constitucional que envolveria sacrifícios políticos, mas de um simples "desvio" de Dumouriez que apressaria a destruição da Revolução por meio da força militar. A idéia que o barão apresentou partiu do jornalista monarquista francês Rivarol, que havia pouco emigrara para Bruxelas. A irmã de Rivarol, baronesa d'Angelle, era amante de Dumouriez e, como tal, um canal ideal para as propostas austríacas e prussianas chegarem ao general. O plano começou a tomar forma antes de Breteuil partir para o *front*; uma das primeiras coisas que fez ao chegar a Verdun foi enviar a Fersen instruções detalhadas sobre como conduzir a intriga em sua ausência. "O que Rivarol e eu combinamos", escreveu ele,

> foi que sua irmã, que ainda está em Paris, deveria imediatamente partir para se encontrar com Dumouriez [...] e que Rivarol deveria se encontrar secretamente com ela na fronteira a fim de dar-lhe nossas instruções. Rivarol me assegura que ela é uma mulher de espírito; se Rivarol não der informações ao bispo [de Pamiers], então o bispo deve

328 A QUEDA DA MONARQUIA FRANCESA

perguntar-lhe o que está ocorrendo no tocante ao assunto que mencionei a ele referente a sua irmã, e depois o senhor e ele podem prosseguir. Deve-se pedir a Dumouriez — se seu exército for atacado pelo duque de Brunswick e retirar-se sob os muros da capital — para persuadir seu exército a se declarar pelo rei [...] e entregar-se ao exército prussiano e para fazer a paz em Paris. Não pude estabelecer limite para a recompensa que Dumouriez e seus amigos poderiam pedir nessas circunstâncias.[12]

O comandante francês, porém, não estava disposto a ouvir tais propostas, mesmo sob a forma amistosa. Os prussianos já lhe tinham enviado emissários, mas ele havia rasgado diante deles as cartas que trouxeram, dizendo as seguintes palavras: "Responderei com tiro dos canhões." Em 14 de setembro, Brunswick mandou outro enviado ao acampamento francês, o major Von Massenbach, seu confidente, mas o general se recusou a vê-lo. Não se conseguiria afastar Dumouriez — ainda.[13]

Diante dessa recusa, Brunswick hesitou mais uma vez. Nessa ocasião, ele tinha mais razão, já que sua lenta perseguição aos franceses permitira que eles trouxessem reforços sob o comando de Beaurnonville e Kellermann. Até que sua ala direita comandada por Clerfayt chegasse, ele estaria em número bastante inferior. A disposição de Brunswick era para consolidar suas forças e a seguir continuar com uma guerra de manobra. A essa altura, porém, considerações de ordem política ocuparam o primeiro plano. Ainda chegavam de Paris relatos horripilantes, e temia-se que, se o exército não fosse diretamente para a capital, em breve poderia não haver mais família real a ser salva. Frederico Guilherme II, em particular, insistia em um rápido avanço. Ele era incitado por Breteuil, sua companhia constante. O barão já tinha visto a oportunidade apresentada pela retirada francesa para ficar entre os franceses e a capital. "Os rebeldes evitaram a batalha", escreveu ele a Mercy-Argenteau em 17 de setembro, "mas tiveram sérias baixas. Foram forçados a deixar o caminho para Paris aberto a nossos exércitos. Dizem que querem esperar-nos nas planícies de Champagne; isto é bastante desejável."[14]

Em 18 de setembro, Brunswick deslocou-se do acampamento; no dia seguinte, por ordem direta de Frederico Guilherme, avançou atrás do exército de Dumouriez, ameaçando o caminho para Châlons e o caminho de volta para Paris. As posições estavam então invertidas. Brunswick ficou entre Dumouriez e o resto da França; Dumouriez ficou entre Brunswick e a

SANGUE REAL

Alemanha. Era claro que no dia seguinte haveria uma batalha. Nessa noite, em seu acampamento, o exército prussiano preparou-se para combate. A cena foi descrita por Goethe, que aí se encontrava entre os que acompanhavam o duque de Saxe-Weimar. Era o prelúdio de um estranho encontro:

> Entre as faces e figuras iluminadas no círculo da luz, eu via um homem de meia-idade que pensei ter reconhecido. Quando tive certeza, dirigi-me a ele, que não ficou nem um pouco surpreso ao me ver ali. Tratava-se do marquês de Bombelles, que eu conhecera em Veneza dois anos antes.[15]

Bombelles tinha feito uma longa viagem para chegar à fogueira de Goethe. No fim de agosto, havia abandonado sua infrutífera missão em São Petersburgo e ligara-se ao exército prussiano. O dia seguinte decidiria todo o seu futuro — glorioso retorno a Versalhes como ministro das Relações Exteriores ou uma vida de exílio. Nessa noite, porém, ele era presa de sombrios pressentimentos. Como Goethe recordasse o encanto e a hospitalidade de Bombelles em Veneza, o marquês subitamente explodiu:

> Não fale dessas coisas! Estão muito distantes; e mesmo então, quando eu entretinha meus nobres convidados com aparente sinceridade, a ansiedade atormentava meu coração; eu previa o que iria acontecer em meu país; invejava no senhor a sua despreocupada ignorância do perigo que o ameaçava; preparei-me em silêncio para meu destino. Logo a seguir, tive de deixar minha honrosa posição e começar as andanças que finalmente me trouxeram aqui.[16]

Logo depois das 6:00 na manhã seguinte, a guarda avançada prussiana, sob o comando do príncipe Hohenlohe-Ingelfingen, deslocou-se para o caminho de Châlons. Chovia e espessa neblina cobria a área. Quase imediatamente, os canhões franceses começaram a funcionar, tendo então início a batalha de Valmy. Os prussianos no ataque se viram diante de uma sólida posição francesa na forma de um semicírculo, com sua direita na pequena colina de Yron, seu centro, comandado por Kellermann, mais à frente em torno do moinho de Valmy e sua esquerda baseada na estrada. A chegada de reforços também dera a Dumouriez uma superioridade local de aproximadamente 30 mil a 60 mil homens. Ao meio-dia, quando os prussianos tinham completado seu tranqüilo avanço, a neblina da manhã se dissipou para

330   A QUEDA DA MONARQUIA FRANCESA

mostrar não a desordenada turba que estavam esperando, mas um inimigo firme e bem disciplinado.

O choque foi tanto mental quanto militar. Desde a ignominiosa debandada de Dillon em abril, seguida pela defecção de La Fayette e o fracasso de Longwy e Verdun, os prussianos tinham ficado meio convencidos de que os franceses nunca se recomporiam e lutariam. Agora estavam claramente preparados para fazê-lo. Isso se devia ao fato de o exército de Dumouriez contar com suficientes veteranos para firmar os recrutas inexperientes. Cerca de metade da infantaria era composta por novos voluntários, mas o resto era de profissionais provenientes do exército regular, tal como toda a cavalaria e, o que era essencial, a artilharia. Os prussianos tinham mais canhões do que os franceses — de 58 e quarenta, respectivamente —, mas os franceses eram melhores em manobras e mantinham um fogo que prejudicava em muito o *élan* dos opositores. Relutantemente, à 1:00 da tarde, Brunswick ordenou um ataque frontal. Os prussianos formaram em duas linhas com precisão de praça de armas e se dirigiram através do vale que os separava da posição francesa. A artilharia do inimigo começou a infligir baixas pesadas. Nesse momento, Kellermann decidiu juntar-se a suas tropas. Pondo seu chapéu na ponta da espada, ergueu-se nos estribos e gritou: *"Vive la nation!"* A uma só voz, seus soldados repetiam o lema. Poucos segundos depois, os atacantes pararam onde estavam.

Esse foi mais do que um decisivo momento psicológico. Nesse instante, a França tinha causado impressão não apenas nos espíritos dos prussianos, mas em seus intestinos. Poucos dias antes da batalha, uma séria epidemia de disenteria havia atacado o acampamento de Brunswick e derrubara número significativo de seus soldados. Os soldados que agora avançavam através do vale estavam desanimados, molhados e mal alimentados. O fogo francês estava se tornando mortífero, e era claro que sua infantaria não estava para se retirar. Tendo avançado contra seu melhor juízo, Brunswick rapidamente concluiu que a posição de Kellermann não podia ser mantida. Depois de duzentas jardas, ele ordenou uma retirada.

Desde então, tem-se discutido essa decisão — se era justificada, um erro desastroso ou mesmo uma atroz traição. De fato, Brunswick tinha sido procurado antes da guerra para comandar os exércitos franceses, e os *émigrés* posteriormente se basearam nisso para alegar que ele estava a soldo dos franceses e que fora subornado para recuar suas forças. Nunca surgiu prova convincente disso. A justificava do duque se baseia no imponderável — se os

SANGUE REAL 331

franceses teriam ou não resistido caso os prussianos tivessem entrado em luta. Um dos melhores marechais de Napoleão, Gouvion Saint-Cyr, que lutou na campanha de Valmy, afirmou depois que não resistiriam. Há alguns indícios a seu favor: apenas quatro dias antes, durante a retirada de Argonne, 10 mil homens de Dumouriez tinham fugido diante da visão de 1.500 da cavalaria prussiana. Atacar uma força francesa superior em Valmy era certamente arriscado. No entanto, tendo aceitado uma corajosa linha de ação em primeiro lugar, era ilógico que Brunswick não lhe desse continuidade. Albert Sorel assim se expressou: "Ele executou um arrojado plano sem entusiasmo e expôs-se a todos os perigos do arrebatamento sem garantir quaisquer de seus benefícios."[17]

A troca de tiros da artilharia foi ouvida até o anoitecer, mas o momento de decisão tinha passado. Encobertos pela escuridão e pela chuva pesada, os franceses deixaram o campo de batalha, mas tinham conquistado uma enorme vitória moral. Tinham feito frente aos temíveis regimentos de Frederico, o Grande, e, com seu exército ainda no campo, Brunswick não foi capaz de avançar para Paris. Ao contrário das expectativas, não haveria fim rápido para a campanha.

Os prussianos podem ter sido desencorajados, mas Dumouriez, por sua vez, não estava muito confiante. Brunswick não o derrotara, mas ele também não derrotara Brunswick. Um resoluto contra-ataque prussiano que pusesse sua infantaria adequadamente à prova ainda podia ter conseqüências desastrosas. O general decidiu que tinha chegado a hora de reabrir negociações. Sua motivação permanece misteriosa. Ele afirmou aos superiores em Paris que isso era simplesmente uma artimanha; ciente dos problemas logísticos enfrentados pelo rei da Prússia, ele alegava que, se pudesse mantê-lo falando por oito dias, "seu exército estará completamente derrotado, de modo espontâneo, sem uma batalha".[18]

É mais provável que Dumouriez estivesse mantendo suas opções em aberto. Ele certamente convenceu de sua sinceridade o emissário de Frederico Guilherme, coronel Von Manstein, e não pestanejou quando este lhe apresentou uma proposta de paz baseada na liberdade de Luís XVI e no retorno da ordem à França. Uma trégua foi acertada. Manstein voltou muito satisfeito para o acampamento prussiano, onde cresceu a convicção de que era iminente uma rendição francesa. Tal convicção era compartilhada por Frederico Guilherme e pelo próprio Brunswick. Breteuil, que recebera a notícia em Verdun, escreveu uma carta para sua

332 A QUEDA DA MONARQUIA FRANCESA

filha, mme. de Matignon, que estava de volta a Bruxelas, deixando isso absolutamente claro:

> Estou certo de que Dumouriez, perseguido pela fome e incapaz de soltar suas forças, pediu para capitular. O rei da Prússia teve a bondade de me dar conhecimento disso ontem. O duque de Brunswick concordou com uma trégua de 24 horas que deveria ter terminado ao meio-dia de ontem, de modo que não tenho dúvida de que o exército rebelde já se rendeu no momento em que escrevo. Espero receber a notícia no correr do dia e a enviarei imediatamente para você por mensageiro a cavalo. É 1:00 da tarde.[19]

As esperanças de Breteuil logo se desfizeram. A despeito das intenções de Dumouriez em 23 de setembro, quando Manstein o visitou, na ocasião em que o barão escrevia para sua irmã, no dia 26, ele tinha dado as costas às conversações. O fator decisivo foi a notícia, que o general recebeu na noite do dia 23, de que dois dias antes a república tinha sido declarada em Paris. Era claro que a determinação política do governo não tinha fraquejado e que, se ele continuasse sua equívoca conduta em relação ao inimigo, poderia ser acusado de traição. Dumouriez imediatamente escreveu a Manstein, informando-o do que ocorrera e acrescentando que teria de esperar ordens dos superiores para retomar as negociações. A trégua tinha fim.

Isolados em solo inimigo, diante de forças francesas superiores e ameaçados por fome e doença, os prussianos não tinham escolha a não ser a retirada. Em 12 de outubro, evacuaram Verdun e retornaram para o Reno. Essa súbita inversão da sorte, quando a vitória tinha parecido tão próxima, abalou Breteuil. "O senhor sabe e compartilha", escreveu ele para Fersen,

> todos os infortúnios que a retirada de nosso exército acarreta para nós, exatamente quando pensávamos que tínhamos tudo a esperar. Não posso esconder do senhor que essa reviravolta dos acontecimentos abateu minha alma e meu espírito; estou arrasado e precisarei de vários dias para me recuperar. Se eu estivesse menos sozinho, talvez me refizesse mais rapidamente, em especial se pudesse discutir as questões com o senhor; de qualquer modo, estou satisfeito pelo fato de o senhor não estar aqui no meio de nosso infortúnio — o senhor ficaria aflito com tudo o que vimos e ouvimos.[20]

SANGUE REAL

Exatamente quando o barão pensava que as coisas não podiam ficar piores, isso aconteceu. Uma semana depois, ele recebeu a notícia de que sua plantação de cana-de-açúcar em Saint Domingue, sua única propriedade substancial fora da França, estava ameaçada pela revolta de escravos que havia um ano vinha se desenvolvendo na ilha. "Ficaremos reduzidos à penúria se eu perder minha plantação", escreveu ele a mme. de Matignon. "Quanto a mim, penso que poderia suportar isso, mas não poderia sobreviver vendo-a, minha querida filha, e a Caroline [sua neta, mme. de Montmorency] reduzidas a essa condição. Abraço-as. Abraço o bispo."[21]

Os desastres pessoais de Breteuil reduziam-se a nada ao lado do significado maior de Valmy. A batalha salvou a Revolução e prenunciou uma nova era. O historiador britânico T. C. W. Blanning comenta isso de modo sucinto:

Deve-se concordar com o marechal Foch — "As guerras de reis estavam no fim; as guerras de povos estavam começando." Revelaram-se terríveis para toda a humanidade, mas a curto prazo os revolucionários franceses tinham toda razão para se orgulhar de si mesmos.[22]

*

VALMY, E NÃO OS ACONTECIMENTOS de 10 de agosto, selou o destino da família real. Os membros da família real sobreviveram à tomada das Tulherias, mas a derrota de Brunswick acabou com suas esperanças de libertação. Não se depreende automaticamente que se, o duque tivesse conquistado uma vitória, eles teriam sido salvos. Se os prussianos tivessem avançado sobre Paris, o governo poderia ter evacuado a capital e levado a família real como refém. Fersen e Breteuil temiam que o rei fosse levado para as Cévennes e cercado por um exército de protestantes, embora isso possa refletir mais suas vívidas imaginações do que a realidade. No entanto, a perda de Paris teria sido um golpe tremendo para os revolucionários e provavelmente apressaria a libertação de Luís XVI.

O fato é que o rei e a rainha tiveram o pior dos dois lados. Valmy adiou indefinidamente sua salvação, enquanto o *coup d'état* de 10 de agosto dera a seus mais duros opositores em Paris uma fatia substancial do poder. Roland, Clavière e Servan, os três ministros girondinos que Luís dispensara em junho, foram imediatamente reconduzidos a seus cargos. A figura dominante no novo governo, porém, era Danton, nomeado ministro da Justiça. Por trás

334 A QUEDA DA MONARQUIA FRANCESA

dele avultava a verdadeira vitoriosa de 10 de agosto, a comuna insurreta de Paris. Com os Guardas Nacionais e os parisienses armados a sua disposição, a comuna ofuscou inteiramente a Assembléia Legislativa, que de qualquer modo estava para ser suplantada pela Convenção Nacional.

Durante dois dias após a tomada das Tulherias, a família real fora mantida encerrada no espaço dos estenógrafos na Assembléia durante o dia e transferida à noite para um convento vizinho. Na noite de 13 de agosto, foi transferida sob pesada guarda para a torre da fortaleza medieval do Temple, na parte leste da capital. Ironicamente, antes da Revolução esta fora a residência parisiense de Artois. No cativeiro, juntaram-se à família real a marquesa de Tourzel e a princesa de Lamballe, antiga amiga da rainha. Os prisioneiros logo estabeleceram uma rotina limitada mas confortável. Ocupavam dois andares da torre, onde levavam uma vida inteiramente doméstica. Havia apenas um camareiro, mas um substancial número de empregados na cozinha — dois chefs e 11 cozinheiros auxiliares. Depois do café-da-manhã, às 9:00, Luís se ocupava das lições do delfim. Segundo suas próprias preferências, estas eram sobretudo de latim e de geografia. Ele até mesmo concebeu um exercício em que eram postos diante do filho mapas com certos países eliminados, que o menino tinha de preencher de modo a demonstrar seu conhecimento.

Depois de um passeio do lado de fora, a família jantava às 2:00. O apetite do rei permanecia inalterado pelo infortúnio; ele normalmente comia três pratos, com vinho tinto e branco nos dois primeiros, e metade de uma garrafa de champanhe e uma taça de licor com a sobremesa. Compreensivelmente, ele então dormia um pouco. De 6:00 às 9:00, ele continuava as lições do delfim ou brincava com ele, enquanto Maria Antonieta e mme. Elisabeth bordavam. Seguia-se uma refeição ligeira, depois do que Luís se retirava e lia até meia-noite. Entre agosto de 1792 e janeiro de 1793, ele leu 250 volumes, de Tácito a Tasso, Buffon e Hume. É notável que também se tenha posto a traduzir do inglês para o francês a obra de Horace Walpole *Historic doubts on the life and reign of king Richard III,* publicada em 1768. Sua tradução foi publicada postumamente, em 1800.[23]

Do lado de fora, no entanto, a situação se deteriorava rapidamente. Sob pressão da Comuna, foi instalado em 17 de agosto um tribunal especial para julgar criminosos políticos, em especial os que haviam atirado contra o povo na batalha pelas Tulherias. O primeiro a ser condenado foi Louis Collenot d'Angremont, secretário administrativo da Guarda Nacional, acusado de trair a causa popular. O instrumento de sua punição era uma nova máquina destinada a decapitar sem dor, cujo nome provinha do nome de seu inventor, o antigo deputado dr. Guillotin, e que fora usada esporadicamente desde o mês de abril anterior. Essa "guilhotina" foi então deslocada para a Place du Carroussel, em frente das Tulherias, e Collenot d'Angremont foi posto sob sua lâmina em 21 de agosto. A ele se seguiu, três dias depois, o confidente íntimo do rei e intendente da lista civil Arnaud de la Porte.

Quando a invasão austro-prussiana teve início, a capital foi tomada pelo pânico. Passou a haver um estado policial provisório, na medida em que, por ordem de Danton, patrulhas armadas tomaram as ruas em "visitas domiciliares", vasculhando as casas em busca de armas e prendendo suspeitos de traição. Seu poder chegou até mesmo ao Temple; na noite de 19 para 20 de agosto, *Mesdames* de Tourzel e Lamballe foram presas e levadas. Aproximadamente 3 mil pessoas sofreram o mesmo destino nas últimas semanas de agosto, abarrotando as prisões. Isso criou um novo problema. Na febril imaginação popular, os desafortunados prisioneiros eram transformados em uma monstruosa quinta-coluna, "bandoleiros" contra-revolucionários à espera do sinal para fugir da prisão e massacrar todos os bons cidadãos em seus leitos. Essas fantasias eram assiduamente incentivadas pelos jornais radicais mais incendiários, *L'Ami du Peuple*, de Marat, e *Le Père Duchesne*, de Hébert. Os homens parisienses relutavam em ir como voluntários para o *front*, temendo que pudessem estar deixando suas famílias para que fossem assassinadas brutalmente.

Os rumores da queda de Verdun chegaram a Paris em 2 de setembro. A compreensão de que então nada se encontrava entre Brunswick e a capital acendeu o barril de pólvora da paranóia popular. Grupos de assassinos armados se formaram, apoiados pela multidão. Nessa tarde, 24 padres refratários que estavam sendo transportados para a prisão da Abbaye (antiga abadia de Saint-Germain-des-Prés) foram atacados na *rue* de Buci, e vários foram assassinados; os sobreviventes foram mortos no fim da viagem. Tribunais irregulares foram criados na maioria das outras prisões, e a "justiça popular" era feita com espadas, facas e machadinhas. No todo, em torno de 1.400 pessoas, nenhuma delas remotamente perigosa, foram assassinadas nos cinco dias que se seguiram. Menos de um terço delas eram padres, nobres ou suspeitos políticos; o resto eram criminosos comuns. Trinta e sete eram mulheres. Duas das vítimas eram antigos ministros. Montmorin foi assassinado na Abbaye. Lessart foi assassinado em 9 de setembro, quando um comboio que transportava 45 prisioneiros políticos de Orléans para Paris foi interceptado em Versalhes e massacrado.

No Temple, Luís e Maria Antonieta podiam perceber que algo estava errado; ouviam o toque de alarme dos sinos e a gritaria distante da multidão. Dois funcionários municipais então apareceram e em cores ameaçadoras descreveram a situação para o rei:

> Senhor, o senhor não sabe o que está acontecendo em Paris [...] o povo está enfurecido e pede vingança [...] foi o senhor que arremessou contra nós um feroz inimigo determinado a nos massacrar e cortar as gargantas de nossas mulheres e filhos. Sabemos que nossa morte foi decretada, mas, antes de sermos imolados, o senhor e sua família morrerão pelas mãos daqueles que os guardam.[24]

Na tarde seguinte, enquanto a família real se sentava para jantar, uma violenta comoção explodiu abaixo das janelas. Os membros da família devem ter pensado que a ameaça do dia anterior estava para se concretizar. Então o camareiro de Luís XVI, Cléry, que olhara do lado de fora, correu para o cômodo horrorizado. A ele se juntou imediatamente outro funcionário municipal, que anunciou que o povo insistia em que a família se mostrasse, de modo a negar um boato de que tinha escapado. Ele acrescentou que se tinha oposto a essa exigência. A seguir, quatro membros da multidão apareceram, acompanhados por outro oficial que protestava, e repetiam que os prisioneiros deveriam chegar à janela. Os dignitários continuaram a resistir a isso, diante do que um dos visitantes se voltou brutalmente para o rei: "Estão tentando esconder do senhor que a multidão quer mostrar-lhe a cabeça de mme. de Lamballe, quer mostrar ao senhor como o povo se vinga dos tiranos. Aconselho-o a aparecer para eles, a menos que queira que venham ao senhor."[25] Maria Antonieta desmaiou.

Desde 20 de agosto, a princesa de Lamballe era mantida na prisão de La Force. Foi levada diante de um "tribunal" improvisado, condenada e imediatamente morta. Seu corpo foi desnudado e mutilado, sua cabeça, cortada, posta em uma estaca e levada ao Temple para ser mostrada à rainha, sua amante lésbica, segundo a lenda popular.

Depois desse horror, Luís e Maria Antonieta tinham poucas ilusões quanto a seu destino se Brunswick não chegasse logo. Nas semanas seguintes, a armadilha em volta deles se apertava ainda mais. A Convenção Nacional se

SANGUE REAL

reuniu pela primeira vez em 20 de setembro e, no dia seguinte, aprovou unanimemente a abolição da monarquia. Às 4:00 dessa tarde, ouvia-se uma cavalgada que se aproximava do Temple. Soaram trombetas e uma voz estentórica anunciou a proclamação da república. O rei, que estava lendo, não levantou os olhos do livro. A seguir vieram as notícias de Valmy. A família real se preparou para o pior.

Em 3 de dezembro, a Convenção decretou que Luís XVI deveria ser julgado, sob a acusação principal de "conspirar contra a liberdade e atentar contra a segurança do Estado". Fora incentivada nessa decisão pela descoberta, nas Tulherias abandonadas no mês de novembro anterior, de um armário secreto, o famoso *armoire de fer*, que continha alguns dos documentos secretos do rei. Os documentos mais incriminatórios naturalmente tinham sido queimados antes de 10 de agosto, mas, no clima do momento, o que restara ainda era perigoso, em especial a correspondência do rei com Mirabeau e La Fayette. As bases legais para a denúncia de Luís eram extremamente duvidosas e, com certeza, não encontravam base na constituição de 1791, mas esse era, em essência, um julgamento político. Em 11 de dezembro, Luís XVI foi levado ao tribunal da Convenção. Foram lidas para ele 35 acusações, às quais teve de responder sem o benefício de advogado. Em geral, ele se saiu bem.

A prioridade era então encontrar uma equipe de advogados. A primeira pessoa que o rei procurou foi o famoso advogado Tronchet, que aceitou assumir a causa, mas com grande relutância. Sua falta de entusiasmo, no entanto, era compensada pelo envolvimento do jovem defensor indicado, um eloqüente advogado de Bordeaux chamado de Sèze. Finalmente, e de modo comovente, o antigo ministro Malesherbes, de 72 anos, magistrado, botânico e um dos grande nomes do Iluminismo francês, ofereceu seus serviços, que foram aceitos. "Fui convocado duas vezes", escreveu Malesherbes, "para o conselho do homem que foi meu senhor numa época em que essa função era ambicionada por todos; devo a ele o mesmo serviço quando se trata de uma função que muitas pessoas consideram perigosa."[26]

*

NA FRONTEIRA, BRETEUIL olhava com crescente ansiedade as nuvens que se formavam em torno da família real. Mesmo antes de Valmy, com o avanço dos prussianos, ele procurava o melhor meio de salvar a vida dos membros da família real. Agora, com a marcha sobre Paris ignominiosamente afastada, isso se tornou sua preocupação mais premente.

Em seus esforços para preservar o rei e a rainha, o barão deixou o campo da diplomacia oficial e entrou no mundo sombrio da traição e da espionagem. Por sua própria natureza, suas atividades clandestinas são de difícil reconstrução — qualquer pessoa que o ajudasse e que as autoridades revolucionárias pegassem teria à sua frente um breve caminho para a guilhotina. No entanto, fica claro pelos documentos e pelo diário de Fersen que Breteuil teve vários agentes e simpatizantes bem situados dentro da França. Nos meses que se seguiram, ele os reuniu numa rede informal. A primeira tarefa deles — mas não a única — foi manter o rei e a rainha longe do cadafalso.

A pessoa mais importante dessa conspiração foi o mais lendário agente secreto monarquista da Revolução, Jean, barão de Batz. Muito se escreveu sobre o ainda misterioso papel que Batz desempenhou em Paris em 1794, no auge do Terror, mas a extensão de sua relação com Breteuil tem sido em geral menosprezada. Nascido na Gasconha em 1754, Batz era, de modo bastante apropriado, descendente de d'Artagnan. Depois de alguns anos no exército, fixou-se em Paris no auge da explosão especulativa do final da década de 1780. Logo se juntou a um grupo de financistas que tinham por objetivo lucros a partir de operações em baixa da Bolsa de Valores. Seu principal colega nesse sindicato "baixista" era o próprio Breteuil, juntamente com o futuro ministro das Finanças girondino Clavière. A parceria pode ter sido selada por uma negociação mais íntima — um espião inglês mais tarde afirmou que, por algum tempo, Batz compartilhou os favores da amante do barão, mme. de Brancas.[27]

Com a eclosão da Revolução, Batz, que fora eleito para os Estados Gerais como deputado da nobreza de Tartas, imediatamente pôs seus recursos financeiros à disposição da causa real. Seu papel no planejamento financeiro do Ministério das Cem Horas de Breteuil já foi abordado. Diz muito da coragem de Batz que, enquanto o barão e seus colegas fugiam para o exterior, ele continuasse a se sentar na Assembléia sem ser molestado. De fato, no verão de 1790, ele foi presidente de sua importante comissão para a liquidação da dívida. Nessa função, concebeu um audacioso plano de criação de um fundo secreto de emergência para Luís XVI se valer dele. Os detentores de funções venais na casa real que a Assembléia tinha suprimido foram procurados e solicitados a cederem à coroa uma percentagem da soma que lhes fora reembolsada. Como muitos eram monarquistas convictos, em

SANGUE REAL

geral concordaram. Em julho de 1792, Batz tinha levantado 512 mil libras desse modo, conforme o próprio rei anotou em seu diário.[28]

As negociações políticas de Batz eram inseparáveis de suas atividades financeiras. Certamente a riqueza e a reputação que ele obtinha a partir das últimas facilitaram seu caminho em direção à Assembléia e em torno dela. Acima de tudo, permitiram-lhe cultivar um amplo leque de amigos e aliados em todos os lados do espectro ideológico, de monarquistas aos mais extremados revolucionários. Isso o tornou extremamente útil para Breteuil. Não está claro, porém, se os dois homens permaneceram em contato durante a parte inicial da Revolução, mas certamente retomaram relações na primavera de 1792. No mês de julho seguinte, Batz emigrou. No início de setembro, ele estava em Bruxelas, onde se encontrou com Fersen e com ele discutiu modos de garantir a segurança da família real enquanto o exército de Brunswick avançava para Paris. A seguir partiu para Verdun a fim de se encontrar com Breteuil, levando uma carta de Fersen para o barão. Não sabia que esta continha uma passagem bastante desabonadora a seu respeito. "[Esta carta]", escreveu Fersen,

> será levada ao senhor, senhor barão, pelo barão de Batz; permita-me acrescentar no que diz respeito a mim e em atenção ao senhor um apelo — não transpareça ter muita confiança no barão de Batz e só fale dele como homem cujo mérito o senhor aprecia no devido lugar, mas a quem o senhor só está usando no momento por causa de suas relações com os bancos e para descobrir detalhes úteis. O senhor sabe, como eu, senhor barão, que o barão de Batz não tem a melhor reputação e que muitas pessoas o encaram como um aventureiro; os inimigos do senhor não deixarão de dizer que o senhor só confia nesse tipo de pessoa e só se faz acompanhar dele. Por favor, desculpe essas observações, senhor barão, mas espero que venha a ver nelas mais uma prova de minha sincera devoção e desejo de assegurar ao senhor o sucesso que merece. O senhor não pode usar o barão de Batz para entrar em negociações com os rebeldes?[29]

O menosprezo esnobe de Fersen por Batz fica evidente a partir dessa passagem, mas a única linha politicamente significativa é a última. Fersen tinha ciência de que Batz era próximo de seu — e de Breteuil — parceiro pré-revolucionário de especulação, Clavière, que acabara de ser renomeado ministro das Finanças depois de 10 de agosto. Se a situação da família real em

Paris se deteriorasse acentuadamente em futuro próximo, a influência de Clavière seria uma carta importante à qual recorrer. No entanto, Breteuil achava que tais considerações eram prematuras. Sem dúvida chegaria o momento de negociações secretas, mas o momento mais propício seria depois de uma vitória decisiva no campo de batalha. "Minha opinião", escreveu ele para Fersen,

> [...] é que quando o exército estiver perto de Paris [...] deveremos tentar começar uma negociação e sacrificar tudo para salvar o rei, a rainha e a família real; eu prepararia minhas armadilhas mais cuidadosamente se pudesse tentar esses velhacos em Paris. Qualquer outro tipo de abordagem só feriria seu orgulho e poderia até mesmo aumentar sua fúria e loucura. Eu não hesitaria em pedir ao rei da Prússia que oferecesse a eles um perdão pleno e generoso, se ele ganhasse uma batalha amanhã; pediria até mesmo a Sua Majestade que acrescentasse secretamente a isso uma promessa de recompensas para os rebeldes mais importantes e, portanto, mais culpados. Espero que tenham sucesso essas negociações pacíficas e bem intencionadas, aliadas a uma vitória e ao conseqüente pânico na capital.

Quanto a Batz, Breteuil teve o cuidado de tranqüilizar Fersen. "Acho a mesma coisa que o senhor a respeito do barão de Batz", escreveu ele, "e lhe agradeço por seus comentários a respeito; o senhor sabe que só o estou cultivando atualmente na esperança de garantir, por intermédio dele, recursos financeiros para os primeiros momentos da administração do rei." No entanto, o barão acrescentou uma nota que mostrava que ele também pensava em Batz como um intermediário em uma eventual negociação com o governo revolucionário:

> Se o duque de Brunswick entrar em combate, veremos que oportunidades uma vitória poderia nos oferecer [...] uma conciliação. Talvez o barão de Batz faça o sacrifício de ir a Paris; ontem pelo menos parecia disposto a isso, e tentarei retê-lo nessa decisão. Não consigo pensar em ninguém com melhores contatos no momento.[30]

Batz, no entanto, não era o único instrumento que o barão tinha à mão. Dois outros colegas da época pré-revolucionária ainda se encontravam em Paris e em posições de influência: Antoine-Omer Talon e Maximilien Radix de Sainte-

SANGUE REAL 341

Foy. Talon era um antigo magistrado que fora estreitamente ligado a Mirabeau em seus esforços para salvar a monarquia em 1790 e 1791. Sainte-Foy, tio de Talon e companheiro em suas negociações com Mirabeau, era uma figura curiosa e notável, um antigo diplomata e financista com reputação de prática arguta.[31] Conquistara poderosas ligações na política revolucionária, tanto como conselheiro informal da comissão diplomática da Assembléia quanto como amigo e agente financeiro de Dumouriez.

Sainte-Foy, que conhecera Breteuil de sua época como diplomata, manteve contato com ele a intervalos ao longo da Revolução. Em julho de 1789, colaborou com Batz no planejamento financeiro do Ministério das Cem Horas. Também esteve envolvido, na época, em uma tentativa de reconciliação do duque de Orléans, outro de seus padrinhos, com a coroa. Certamente esteve de novo em contato com Breteuil em 1792. No mês de julho desse ano, Sainte-Foy escreveu ao barão insistindo num acordo negociado para a Revolução. Segundo Fersen, ele defendia que o momento estava maduro para Brunswick "organizar uma trégua, uma convenção nacional e um congresso, que este era o único modo de abater a Assembléia e fazer as mudanças necessárias na constituição, o que nunca poderia ser alcançado pela força".[32]

Em 11 de agosto, Sainte-Foy escreveu novamente para Breteuil, dando-lhe detalhes dos acontecimentos do dia anterior em Paris. Como era um grande colecionador, parecia mais preocupado com os danos arquitetônicos infligidos às Tulherias do que com o fato de que a monarquia tinha sido derrubada. "O *château* não foi incendiado", informou ao barão, "somente as casernas temporárias e construções anexas que o mau gosto fizera com que fossem desnecessariamente postos entre os pátios do palácio e o Carroussel [...] As estátuas nas praças públicas estão sendo derrubadas, o que é uma verdadeira barbárie."[33]

A postura estética de Sainte-Foy, no entanto, ocultava uma autêntica coragem. Com algum risco, ele andara pelas Tulherias a fim de ver o que estava acontecendo. Nessa ocasião, a multidão invadira as adegas do palácio. "Mais de 10 mil garrafas de vinho", disse ele a Breteuil, "cujos restos sujavam o pátio, tornaram todos tão bêbados que rapidamente terminei minha imprudente inspeção, em meio a 2 mil pessoas embriagadas brandindo armas de fogo carregadas que portavam de modo totalmente descuidado." Sainte-Foy concluiu com uma questão política séria: "Vamos ter essa convenção nacional sobre que pensei anteriormente, mas que eu que-

342 A QUEDA DA MONARQUIA FRANCESA

ria convocada pelo rei e segundo outros princípios, o que quer dizer que eu queria que tivesse apenas proprietários de bens de raiz."[34] Breteuil mostrou as cartas de Sainte-Foy a Fersen, que imediatamente decidiu que ele, em vez de Batz, seria o melhor agente a se usar em Paris. Em 28 de setembro, quando ainda parecia que Dumouriez poderia se render, Fersen apresentou sua idéia para o barão e propôs um meio elaborado de comunicação secreta com Sainte-Foy:

> Com base no que várias pessoas me disseram [...] sobre o fato de Sainte-Foy ser intimamente ligado ao duque de Orléans, e tendo em vista meu conhecimento de seu caráter e seus vínculos com o senhor, pensei ser ele o homem que nos pode ser mais útil em Paris. Tive então a idéia [...] de enviar a Sainte-Foy uma correspondência advertindo-o para queimar com uma vela todas as cartas provenientes do senhor, de mme. de Matignon ou do bispo. Então escreverei [...] a ele com as propostas para Dumouriez que o senhor elaborou com Rivarol, e, se ele enviar uma resposta, eu a transmitirei ao senhor. Seria proveitoso, senhor barão, se o senhor pudesse me dar uma carta para Sainte-Foy apresentando isso [...] Esta deve parecer tratar apenas de assuntos sem importância, e mme. de Matignon poderia então inserir nas entrelinhas as propostas que o senhor quer fazer.[35]

A derrota em Valmy e a retirada de Brunswick interromperam as negociações de Breteuil com Batz e Sainte-Foy. No momento, pelo menos a curto prazo, não havia a possibilidade de que um exército prussiano vitorioso iniciasse negociações a partir de uma posição de força, conforme avançava sobre Paris. O plano tinha de ser modificado: tratava-se agora simplesmente de salvar a vida do rei. Nessa conjuntura, Talon entrou em cena. Escreveu para Breteuil no final de outubro, quando se encontrava em Londres, para onde fora forçado a fugir em seguida à descoberta de sua correspondência secreta com Luís XVI no *armoire de fer*. Agora ele oferecia seus serviços ao barão, afirmando que podia ser "útil, mas realmente muito útil, ao rei". Sua proposta era que Breteuil deveria enviar um agente a Londres para se encontrar com ele e estabelecer uma ação conjunta, mas não parece ter recebido uma resposta. O papel de Talon na história, no entanto, não estava de modo algum encerrado.

Frustrado com esses reveses, Batz decidiu ocupar-se pessoalmente das questões. Como o julgamento do rei havia chegado ao clímax, ele decidiu

SANGUE REAL

tentar pessoalmente uma salvação. No começo de janeiro de 1793, foi a Paris para pôr isso em andamento. Levou com ele, como mais tarde recordou, uma autorização oficial. Embora não tenha dito quem a assinou, provavelmente foi dada por Breteuil:

> Convencido da importância dos serviços que podem ser esperados da lealdade e dedicação do barão de Batz ao rei e à família real, nós o convidamos a retornar à França e usar todos os meios possíveis para libertar o rei, a rainha e sua família. 2 de janeiro de 1793.[36]

*

EM 26 DE DEZEMBRO, Luís XVI fez sua segunda e última aparição diante da convenção. De Sèze levantou-se para a defesa e falou, com grande paixão, por três horas. O rei a seguir fez um pequeno discurso de conclusão. Ficava claro que ele esperava morrer e que suas palavras se dirigiam mais à posteridade do que ao público:

> Falando aos senhores talvez pela última vez, declaro que minha consciência não me reprova em nada [...] Nunca temi um exame público de minha conduta, mas meu coração está despedaçado por encontrar na acusação a imputação de que desejei derramar o sangue do povo, e acima de tudo de que os infortúnios de 10 de agosto deveriam ser atribuídos a mim.
>
> Confesso que as muitas provas que todas as vezes dei de meu amor pelo povo e que a maneira como sempre me conduzi me pareciam prova suficiente de que dei pouca atenção a me expor a fim de poupar seu sangue e para remover para sempre tal imputação.[37]

O veredicto estava agora nas mãos da Convenção. Foi decidido em uma série de votações, que começaram na manhã de 25 de janeiro e se estenderam por 37 horas. A primeira moção apresentada aos deputados, que dizia respeito a Luís ser culpado por conspirar contra a liberdade e a segurança do Estado, foi aprovada sem votos discordantes, mas com 27 abstenções. A segunda, que dizia respeito à punição de Luís ser decidida pelo povo em um referendo, foi rejeitada por ampla margem. A votação crucial dizia respeito à pena a ser aplicada. O resultado não poderia ter sido mais dramático. Dos 721 deputados presentes, 361 votaram pela morte sem atenuações, 286 pela

344 A QUEDA DA MONARQUIA FRANCESA

prisão ou banimento, 46 pela morte mas com um adiamento da sentença, 26 pela morte, mas com o pedido de uma discussão sobre a questão do adiamento, e dois pela prisão a ferros. A maioria pela morte incondicional constituiu assim um único voto.

Na manhã de 17 de janeiro, Malesherbes foi ao Temple para comunicar a Luís o veredicto. No meio, porém, ele sucumbiu e caiu chorando aos pés do rei. Os dois homens então se separaram e nunca mais se encontraram. Nesse ínterim, na convenção, estava sendo organizado um esforço final para garantir uma suspensão temporária. Apresentou-se uma moção que pedia que a sentença fosse adiada, a qual foi derrotada por setenta votos. Na noite de 20 de janeiro, Luís foi informado de que seria executado em 24 horas. O rei fez três pedidos: um prazo de três dias para a execução de modo a se preparar para a morte, um confessor de sua escolha e uma última reunião com a família, da qual fora separado desde o início do julgamento. O primeiro foi negado, os outros dois, concedidos.

Poucas horas depois, Luís XVI viu a família pela última vez. Foi um momento profundo e trágico. Contra todas as probabilidades — uma inimizade ancestral, personalidades acentuadamente diferentes, pouca atração física e disfunção sexual inicial —, Luís e Maria Antonieta tinham descoberto uma forma de amor. O que os havia aproximado eram os filhos, agora reunidos em torno deles. Não houve testemunhas para o que foi dito, mas o camareiro do rei, Cléry, observou uma parte da cena através do vidro de uma porta contígua. Maria Antonieta, os filhos e mme. Elisabeth ainda não sabiam do veredicto, e Cléry viu-os cair e chorar quando Luís lhes deu a notícia. O delfim se agarrou aos joelhos do pai. A família permaneceu imobilizada nessa cena por quase duas horas. A única do grupo a sobreviver, Maria Teresa, filha de Luís, lembrou que o rei contou a Maria Antonieta sobre o julgamento, depois deu instruções religiosas ao filho e o exortou a perdoar aqueles que o tinham condenado à morte. Quando se separaram pela última vez, Maria Teresa se jogou aos pés do pai e desmaiou.

A única coisa que resistiu a todos esses traumas foi o apetite do rei. Às 11:00 horas da noite, ele se sentou para cear, consumindo duas asas de galinha, alguns legumes, um pouco de vinho misturado com água e, como sobremesa, biscoito e um pouco de vinho de Málaga. À meia-noite e meia, Luís se retirou para a cama e, a julgar por seus altos roncos, logo adormeceu.

Em 21 de janeiro, o rei despertou em torno das 5:00 da manhã. O padre que tinha escolhido já estava à espera. Tratava-se de Henry Essex Edgeworth,

SANGUE REAL

um irlandês de 47 anos de idade, proveniente do condado de Longford, que anteriormente fora confessor de mme. Elisabeth. Luís comungou num altar improvisado por Cléry. Pouco antes das 9:00, Santerre e um grupo de funcionários municipais chegaram a fim de levá-lo para a morte. Um deles era o antigo padre que se tornou revolucionário extremado, Jacques Roux, a quem Luís tentou dar um pacote com seus objetos pessoais e seu testamento para que fosse entregue a Maria Antonieta. "Não estou aqui para cuidar de suas encomendas, mas para levá-lo para o cadafalso", respondeu Roux brutalmente. O pacote foi entregue a outra pessoa. O rei então bateu com o pé no chão e disse em voz alta: *"Partons!"* O grupo saiu para o pátio, onde uma carruagem fechada estava à espera. Luís entrou, acompanhado por Edgeworth e dois guardas.

Nesse meio-tempo, o barão de Batz estivera fazendo seus preparativos. Enviara uma convocação a quinhentos simpatizantes monarquistas a fim de que se reunissem no caminho para o cadafalso numa tentativa de resgatar o rei. O trajeto do rei o levaria do Temple na direção oeste ao longo dos bulevares da parte norte da cidade até a *place* de la Révolution (antiga *place* Luís XV e hoje *place* de la Concorde), onde a guilhotina fora erguida. Batz calculou que o melhor lugar para interceptar o cortejo era a interseção entre o bulevar Bonne Nouvelle e a *rue* de Cléry. Nesse ponto a rua subia uma encosta e era dominada de um lado por um íngreme talude. O plano de Batz consistia em agrupar seus partidários no talude, precipitar-se sobre a carruagem fechada enquanto esta seguia lentamente pela subida e levar rapidamente o rei, na confusão, para uma casa vizinha, onde fora preparado um esconderijo. Não se sabe claramente o que Batz pretendia fazer a seguir, mas provavelmente tinha planejado sair com Luís da França e pô-lo em segurança na Inglaterra.

Cedo, Batz já estava em seu posto na manhã de 21 de janeiro, com alguns poucos companheiros escolhidos, esperando ansiosamente que chegasse o grupo dos conspiradores. Como os minutos passavam e ninguém aparecia, ele começou a ficar cada vez mais preocupado. A essa altura, 130 mil soldados e guardas nacionais estavam nas ruas, como força destinada expressamente a evitar o tipo de ação planejada por Batz. Com muita probabilidade, foi isso que desencorajou os cúmplices do barão. Mas não desencorajou Batz. Quando a carruagem apareceu com sua escolta, ele tirou a espada e, à frente de seu pequeno grupo, correu para a rua à frente dos cavalos, gritando: "Comigo, todos os que querem salvar o rei!" Não houve nenhum movimen-

346 A QUEDA DA MONARQUIA FRANCESA

to do grupo. Enquanto os guardas nacionais acorriam para ele, Batz fugiu por uma rua próxima. A carruagem mal parou; é provável que Luís não tenha sequer percebido que tinha ocorrido uma tentativa de resgatá-lo.[38]

De modo apropriado para um devoto católico como ele, os últimos momentos do rei foram impregnados de religiosidade. Aproximadamente às 10:00 da manhã a carruagem chegou ao pé da guilhotina e Luís saiu. O carrasco e seus auxiliares, que estavam à espera, fizeram um movimento para amarrar suas mãos. Chocado, Luís começou a resistir. Foi contido por um comentário de Edgeworth: "Senhor, em mais esse ultraje vejo apenas uma semelhança final entre Sua Majestade e o Deus que será sua recompensa". O rei subiu lentamente os altos degraus do cadafalso. Edgeworth, que o apoiava, exclamou: "Filho de são Luís, ascenda aos Céus!" Ao caminhar pela plataforma, o rei tentou dirigir-se à vasta multidão: "Franceses! Morro inocente dos crimes de que fui acusado. Perdôo aqueles que são culpados de minha morte e peço a Deus que o sangue que vocês estão para derramar nunca seja cobrado da França." De modo significativo, seu último pensamento foi em defesa da Igreja tradicional: "Só sancionei a Constituição Civil do Clero sob coação[...]"

Nesse ponto, Santerre, determinado a encerrar a cena, fez sinal para que os tambores começassem a soar, e as palavras finais de Luís foram encobertas. Os carrascos se precipitaram sobre o rei, amarraram-no à tábua, puseram-na na horizontal e soltaram a lâmina. Infelizmente, o pescoço de Luís era tão gordo que não foi cortado ao primeiro golpe, e se ouviu um grito. Tudo estava acabado em questão de segundos. Às 10:22 da manhã, o carrasco buscou no cesto a cabeça do rei para mostrá-la ao povo. O cabelo nem tinha sido desfeito.[39]

*

A EXECUÇÃO DE LUÍS XVI horrorizou a Europa. Na Câmara dos Comuns, o primeiro-ministro Pitt, o Jovem, considerou-a "o mais louco e atroz feito que a história do mundo já teve oportunidade de atestar". A Espanha imediatamente expulsou o embaixador francês e em dois meses aderiu à guerra ao lado da Áustria e da Prússia. Em São Petersburgo, Catarina a Grande ficou tão chocada pela notícia que ficou de cama. A Corte russa recebeu ordem de luto completo por seis semanas.

SANGUE REAL   347

Para Breteuil, a morte do rei foi simplesmente o maior em um catálogo de desastres. Depois de Valmy, ele retornara a Bruxelas, mas não por muito tempo. Animado com o sucesso, Dumouriez rapidamente pôs em execução seu projeto predileto, a invasão da Bélgica. Em 6 de novembro de 1792, derrotou os austríacos que se opunham a ele em Jemappes. Em meio a cenas de pânico, o governo dos Países Baixos austríacos, acompanhado por multidões de *émigrés*, fugiu da capital. Breteuil, Fersen, Mercy-Argenteau, Craufurd e Eléonore Sullivan foram levados com a massa. Depois do caos inicial, porém, o barão não parece ter sido excessivamente incomodado. Em 11 de novembro, Fersen encontrou-o em Maastricht, sentado para jantar com vinte de seus amigos mais próximos. Em dezembro, estava estabelecido em Düsseldorf, junto com o governo refugiado da Bélgica.

Ao longo desses meses a guerra continuou a se expandir. Alarmada com a ocupação da Bélgica pela França e com seu crescente controle do Canal e da costa do mar do Norte, a Inglaterra se tornara cada vez mais hostil. Em 1º de fevereiro de 1793, os dois países entraram em guerra. Quinze dias depois, Dumouriez iniciou uma invasão da Holanda. Dessa vez, porém, o impulso revolucionário foi contido. Em 18 de março, em uma violenta batalha em Neerwinden, os franceses foram definitivamente derrotados pelos austríacos comandados pelo príncipe de Coburg.

O revés de Dumouriez teve grandes conseqüências políticas, com as quais Breteuil logo se viu profundamente envolvido. Nessa época, o general estava profundamente descontente com sua situação política, e temeroso quanto a sua segurança pessoal. Embora de modo oportunista tenha se declarado republicano em seguida a Valmy, era basicamente um monarquista constitucional e com profunda aversão ao rumo radical que a Revolução estava tomando. Sabia que era suspeito para o novo governo e que no momento estava sob vigilância dos comissários políticos por ele enviados ao exército, num preocupante prenúncio da Revolução Russa. Havia também criticado as devastadoras reformas que a Convenção decretara na Bélgica. Agora, na trilha de Neerwinden, Dumouriez começou a pensar seriamente em escolher um lado. Seria errado, porém, ver esse fato como uma reviravolta completa. Na verdade, era simplesmente uma retomada das negociações que inicialmente empreendera junto aos prussianos no mês de setembro anterior.

Muito se escreveu sobre a "traição de Dumouriez". No entanto, o papel fundamental nela desempenhado por Breteuil foi curiosamente menosprezado. Na verdade, ao que tudo indica, foi o barão que Dumouriez procurou

348 A QUEDA DA MONARQUIA FRANCESA

em primeiro lugar. A cena se deu em Londres, para onde Breteuil tinha viajado no início de fevereiro de 1793, a fim de tentar persuadir o governo inglês a emitir uma declaração para a França pedindo que as vidas de Maria Antonieta e seus filhos fossem poupadas. Segundo Fersen, Breteuil foi aí procurado por um emissário secreto de Dumouriez, um de seus antigos ajudantes de campo chamado Toustaing.[40] Esse intermediário trouxe uma série de propostas do general, que infelizmente Fersen não anotou em seu diário. Ao que parece, eram semelhantes às que o barão já havia tentado antes de Valmy, transmitir clandestinamente para Dumouriez por meio da irmã de Rivarol.

Os objetivos da negociação se tornaram mais claros à medida que esta se desenvolveu. Dumouriez faria uma declaração contra a república, avançaria com seu exército sobre Paris, resgataria os membros sobreviventes da família real e restauraria a monarquia. Em troca, teria garantido um papel preponderante na nova organização. No entanto, ao mesmo tempo, Breteuil estava envolvido em outras negociações clandestinas para salvar a rainha e seus filhos, que podiam ou não estar ligadas a essa. Pouco antes da chegada de Toustaing, Talon, que ainda estava em Londres, levou um banqueiro francês, chamado Ribbes, para ver o barão. Ribbes tinha ligações com Danton, mas no fundo era um monarquista dedicado que, em fevereiro de 1792, tinha oferecido seus serviços a Luís XVI. Ribbes agora se oferecia para tentar obter um decreto da Convenção (supostamente por meio da influência de Danton) que libertasse Maria Antonieta e sua família em troca de 6 milhões de libras a serem pagas uma vez que os prisioneiros estivessem em solo estrangeiro.[41]

Breteuil logo foi ver Pitt, o Jovem, com as propostas de Dumouriez e de Talon, na esperança de obter apoio político e um empréstimo de 6 milhões de libras para Talon. Mas Pitt se negou a atender os dois pedidos. O barão, com sua suspeita em relação à Inglaterra não muito longe da superfície, concluiu que isso se devia ao fato de o primeiro-ministro ter pouco desejo de ver seja a França restaurada a sua antiga posição, seja a família real salva. Conseqüentemente, saiu com uma má opinião a respeito de Pitt. Segundo Fersen, ele observou que Pitt "tinha pouca visão de política externa, de que ele nada entendia, escondendo sua mediocridade no silêncio; no entanto, tinha um perfeito domínio dos negócios internos e em especial da negociação necessária para manter seu lugar e sua popularidade".[42]

A hostilidade de Pitt condenava temporariamente o projeto de Talon. O

SANGUE REAL

plano de Dumouriez, no entanto, não dependia tanto da participação inglesa, e foi nisso que então Breteuil pôs suas esperanças. Em 10 de março ele
voltou a Düsseldorf. Sua primeira atitude foi enviar o visconde de Caraman
a Mercy-Argenteau, que no momento se encontrava em Wesel, a fim de
informá-lo sobre o plano de Dumouriez e conquistar apoio austríaco. A resposta de Mercy, embora cautelosa, era essencialmente positiva:

> O acordo com m. Dumouriez é de fato nada mais que uma simples
> conjetura por parte da pessoa que o estabeleceu. Estamos ainda dis-
> tantes de sua efetiva confirmação pelo objeto de nossos planos. Toda-
> via, ainda penso que o objetivo deve ser buscado, porque, mesmo que
> não traga vantagens concretas, pelo menos não terá efeitos negativos,
> na medida em que procedermos de um modo que não nos comprometa.
> Devemos supor que nosso intermediário terá crédito suficiente
> com m. Dumouriez para não precisar autorização além da própria
> palavra.[43]

Mercy a seguir expôs duas condições que, para ele, eram fundamentais. A
primeira era que Dumouriez entregaria aos austríacos, como prisioneiros, os
dois filhos do duque de Orléans que no momento serviam em seu quadro.
Isso se devia ao fato de que, como a maioria de seus colegas, fazia uma idéia
exagerada da influência de Orléans sobre o governo revolucionário. Estava
convencido de que, se os filhos do duque fossem capturados, poderiam ser
mantidos como reféns em troca da segurança de Maria Antonieta e sua família. A segunda condição era militar: que Dumouriez entregasse pelo menos
uma fortaleza na fronteira a seus novos senhores, de modo a acelerar o avanço sobre Paris. Esses pedidos eram certamente substanciais, mas estava em
jogo uma grande questão.

A identidade do misterioso intermediário que Mercy menciona é intrigante. Há sólidas bases para acreditar que fosse outro correspondente de
Breteuil, Radix de Sainte-Foy. Nessa ocasião, o ubíquo Sainte-Foy estava se
deslocando constantemente entre Paris e o exército de Dumouriez. De modo
bastante conveniente, ele tinha uma propriedade na fronteira, no Mont Saint-
Martin,[44] e esta estaria idealmente situada para a realização das necessárias
negociações secretas. O fato de que uma figura com tão boas relações estivesse com toda probabilidade trabalhando para a causa monarquista mostra
o calibre da rede que Breteuil estabelecera e até onde esta chegou no gover-

350 A QUEDA DA MONARQUIA FRANCESA

no revolucionário. Em março de 1793, deve ter parecido ao barão que seu cuidadoso cultivo desses contatos estava para ser recompensado.

Em 10 de abril, Dumouriez prendeu os comissários políticos agregados a seu exército e declarou-se contra a Convenção. Às 11:00 da noite, fez uma declaração a suas tropas anunciando intenção de restaurar a ordem e a constituição de 1791. Com isso, o filho de Maria Antonieta se tornaria Luís XVII. "É tempo", disse o general,

> de que o exército faça conhecer sua vontade, limpe a França de assassinos e agitadores e devolva a nosso desafortunado país a tranqüilidade que perdeu por meio dos crimes de seus representantes. É tempo de restaurar a constituição que juramos defender por três anos sucessivos, que nos deu liberdade e que é a única que nos pode preservar da desordem e da anarquia.[45]

Por outro lado, eram muitas as esperanças de que dessa vez fosse dado um golpe decisivo contra a Revolução. A principal preocupação de Fersen, naturalmente, era com a segurança de Maria Antonieta. Ele também estava determinado a que um seguro conselheiro político fosse enviado a ela tão logo fosse possível, de modo a fortalecê-la contra os pérfidos conselhos provenientes de Mercy que sem dúvida depressa a alcançariam. Em seu diário, ele anotou:

> Propus a [Breteuil] que alguém fosse enviado para ver a rainha no momento de sua libertação, para esclarecê-la quanto a sua situação e definir para ela o rumo de sua ação em oposição às idéias que m. de Mercy não deixará de enviar a ela por escrito.[46]

Provavelmente Fersen temia que fosse ressuscitado o desejo austríaco de uma monarquia constitucional na França, e talvez benefício territorial a expensas dela.

De modo estranho, Fersen não se ofereceu para ir a Paris. Como substituto, o intrépido bispo de Pamiers concordou em cumprir a tarefa. Os meios pelos quais propôs fazê-lo realçam o papel oculto, mas importante, que Sainte-Foy desempenhava nesses acontecimentos. Em 7 de abril, Fersen anotou: "O bispo de Pamiers deve partir amanhã; ele se dirigirá ao exército francês e tentará encontrar-se com Dumouriez por intermédio de Sainte-Foy."[47] Mais

SANGUE REAL

uma vez, o bispo se encontrava onde gostava de estar, no centro da ação, embora a perspectiva de se aproximar de um grande exército cujas disposições ainda eram duvidosas não pudessem ser muito tentadoras.

Na manhã seguinte, Fersen estava sentado escrevendo uma mensagem para a rainha quando o bispo entrou em sua sala e lhe disse "que o exército de Dumouriez tinha se sublevado contra ele e que ele tinha fugido pela fronteira para Mons com todo o seu estado-maior".[48] A notícia era exata. O grosso das tropas de Dumouriez no campo de batalha tinha inicialmente se declarado a favor dele. No entanto, ele não tinha conseguido conquistar as guarnições das fortalezas vitais de Lille, Valenciennes e Condé. Isso, juntamente com as resolutas declarações da Convenção que o denunciavam como traidor e que convocavam os soldados à lealdade, levou a uma crescente onda de defecções. Na noite de 5 de abril, a situação era irremediável. Desesperado, Dumouriez fugiu para os austríacos, levando com ele apenas 458 homens de infantaria e 424 de cavalaria.

Ocorrendo apenas seis meses depois de Valmy, o fracasso de Dumouriez foi mais um golpe esmagador para Breteuil. Não apenas estava fora de perspectiva um fim rápido para a Revolução, como também era possível que a estreita saída do governo francês pudesse torná-lo disposto a medidas ainda mais extremadas. O barão confiou esses temores a Mercy em abril. Acima de tudo, suas preocupações se voltavam para Maria Antonieta, que ele agora chamava de "rainha-mãe", e seu filho:

> Estou certo, meu caro conde, de que o senhor achará, como eu, que, nessas terríveis circunstâncias, os acontecimentos que incessantemente golpeiam nossa moral e nossos espíritos estão se acumulando com muita rapidez para nossas frágeis constituições. Quanto a mim, admito que não tenho mais a força para resistir a esses choques. Exatamente quando eu estava me rejubilando pela decisão de Dumouriez, minhas esperanças em relação aos benefícios que ela traria tiveram de ser drasticamente revistas. O estado a que agora o exército rebelde se encontra reduzido nos deveria dar grandes vantagens, mas, para fazer melhor uso desses acontecimentos e calcular suas conseqüências, precisarei de garantia de que isso deve mais provavelmente paralisar os vilões com temor do que incitá-los a essa terrível fúria que costuma guiar a conduta deles. Só podemos nos sobressaltar diante desse pensamento, embora a opinião em Paris, aliada às ações comuns de várias províncias, dê motivo para tranqüilidade no tocante à situação do rei e da

rainha-mãe. Não sei quando teremos notícias de Paris; se o senhor receber alguma, por favor faça-me a fineza de me enviá-la, porque no momento não tenho informação concreta sobre um assunto [...] que absorve todos os sentimentos de minha alma.[49]

*

COMO BRETEUIL TINHA PREVISTO, a defecção de Dumouriez de fato contribuiu para uma guinada à esquerda em Paris. No dia seguinte àquele em que o general cruzou a fronteira, a convenção decretou o estabelecimento de um Executivo de emergência composto por nove homens, conhecido como Comitê de Segurança Pública. Um tribunal especial para tratar dos crimes políticos, o Tribunal Revolucionário, já tinha sido criado em 10 de março. Os girondinos, cujo entusiasmo no início da guerra só era igualado por sua incompetência para dar continuidade a ela, foram responsabilizados de modo especial pela traição de Dumouriez. Em 2 de junho, guardas nacionais das seções radicais, acompanhados por uma multidão, cercaram a Convenção. Brissot, Vergniaud, Guadet, Gensonné, Clavière, Pétion e 26 de seus colegas foram presos. O poder passava para as mãos linha-dura dos jacobinos, dominados por Danton.

Tratava-se agora de uma corrida contra o tempo para salvar a rainha. Mesmo antes da queda da monarquia, já se havia falado em submetê-la a julgamento; a criação do Tribunal Revolucionário punha-a agora em perigo imediato. No entanto, nos meses que se seguiram, houve pelo menos duas tentativas sérias de resgatar Maria Antonieta, a segunda das quais esteve bem perto do sucesso. O organizador de ambas foi o barão de Batz. Não se sabe ao certo se ele agiu por iniciativa própria ou como agente de Breteuil. No final de janeiro de 1793, Batz e Breteuil se encontraram em Londres, para onde o primeiro tinha fugido depois de sua fracassada tentativa de salvar Luís XVI do cadafalso, e quase certamente o destino da rainha e de sua família foi discutido. No entanto, não há mais registros do envolvimento de Breteuil no perigoso trabalho que Batz empreendia.[50]

Depois da execução do rei, Maria Antonieta, seus dois filhos e mme. Elisabeth permaneceram no Temple. Certo dia no início de fevereiro de 1793, a rainha se surpreendeu ao ver entrar em seu quarto o conde de Jarjayes, seu antigo intermediário na correspondência com Barnave. Jarjayes apresentou rapidamente para ela um plano que ele tinha elaborado com Batz. No correr

SANGUE REAL

de uma inspeção das dependências dos prisioneiros por uma patrulha de guardas nacionais que secretamente se solidarizavam com sua situação, Maria Antonieta e mme. Elisabeth se disfarçariam como guardas, enquanto as duas crianças seriam levadas para fora envolvidas nos casacões dos guardas. A família real seria então levada clandestinamente para a Inglaterra, onde estaria em segurança.

Obviamente, nada disso podia ser tentado se Batz e Jarjayes não tivessem uma rede de co-conspiradores bem situados na própria administração revolucionária. Esse era de fato o caso. Permanece em mistério como isso se deu, bem como se os colaboradores de Batz eram motivados por promessas de recompensa material, se eram monarquistas secretos ou se simplesmente tinham pena da rainha prisioneira e sua família. Talvez houvesse uma mistura dos três fatores. Os dois aliados mais importantes de Batz em seus esforços para libertar a família real eram Michonis, um vendedor de limonada que era também funcionário municipal e inspetor de prisões, e Cortey, oficial da Guarda Nacional que dividia a responsabilidade pela segurança do Temple. No entanto, a rede de Batz se estendia por toda Paris. Só isso pode explicar como, depois de seu retorno à França em 9 de fevereiro de 1793, ele fosse capaz de permanecer em liberdade durante o Terror.

A tentativa de resgate teve de ser adiada muitas vezes devido a vários contratempos, mas por fim foi marcada para 21 de junho. A data foi escolhida porque tanto Cortey quanto Michonis estariam de serviço nesse dia. Às 6:00 da tarde, uma patrulha de trinta guardas nacionais, comandada por Cortey, partiu para o Temple. Em suas fileiras, marchava o próprio Batz, sob o falso nome de Forget. O grupo entrou no Temple, assumiu o comando, e estava para pôr em prática seu plano quando subitamente apareceu o sapateiro Antoine Simon, outro funcionário municipal que se tinha tornado o principal carcereiro da família real. Ao que parece fora alertado por um serviçal desconfiado que atendia Maria Antonieta. Ele trouxe uma ordem de prisão de Michonis enviada pela Comuna. Era então claramente impossível continuar. Michonis, porém, conseguiu convencer a Comuna de que nada havia de suspeito em sua conduta, e logo estava de volta a seu posto. Pode ser que ele tenha se livrado tão rapidamente porque seus interrogadores estavam, por sua vez, sendo pagos por Batz.

Logo a seguir, as condições da prisão de Maria Antonieta pioraram. Na noite de 3 de julho, ela foi separada do filho, que foi levado para o andar inferior e posto sob os cuidados de Simon e sua mulher. A separação foi

354 A QUEDA DA MONARQUIA FRANCESA

terrível; a rainha ficou sobre a cama do menino, recusando-se a entregá-lo, e só foi vencida pela ameaça de violência. Pelos dois dias seguintes, ela podia ouvir o filho soluçando nos aposentos do andar inferior, pedindo para ser levado de volta para sua mãe. Sabendo que diariamente o jovem Luís era levado para um passeio por seus carcereiros e que passava pela torre vizinha, Maria Antonieta subia todo dia à torre e com freqüência esperava horas para ter uma rápida visão do filho.

É possível que essa separação brutal estivesse ligada à tentativa anterior de resgate empreendida por Batz. É provável que os acontecimentos de 21 de junho tenham levantado suspeitas do governo, mesmo que nada tivesse sido provado de modo conclusivo. O prisioneiro mais importante no Temple era Luís XVII; se ele conseguisse escapar, a causa monarquista teria um rei à espera. Portanto, fazia sentido afastá-lo da mãe e da tia, ambas incorrigíveis contra-revolucionárias, que supostamente estavam alertas a qualquer possibilidade de resgate. Em primeiro lugar, quem melhor para guardar o menino do que Simon, cuja presença de espírito tinha frustrado o plano? Os sentimentos humanos das vítimas estavam claramente em segundo lugar; tanto para os revolucionários quanto para o antigo regime, a lógica impiedosa da *raison d'état* tinha vencido.

O pior estava por vir. No início da manhã de 2 de agosto, Maria Antonieta foi levada do Temple e transferida para a prisão da Conciergerie, perto do Palais de Justice, na Île de la Cité. A falta de aviso, a partida apressada, a transferência no escuro — tudo traz as marcas próprias do moderno Estado policial. A ação permitia uma óbvia ilação. A Conciergerie era, para prisioneiros que estavam para ser condenados, a "antecâmara da morte". As instalações da rainha na Conciergerie estavam muito distantes do relativo conforto do Temple. Foi posta em uma cela de cerca de quatro metros quadrados, que ela tinha de compartilhar com uma serviçal e dois guardas.

Foi nessas terríveis circunstâncias que o último e mais famoso esforço para salvar a rainha foi empreendido. Trata-se da "Conspiração do Cravo". Embora os principais papéis fossem desempenhados por Michonis e outro agente monarquista, o *chevalier* de Rougeville, é provável que grande parte do plano tenha sido mais uma vez organizada por Batz a partir de seus vários esconderijos em Paris. O primeiro movimento ocorreu em 28 de agosto. Nessa ocasião, Michonis estava mais uma vez atuando como inspetor de prisões, com autoridade que se estendia à Conciergerie. Nessa função, ele levou o *chevalier* de Rougeville para ver Maria Antonieta. A rainha reconhe-

SANGUE REAL 355

ceu-o imediatamente; foi ele quem, em 20 de junho de 1792, ajudara a salvar a vida dela empurrando-a para debaixo de uma mesa quando a multidão invadiu as Tulherias. É provável que Rougeville tivesse um caso amoroso com ela; Fersen se refere a ele como "passando todo seu tempo nas antecâmaras dela e acompanhando-a por toda parte"[51] antes da Revolução.

Até esse momento, Maria Antonieta se recusara inflexivelmente a fugir sem os filhos. No entanto, a atual separação da família significava que sua presença não tinha mais nenhuma utilidade para eles. Nessas circunstâncias, ela estava preparada para concordar com o projeto de Rougeville. A vigilância era tal que nada podia ser preparado verbalmente. Rougeville entrou na cela de Maria Antonieta com um ramo de cravos, em que estava escondida uma mensagem. A surpresa rainha tremia demais para pegar as flores, de modo que Rougeville as colocou por trás do fogão, sussurrando que continham uma mensagem. Depois que o visitante saiu, Maria Antonieta rapidamente leu as linhas rabiscadas, que lhe diziam para estar pronta na sexta-feira seguinte. Ela não tinha permissão para ter instrumentos de escrita, de modo que marcou uma resposta que indicava concordância com um alfinete em um pedaço de papel. Confiou a um jovem guarda chamado Gilbert, que ela julgava ser solidário com sua situação.

Não se sabe ao certo o que aconteceu a seguir. Segundo fontes oficiais, em vez de levar a mensagem de Maria Antonieta para Rougeville, Gilbert informou seu oficial superior. Ele pode de fato ter sentido pena da rainha, mas valorizava mais sua própria pele. Mas outros relatos afirmam que às 11:00 da noite da sexta-feira em questão, 2 de setembro, Maria Antonieta foi de fato escoltada fora de sua cela por Michonis e os dois guardas dela, sob pretexto de ser transferida de volta para o Temple. De fato, assim prossegue a história, essa era simplesmente uma história para encobrir a verdade; Rougeville esperava do lado de fora da prisão com uma carruagem que a levaria para lugar seguro. No entanto, pouco antes de o grupo chegar aos portões da prisão, Gilbert, que fazia parte do grupo, por uma razão qualquer se recusou a deixá-los prosseguir, e a rainha teve de voltar para o cativeiro.

Seja qual for a versão verdadeira, as conseqüências não oferecem dúvida. Michonis foi novamente preso, e dessa vez não foi libertado. Rougeville, porém, foi escondido por Batz e conseguiu fugir da França. Mais uma vez quem mais sofreu foi Maria Antonieta. Duas semanas depois da descoberta da Conspiração dos Cravos, foi posta numa solitária. Nessa ocasião, sua saúde começara a declinar acentuadamente. Perdera muito peso e seu cabelo embranquecera. Sua visão se deteriorara e tinha graves cólicas menstruais que deram origem a hemorragias. Com um simples vestido preto ou branco e um chapéu comum na cabeça, ela tinha se tornado uma mulher velha de luto pelo marido. O contraste com a jovem mulher que Burke vira vinte anos antes em Versalhes, "cheia de vida, e esplendor e alegria", não podia ter sido mais cruel.

Por fim, às 6:00 da tarde de 12 de outubro, Maria Antonieta foi convocada perante o Tribunal Revolucionário para um interrogatório preliminar. Tudo foi preparado para abater seu espírito; sabia-se que suas dores tinham começado e eram especialmente graves, e ainda foram escolhidas para a provação as horas de escuridão. O tribunal revolucionário instalou-se no que fora a *grand'chambre* do Parlamento de Paris no Palais de Justice. A atmosfera tenebrosa dos trabalhos foi acentuada pelo fato de que a única luz provinha de duas velas bruxuleantes. Esta incidia nas roupas escuras dos juízes e nas oscilantes plumas negras na frente de seus chapéus. Do outro lado, na escuridão, a rainha podia ouvir, mas não ver um número desconhecido de espectadores, que claramente a intranqüilizavam.

Foram feitas 35 acusações a Maria Antonieta. As principais eram as de que tinha enviado milhões para seu irmão, o imperador, a fim de serem usados contra a França; teria organizado a fuga para Varennes e persuadira seu marido a vetar os decretos contra os *émigrés* e padres refratários em novembro de 1791. A rainha negou todas as acusações, mostrando considerável presença de espírito em suas respostas. Quando indagada, por exemplo, se lamentava que seu filho nunca fosse ser rei, ela respondeu simplesmente o seguinte: "Nunca lamentarei nada por meu filho quando seu país está feliz." Terminado o interrogatório, o julgamento foi marcado para a segunda-feira seguinte, 14 de outubro.

No absurdamente pequeno tempo dado a ela para que preparasse sua defesa, Maria Antonieta trabalhou com Chauveau-Lagarde, advogado de 28 anos designado para seu caso. Às 8:00 horas da manhã de segunda-feira, ela compareceu mais uma vez perante o Tribunal Revolucionário. Diante dela estavam cinco juízes e à sua direita se encontrava o júri. Atrás dela, os assentos para o público estavam cheios de espectadores. Havia poucas provas escritas para a acusação, que, ao contrário, foi propiciada por 41 testemunhas. O nível da acusação é indicado pelo segundo testemunho, o de Roussillon, que relatou ter visto muitas garrafas de vinho vazias sob a cama da rainha depois da tomada das Tulherias, o que o levou a concluir que ela tinha conquistado os guardas suíços com bebida para incitá-los a atacar o povo.

A quarta testemunha, porém, era de feitio diferente. Tratava-se de Hébert, jornalista radical e agora promotor substituto da Comuna. Hébert testemunhou que, durante uma visita a Luís XVII no Temple, o menino lhe havia confessado que a mãe e a tia o tinham ensinado a se masturbar e que Maria Antonieta tinha cometido incesto com ele. Essas acusações eram o ápice de todos os libelos pornográficos publicados contra a rainha desde que ela chegara à França. Mais uma vez, tinha a intenção de retratá-la como uma mãe e esposa desnaturada, cujo desregramento pessoal tinha a ver com suas traições públicas.

É certamente verdade que, depois de repetidos interrogatórios, o jovem Luís fora forçado a assinar uma confissão que detalhava as afirmações de Hébert. Nossa própria época, mais familiarizada com a lavagem cerebral de crianças do que o século XVIII, pode julgar essas declarações em seu devido lugar. Mesmo na ocasião, as acusações de Hébert não tiveram o efeito desejado. Maria Antonieta de imediato percebeu que seus acusadores tinham ido longe demais. Convocada a responder à pergunta, ela se levantou de sua cadeira e respondeu: "Se não respondi, foi porque a natureza se recusa a responder uma acusação dessas contra uma mãe." Houve um murmúrio de solidariedade por parte da multidão, e até mesmo alguns gritos de apoio; o tribunal teve de ser chamado à ordem.

Voltando a seu assento, Maria Antonieta se inclinou para Chauveau-Lagarde. "Houve muita dignidade em minha resposta?", perguntou ela. Aturdido, Chauveau-Lagarde respondeu: "Madame, seja a senhora mesma e a senhora sempre fará o melhor, mas por que a senhora pergunta?" "Porque", retrucou a rainha, "ouvi uma mulher do povo dizer para seu vizinho: 'Veja como ela é orgulhosa!'"[52] Esse diálogo é notável. Antes da Revolução, Maria Antonieta tivera aulas de teatro em Versalhes e se mostrara uma atriz amadora perfeita. Agora, mesmo com a vida em jogo, ela encarava seu julgamento como uma cena. Não apenas procurava justificar-se, como também tentava conquistar a platéia.

O resultado do julgamento, porém, nunca esteve em dúvida. No dia seguinte, após o discurso da defesa e do sumário da acusação, o júri se retirou. Depois de uma hora, retornou com um veredicto unânime — culpada. O juiz que presidia o julgamento, Hermann, levantou-se e condenou Maria Antonieta à morte. Segundo a prática, a sentença deveria ser executada em 24 horas.

358 A QUEDA DA MONARQUIA FRANCESA

A rainha passou suas últimas horas escrevendo uma carta de despedida a sua cunhada. Mme. Elisabeth nunca a recebeu. A guarda de Maria Antonieta a entregou ao promotor público Fouquiet-Tinville, que a guardou. Quando o próprio Fouquiet-Tinville foi executado, depois do Terror, a carta foi apreendida pelo tribunal revolucionário e só veio à luz em 1816.

> É a você, minha irmã, que escrevo pela última vez. Acabei de ser condenada, não a uma morte vergonhosa, pois esta é reservada apenas aos criminosos, mas agora irei encontrar seu irmão. Inocente, como ele, espero mostrar a mesma firmeza em meus últimos momentos. Estou tranqüila, como uma pessoa fica quando sua consciência está limpa. Estou profundamente triste por deixar meus queridos filhos; você sabe que só vivi para ele e para você, minha boa e terna irmã [...] Meu filho nunca deve esquecer as últimas palavras de seu pai, que nunca deixo de repetir para ele: ele nunca deve procurar vingar nossa morte!
>
> Devo falar com você sobre uma questão que é muito dolorosa para meu coração. Sei quanta infelicidade essa criança lhe causou. [Trata-se de referência à "confissão" do jovem Luís de que mme. Elisabeth ajudara a abusar dele.] Perdoe-o, minha querida irmã; pense em sua pouca idade e como é fácil fazer uma criança dizer quase tudo, sem que sequer compreenda. Chegará o dia, espero, em que ele apenas valorizará muito sua bondade e ternura para com nós dois [...]
>
> Peço perdão a todos que conheço, e em particular a você, minha querida irmã, por qualquer dor que inadvertidamente eu possa lhe ter causado. Perdôo meus inimigos pelo mal que me fizeram. Despeço-me aqui de minhas tias e de todos os meus irmãos e irmãs. Tive amigos; pensar em estar afastada deles para sempre e em sua dor é um dos maiores pesares ao morrer; deveriam pelo menos saber que daqui até meu último momento estive pensando neles [...][53]

Às 11:00 horas da manhã de 16 de outubro, Maria Antonieta foi levada para o pátio da Conciergerie. À sua espera estava a barbaridade final; não uma carruagem fechada que lhe permitiria morrer com decência como seu marido, mas a carreta aberta reservada aos criminosos comuns. A compostura da rainha momentaneamente a abandonou diante dessa visão, e ela logo teve de se aliviar perto da parede. O deslize acabou rapidamente. A rainha subiu na carreta, com as mãos amarradas para trás, e partiu para sua última viagem. Enquanto passava pela multidão, o pintor David, um jacobino convicto, fez o famoso esboço em que ela aparece sentada, ereta, o rosto enrugado, uma expressão de impiedoso desdém. Embora feito com ódio, o retrato de qualquer modo capta a grande dignidade da mulher condenada.

Em toda sua vida, Maria Antonieta se esforçou para seguir sua temível mãe, que em 1740 salvou seu império ao montar um cavalo e reunir seu povo. Nos últimos anos de vida, com freqüência invocava a memória da falecida imperatriz. Em agosto de 1791, escrevera a Mercy-Argenteau: "Meu sangue corre nas veias de meu filho, e espero que algum dia ele se mostre um verdadeiro neto de Maria Teresa." Em fevereiro de 1792 ela recordara a Kaunitz os antigos serviços que este prestara à imperatriz e lhe garantiu que "venha o que vier, a filha dela mostrará a mesma têmpera que a mãe". Maria Antonieta cumpriu a promessa. Em seus últimos momentos, quando a carreta seguia para a *place* de la Révolution e ela subia ao cadafalso, mostrou-se digna de Maria Teresa.

CAPÍTULO 14

DEPOIS DO DILÚVIO

A MONARQUIA FRANCESA fora derrubada e Luís XVI e Maria Antonieta morreram com ela. No entanto, houve muito mais vítimas além do rei e da rainha. Mesmo os sobreviventes não escapariam ilesos; o resto de suas vidas foi determinado pela luta contra a Revolução e seu legado.

Entre 1793 e 1815, a França experimentou instabilidade política, glória militar e derramamento de sangue em grande escala. Em julho de 1794, a ditadura de Robespierre e dos jacobinos foi derrubada e substituída pelo Diretório, mais moderado, mas consideravelmente mais corrupto e ineficiente. Esse regime, por sua vez, foi afastado em 1799 pelo ambicioso e brilhante general Napoleão Bonaparte, que governou autocraticamente como primeiro-cônsul e depois imperador dos franceses até 1814. Talvez 250 mil franceses tenham morrido durante o Terror e a guerra civil que o acompanhou. Um milhão e quatrocentas mil pessoas morreram na guerra de 23 anos que se iniciara em abril de 1792 e só terminou com a queda de Napoleão.

As contínuas vicissitudes da família real refletiam esse sombrio cenário. Depois da execução da rainha, seus filhos e sua cunhada permaneceram presos no Temple. Poucos meses depois, mme. Elisabeth enfrentou o Tribunal Revolucionário, acusada de enviar dinheiro para os *émigrés* e de conspirar para atacar o povo em 10 de agosto. Mantendo-se firme até o final graças a sua profunda fé religiosa, foi executada em 10 de maio de 1794. O destino do jovem Luís XVII foi ainda mais terrível. Durante seis meses após a morte da mãe, foi posto em solitária numa cela imunda, em meio a seus próprios excrementos. Nessas condições, desenvolveu rapidamente a doença que ti-

362   A QUEDA DA MONARQUIA FRANCESA

nha matado seu irmão mais velho, tuberculose óssea. Segundo fontes oficiais, morreu no Temple em 8 de junho de 1795, aos dez anos de idade. Houve infindáveis rumores desde então de que na verdade tinha sido levado clandestinamente para local seguro e de que um substituto tinha sido colocado em seu lugar. Todavia, um recente teste de DNA realizado no coração preservado do menino que morreu no Temple provou, fora de qualquer dúvida razoável, que ele era de fato Luís XVII.

O único prisioneiro do Temple que sobreviveu foi a filha de Luís e Maria Antonieta, Maria Teresa. Em dezembro de 1795, com 17 anos, o governo revolucionário a trocou pelos comissários políticos que Dumouriez tinha prendido em abril de 1793 e entregado aos austríacos quando cruzou a fronteira. Depois de passar alguns anos com a família da mãe em Viena, ela se casou em 1799 com o filho mais velho do conde d'Artois, o duque d'Angoulême. Maria Teresa retornou à França em 1814, quando da restauração da monarquia, apenas para mais uma vez ser obrigada a fugir pela revolução de 1830. Morreu no exílio, na Áustria, em 19 de outubro de 1851, não deixando filhos.

A despeito de se ter tornado um jacobino confesso e mesmo de ter votado pela morte de seu primo Luís XVI na convenção, o duque de Orléans não escapou ao cadafalso. Foi executado menos de um mês depois de Maria Antonieta, em 6 de novembro de 1793. Já as tias de Luís XVI, Adélaïde e Victoire, tiveram morte natural, embora não sem algumas últimas e horripilantes aventuras. Quando os exércitos franceses avançaram para a Itália em 1797, *mesdames tantes* [senhoras tias] fugiram de Roma e se refugiaram com seus primos Bourbon em Nápoles. Em um ano, porém, Nápoles também estava ameaçada com a invasão, e as duas velhas senhoras tiveram de sair às pressas de novo. Exatamente quando as tropas estavam entrando na cidade, tomaram um navio para Bari em 5 de fevereiro, com destino a Trieste. Foi o início de uma viagem de dois meses verdadeiramente horrível, em um pequeno barco superlotado, fustigado por terríveis tempestades de inverno. Depois de uma necessária parada em Corfu, *mesdames tantes* finalmente chegaram a Trieste. Mme. Victoire, exaurida por suas tribulações, aí morreu um mês depois, em 8 de junho de 1799, e mme. Adélaïde a acompanhou no ano seguinte.

Depois da morte de Luís XVII, o conde de Provence sucedeu-o como Luís XVIII, embora por 19 anos tenha sido apenas um rei no exílio. Depois de uma vida de obscuridade nas províncias bálticas da Rússia e a seguir na

DEPOIS DO DILÚVIO   363

Inglaterra, sua hora finalmente chegou em 1814. Em abril desse ano, depois de uma série de derrotas militares, Napoleão abdicou como imperador dos franceses, e a monarquia foi restaurada. O preço dessa restauração, porém, foi uma carta constitucional que o novo rei concordou em seguir. Em 3 de maio, com 59 anos de idade, doente, obeso, mas ainda digno e sagazmente inteligente, Luís XVIII retornou à capital de que fugira na noite de 20 de junho de 1791. Com exceção do breve retorno de Napoleão em 1815, durante os Cem Dias, Luís reinou até sua morte em 1824. Determinado como Carlos II da Inglaterra a não "seguir novamente em viagens", mostrou-se um governante pragmático e pacífico, que tentou seguir um caminho intermediário entre os extremos políticos criados pela Revolução.

Como Luís XVIII não teve filhos, foi sucedido pelo irmão mais novo, o conde d'Artois. Como Carlos X, o novo rei logo mostrou que nada tinha aprendido ao longo dos últimos quarenta anos. Por sua determinação de reintegrar o clero e a nobreza até onde fosse possível em seus antigos privilégios, Carlos afastou definitivamente os moderados de cujo apoio a monarquia restaurada dependia. Em julho de 1830, sua política levou a um confronto com a Câmara de Deputados, o que rapidamente levou a uma revolução. Depois de três dias de combate pelas ruas — as *trois glorieuses* —, o exército foi forçado a abandonar Paris, e o rei e sua família tiveram de fugir. Foram primeiro para a Inglaterra, antes de se instalar em Gorizia, onde é a atual fronteira ítalo-eslovena. Foi ali que Carlos morreu em 6 de novembro de 1836. Em 1830, tal como em 1789, ele mostrou ser o arquiinimigo de sua família. Derrubar a monarquia uma vez é um infortúnio; fazê-lo duas vezes parece negligência.

O Terror cobrou uma pesada taxa tanto entre monarquistas quanto entre revolucionários. Em setembro de 1793, Malesherbes, que defendera Luís XVI no julgamento, ofereceu o mesmo serviço a Maria Antonieta, embora este fosse recusado. Em 20 de dezembro, ele e sua família foram detidos em seu castelo e feitos prisioneiros em Paris. Acusado sob a frágil evidência de atividades contra-revolucionárias, Malesherbes foi guilhotinado em 24 de abril de 1794 na *place* du Trône-Renversée (atual *place* de la Nation), juntamente com sua filha, seu cunhado e uma de suas netas. Tinha 73 anos de idade.

Barnave escreveu sua última carta de aconselhamento à rainha em 5 de janeiro de 1792. Pouco depois, percebendo que sua influência sobre os acontecimentos tinha acabado, afastou-se da política em sua cidade natal, Grenoble. Segundo mme. Campan, o último favor que ele pediu a Maria

364   A QUEDA DA MONARQUIA FRANCESA

Antonieta foi beijar a mão dela. Com a queda da monarquia, ele foi detido. Transferido de Grenoble, um ano depois, para enfrentar o Tribunal Revolucionário, foi executado em 29 de novembro de 1793. Fersen, que o considerava um rival em relação às afeições da rainha, anotou o acontecimento com satisfação. "Barnave", observou ele cruelmente, "morreu como um covarde."[1] Não há evidência que apóie essa afirmação.

Primeiro presidente da Assembléia Nacional e prefeito de Paris, o astrônomo Bailly, antigo amigo de Breteuil, também morreu no cadafalso. Acusado de derramar o sangue do povo no "massacre" do Champ-de-Mars, foi executado em 12 de novembro de 1793. Foi decretado que devia morrer simbolicamente no local de seu crime. Mas a multidão que se reuniu no Champ-de-Mars para o espetáculo decidiu, no último minuto, que isso seria uma desonra à memória das vítimas. A guilhotina foi desmanchada e reinstalada em um esterqueiro nas margens do Sena, e foi aí que Bailly encontrou a morte.

Poucos dos girondinos escaparam ao Tribunal Revolucionário. Brissot, Vergniaud, Gensonné e 19 de seus colegas foram executados em 31 de outubro de 1793. Enquanto a sentença era lida, um deles, Valazé, se apunhalou e morreu. De qualquer modo, para que a lei pudesse ser cumprida ao pé da letra, seu cadáver foi colocado na carreta e guilhotinado.

Poucos meses depois, o governo revolucionário se desintegrou. Dividiu-se em dois, entre Hébert e seus seguidores, que desejavam acelerar o Terror, e Danton e sua facção, os chamados "indulgentes", que estavam cada vez mais cansados do derramamento de sangue e desejavam a normalização política. Coube a Robespierre e seus aliados organizarem as coisas. Fizeram isso por meio da eliminação primeiro dos "hebertistas" e depois dos "indulgentes". Com uma lógica estranhamente tortuosa, ambos os lados foram acusados de envolvimento em uma conspiração internacional que ligava a corrupta especulação parisiense e a contra-revolução. De modo significativo, o barão de Batz foi denunciado como seu principal instigador.[2]

Até hoje não se sabe ao certo até que ponto essa "trama estrangeira" era autêntica. Mas serviu a seu propósito. Em 24 de março de 1794, Hébert, cujo discurso incendiário tanto fizera para alimentar a violência revolucionária, foi enviado para a guilhotina tremendo de pavor. Danton, que seguiu Hébert em 5 de abril, não compartilhou sua fraqueza. Com o sol se pondo atrás dele, o grande orador e homem de ação subiu ao cadafalso, conforme escreveu um observador, "como se emergisse do túmulo e não como se estivesse para entrar nele".[3]

DEPOIS DO DILÚVIO   365

A morte de Danton dividiu a alma da ditadura jacobina. Robespierre e seus companheiros ficaram cada vez mais isolados, tanto do movimento popular nas ruas quanto dos deputados na convenção. Para estes últimos, a queda de Danton era prova de que, na dominante atmosfera paranóica, mesmo os mais eminentes revolucionários não estavam mais seguros. Por fim, em 27 de julho de 1794 (9 de Termidor, segundo o novo calendário republicano), iniciaram uma revolta. Robespierre e seus amigos foram denunciados no plenário da Convenção, detidos e, depois de fazerem uma desastrada tentativa de levantar o povo de Paris em seu favor, foram rapidamente guilhotinados. Foi o último grande banho de sangue político da Revolução.

Breteuil passara os dois anos seguintes a 1792 na Alemanha e na Bélgica. Desde a retirada de Brunswick da França, sua situação era delicada. Era chefe do conselho dos príncipes, mas ainda tinha graves reservas quanto a Provence se tornar regente. Todavia, à medida que a perspectiva de resgatar Luís XVI ficava ainda mais distante, o barão começou a enfrentar o inevitável. Em 2 de outubro de 1792, apresentou sua situação para Fersen:

> Não tenho mais condições de combater [a regência] com a esperança da rápida libertação do rei e, embora esteja absolutamente certo de que nem nossa política nem [a dos príncipes] tirará algum proveito dessa quimérica regência, já que não tem e continuará não tendo força ou território, não posso mais me opor a ela sem ser acusado de teimosia; penso, portanto, que devo manter meu próprio conselho e deixar que as Potências decidam; se decidirem a favor, não posso ter nem assumirei o crédito; se vetarem, estarei inocente de culpa, embora ache que isso dificilmente será reconhecido. De qualquer modo, se essa regência se estabelecer e as Potências me quiserem à frente do conselho, o senhor acha que devo seguir minha inclinação, que seria a de recusar, ou que meu respeito e dedicação do rei exigem de mim mais esse sacrifício? Isso me custaria muito, mas eu não recusaria, se necessário. Fique seguro de que certamente não terei nem a confiança do regente nem a de seu irmão, e que serei incessantemente atormentado pelos outros.[4]

As Potências não tomaram decisão, e assim a questão da regência de Provence foi adiada indefinidamente. Como tinha previsto, a maior parte da responsabilidade foi atribuída a Breteuil. Quando os príncipes e seu esfrangalhado

366 A QUEDA DA MONARQUIA FRANCESA

grupo de seguidores se retiraram diante dos exércitos franceses, ele continuou a atuar como seu principal conselheiro, mas a tarefa se tornou cada vez mais desagradável. Por fim, no final de dezembro, a corte *émigrée* teve permissão para se estabelecer em Hamm, na Vestfália. Poucos meses depois, Breteuil e os príncipes se afastaram. O barão voltou para Bruxelas, agora reocupada pelos austríacos, enquanto em 19 de novembro de 1793 Provence partia para Verona.

Mas as atividades contra-revolucionárias de Breteuil não terminaram aí. Há indícios sugestivos, ainda que não conclusivos, de que durante o reinado do Terror ele esteve envolvido com importantes redes monarquistas dentro da França cujo objetivo era solapar por dentro a ditadura jacobina. A principal figura nessas intrigas, mais uma vez, era o barão de Batz. Segundo seu próprio relato, no final de 1793 Batz concebeu um plano para arruinar a Revolução, pondo em desavença as várias facções do governo por meio do uso em massa de suborno e corrupção. Na época ele assim se expressou:

> Como pode um poder tão grande [o governo revolucionário], diante do qual todos as cabeças se curvam em silêncio, ser derrubado? Eu responderia que um regime como esse é por sua própria natureza uma forma de delírio, um estado convulsivo; e que qualquer ação violenta desse tipo é por definição, segundo as imutáveis leis da natureza, de curta duração, e que os ciúmes, suspeitas, ódios e divisões que produz porão os participantes uns contra os outros e os levarão para os abismos que eles mesmos abriram; que preparar essas divisões e acelerá-las, semeando e exacerbando rivalidades, é, na ausência de força armada, o único modo efetivo de conspirar contra esse governo e de apressar sua imediata derrocada.[5]

O projeto de Batz pode parecer visionário, mas há indícios de que ele implementou pelo menos parte dele. No correr de 1791, ele tinha especulado com a nova moeda em papel, os *assignats*, e dedicado parte dos consideráveis lucros que tivera à formação de uma reserva financeira para Luís XVI se valer dela caso recuperasse sua liberdade. No final de 1793, a despeito de levar uma existência semiclandestina em Paris, usou sua sagacidade financeira para conquistar a amizade de vários políticos jacobinos influentes e mais ou menos corruptos, vários dos quais ligados a Danton. Nessa época, fortunas substanciais foram formadas com base na especulação, especialmente

DEPOIS DO DILÚVIO

nos lucros da Companhia das Índias Orientais Francesas. Logo houve um clamor público contra esse aproveitamento, diante do que a Convenção decretou o fim das companhias e sociedades por ações, inclusive da Companhia das Índias Orientais, em 24 de agosto de 1793. É provável que o próprio Batz, por meio dos deputados que conhecia, tenha ajudado a formular o decreto, e o tenha feito de tal modo que um grupo de jacobinos que estava especulando se beneficiasse a expensas de seus rivais, de modo que as duas facções se prejudicassem. É certo que os emaranhados negócios da Companhia das Índias Orientais estavam na raiz das denúncias mútuas que os seguidores de Danton e Hébert logo se fizeram e que auxiliaram na destruição de ambos os grupos.[6]

O papel que Breteuil pode ter desempenhado não é o aspecto menos misterioso dessa extraordinária história. Não se sabe ao certo se Batz concebeu seu plano por iniciativa própria ou se de fato estava trabalhando como agente do barão. É certo que, já em 1792, Batz, em ligação com outros banqueiros monarquistas em Paris, mantinha um informante muito bem situado no clube jacobino e passava a informação obtida por essa fonte para Breteuil em Bruxelas. No mês de abril, por exemplo, Batz enviou a Breteuil um relatório sobre o perigoso estado do exército francês. Fersen anotou o seguinte em seu diário:

> O barão de Batz escreve de Paris que nada está pronto nem estará antes de 20 de maio, que as renúncias estão aumentando por toda parte, que m. de Grave, ministro da Guerra, disse a m. Dumouriez que quer renunciar e não quer ter mais nada a ver com as distorções da verdade que a Assembléia lhe pede, que os revolucionários estão em grandes dificuldades e estarão perdidos se a Prússia se unir à Áustria e se suas tropas chegarem em 20 de maio, que há apenas 17 milhões no tesouro real. Esse barão de Batz é um intrigante, mas ele, Laborde de Méréville, Boyd e Company and Walckiers (todos destacados banqueiros) têm um membro do conselho secreto dos jacobinos em sua folha de pagamentos que lhe diz tudo.[7]

Essa é apenas uma fonte, mas uma fonte extremamente importante. Indica que determinados jacobinos não eram avessos a aceitar subornos dos contra-revolucionários e que mais de um podia estar fazendo jogo duplo. Mostra também que, em abril de 1792, Batz já estava aperfeiçoando sua tática de

368 A QUEDA DA MONARQUIA FRANCESA

corromper, dividir e espionar os líderes revolucionários. Curiosamente, embora uma edição completa dos diários de Fersen tenha sido publicada na Suécia entre 1924 e 1936, essa passagem em particular foi omitida e nunca foi publicada.[8] O editor dos diários, a eminente especialista na Revolução, Alma Söderhjelm, nem mesmo inseriu os costumeiros pontos para indicar que fora suprimida. Podemos nos perguntar por que ela não admitiria que talvez nem tudo fosse como parecia no clube jacobino.

Não há outras ligações em termos de conspiração entre Breteuil e Batz durante esse período. Entre as várias armas a serem usadas na guerra contra a Revolução, o barão certamente tinha em mente a guerra econômica. Em meados de dezembro de 1792, enviou ao governo austríaco um elaborado plano com a finalidade de destruir o crédito dos *assignats* por meio de um derramamento de notas falsas na França. Segundo Breteuil, tinha sido criado um fundo secreto para ajudar Luís XVI, fundo que ainda se encontrava nos cofres de vários banqueiros parisienses. Consistia no equivalente a 150 milhões de *assignats* em ouro, prata e letras de câmbio. Todavia, como o *assignat* tinha subido de valor desde que o fundo fora criado, vendê-lo naquele momento significaria uma perda para os banqueiros envolvidos. Estes, afirmou o barão, estavam preparados para entregar seus valores aos austríacos e prussianos em troca de 150 milhões de *assignats* falsos. De um golpe, Viena e Berlim ganhariam uma soma maciça em fundos efetivos, enquanto o novo papel-moeda da França seria destruído por uma onda de notas falsas.[9]

Por trás da proposta de Breteuil, detectam-se as mãos de duas pessoas — de Batz e do bispo de Pamiers. O bispo era fascinado pelas finanças públicas e constantemente insistia na necessidade de arruinar os *assignats*. Quando Batz visitou Breteuil em Verdun, em setembro de 1792, ele quase certamente conversou também com o bispo. Depois de garantir a Fersen, no dia 12 desse mês, que ele estava apenas cultivando Batz "na esperança de conseguir dele grandes recursos financeiros para ajudar o rei no início de sua administração", o barão acrescentou: "O bispo lhe falou sobre o plano dele e o uso que pretendemos fazer dele."[10] Embora não fique claro se esta é uma referência a Batz ou ao bispo, pode ser que o plano mencionado seja aquele referente aos *assignats* falsos.

Uma óbvia ligação entre Breteuil e Batz é a menção que o barão faz, no memorando em que expõe o plano, ao fundo de combate que fora criado para o rei. Entre o outono de 1791 e o verão de 1792, Batz fez várias viagens

DEPOIS DO DILÚVIO 369

ao exterior em nome do governo francês a fim de negociar a venda de *assignats* no mercado internacional em troca de dinheiro sólido. Alguns desses fundos sólidos foram compor a reserva destinada ao rei. Certamente era a esses que Breteuil se referia em seu memorando quando falava do "fundo de 150 milhões em ouro, prata e notas de câmbio [...] constituído pelos esforços e por meio do crédito das maiores casas bancárias de Paris a ser pago em *assignats* por Luís XVI".[11]

Especialmente digno de nota é o fato de que Breteuil também afirmou que conseguiria apoderar-se das chapas e tipos que estavam sendo usados para fazer os *assignats*. "Alguns serviçais devotados do rei da França dentro do país", escreveu ele, "estão em condição de conseguir os tipos produzidos pelas próprias placas a partir das quais os *assignats* são impressos."[12] De todos os agentes monarquistas que trabalhavam na França, somente Batz, com suas amplas conexões financeiras e profundo envolvimento no comércio dos *assignats*, teria sido capaz de realizar esse serviço. Em seu memorando, Breteuil também menciona várias vezes a presença de um intermediário em Paris entre os banqueiros e as Potências. É provável que essa misteriosa pessoa fosse o próprio Batz.

O plano de Breteuil foi submetido ao imperador Francisco II para aprovação, mas esse monarca moralista ficou horrorizado com a proposta e a descartou com uma frase: "Um projeto infame como este não é para ser levado em consideração."[13] Sem o apoio das Potências, o plano de derramamento de *assignats* falsos na França teve de ser abandonado. No entanto, como a carreira subseqüente de Batz revelou, a idéia de solapar a Revolução por meios financeiros estava longe de ser posta de lado.

Não há indícios sólidos que ligue Breteuil ao "plano estrangeiro" de 1794, supostamente orientado por Batz e que levou à derrubada primeiro de Hébert e depois de Danton. Está claro, porém, que, em seus esforços em nome da causa monarquista, Breteuil e Batz entraram em negociações com vários destacados revolucionários e seus companheiros. No mínimo, essas intrigas ajudaram a criar aquele pesado clima de paranóia e desconfiança que levou à divisão da facção que governava a França.

Ao longo do mais tenebroso período do Terror, Batz levou uma vida encantadora. Seus co-conspiradores não tiveram tanta sorte. Em 17 de junho de 1794, 54 quatro deles, acusados de auxiliarem a contra-revolução, foram guilhotinados *en masse*. Como tinham conspirado contra a nação, foram levados para a morte com camisas vermelhas, de modo a indicar que

370 A QUEDA DA MONARQUIA FRANCESA

eram parricidas. Entre eles estavam Cortey e Michonis, que haviam ajudado
Batz a tentar salvar Maria Antonieta. No entanto, o próprio Batz só viu o
interior de uma prisão em outubro de 1795, quando foi detido por sua participação no levante monarquista de 13 Vindemiário. Foi logo libertado, porém, e se retirou para seu castelo de Chadieu em Auvergne. Quando da
restauração da monarquia, tornou-se comandante militar do departamento
do Cantal. Morreu de apoplexia em Chadieu a 10 de janeiro de 1822.[14]

De 1793 e 1798, os movimentos de Breteuil são difíceis de ser acompanhados. Pelo menos durante parte desse tempo, ele viveu em Londres. Em
fevereiro de 1796, ele registrou um processo no Tribunal do Lorde Chanceler,
dando como endereço Hanover Square. De modo pitoresco os documentos
apresentam o barão assim:

> um emigrante do reino da França [...] de lá expulso ou de lá obrigado
> a fugir para evitar a morte por sua dedicação à família real desse rei-
> no. É odiado pelas pessoas que exercem os poderes de governo nesse
> reino e [...] não vai à França desde o início do ano de 1791 [isso era
> um erro, já que a emigração de Breteuil datava de julho de 1789].[15]

O objeto de disputa era uma grande soma de dinheiro, 200 mil libras, deixadas na Inglaterra por um primo de Breteuil, o duque du Châtelet, que fora
executado durante o Terror em dezembro de 1793. Afirmando que o duque
morrera sem testamento, o barão tinha conseguido ser nomeado administrador de seus bens na condição de parente mais próximo. Mas o administrador dos fundos na Inglaterra, um certo George Yelverton Kendall, afirmava
que Du Châtelet tinha na verdade feito um testamento e que, como ele ad-
ministrava o dinheiro, só o entregaria aos herdeiros legítimos. De modo
conveniente, eles se encontravam na França e entrar em contato com eles
não era apenas difícil, mas também perigoso. O resultado do caso não é
claro. Se Breteuil tivesse conseguido efetivamente ficar com as 200 mil libras, isso teria feito uma grande diferença em sua situação financeira.

Em 1798 no máximo, o barão tinha decidido voltar para a Europa con-
tinental. Em julho de 1798, informou a Bombelles, que no momento se encontrava com os remanescentes do exército de Condé, que tinha encontrado
uma agradável casa perto de Hamburgo. Logo a seguir, mudou-se para essa
casa com os que habitualmente o acompanhavam: a filha, mme. de Matignon;
a neta Caroline; o marido desta, barão de Montmorency; e, naturalmente, o

DEPOIS DO DILÚVIO   371

bispo de Pamiers. A despeito de todas as convulsões de guerra e revolução, esse grupo familiar não ortodoxo permanecera inseparável.

Durante esse período, evidenciou-se uma notável mudança no caráter de Breteuil. Tal como se deu com muitos *émigrés*, as vicissitudes da Revolução fizeram com que ele se voltasse para a religião. Lembrando a famosa arrogância do barão, o historiador e político Sénac de Meilhan observou desdenhosamente para Bombelles: "Por fim ele baixou a cabeça."[16] Mas, Bombelles, que por sua vez era muito religioso, refutou indignadamente a insinuação. Assim, ficou particularmente satisfeito quando, no correr de uma carta de abril de 1798, Breteuil escreveu que queria que sua nova casa fosse perto de uma cidade, acrescentando: "Eu preferiria que fosse uma cidade católica, mas, caso não, que a religião católica fosse tolerada o bastante para que nada embaraçasse minhas práticas religiosas e para que eu consiga cumpri-las regularmente."[17]

Todavia, mudanças no mundo logo afetaram a pequena família. Em novembro de 1799, no *coup d'état* do 18 Brumário, Napoleão Bonaparte derrubou o fraco e caótico Diretório e se tornou, como primeiro-cônsul, o governante efetivo da França. Logo ficou claro que ele estava restaurando para o país uma ordem e estabilidade que lhe faltavam desde a eclosão da Revolução. Para quase todos os mais conservadores *émigrés*, ficou claro que um retorno dos Bourbon estava agora mais distante do que nunca. Depois de uma década de provação e exílio, muitos começaram a pensar em voltar para casa. O próprio Napoleão facilitou isso. Ansioso para "curar as feridas da Revolução", ele declarou em 1800 uma anistia para os *émigrés* retornados.

O primeiro membro da família de Breteuil a responder a esse sinal de paz foi mme. de Matignon. Na primavera de 1801, ela voltou para a França e para o que restava de sua antiga vida. O bispo de Pamiers de início não a acompanhou, mas de modo comovente ficou em Hamburgo para fazer companhia ao velho pai de mme. de Matignon. Breteuil se mudou para aposentos alugados enquanto a casa da família era posta à venda, mas o bispo visitava-o todos os fins de semana para compartilhar suas costeletas.[18]

Esse estado de coisas era evidentemente temporário. Mme. de Matignon tinha partido para ver como iam as coisas para o resto da família. As notícias que enviou devem ter sido tranqüilizadoras, pois no final de 1802 Breteuil estava de volta a Paris depois de uma ausência forçada de 13 anos. O retorno à França desse luminar da antiga monarquia foi um considerável golpe de propaganda para o novo regime. De fato, Napoleão considerou político rece-

372   A QUEDA DA MONARQUIA FRANCESA

ber o barão pessoalmente. Ecos do encontro alcançaram Bombelles nas profundezas da Europa central. Em 18 de dezembro, ele anotou em seu diário "o extraordinário reaparecimento na França do barão de Breteuil, e sua breve audiência com o primeiro-cônsul". Acrescentou que Fouché, ministro da Política e antigo jacobino, ficara chocado com a cordialidade de seu superior para com Breteuil, observando que, se as coisas continuassem assim, logo ele estaria permitindo que o próprio Luís XVIII voltasse. "Certamente", Napoleão teria respondido, "na medida em que ele não usar armas contra a república."[19]

Breteuil ficou grato por essa benevolente recepção; tão grato, de fato, que mudou de lado. O último ministro livremente escolhido por Luís XVI se tornou, em seus últimos anos, um convicto bonapartista. Em parte isso era realismo; o barão tinha então concluído que uma restauração da monarquia era impossível e que em sua ausência o governo de Bonaparte era pelo menos razoavelmente moderado e organizado. A isso se acrescentava, sem dúvida, sua aversão pessoal a Luís XVIII e seu irmão. Ele sabia melhor que ninguém como eles tinham contribuído para os infortúnios de Luís XVI, e também estava ciente de que nada podia esperar deles. Por fim, a reconciliação com o novo governo francês oferecia ao barão uma oportunidade de recuperar sua fortuna arruinada. Em particular, ele procurou recuperar duas de suas propriedades que tinham sido desapropriadas, a casa de Paris e o Pavillon du Mail em Saint-Cloud.

Na verdade, Breteuil já recebia algum rendimento de sua casa de Paris. Na época, moravam nela dois ajudantes-de-campo de Napoleão, Savary e Lauriston. O proprietário efetivo, porém, era ninguém menos que o antigo membro do diretório Barthélemy, que antes da Revolução tinha sido secretário de embaixada de Breteuil em Viena e mais recentemente ajudara a preparar o caminho para seu retorno. Barthélemy repassava o ganho da casa para Breteuil; essa atitude generosa era apenas um exemplo dos pequenos meios com que os *émigrés* e seus amigos se ajudavam a sobreviver na época Revolucionária.[20] No entanto, o barão ainda estava determinado a recuperar o título de propriedade. Em janeiro de 1804, solicitou uma entrevista, para esse propósito, com o principal arquiteto de Napoleão, Fontaine. Este recordou em seu diário:

> Ele levou suas solicitações ao ponto de vir me ver. Tanto por dever de ofício quanto por gratidão, aproveitei uma oportunidade favorável para apresentar de modo positivo esse pedido de um antigo ministro

DEPOIS DO DILÚVIO

373

de Luís XVI ao primeiro-cônsul. [O barão] apenas pedia a honra de lhe ser permitido prestar homenagem ao primeiro-cônsul, a despeito da condição precária de sua fortuna, de sua casa na cidade e de sua casa em Saint-Cloud, bem como dos poucos recursos que ainda lhe restavam.[21]

As manobras parecem ter tido o efeito desejado. Napoleão não devolveu os bens de Breteuil, mas lhe deu uma pensão. Em troca, o barão discretamente freqüentava o *faubourg* Saint-Germain, em Paris, angariando apoio entre os *émigrés* retornados para a nova situação. Isso foi suficiente para Napoleão, durante o exílio em Santa Helena, se lembrar favoravelmente dele. No diário do general Bertrand, um de seus companheiros em Santa Helena, ele é lembrado do seguinte modo:

> M. de Breteuil sempre esteve bem-disposto para comigo. Não queria nenhuma posição, mas provavelmente, em vez disso, algum dinheiro. Dei-lhe uma anuidade de 10 mil francos, como compensação por sua casa nos jardins de Saint-Cloud. Ele freqüentemente se encontrava com os habitantes do *faubourg* Saint-Germain, insistindo com eles para que se reconciliassem comigo, e como ele foi um membro do grupo da rainha [referência a Maria Antonieta] muitas pessoas o ouviam. Ele lhes dizia [...] que a causa deles estava perdida; que tinham sido derrotados e que tinham a sorte de o governo estar nas mãos de alguém que havia chegado a ele de modo honrado, por suas vitórias, e que estava disposto a incluí-los em seu sistema. Infelizes daqueles que desistiram muito tarde![22]

O barão tinha então 74 anos de idade. Embora ainda freqüentasse os salões aristocráticos remanescentes da capital, era uma figura de uma época que já havia desaparecido. A principal preocupação de seus últimos anos era assegurar o futuro de sua família. Suas esperanças se apoiavam em especial na neta Caroline de Montmorency e em seu sobrinho Charles de Breteuil. Sem dúvida a conselho seu, ambos se integraram rapidamente ao novo regime, Caroline como uma das damas de honra de Josefina Bonaparte e Charles na nova elite administrativa. De fato, na tradição de Bombelles, de Fersen e do bispo de Pamiers, Charles se tornou o último dos filhos substitutos de Breteuil. Em suas visitas regulares ao salão de Talleyrand, novo ministro das Relações Exteriores, o barão não perdeu oportunidade de favorecer a carreira do

374 A QUEDA DA MONARQUIA FRANCESA

sobrinho. Isso aparece claramente em sua última carta subsistente. Foi escrita em 14 de dezembro de 1804 para Charles, que então se encontrava na Alemanha, trabalhando para Jollivet, prefeito do departamento do Baixo Reno, recentemente anexado. A preocupação do velho homem com o sobrinho, que ia até os menores aspectos de sua saúde e dos arranjos domésticos, está presente em cada linha:

> Devo [...] lhe pedir que não se entregue a excesso de trabalho ou estudo que possa prejudicar sua saúde, que precisa de atenção constante, do mesmo modo que sua mente e seu espírito precisam de ocupação. Sua razão, meu amigo, deve ditar seu caminho no trabalho. Estou encantado por você estar apreciando seu emprego na diplomacia, meu filho (como eu gostaria que você o fosse), e também fico igualmente satisfeito por essa idéia ter sido sugerida pelas próprias Potências estrangeiras em memória de meus antigos serviços.
>
> Você fez bem em escrever para m. d'Hauterive [diretor dos Arquivos do Ministério das Relações Exteriores] [...] que com freqüência encontro na casa de Talleyrand...
>
> É uma boa notícia que você tenha conseguido encontrar acomodações em frente à residência de m. Jollivet, e duplamente agradável para você que esse ministro o tenha convidado para jantar com ele diariamente; seus magros recursos financeiros se beneficiarão desse arranjo amigável.
>
> Meu filho, todos nós lhe enviamos mil saudações e, quanto a mim, eu o abraço e repito o quanto o amo.[23]

Há um aspecto desagradável nos últimos anos de Breteuil. No final da década de 1790, ele se desentendeu com Bombelles, e a ruptura nunca foi sanada. A causa foi dinheiro. Em novembro de 1791, sabendo que seu chefe estava com problemas financeiros, o marquês generosamente emprestou-lhe a maior parte de suas economias, num montante de 30 mil libras. No dia 25 desse mês, Breteuil preparou um reconhecimento da dívida segundo o qual pagaria a Bombelles 5% de juros sobre a soma por ano e que reembolsaria todo o capital no prazo de seis anos. O barão, porém, não pagou o empréstimo em 1797, e mesmo os pagamentos dos juros logo cessaram. Nessa ocasião, Bombelles estava em estado de quase penúria, com seis filhos para sustentar. A situação se tornou mais pungente quando o barão levianamente informou ao protegido que não tivera dificuldade

DEPOIS DO DILÚVIO

para levantar as 80 mil libras necessárias à compra de sua casa nos arredores de Hamburgo.[24]

A partir desse ponto, as relações entre os dois se deterioraram rapidamente. Breteuil passou a evitar Bombelles. Em agosto de 1801, pouco antes de seu retorno à França, Breteuil fez uma visita a Viena a fim de passar um mês com sua antiga amante, a condessa Hoyos. Não encontrou tempo, porém, para ver o antigo protegido, que vivia perto, em Brünn. Em vez disso, escreveu-lhe uma carta afetada, misturando expressões de pesar pela impossibilidade de um encontro com lamentações sobre a própria pobreza. Compreensivelmente, Bombelles ficou muito ofendido, em particular porque lhe tinham chegado relatos de que Breteuil de fato tinha viajado de forma dispendiosa pela Alemanha. "Um homem que afirma estar nas profundezas da penúria", escreveu ele em 7 de setembro,

> viaja de Hamburgo para Viena gastando dinheiro à vontade pelo caminho [...] a fim de fazer uma visita nostálgica a uma senhora que ele exibiu em seu braço durante seu período como embaixador em Viena. Diz-me ele em sua carta: "Estou chegando para passar um mês com minha amiga, a condessa Hoyos; a longa viagem e as más estradas não me cansaram muito." Ele viaja mais de quatrocentas léguas por causa dessa senhora, mas outras 12 lhe parecem muito para ver um velho amigo que suportou todas as vicissitudes para permanecer fiel a ele. Ele dá um mês a essa senhora e não tem sequer uma hora para gastar com seu amigo [...][25]

A raiva de Bombelles em relação ao antigo chefe era provavelmente justificada. É difícil estabelecer o estado exato da fortuna de Breteuil nesse momento, mas certamente ele não estava pobre. Tinha a pensão de Napoleão, a que se acrescentou uma herança substancial, talvez 15 mil libras por ano, quando sua prima, a marquesa de Créquy, morreu aos 89 anos, em 1803. O barão também se beneficiou da generosidade de Fersen, que alguns anos antes tinha contribuído com ele ao fazer uma compra caprichosa de sua plantação em Saint Domingue, na ocasião desprovida de valor. De qualquer maneira, em setembro de 1801, o crédito de Breteuil ainda era bom o bastante para seus banqueiros de Hamburgo, a casa de Chapeaurouge, lhe adiantarem 12 mil libras para o uso de mme. de Matignon quando ela chegou a Paris.[26]

A interpretação mais benevolente da conduta do barão era que a velhice, juntamente com as convulsões dos últimos 15 anos, tinha afetado sua personalidade. Desde 1789, ele levava uma vida de constante insegurança e pode ter reagido a isso se tornando um avarento. Além do mais, sua saúde estava extremamente ruim — sofria de cálculos no rim e de sua usual gota —, e isso não pode ter melhorado seu temperamento. Nada disso desculpa o tratamento que dispensou a Bombelles, mas talvez torne um pouco mais fácil compreendê-lo. Por fim, depois de várias grandes rixas com a irmã de Bombelles, a marquesa de Travanet, que também retornara a Paris e levava adiante o caso do irmão, chegou-se a uma conciliação. Breteuil retomou o pagamento dos juros a Bombelles, embora não se saiba se algum dia o capital foi restituído.

Breteuil morreu na casa da filha em Paris, 163 *rue* Sainte-Dominique, no começo da manhã de 2 de novembro de 1807. Político até o fim, ele estava determinado a que sua doença derradeira não prejudicasse os interesses da família. Napoleão e Josefina encontravam-se no momento em Fontainebleau, e a neta do barão, Caroline, então duquesa de Montmorency, estava de serviço. Ao tomar conhecimento de que o avô se encontrava muito doente, imediatamente retornou a Paris. Isso não agradou de modo algum o barão. O marido de Caroline, o duque de Montmorency, anotou o seguinte em seu diário:

> Minha mulher voltou de Fontainebleau. Seu avô restabeleceu-se pelos quatro ou cinco dias seguintes, dando aos médicos uma pequena esperança. Ele até mesmo quis que minha mulher voltasse para Fontainebleau; ela concordou, temendo que uma recusa irritasse seu avô, que precisa de alguns favores na Corte.[27]

Os dias que se seguiram são descritos pelo duque em detalhes. "Minha mulher partiu [para Fontainebleau]", escreveu ele,

> em 29 de outubro. Mas não ficou por muito tempo, pois a situação de seu avô logo se tornou alarmante e no dia 31 eu lhe enviei um recado para que voltasse. Ela chegou à meia-noite e o avô morreu no dia 2 de novembro à 1:00 da madrugada, com 77 anos, permanecendo calmo e imperturbável até o fim. Tinha recebido todos os sacramentos duas semanas antes. Perto do fim, ficou sem comer porque não podia segu-

rar nada; tinha crises freqüentes de diarréia. Três horas antes da morte, pediu algum remédio. Ele insistia tanto que não pudemos nos opor. Demos-lhe e, quando estava saindo da cama para vomitar, desmaiou. Pensamos que tivesse morrido; seus olhos já tinham revirado. Nós o recuperamos dando-lhe sais para cheirar, mas ele morreu três horas depois, quando fazia o sinal-da-cruz. Poucos momentos antes da morte, minha mulher lhe deu algo para beber, e ele lhe disse: "Está terminado, não posso ver mais nada."[28]

A duquesa de Brancas e o bispo de Pamiers ficaram com Breteuil até o fim, tendo sido lembrados no testamento. O bispo recebeu um relógio com corrente de diamantes; a duquesa de Brancas, um vaso de porcelana azul sustentado, adequadamente, por dois sátiros de bronze.[29]

Breteuil foi um homem notável e contraditório, uma extraordinária mistura de bondade e brutalidade, cálculo e emoção, generosidade e avareza. Sua carreira política foi ainda mais paradoxal. Firme conservador, foi de qualquer modo influenciado pelo Iluminismo e se tornou, em meados da década de 1780, um ministro reformador. Durante a Revolução, foi até mesmo acusado de querer negociar os direitos da coroa. Na realidade, empenhado em eliminar seus excessos, quis restaurar o máximo possível do antigo regime, e encarava a monarquia constitucional com grande suspeita.

Breteuil também foi acusado de ambição insaciável. Certamente gostava do poder e dos cargos, e em vários momentos de sua carreira teve como objetivo se tornar primeiro-ministro. No entanto, também falou com freqüência sobre as tribulações da política e expressou o desejo de se retirar para a vida privada. A Revolução pôs seu desejo à prova. Grande monarquista, Breteuil pode ter tido poucas ilusões sobre a probabilidade de salvar a família real depois que esta foi levada para Paris em seguida à jornada de outubro. De qualquer modo, atuou em Solothurn e Bruxelas, sem recursos e com uma pequena equipe, na ingrata tarefa de conseguir apoio desinteressado para a coroa francesa por parte de descrentes monarcas e estadistas europeus. Se a ambição desempenhou algum papel nisso, também o desempenharam a lealdade e a devoção.

Bombelles sobreviveu a Breteuil por 15 anos. Em setembro de 1800 sua mulher Angélique morreu, deixando-o arrasado. Logo a seguir, ele renunciou a sua carreira mundana e recebeu ordens religiosas. Em 1806 tornou-se cura de Oppersdorf, na Silésia prussiana, e, dois anos depois, deão em

378 A QUEDA DA MONARQUIA FRANCESA

Oberglogau. Em 21 de novembro de 1807, recebeu, por intermédio de seu filho mais velho, a notícia da morte de Breteuil. "Uma carta de Luís", escreveu ele em seu diário,

> informa-me hoje que o barão de Breteuil, de quem eu gostava tanto e que por um infeliz amor pelo dinheiro me fez tanta injustiça, partiu desta vida. Possa Deus ter estendido Sua piedade a ele nos últimos momentos de sua existência.[30]

Felizmente, a situação de Bombelles melhorou com a restauração dos Bourbon. Em 1816, ele foi nomeado esmoler da duquesa de Berry, nora de seu antigo inimigo Artois. A seguir, em agosto de 1817, foi elevado à sé de Amiens. O fato de o novo bispo ter seis filhos de sua vida anterior deu origem a alguns incidentes cômicos. Certa vez, acompanhado de dois de seus filhos, ele foi a uma recepção de embaixada. Na entrada, o porteiro perguntou o nome dos convidados. "Anuncie o bispo de Amiens e seus filhos", respondeu Bombelles. O porteiro olhou para ele espantado. Com pena do pobre homem, Bombelles bondosamente se corrigiu: "Anuncie o bispo de Amiens e seus sobrinhos".[31]

Bombelles morreu em 5 de março de 1822. Depois de notáveis aventuras e muitas adversidades, ele finalmente chegara a porto seguro. Homem muito culto e sensível, foi politicamente ainda mais conservador que Breteuil, embora ao longo da carreira tenha mostrado qualidades extraordinárias de sinceridade e fidelidade. Sua devoção aos filhos, que passaram a trabalhar para a Áustria, foi certamente recompensada. O filho mais velho, Luís, terminou como ministro austríaco na Dinamarca; o terceiro, Henri-François, tornou-se preceptor do futuro imperador Francisco José. Seu segundo filho, Charles, porém, teve o destino mais notável de todos. Tendo servido nos exércitos austríaco e francês, foi nomeado em 1830 grão-mestre da corte de Parma. A duquesa que se encontrava no poder era nada menos que a antiga imperatriz Maria Luísa, segunda mulher de Napoleão, a qual para aí se retirara depois da abdicação do marido. Ela e Charles se apaixonaram e se casaram secretamente em 17 de fevereiro de 1834. Quando Maria Luísa morreu em 1847, Charles de Bombelles retornou à França, onde viveu em Versalhes até a morte em 1855.

Fersen ficou arrasado com a execução de Maria Antonieta e nunca se recuperou por completo. A brutalidade da morte dela o horrorizou. "O fato de ter sido obrigada a ficar sozinha em seus últimos momentos sem nenhum consolo", escreveu ele em 21 de outubro de 1793, "sem ninguém com quem falar ou com quem compartilhar seus últimos desejos, provoca arrepios. Os monstros do inferno! Não, sem vingança, meu coração nunca estará em paz."[32]

Fersen nunca conseguiu sua vingança, e seu coração jamais encontrou paz. Em vez disso, ele voltou à Suécia, de onde foi forçado a observar a sempre crescente expansão do império revolucionário francês. Em 1797, teve oportunidade de encontrar os novos governantes franceses cara a cara. Em novembro desse ano, foi nomeado representante sueco no congresso convocado em Rastadt para elaborar uma paz entre a França e o Sacro Império Romano. Às 9:00 da noite de 28 de novembro teve um encontro de meia hora com Napoleão. Este, porém, recusou-se a tratar com Fersen por causa de suas ligações com a antiga monarquia; e em especial porque ele "fora amante da falecida rainha". Humilhado, Fersen foi obrigado a se retirar do congresso.

Sua sorte melhorou alguns anos depois. Em 1799, o jovem rei Gustavo IV, filho de Gustavo III, fez dele chanceler da Universidade de Uppsala; em 1800, cavaleiro da Ordem do Serafim, a mais alta condecoração da Suécia, e, no ano seguinte, grande marechal do reino. No entanto, a despeito dessas honrarias, Fersen permaneceu reservado, arredio e solitário. Nunca se casou. Continuou seu relacionamento com Eléonore Sullivan durante alguns anos apos a morte de Maria Antonieta, mas em 1799 Quintin Craufurd finalmente descobriu a situação, houve uma grande confusão e o caso veio a acabar.[33] Fersen, porém, permaneceu em contato com Breteuil. De fato, em agosto de 1801 atuou como intermediário para Breteuil em seus atrasados pagamentos de juros a Bombelles. A irmã de Fersen e mme. Matignon continuaram se correspondendo mesmo depois da morte dele.

Em 1810, a política européia finalmente se igualou a Fersen. Depois de uma desconfortável paz, em abril de 1805 voltou a eclodir a guerra entre a França e seus vizinhos. No mês de outubro seguinte, Gustavo IV declarou guerra aos franceses. A decisão revelou-se desastrosa; a Rússia, definitivamente derrotada por Napoleão em Austerlitz e em Friedland, mudou de lado, e em 1808 atacou e ocupou as províncias finlandesas da Suécia. Em março de 1809, Gustavo foi forçado a abdicar por um golpe militar, e seus descendentes foram excluídos da sucessão. Um tio de Gustavo assumiu o trono como Carlos XIII, mas, como não tinha filhos, precisava encontrar um novo herdeiro. Por fim, a escolha recaiu no príncipe Cristiano Augusto, membro da vizinha família real dinamarquesa.

380 A QUEDA DA MONARQUIA FRANCESA

A decisão foi fortemente política. A Revolução Francesa tinha dividido profundamente a classe política sueca, entre liberais que apoiavam um acordo com a França, então Potência dominante no continente, e conservadores que julgavam que a Revolução e seus herdeiros tinham de ser combatidos até o fim. Fersen — é desnecessário dizer — era um dos pilares do grupo conservador. Carlos XIII e o novo príncipe herdeiro, porém, eram liberais. Quando Cristiano Augusto morreu em conseqüência de um súbito ataque em uma revista militar no dia 28 de maio de 1810, muitos suspeitaram que houvesse sido envenenado como parte de uma trama conservadora para restaurar os direitos ao trono do jovem filho de Gustavo IV exilado. Fersen foi acusado de organizar essa conspiração. É quase certo que não haja verdade nessas alegações.

Fersen foi advertido de que seria insensato da parte dele comparecer ao funeral do príncipe em Estocolmo, mas, como um dos mais altos funcionários do reino, insistiu em comparecer. Não está claro se efetivamente houve uma trama contra sua vida; é mais provável que alguns liberais, supondo que fosse haver algum tipo de manifestação popular contra Fersen, vissem isso como um meio de dominar os conservadores, e assim não estavam propensos a impedi-la. Com certeza, foram tomadas medidas inadequadas para lidar com a possibilidade de perturbação. No dia, segundo o protocolo, Fersen partiu à frente do cortejo na carruagem de grande marechal.

Tão logo a carruagem chegou ao centro da cidade, foi atacada por uma sucessão de pedras do calçamento, que quebraram as janelas e feriram no rosto o grande marechal. Ele conseguiu fugir para uma casa vizinha, com uma escolta de 16 homens. A casa foi então cercada, e a única solução para a situação que o comandante da escolta viu foi acompanhar Fersen até um local seguro, apaziguando a multidão com a promessa de que ele seria levado a julgamento.

No momento em que o grupo saiu da casa, foi de novo atacado pela multidão, e Fersen foi separado de seus protetores. Foi arrastado até uma praça vizinha e espancado violentamente com varas e guarda-chuvas, sendo que também foram arrancados tufos de seu cabelo. Tudo isso ocorreu à vista de um batalhão da guarda real. Não apenas nada foi feito, como, depois de um momento, inexplicavelmente, os dois generais no comando voltaram seus cavalos e se afastaram. Fersen foi então arrastado para a prefeitura, mas a porta da casa de guarda onde estava sendo mantido foi logo forçada pela multidão. Puxado para o pátio, foi atacado mais uma vez, e foi morto por

DEPOIS DO DILÚVIO 381

um de seus agressores, que pulou em seu tórax. De modo assustador, era 20 de junho, aniversário da fuga para Varennes.[34]

Os dois outros principais protagonistas da fuga da família real de Paris estão enterrados não apenas na mesma cidade, mas no mesmo cemitério. Em 1794, Mercy-Argenteau se tornou embaixador austríaco em Londres. Logo depois de sua chegada a Londres, porém, adoeceu. Morreu em 25 de agosto e foi enterrado no antigo cemitério de St. Pancras. Nos anos que se segui-ram, a área em torno de St. Pancras passou a ser habitada por muitos *émigrés* franceses. Entre eles estava o general de Bouillé, que aí passou os últimos anos de vida, escrevendo suas memórias. Morreu em 14 de novembro de 1800 e foi enterrado no mesmo cemitério. Este foi mais tarde destruído pela Midland Railway, mas em 1877 a baronesa filantropa Burdett-Courts con-verteu o que restava em um jardim público, que ainda existe. Os túmulos de Bouilllé e Mercy-Argenteau, no entanto, se perderam para sempre.

Dumouriez também terminou seus dias na Inglaterra. Em 1803 foi no-meado conselheiro militar do governo britânico, tornando-se um dos pri-meiros teóricos da guerra de guerrilha. Suas concepções se revelaram de grande importância na guerra peninsular, ajudando o exército de Wellington a explorar o potencial militar dos guerrilheiros espanhóis contra os france-ses. Poucos anos depois, em 20 de junho de 1815, o filho do duque de Orléans, Luís Filipe, também exilado em Londres, dirigia-se ao centro da cidade, vindo de Twickenham, a fim de tomar conhecimento das últimas notícias do continente. Em uma esquina em Hammersmith, viu Dumouriez gesticulando muito, parou para ver o que acontecia e recebeu do velho ho-mem a notícia da vitória de Waterloo.[35] Dumouriez sobreviveu por mais oito anos, morrendo em 14 de março de 1823 em Turville Park, no Bu-ckinghamshire. Foi enterrado na igreja paroquial de Henley-on-Thames.

De todos os conselheiros secretos de Luís XVI e Maria Antonieta duran-te a Revolução, o bispo de Pamiers foi o que mais viveu. Como Breteuil e Fersen, suas esperanças foram frustradas pelas execuções do rei e da rainha. Quando o exército prussiano invadiu a França em 1792, Breteuil elaborou uma lista de candidatos para o ministério que ele esperava em breve formar; o bispo deveria ocupar-se das Finanças. Ao contrário, depois de 1793 o fu-turo só assegurou uma vida de exílio. Em 1793, o bispo viajou à Inglaterra a fim de pedir a Pitt o Jovem para que intercedesse junto ao governo francês pela vida de Maria Antonieta, mas sem sucesso. No entanto, sua visita teve outros frutos. Encontrou-se com Edmund Burke, com quem teve uma longa conversa, que mais tarde publicou sob a forma de um opúsculo. Hoje extremamente rara, a obra constitui um intrigante elo entre, de um lado, os últimos defensores de Luís XVI e Maria Antonieta e, de outros, o fundador do moderno conservadorismo.[36]

O bispo foi profundamente afetado por sua estada na Inglaterra. Até o fim da vida, permaneceu fascinado pela constituição inglesa e pelo sistema fiscal inglês, tendo publicado em 1817 uma alentada comparação entre os impostos na França e na Inglaterra. Sua visita influenciou até mesmo seu gosto pela arquitetura. Durante o Império e a Restauração, ele costumava ficar no Château de Courtalain, aonde hoje se chega por uma construção na entrada em estilo gótico como o de Strawberry Hill [a residência de Horace Walpole], e que é circundado por um jardim em estilo inglês, ambos projetados por ele.

Tendo se transferido para Hamburgo com mme. de Matignon e o pai desta em 1798, o bispo com eles retornou à França em 1802. Renunciou a sua sé como parte do acordo religioso de Napoleão e viveu em discreta reclusão em Paris. A restauração de 1814, no entanto, e o triunfo da monarquia em que nunca deixara de acreditar abriram o caminho para seu retorno à vida política. Nesse novo mundo, o bispo tinha uma carta particularmente forte para jogar: a permanente afeição da filha de Luís XVI e Maria Antonieta, a duquesa d'Angoulême, que nunca esqueceu os esforços dele em benefício dos pais em seus últimos anos de vida. Essa ligação foi reforçada pela proximidade da duquesa com outros membros da família do bispo; o irmão dele, o visconde d'Agoult, era o estribeiro-mor da duquesa, e sua cunhada, a viscondessa, era a primeira dama de companhia e melhor amiga da duquesa.

Por um breve momento, esse novo amanhecer foi ameaçado pelo retorno de Napoleão da ilha de Elba e pelo início dos Cem Dias. O levante, no entanto, foi logo encerrado em Waterloo, e as perspectivas do bispo se tornaram ainda melhores. Na segunda restauração dos Bourbon, foi organizada uma campanha, supostamente apoiada pelos Angoulême, para torná-lo ministro das Finanças. Ao que parece não é coincidência que o bispo tenha escolhido esse momento para publicar o projeto de um novo banco nacional, que afirmou ter inicialmente apresentado a Luís XVI em 1791. Também é significativo que esse opúsculo tenha sido impresso por Adrien Egron, impressor do duque d'Angoulême. À luz dessa sugestiva evidência de que o bispo conservava tanto ambições políticas quanto poderosos defensores, deve-se tomar com certa reserva a modesta renúncia exposta em seu prefácio:

DEPOIS DO DILÚVIO 383

A reintegração de Luís XVIII ao trono de seus pais, ao realizar o mais prezado e mais ardoroso de meus desejos, certamente não afetou minha resolução de jamais sair de minha reclusão e voltar à vida pública; minha idade, de qualquer modo, reforçou a resolução que tomei depois da perda de Luís XVI.[37]

A despeito desse ímpeto de atividade literária, a trama fracassou e o antigo ministro das Finanças, barão Luís, permaneceu no cargo. No entanto, a partir de sua ligação com a casa real o bispo tinha condições de exercer considerável influência por trás da cena. Seu ideal político continuava a ser a "antiga constituição" pré-revolucionária da França. Ele lamentava especialmente que, na vigência da carta constitucional elaborada por Luís XVIII, as "duas câmaras" tinham sobrepujado as três ordens tradicionais. Mas não apoiava a monarquia absoluta e insistia em que os verdadeiros princípios da "antiga constituição" sempre incluíram a anuência aos impostos por parte de um corpo de representantes. De modo mais geral, percebeu que a Revolução tinha modificado irremediavelmente a França e que era impossível voltar o relógio para 1789. Ele expôs isso de modo quase poético em um opúsculo de 1815. Tendo advertido contra os perigos de uma mudança constitucional muito rápida, acrescentou:

Uma insensatez não menos perigosa, depois de uma revolução de 25 anos, seria tentar refazer nossos passos ao longo de um caminho que se tornou intransitável pelos obstáculos, a fim de retornar ao lugar onde começamos e cujas ruínas não ofereceriam abrigo contra tempestades.[38]

O bispo de Pamiers faz sua última aparição nas memórias do conde Molé, ministro da Marinha em 1817-8, e por fim um dos primeiros ministros do rei Luís Filipe na monarquia de julho. Molé recorda seu comparecimento a uma reunião política secreta em dezembro de 1818 com o bispo e o líder parlamentar ultramonarquista Villèle. Ele faz um retrato esplendidamente afrontoso do bispo, embora isso fosse em parte um artifício literário para salientar a oposição entre o realismo pré-revolucionário e o pós-revolucionário:

Esse encontro [...] teve pouco resultado, mas minha paixão pela observação encontrou muito para satisfazê-la. O elegante bispo, antigo despojo da corrupção de uma época que nunca poderia voltar, e o

384 A QUEDA DA MONARQUIA FRANCESA

monarquista plebeu, por sua vez filho de uma revolução cujos princípios atacou, formavam uma oposição especialmente instrutiva e ma-
liciosa. O primeiro, bem-apessoado, polido, empoado, solene,
obsequioso, mas vazio, ignorante, estreito, cego por preconceitos e
endurecido pela personalidade. O outro, de uma ignóbil feiúra, au-
mentada por sua deselegância e desalinho, embora de maneiras com-
postas, de espírito e linguagem livres, na verdade sagaz e moderado
sob uma aparência simples, desdenhoso do bispo e toda a sua espécie,
que se prostravam a seus pés e esperavam que satisfizesse suas mais
acalentadas esperanças.[39]

O bispo de Pamiers morreu em Paris em 21 de julho de 1824, aos 77 anos.
Mme. de Matignon sobreviveu a ele por sete anos, até 1833. A filha desta, a
duquesa de Montmorency, levou uma vida agradável, ainda que livre, em
Paris; um relato policial da época fala eufemisticamente de sua "conduta
mais do que amorosa". Morreu em 1851.

*

AS VIDAS DE BRETEUIL, Bombelles, Fersen e do bispo de Pamiers, fascinantes,
tornam-se mais do que a soma de suas partes quando reunidas. Ao longo da
Revolução Francesa, foram as únicas pessoas em quem Luís XVI e Maria
Antonieta realmente confiaram. Foi para eles que o rei e a rainha se voltaram a fim de implementar sua verdadeira política nesses anos, com considerável risco para todos os envolvidos. Já que o casal real compreensivelmente
destruiu seus documentos mais secretos e comprometedores antes da queda
da monarquia, essa política só pode ser plenamente reconstruída pelo exame das carreiras e idéias de Breteuil e seus colaboradores.

Um estudo sobre o barão e sua rede desfaz muitos mitos duradouros
referentes à atitude de Luís XVI e Maria Antonieta em relação à Revolução
Francesa. O rei e a rainha não eram nem tão reacionários como os historiadores franceses tradicionalmente julgaram, nem tão liberais como alguns
escritores mais recentes afirmaram. A despeito dos melhores esforços de
Breteuil, se tivessem recuperado a liberdade depois de outubro de 1789,
provavelmente não estariam propensos a restaurar por completo o antigo
regime ou não seriam capazes de fazê-lo. No entanto, as concessões que
estavam preparados para fazer, para as quais a declaração de 23 de junho

DEPOIS DO DILÚVIO

385

constitui o guia mais confiável, não teriam satisfeito nem mesmo o mais moderado de seus opositores. Nessas circunstâncias, a autoridade real só poderia ter sido restaurada pela guerra civil ou por invasão estrangeira.

Outra questão crucial que tem de ser respondida é se, como recentemente se afirmou, Maria Antonieta desenvolveu uma política distinta da de seu marido durante a Revolução e chegou mesmo à falsificação para apresentá-la como dele. A perícia do manuscrito aqui empregada apóia a conclusão de que em uma ocasião a rainha de fato fez isso. Mas essa descoberta, por mais sensacional que possa parecer à primeira vista, deve ser encarada em seu contexto. Em certos momentos, Maria Antonieta pode ter "enfeitado" as verdadeiras concepções do marido a fim de favorecer as dela. No entanto, sempre soube que, para ter alguma credibilidade, seus próprios planos teriam em algum ponto de ser aprovados por Luís. Se ela falseou o rei, seu objetivo nunca foi mais do que ganhar tempo para fazer com que seu permanentemente indeciso marido se convencesse da opinião dela. Nisso ela sempre foi bem-sucedida, de modo que, durante a Revolução, a despeito de indubitáveis tensões, uma política real conjunta foi preservada.

Os documentos de Breteuil, contidos nos indispensáveis arquivos de Bombelles e Fersen, esclarecem outro enigma. Muitos historiadores da época e também posteriores afirmaram que, em vários momentos depois de 1789, Luís XVI e Maria Antonieta estiveram preparados para chegar a uma conciliação com seus oponentes mais moderados e para consolidar a Revolução com base em uma monarquia de estilo inglês que se apoiasse em uma legislatura bicameral. As cartas e memorandos inéditos de Breteuil deixam absolutamente claro que isso nunca foi admitido. Para o rei e a rainha, isso envolvia uma diluição inaceitável da autoridade real. Em julho de 1792, eles preferiram até mesmo os perigos de Paris a serem salvos pelo exército de La Fayette, justamente porque pensavam que isso significaria apoiar uma monarquia plenamente constitucional. Luís XVI e Maria Antonieta foram com freqüência retratados como fracos e vacilantes. Longe disso; sua política entre 1789 e 1792 foi inteiramente coerente e bastante conservadora. Estavam preparados para morrer por suas crenças, e em última instância o fizeram.

A confiança do rei e da rainha em seus confidentes mais próximos tinha bons fundamentos. Profundamente conscientes dos perigos a que a descoberta de seus verdadeiros planos exporia o casal real, Breteuil e colaboradores se mantiveram de modo hábil e bem-sucedido na retaguarda. Sua discrição era tal que os inimigos da coroa nunca perceberam o que de fato se pretendia. Na verdade, o barão e seus colegas levaram seus segredos para o túmulo. Fersen e Bombelles mantiveram diários, mas, ao contrário de quase todos os seus contemporâneos, nem eles, nem Breteuil ou o bispo de Pamiers jamais publicaram memórias. Da pequena rede do barão, somente Fersen se tornou bem conhecido por causa de seu caso amoroso com a rainha. Graças ao silêncio deles, permanece até hoje o mistério da verdadeira política de Luís XVI e Maria Antonieta em relação à Revolução Francesa. Mas, essa discrição, embora vital na época, não é mais questão de vida ou morte. Já é hora de Breteuil e seus amigos emergirem das sombras.

APÊNDICE DE
BRUNO GALLAND E SUSAN WHARTON

CARTA DE LUÍS XVI PARA O BARÃO DE BRETEUIL

A carta atribuída a Luís XVI, dirigida ao barão de Breteuil, está escrita numa única folha de papel, que mede 153 x 101 mm (a folha era originalmente maior, mas as margens foram cortadas). Está escrita apenas na parte da frente, nos três quartos superiores da página. O verso está em branco, com exceção da data "20 de novembro". O papel tem marca-d'água, mas desta só podem ser percebidos os caracteres "& FILS".

Por muitos anos, o documento foi mantido em uma moldura para exposição pública no Château de Breteuil, o que pode explicar o tom amarelado do papel e sua fragilidade, bem como a apara das margens. Ainda se encontra no Château de Breteuil, mas agora está guardado numa pasta de arquivo de qualidade, e em seu lugar um fac-símile se encontra exposto na moldura.

Esse documento, doravante referido como *Br*, foi comparado com vários documentos originais nos Archives Nationales (AN) em Paris, e de modo mais rigoroso com os seguintes:

— carta de Luís XVI para m. de Boisgelin, solicitando seu afastamento da função de mestre do guarda-roupa, Versalhes, 15 de julho de 1788: AN K684, nᵒˢ 168-9 (Bo);
— carta de Luís XVI para o duque de Orléans, sobre relações com a Inglaterra, 30 de junho de 1790: AN C184, dossiê 116, nᵒ 33 (Or);
— carta de Luís XVI para o bispo de Clermont, enviando cumprimentos de Páscoa, 1791: AN C187, dossiê 134, nᵒ 5 (Cl).

Disposição

A posição do texto na página é semelhante a documentos comparáveis com a letra do rei.

388 A QUEDA DA MONARQUIA FRANCESA

A primeira linha está a 10 mm do limite superior do papel, tal como nos três documentos usados para comparação. A margem esquerda é muito estreita (11 mm, a mesma que em *Cl*). A margem direita não existe, já que certas palavras, como a última palavra na sexta linha, alcançam a extremidade do papel (como em *Bo* e *Cl*). A porção inferior da folha está em branco.

A ausência de data é freqüente nas cartas do rei; nem *Cl* nem *Or* são datadas no texto.

Características gerais da escrita

A letra de *Br* é pequena e se inclina para a direita, com traços grosseiros, espessos e angulares. Como resultado, várias palavras são de difícil leitura, tal como *couronne* na linha 4: o *o*, o *r* e o *e* parecem formados por um único traço oblíquo e são difíceis de distinguir dos traços de ligação do *u* e do *n*. Essa letra é claramente diferente daquela encontrada nas cartas escritas por Luís XVI no mesmo período. A letra do rei é pequena e se inclina para a direita, mas, embora seja mais grosseira no final de seu reinado do que no começo, é mais arredondada, sendo o *o* formado por dois traços, de modo semelhante ao *v*, mas curvados e separados de modo que os dois traços são bastante distintos. A linha é menos firme do que em *Br*.

Também fica claro que em *Br* os espaços interlineares são às vezes irregulares (por exemplo, entre as linhas 10 e 11). A letra do rei é mais regular, e os espaços interlineares não variam entre o início e o fim da linha.

Alguns aspectos especiais

A maioria das letras ou grupos de letras encontrados em *Br* podem ser vistos em outras cartas do rei, inclusive certos aspectos distintivos, tais como a maiúscula *m* em *Monsieur*, que tem um ponto superposto (cf. *Or*, linha 1). Mas outras formas de letras são peculiares a *Br* e não são encontradas nas outras cartas usadas para comparação:

— Como já observado, o *o* e o *e* são tão achatados que é difícil perceber a curva. Embora tal característica possa ser encontrada em outras partes da correspondência do rei, não se trata de um aspecto regular, e há sempre exemplos da mesma letra escrita de um modo mais arredondado (ver em particular *Cl*).

APÊNDICE 389

— A barra do último *t* é sistematicamente longa e maior para a direita (cf. *connoissant*, linha 1, *permettant*, linha 4, *but*, linha 14); isso não é encontrado em outras letras, e a barra do *t* não se inclina para cima de maneira freqüente (o *i* arredondado de *but* pode ser encontrado em *Or*, mas apenas em posição intermediária, como em *intention*, linha 8; em *Cl* a barra do *t* final é às vezes pequena e paralela à linha que a escrita segue).

— No grupo final-*ez* (*connoissez*, *ferez*), o *z* tem uma cauda que se estende claramente abaixo da linha; esse aspecto pode ser encontrado em outros documentos, mas é muito menos acentuado, e a cauda em geral acaba com um movimento para a direita, que dificilmente se vê em *Br* (cf. linha 13, *ferez*).

A assinatura

Não é possível estabelecer nenhuma conclusão sólida com base apenas na assinatura. É um pouco menor que as outras, mas as assinaturas de Luís XVI variam enormemente de tamanho. Em *Bo* o *i* tem 15 mm de altura, em *Cl* tem apenas 5 mm e em *Br* tem 3 mm. A conformação da assinatura está de acordo com as das outras três cartas.

Conclusão geral

Em nossa opinião, os aspectos característicos da letra de *Br*, que é mais grosseira do que a letra das outras três cartas usadas para comparação, e as características próprias resultantes dessa letra, seriam contrários a que fosse do próprio punho de Luís XVI.

CARTA DE LUÍS XVI PARA O REI DA PRÚSSIA DE 3 DE DEZEMBRO DE 1791

Não pudemos examinar o original da carta, que se encontra em Berlim. Com base em uma fotografia, evidentemente não é possível formar nenhuma conclusão definitiva sobre a letra. Todavia, com base apenas na fotografia, não observamos nenhum aspecto da letra que implique não se tratar de uma carta autógrafa assinada por Luís XVI.

DR. BRUNO GALLAND,
Conservador-chefe Chargé de la Section Ancienne,
Archives Nationales, Paris

DRA. SUSAN WHARTON,
Diretora do Department of Printed Books and Manuscripts,
Sotheby's.

Julho de 2001

NOTAS

INTRODUÇÃO

1. M. Lenz, "Die Vorbereitung der Flucht Ludwigs XVI (Oktober 1790 bis Juni 1791): ein Beitrag zur kritik der französischen Memoirenliteratur", *Historische Zeitschrift*, 72 (1894), 236-7.

CAPÍTULO 1 O REI E SUA FAMÍLIA

1. G. Lefebvre e A. Terroine, *Recueil de documents relatifs aux séances des États-généraux*, vol. 1, Mai-juin 1789: les préliminaires, la séance du 5 mai (Paris, 1953), p. 206.
2. Ibid., p. 247.
3. Ver J. Hardman, *Louis XVI* (New Haven e Londres, 1993), pp. 39-40, e E. Lever, Louis XVI (Paris, 1986), pp. 275-8.
4. *Louis XVI and the comte de Vergennes: correspondence*, 1774-1787, org. J. Hardman e M. Price (Voltaire Foundation, Oxford, 1998), p. 5.
5. Citado em Lever, *Louis XVI*, p. 146.
6. Ver P. Girault de Coursac, *L'education d'un roi* (Paris, 1972), pp. 195-211, e P. e P. Girault de Coursac, *Le voyage de Louis XVI autour du monde* (Paris, 1985).
7. Girault de Coursac, *L'education d'un roi*, pp. 193-5.
8. Hardman e Price, *Louis XVI*, pp. 89-90.
9. Citado em Girault de Coursac, *L'education d'un roi*, p. 149.
10. V. Cronin, *Louis and Antoinette* (Londres, 1974), p. 41.
11. Horace Walpole a John Chute, 3 de outubro de 1765, em *Letters of Horace Walpole*, org. P. Cunningham (9 vols. Londres, 1891), vol. 4, p. 414.
12. *Souvenirs-portraits du duc de Lévis (1764-1830)*, org. J. Dupâquier (Paris, 1993), p. 355. A biografia-modelo de Louis-Stanislas-Xavier é de P. Mansel, Louis XVIII (Londres, 1981).
13. A Britsch, *La maison d'Orléans à la fin de l'ancien régime: la jeunesse de Philippe-Egalité, 1747-1785* (Paris, 1926), pp. 290-308.

392 A QUEDA DA MONARQUIA FRANCESA

14. E. Burke, *Reflections on the Revolution in France* (Londres, 1986, edição Penguin Classics), p. 169.
15. Hardman, *Louis XVI*, p. 24.
16. E. Welwert, "L'éminence grise de Marie Antoinette", *Revue de l'histoire de Versaille et de Seine-et-Oise*, 23 e 24 (1921-2).
17. *Correspondance secrète du comte de Mercy-Argenteau avec l'empereur Joseph II et le prince de Kaunitz*, org. A. von Arneth e J. Flammermont (2 vols., Paris, 1889-91), vol. I, p. 84.
18. Para a biografia de Mercy, ver conde de Pimodan, *Le comte F.-C. de Mercy-Argenteau* (Paris, 1911).
19. Marquês de Bombelles, *Journal*, org. J. Grassion. F. Durif e J. Charon-Bordas (4 vols., Genebra, 1978-98), vol. 2, p. 208.
20. Ibid., p. 236.
21. Girault de Coursac, *L'education d'un roi*, pp. 286-9.
22. Kaunitz para Mercy, 5 de janeiro de 1781, *Correspondance secrète*, vol. I, p. 12.
23. Maria Antonieta para José II, 22 de setembro de 1784, *Marie Antoinette, Joseph II und Leopold II, ihr Briefwechsel*. org. A. von Arneth (Leipzig, Paris e Viena, 1866), p. 39.
24. S. Zweig, *Marie Antoinette: the portrait of an average woman* (Londres, 1933), p. 21. Há também duas excelentes biografias recentes da rainha: A. Fraser, *Marie Antoinette: the journey* (Londres, 2001), e E. Lever, *Marie Antoinette: the last queen of France* (Londres, 2001).
25. Citado em D. E. D. Beales, *Joseph II*, vol. I, *In the shadow of Maria Theresa* (Cambridge, 1987), pp. 374-5.
26. Ver J. Hardman, *French politics 1774-1789: from the accession of Louis XVI to the fall of the Bastille* (Londres, 1995), p. 200.
27. M. Price, *Preserving the monarchy: the comte de Vergennes, 1774-1787* (Cambridge, 1995), pp. 22-9.
28. Mercy para Kaunitz, 1º de março de 1787, *Correspondance secrète*, vol. 2, p. 80.
29. Cronin, *Louis and Antoinette*, p. 132.
30. Ibid., p. 135.
31. Ver D. L. Wick, "The court nobilityand the French Revolution: the example of the Society of Thirty", *Eighteenth-century Studies* (1980), pp. 279-81.
32. L. Hunt, *The family romance of the French revolution* (Londres, 1992), pp. 104-6.
33. A melhor biografia de Fersen é a de H. A. Barton, *Hans Axel von Fersen: aristocrat in an age of revolution* (Boston, Mass., 1975); a melhor abordagem de sua relação com Maria Antonieta é a de A. Söderhjelm, *Fersen et Marie Antoinette* (Paris, 1930).
34. Söderhjelm, *Fersen et Marie Antoinette*, pp. 382-90.
35. Cronin, *Louis and Antoinette*, p. 343.
36. Barton, *Fersen*, p. 72.

NOTAS

CAPÍTULO 2 A MONARQUIA EM 1789

1. Para a teoria da monarquia absolutista, ver M. Antoine, *Le Conseil du roi sous le règne de Louis XVI* (Genebra, 1970), pp. 2-43. Para sua prática do reinado de Luís XIV em diante, ver W. Beik, *Absolutism and society in seventeenth-century France: state power and provincial aristocracy in Languedoc* (Cambridge, 1985); R. Mettam, *Power and faction in Louis XVI's France* (Londres, 1988) e W. Doyle (org.), *Old Regime France* (Oxford, 2001).

2. W. Doyle, *The Oxford history of the French revolution* (Oxford, 1989), p. 16.

3. Para os *parlements* do século XVIII e suas relações com a coroa, ver J. H. Shennan, *The parlement of Paris* (Ithaca, NY, 1968); J. Egret, *Louis XV et l'opposition parlementaire* (Paris, 1970); J. Swann, *Louis XV and the parlement of Paris* (Cambridge, 1995) e B. Stone, *The parlement of Paris, 1774-1789* (Chapel Hill, Carolina do Norte, 1981) e *The French parlements and the crisis fo the old regime* (Chapel Hill, Carolina do Norte, 1986).

4. Ver J. Brewer, *The sinews of power: war, money and the English state, 1688-1783* (Londres, 1989; edição 1994), pp. 89, 130.

5. A melhor análise desse fenômeno é a de J. F. Bosher, *French finances 1779-1795: from business to bureaucracy* (Cambridge, 1970).

6. Ver J. Hardman, *French politics 1774-1789: from the accession of Louis XVI to the fall of the Bastille* (Londres, 1995), p. 134.

7. Para um exemplo dessa concepção, ver E. Lavaqueray, *Necker, fourrier de la Révolution* (Paris, 1933). Mais recentemente, porém, a fama de Necker foi revivida de modo significativo; ver R. D. Harris, *Necker, reform statesman of the Ancien Regime* (Berkeley, Calif., 1979).

8. Brewer, *The sinews of power*, p. 116.

9. Para Calonne, a biografia-padrão é ainda a de R. Lacour-Gayet, *Calonne: financier, ministre, contre-révolutionnaire* (Paris, 1963).

10. E. N. White, "Was there a solution to the ancien régime's financial dilemma?", *Journal of Economic History*, vol. 49, n° 3 (setembro de 1989), 545-68.

11. C. A. de Calonne, carta dirigida ao rei em 9 de fevereiro de 1789 (Londres, 1789), p. 74.

12. S. R. N. Chamfort, *Maximes et pensées, caractères et anedoctes*, org. P. Grosclaude (2 vols. Paris, 1953-4), vol. 2, p. 121.

13. Esse foi cunhado por Jean Egret para o título de sua obra clássica, *La pré-révolution française, 1787-1788* (Paris, 1962).

14. Mercy para José II, 14 de agosto de 1787, *Correspondance secrète du comte de Mercy-Argenteau avec l'empereur Joseph II et le prince de Kaumitz*, org. A. von Arneth e J. Flammermont (2 vols., Paris, 1889-91), vol. 2, p. 112.

394 A QUEDA DA MONARQUIA FRANCESA

15. Esta é a conclusão do mais especializado biógrafo de Luís XVI, ver J. Hardman, *Louis XVI* (New Haven e Londres, 1993), p. 126.

16. J. F. Marmontel, *Mémoires*, org. J. Renwick (2 vols. Clermont-Ferrand, 1972), vol. 2, p. 339.

17. J. L. H. Campan, *Mémoires sur la vie privée de Marie-Antoinette, reine de France et de Navarre* (2 vols., Londres, 1823), vol. 2, pp. 29-30.

18. A visão dos *parlements* mais influente, considerando-os reacionários, foi proposta por Marcel Marion em várias obras do início do século XX, especialmente *Dictionnaire des institutions de la France au 17ème et 18ème siècles* (Paris, 1923) e *Le Garde des sceaux Lamoignon et la réforme judiciaire de 1788* (Paris, 1905). Essa visão só começou a ser substancialmente revista cinqüenta anos depois, com a publicação da obra de Jean Egret *Louis XV et l'opposition parlementaire 1715-1774* (Paris, 1970).

19. Egret, *La Pré-révolution française*, p. 306.

20. Marquês de Bombelles, *Journal*, org. J. Grassion, F. Durif e J. Charon-Bordas (4 vols., Genebra, 1978-98), vol. 2, pp. 216-7.

21. *Lettres de Marie Antoinette*, org. M. de La Rocheterie e marquês de Beaucourt (2 vols., Paris, 1895-6), vol. 2, p. 128.

22. Ibid., p. 123.

23. Egret, *La Pré-révolution française*, p. 324. Para uma visão mais abrangente da política de Necker nessa época, ver R. D. Harris, *Necker and the Revolution of 1789* (Lanham, 1986).

24. Egret, *La Pré-révolution française*, p. 323.

25. *Mémoire autographe de m. de Barentin, chancelier et garde des sceaux, sur les derniers conseils de Louis XVI*, org. M. Champion (Paris, 1844), p. 73.

26. Mirabeau a Brémond-Julien, 27 de março de 1789, citado em G. Chaussinand-Noguret, *Mirabeau* (Paris, 1982), p. 119.

27. N. Hampson, *Prelud to Terror: the constituens assembly and the failure of consensus, 1789-1791* (Oxford, 1988), p. 40.

CAPÍTULO 3 BRETEUIL EM 1789

1. Arquivos Breteuil, Château de Breteuil, Yvelines, LAB, 1ª série, documentos diversos.

2. Marquês de Bombelles, *Journal*, org. J. Grassion, F. Durif e J. Charon-Bordas (4 vols., Genebra 1978-98), vol. 1, p. 73.

3. A. Chevalier, *Claude-Carloman de Rulhière, premier historien de la Pologne, sa vie et son oeuvre historique* (Paris, 1939), pp. 22-3.

NOTAS

4. *Recueil des instructions données aux ambassadeurs et ministres de France depuis les traités de Westphalie jusqu'à la Révolution française: Russie*, org. A. Rambaud (Paris, 1890), pp. 118, 195-218.

5. O único estudo em inglês sobre Gustavo é o de R. Nisbet Bain, *Gustavus III and his contemporaries* (2 vols., Londres, 1894).

6. O. G. von Heidenstam, *La fin d'une dynastie* (Paris, 1911), pp. 73-4.

7. Arquivos Breteuil, 1767 dossiê, correspondência, diversos.

8. A. Söderhjelm, *Fersen et Marie Antoniette* (Paris, 1930), p. 163.

9. Bombelles, *Journal*, vol. 1, p. 284.

10. *Correspondance secrète du comte de Mercy-Argenteau avec l'empereur Joseph II et le prince de Kaunitz*, org. A. von Arneth e J. Flammermont (2 vols., Paris, 1889-91); Kaunitz para Mercy, 1° de abril de 1777, vol. 2, p. 492; Kaunitz para Mercy, 19 de fevereiro de 1778, vol. 2, p. 523; Kaunitz para Mercy, 2 de agosto de 1784, vol. 1, p. 278.

11. Ibid., Mercy para Kaunitz, 23 de junho de 1781, vol. 1, p. 47; Mercy para Kaunitz, 30 de setembro de 1783, vol. 2, p. 218; Mercy para Kaunitz, 17 de junho de 1783, vol. 1, p. 193.

12. Ibid., José II para Mercy, 1° de janeiro de 1799, vol. 2, p. 535.

13. S. R. N. Chamfort, *Maximes et pensées, caractères et anecdotes*, org. P. Grosclaude (2 vols., Paris, 1953-4), vol. 1, pp. 132-3.

14. Bombelles, *Journal*, vol. 1, p. 83.

15. Príncipe de Ligne, Amabile, org. J. Vercruysse (Paris, 1996), p. 97. Para uma biografia de Ligne, ver P. Mansel, *Le charmeur de l'Europe: Charles-Joseph de Ligne, 1735-1814* (Paris, 1992).

16. Goltz para Frederico, 21 de agosto de 1774, citada em *Correspondance secrète*, vol. 1, pp. 13-4.

17. *Mémoires de Bailly* (3 vols., Paris, 1821), vol. 1, p. 308.

18. Chevalier, Rulhière, pp. 46-7.

19. Carta do advogado Royer para Breteuil, 16 de junho de 1781, incluindo fragmento do testamento de mme. H. C. Vriesen, datado de 9 de abril de 1770. Arquivos Gontaut-Biron, Château de Courtalain, Eure-et-Loire, pasta 2.

20. Bombelles, *Journal*, vol. 1, p. 124.

21. Ibid.

22. *Mémoires de Barras*, org. P. Vergnet (Paris, 1946), p. 92.

23. Breteuil para a princesa de Guéméné, 7 de maio de 1777, Arquivos Departamentais de Yvelines, E450; Bombelles para Breteuil, 24 de agosto de 1782, ibid., E449.

24. Abbé Georgel, *Mémoires pour servir à l'histoire des evénéments à la fin du 18ème siècle depuis 1760 jusqu'en 1806-10* (6 vols., Paris, 1817), vol. 1, p. 555.

25. Bombelles, *Journal*, vol. 2, p. 170.

396 A QUEDA DA MONARQUIA FRANCESA

26. Mercy para Kaunitz, 20 de agosto de 1781, em *Correspondance secrète*, vol. 1, p. 55.

27. Price, *Preserving the monarchy: the comte de Vergennes, 1774-1787* (Cambridge, 1995), pp. 25-8.

28. Ver L. S. Greenbaum, "Jean-Sylvain Bailly, the baron de Breteuil and the 'four new hospitals' de Paris", *Clio Medica*, vol. 8, nº 4 (1973), 261-84.

29. Ver R. M. Rampelberg, *Le ministre de la maison du roi 1783-1788: baron de Breteuil* (Paris, 1975), pp. 185-6.

30. O melhor relato sobre o caso do colar de diamantes é ainda o de F. Mossiker, *The queen's necklace* (Nova York, 1961). Para suas implicações culturais, ver S. Maza, *Private lives and public affairs: the causes célèbres of pre-revolutionary France* (Berkeley, Calif., 1993), pp. 167-212. Para seu contexto político, ver Price, *Preserving the monarchy*, pp. 174-84.

31. Bombelles, *Journal*, vol. 2, pp. 206-7.

32. Ibid., pp. 211-13.

33. *Mémoires de Bailly*, vol. 1, p. 308.

34. Breteuil para Bombelles, 16 de março de 1792, documentos de Bombelles, Burg Clam, Alta Áustria.

35. Bombelles, *Journal*, vol. 2, pp. 215-6.

36. Ibid., p. 260.

CAPÍTULO 4 O VERÃO DE 1789

1. J. Hardman, *Louis XVI* (New Haven e Londres, 1993), p. 149.

2. Condessa d'Adhémar, *Souvenirs sur Marie Antoinette, archduchesse d'Autriche, reine de France, et sur la cour de Versailles* (4 vols., Paris, 1836), vol. 3, pp. 156-7.

3. Ibid.

4. Citado em Egret, *La pré-révolution française, 1787-1788* (Paris, 1962), p. 362.

5. M. Price, "The 'Ministry of the Hundred Hours': a reappraisal", *French History*, vol. 4, nº 3 (1990), 319-21.

6. *Mémoires du marquis de Ferrières* (3 vols., Paris, 1822), vol. 1, p. 35.

7. Mercy para José II, 4 de julho de 1789, em *Correspondance secrète du comte de Mercy-Argenteau avec l'empereur Joseph II et le prince de Kaunitz*, org. A. von Arneth e J. Flammermont (2 vols., Paris, 1889-91), vol. 2, p. 255.

8. Marquês de Bombelles, *Journal*. org. J. Grassion. F. Durif e J. Charon-Bordas (4 vols., Genebra 1978-98), vol. 2, p. 299.

9. *Mémoire autographe de M. de Barentin, chancelier et garde des sceaux, sur les derniers conseils de Louis XVI*, org. M. Champion (Paris, 1844), pp. 195-6.

NOTAS

10. Conde de Saint-Priest, *Mémoires*, org. barão de Barante (2 vols., Paris, 1929), vol. 1, p. 223.

11. Saint-Priest para Luís XVI, sem data mas de 22 de junho de 1789, em G. Lefebvre e A. Terroine, *Recueil de documents relatifs aux séances des États-généraux, vol. 1, Mai-juin 1789* (Paris, 1953), (ii), p. 197.

12. J. Necker, *De la Révolution française* (4 vols., Paris, 1797), vol. 1, p. 253.

13. *Chevalier* de Coigny para o bispo de Soissons, 20 de junho de 1789, em D'Adhémar, *Souvenirs*, pp. 170-5.

14. Barentin para Luís XVI, 22 de junho de 1789, em *Lettres et bulletins de Barentin à Louis XVI, avril-juillet 1789*, org. A. Aulard (Paris, 1915), nº 53.

15. Hardman, *Louis XVI*, p. 153.

16. Saint-Priest para Luís XVI, sem data mas de 22 de junho de 1789, em Lefebvre e Terroine, *Recueil*, vol. 1 (ii), p. 197.

17. Para o texto completo da declaração de 23 de junho, ver ibid., pp. 273-86.

18. Ibid., p. 284.

19. P. Mansel, *The Court of France*, 1789-1830 (Cambridge, 1988), p. 190.

20. Hardman, *Louis XVI*, p. 154.

21. Lefebvre e Terroine, *Recueil*, vol. 1 (ii), p. 27.

22. *Mémoires de C. C. Flahaut, comte de la Billarderie d'Angivilller*, org. Louis Bobé (Copenhague e Paris, 1933), p. 158. D'Angiviller era administrador dos prédios do rei e fora amigo íntimo de Luís XVI desde a infância.

23. Mercy para José II, 4 de julho de 1789, *Correspondance secrète*, vol. 2, p. 254.

24. *Mémoires de d'Angiviller*, p. 158.

25. Lefebvre e Terroine, *Recueil*, vol. 1 (ii), p. 35.

26. Citado em ibid., p. 27.

27. Citado em ibid., p. 28.

28. Bombelles, *Journal*, vol. 2, p. 261.

29. Ibid., p. 297.

30. Ibid., p. 339.

31. Lefebvre e Terroine, *Recueil*, vol. 1 (ii), pp. 278-9.

32. Bombelles, *Journal*, vol. 2, pp. 343-4.

33. Ibid., p. 344.

34. P. Caron, "La tentative de contre-révolution de juin-juillet 1789", *Revue d'Histoire Moderne et Contemporaine*, vol. 8 (1906-7), 5-34 e 649-78. Meu próprio artigo citado acima, "The 'ministry of the Hundred Hours': a reappraisal", contestava as conclusões de Caron. Mas revi minha própria argumentação no presente capítulo à luz de novos indícios que descobri nos documentos de Bombelles.

35. Caron, "La tentative", 30.

36. *The Times* (Londres), 17 de julho de 1789.

37. Citado em Caton, "La tentative", 25.

38. Ibid., 27-8.

39. Ibid., 25.

40. *Mémoires du duc des Cars* (2 vols., Paris, 1890), vol. 2, p. 64.

41. Arquivos Gontaut-Biron, Château de Courtalain, Eure-et-Loire, pasta 2.

42. Saint-Priest, *Mémoires*, vol. 2, pp. 83-4.

43. J. Egret, *La Révolution des notables: Mounier et les monarchiens, 1789* (Paris, 1950), pp. 87-8.

44. *Mémoires de Bailly* (3 vols., Paris, 1821), vol. 1, p. 326.

45. Ibid., p. 391.

46. Bombelles, *Journal*, vol. 2, p. 298.

47. *Mémoires de Bailly*, vol. 1, p. 325.

48. Bombelles, *Journal*, vol. 2, p. 303.

49. *Mémoires de d'Angiviller*, pp. 168-9.

50. *Lettre de m. de la Vauguyon au prétendant* (Paris, 1797), pp. 7-8.

51. Ibid., p. 8.

52. Bombelles para Ostermann, 31 de janeiro de 1792, documentos de Bombelles. Burg Clam, Alta Áustria, volume das missões de 1790-2, fº 255.

53. Bombelles, *Journal*, vol. 2, p. 299.

54. Bombelles, memória, documentos de Bombelles, volume das missões de 1790-2, fº 256.

55. Caron, "La tentative", 26.

56. Citado em J. J. Guiffrey, "Documents inédits sur la journée du 14 juillet 1789", *Revue Historique*, vol. 1 (janeiro-junho 1876), 500.

57. De Broglie para Luís XVI, 31 de julho de 1789, Archives Nationales, Paris, série C, 221, nº 86.

58. Necker, *De la Révolution*, vol. 2, p. 2.

59. Jacob-Nicolas Moreau, *Mes souvenirs* (2 vols., Paris, 1898), vol. 2, p. 438.

60. Ibid.

61. *Mémoires du duc des Cars*, vol. 2, p. 80.

62. Barão R. M. von Klinckowström, *Le comte de Fersen et la cour de France* (2 vols., Paris, 1877-8), vol. 2, pp. 6-7.

63. Duque de Sérent, "Note sur les motifs qui ont déterminé le départ de monseigneur le comte d'Artois et de ses enfants dans la nuit du 15 au 16 juillet 1789", documentos de Bombelles.

64. Ibid.

65. S. F. Scott, *The response of the Royal Army to the French revolution* (Oxford, 1978), p. 57.

66. Ibid., p. 62.

NOTAS 399

67. Ibid., p. 60.
68. *Mémoires du duc des Cars*, vol. 2, p. 82.
69. Scott, *The Response*, p. 80.
70. Egret, *Lá Révolution des notables*, p. 96.
71. *Mémoires de Bailly*, vol. 2, pp. 43-4.
72. Archives Nationales, Paris, série F17, 372, fo. 110.
73. *Journal d'émigration du comte d'Espinchal*, org. E. d'Hauterive (Paris, 1912), p. 26; Bombelles, *Journal*, vol. 2, p. 345.

CAPÍTULO 5 A VOLTA DO PARAFUSO

1. W. Doyle, *The Oxford History of the French Revolution* (Oxford, edição de 1990), p. 16.
2. Publicado em J.-L. Soulavie, *Mémoires historiques et politiques du règne de Louis XVI* (6 vols., Paris, 1801).
3. Citado em G. Chaussinand-Nogaret, 1789 (Paris, 1988), pp. 140-1.
4. B. Shapiro, *Revolutionary justice in Paris*, 1789-1790 (Cambridge, 1993), pp. 90-2.
5. *Mémoires de Malouet*, org. barão Malouet (2 vols., Paris, 1868), vol. 1, p. 342, e n° 1.
6. J. Hardman, *Louis XVI* (New Haven e Londres, 1993), p. 171.
7. *Mémoires de Malouet* (2 vols., Paris, 1868), vol. 1, p. 342; E. Lever, *Louis XVI* (Paris, 1985), p. 533.
8. "Récit de ce qui s'est passé à Versailles et à Paris depuis la 5 jusqu'à vendredi 9 octobre 1789", Haus-Hof-und-Staatsarchiv, Viena, Frankreich Varia 48, Nachtrag 1786-1793.
9. A. Mathiez, *Etude critique sur les journées des 5 et 6 octobre 1789* (Paris, 1899), pp. 58-9; Shapiro, *Revolutionary Justice*, pp. 95-8, 114-20.
10. Publicado em A. Mousset, *Un témoin inconnu et la Révolution: le comte de Fernan Nuñez* (Paris, 1924), p. 228.
11. Breteuil para Luís XVI, 8 de novembro de 1789, Archives Nationales, Paris, C221, n° 114.
12. Ibid.
13. Ibid.
14. "Don patriotique, dettes et retranchements 1790-1791", "État des revenus de m. le baron de Breteuil pour servir à déterminer sa contribution patriotique", Arquivos Gontaut-Biron, Château de Courtalain, Eure-et-Loir, pasta 2.
15. *Souvenirs et fragments pour servir aux mémoires de ma vie et de mon temps par le marquis de Bouillé (Louis-Joseph-Amour), 1769-1812*, org. P.-L. de Kermangant (3 vols., Paris, 1908-11), vol. 1, pp. 176-8.

400 A QUEDA DA MONARQUIA FRANCESA

16. G. Chaussinand-Nogaret, *Mirabeau* (Paris, 1982), p. 223.
17. "Mémoire fait par le comte de Mirabeau, après les evénéments des 5 et 6 octobre de 1789, et remis à monsieur, comte de Provence, frère du roi, le 15 octobre par le comte de la Marck", em *Correspondance entre le comte de Mirabeau et le comte de la Marck,* org. A. de Cacourt (3 vols., Paris, 1851), vol. 1, pp. 364-82. Essa citação em particular se encontra na p. 369.
18. A. Sorel, *L'Europe et la Révolution française* (8 vols., Paris, 1885-1905), vol. 2, pp. 128-9.
19. Hardman, *Louis XVI,* p. 182.
20. Em 31 de agosto de 1790, o general de Bouillé atacou a cidade de Nancy, que estava tomada por regimentos amotinados de seu exército, e reimpôs a ordem a suas tropas rebeldes. Um amotinado foi executado na roda, 22 foram enforcados e trinta condenados às galés por trinta anos. Ver *Souvenirs et fragments,* vol. 1, pp. 148-75.
21. Luís XVI para Bouillé, 4 de novembro de 1790, em F. Feuillet de Conches, *Louis XVI, Marie Antoinette, mme. Elisabeth: lettres et documents inédits* (6 vols., Paris, 1864-73), vol. 4, p. 463.
22. *Lisez et frémissez; par l'auteur d'Ouvrez les yeux, de Bon Dieu, que les Français sont bêtes etc.* (Paris, 1790), p. 15.
23. Château de Breteuil. Há uma boa tradução em Hardmann, *Louis XVI,* p. 187.
24. Breteuil para Bombelles, 12 de março de 1791, documentos de Bombelles, Burg Clam, Alta Áustria, volume das missões de 1790-1792.
25. P. e P. Girault de Coursac, *Enquête sur le procès du roi Louis XVI* (Paris, 1982), *Sur la route de Varennes* (Paris, 1984), *Le secret de la reine: la politique personnelle de Marie Antoinette pendant la Révolution* (Paris, 1996). Suas opiniões sobre o plano de fuga de Paris estão resumidas em *Enquête,* p. 224-5.
26. Girault de Coursac, *Enquête,* pp. 224-5.
27. Ibid., p. 227.
28. Ver adiante, op. 369-72.
29. Ver adiante, op. 371-2.

CAPÍTULO 6 MIRABEAU *VERSUS* BRETEUIL

1. Marquês de Bouillé, *Mémoires,* org. S. A. Berville e J. F. Barrière (Paris, 1821).
2. Ibid., p. 183.
3. Ibid., pp. 197-8.
4. Ibid., pp. 199-200.
5. Ibid., pp. 200-1.

NOTAS

6. Mercy para Maria Antonieta, 27 de abril de 1791, em *Marie Antoinette, Joseph II und Leopold II, ihr Briefwechsel*, org. A. von Arneth (Leipzig, Paris e Viena, 1866), p. 161.

7. Essa citação é da quarta nota de Mirabeau à Corte, 26 de junho de 1790, em *Correspondance entre le comte de Mirabeau et le comte de la Marck*, org. A. de Bacourt (3 vols., Paris, 1851), vol. 2, p. 57.

8. Bombelles para Breteuil, 10 de abril de 1791, documento de Bombelles, Burg Clam, Alta Áustria, volume das missões de 1790-1792, fo. 209.

9. "Copie d'une lettre de m. le baron de Breteuil à mgr comte d'Artois, 6 décembre 1790", documentos de Bombelles. Estes estão encadernados com o volume das missões de 1790-1792, mas as páginas não estão numeradas.

10. "Copie de la réponse de mgr comte d'Artois à une lettre de m. le baron de Breteuil du 6 décembre 1790", Turim, 15 de dezembro de 1790, documentos de Bombelles.

11. Maria Antonieta para Leopoldo II, 19 de dezembro de 1790, em *Lettres de Marie Antoinette*, org. m. de la Rocheterie e marquês de Beaucourt (2 vols., Paris, 1895-6), vol. 2, p. 203.

12. Citado em G. de Diesbach, *Histoire de l'émigration*, 1789-1814 (Paris, edição 1984), p. 109.

13. Maria Antonieta para Leopoldo II, 1º de junho de 1791, em *Lettres*, vol. 2, p. 246.

14. "Copie de la lettre écrite à mgr le comte d'Artois par m. le baron de Breteuil le 8 février 1791", documentos de Bombelles.

15. Ibid.

16. "Copie de la réponse de mgr comte d'Artois à une lettre de m. le baron de Breteuil du 8 février 1791", Veneza, 21 de fevereiro de 1791, ibid.

17. Bombelles, *Journal*, org. J. Grassion, F. Durif e J. Charon-Bordas (4 vols., Genebra, 1978-98), vol. 3, pp. 194-5.

18. Marquesa de Fouquet para Calonne, sem data mas de março de 1791, Public Record Office, Londres, PC1/125/383.

19. Ibid.

20. Bombelles, *Journal*, vol. 3, p. 195.

21. Ibid., p. 196.

22. Ibid., p. 197.

23. Ibid., p. 113.

24. Ibid., p. 199.

25. Ibid., p. 196.

26. Ibid., p. 209.

27. *Mémoires de Malouet*, org. barão Malouet (2 vols., Paris, 1868), vol. 2, pp. 12-3.

28. "Copie de la lettre de Worms", 29 de março de 1791, documentos do visconde de Mirabeau, Archives Nationales, Paris, Archives Privées 119, 1, dossiê 1.

402 A QUEDA DA MONARQUIA FRANCESA

29. Bouillé, *Mémoires*, p. 216.
30. Bombelles, *Journal*, vol. 3, p. 210.
31. Breteuil para Bombelles, 12 de março de 1791, documentos de Bombelles, volume das missões de 1790-2. Os fólios dessa carta não estão numerados.
32. Bombelles para Breteuil, 10 de abril de 1791, ibid., fo. 209.

CAPÍTULO 7 PREPARATIVOS

1. Marquês de Bombelles, *Journal*, org. J. Grassion, F. Durif e J. Charon-Bordas (4 vols., Genebra, 1978-98), vol. 3, p. 176, nº 28.
2. Citado em J. Sperber, *Revolutionary Europe*, 1780-1850 (Londres, 2000), p. 54.
3. Leopoldo II ainda carece de um biógrafo inglês. A biografia de referência em alemão é a de A. Wandruska, *Leopold* II (2 vols., Viena, 1963-5).
4. HHStA, Sammelbände 71, fo. 23.
5. Ibid.
6. Ibid.
7. Mercy para Kaunitz, 22 de janeiro de 1791, em *Louis XVI, Marie Antoinette, mme. Elisabeth: lettres et documents inédits*, org. F. Feuillet de Conches (6 vols. Paris, 1864-73), vol. 1, p. 445.
8. Breteuil para Mercy, 3 de abril de 1791, HHStA, Frankreich Varia 48. Os fólios das cartas de Breteuil para Mercy em Frankreich Varia 48 não estão numerados.
9. Ibid.
10. Ibid.
11. Breteuil para Mercy, 20 de abril de 1791, ibid.
12. Ibid.
13. Breteuil para Mercy, 17 de maio de 1791, ibid.
14. Documentos de Bombelles, Burg Clam, Alta Áustria, volume das missões de 1790-1792. Os fólios dessa carta não estão numerados.
15. Bombelles para Breteuil, 3 de abril de 1791, ibid., fo. 201.
16. R. Lacour-Gayet, *Calonne: financier, reformateurs, contre-révolutionnaire* (Paris, 1933), p. 324.
17. Bombelles para Breteuil, 3 de abril de 1791, documentos de Bombelles, volume das missões 1790-2, fos. 205-6.
18. Bombelles, *Journal*, vol. 3, pp. 215-16.
19. HHStA, Frankreich Varia 44, fo. 16.
20. Bombelles para Breteuil, 3 de abril de 1791, documentos de Bombelles, volume das missões de 1790-2, fo. 201.
21. *Louis XVI, Marie Antoinette, mme. Elisabeth*, vol. 2, pp. 33-4.

NOTAS
403

22. Barão R. M. von Klinckowström, *Le comte de Fersen et la cour de France* (2 vols., Paris, 1877-8), vol. 1, p. 96, n° 1.
23. Ibid.
24. Ibid., p. 94.
25. Conde d'Allonville, *Mémoires secrets, de 1770 à 1830* (5 vols., Paris, 1838-41), vol. 2, pp. 212-13.
26. V. Cronin, *Louis and Antoinette* (Londres, 1974), p. 318.
27. Fersen para o barão Taube, 18 de abril de 1791, em Klinckowström, *Le comte de Fersen et la cour de France*, vol. 1, p. 105.
28. Maria Antonieta para Mercy, 20 de abril de 1791, em *Lettres de Marie Antoinette*, org. m. de la Rocheterie e marquês de Beaucourt (2 vols., Paris, 1895-6), vol. 2, p. 234.
29. Bombelles, *Journal*, vol. 3, p. 217.
30. Breteuil para Bombelles, 13 de abril de 1791, documentos de Bombelles, volume das missões de 1790-2. Os fólios dessa carta não estão numerados.
31. Bombelles para Breteuil, 23 de abril de 1791, ibid, fo. 214.
32. Bombelles, *Journal*, vol. 3, p. 217.
33. Ibid., p. 219.
34. Reproduzido em ibid., pp. 220-1.
35. Ibid., p. 221.
36. Ibid., p. 222.
37. Breteuil para Fersen, 30 de abril de 1791, em Klinckowström, *Le comte de Fersen et la cour de France*, vol. 1, p. 110.
38. Bombelles, *Journal*, vol. 3, p. 222.
39. Bombelles para Breteuil, 6 de maio de 1791, documentos de Bombelles, volume das missões de 1790-2, fo. 217.
40. "Mémoire de m. de Bombelles à sa majesté sur ce que m. de Breteuil demande au nom du roi", HHStA, Frankreich Varia 42, fo. 424.
41. Klinckowström, *Le comte de Fersen et la cour de France*, vol. 1, pp. 106-7.
42. Leopoldo II para Maria Antonieta, 2 de maio de 1791, em *Marie Antoinette, Joseph II und Leopold II, ihr Briefwechsel*, org. A. von Arneth (Leipzig, Paris e Viena, 1866), p. 162.
43. Bombelles, *Journal*, vol. 3, p. 226, n° 28.
44. Ibid., p. 228.
45. Maria Antonieta para Mercy, 1° e 5 de junho, e para Leopoldo II, 1° de junho de 1791, em *Marie Antoinette, Joseph II und Leopold* II, pp. 167-72.
46. Ibid., pp. 177-9.
47. Maria Antonieta para Leopoldo II, 22 de maio de 1791, ibid., p. 166.
48. HHStA, Frankreich Varia 44, fos. 11-20.

404   A QUEDA DA MONARQUIA FRANCESA

49. Ibid., fos. 12-13.

50. Breteuil para Leopoldo II, 27 de maio de 1791, HHStA, Frankreich Varia 44, fo. 17.

51. HHStA, Frankreich Varia 44, fo. 25.

52. Breteuil para Artois, 22 de maio de 1791, documentos de Bombelles, volume das missões de 1790-92. Os fólios dessa carta não são numerados.

53. Breteuil para Artois, 22 de maio de 1791, ibid.

54. Artois para Breteuil, 10 de junho de 1791, ibid.

55. Citado em P. e P. Girault de Coursac, *Enquête sur le procès du roi Louis XVI* (Paris, 1982), p. 233.

56. Bombelles, *Journal*, vol. 3, p. 232.

57. Ibid., pp. 236-7.

58. Breteuil para Leopoldo II, 27 de maio de 1791, HHSta, Frankreich Varia 44, fo. 16.

59. Klinckowström, *Le comte de Fersen et la cour de France*, vol. 1, p. 121.

60. Ver Bombelles para Breteuil, 3 de abril de 1791, documentos de Bombelles, volume das missões de 1790-92, fo. 202. Para um estudo recente e profundo das relações anglo-francesas nessa conjuntura, ver J. Black, *British foreign policy in an age of revolutions, 1783-1793* (Cambridge, 1994), pp. 346-76.

61. Breteuil para Bombelles, 13 de abril de 1791, documentos de Bombelles, volume das missões de 1790-2. Os fólios dessa carta não são numerados.

62. *Lettres de Marie Antoinette*, vol. 2, pp. 220-1.

63. "Mémoire de m. de Bombelles à sa majesté sur ce que M. de Breteuil demande au nom du roi", HHStA, Frankreich Varia 42, fo. 424.

64. Bombelles para Breteuil, 28 de maio de 1791, documentos de Bombelles, volumes das missões de 1790-2, fo. 225.

65. Bombelles para Leopoldo II, 23 de maio de 1791, JJStA, Frankreich Varia 42, fo. 430.

66. Mercy para Maria Antonieta, 7 de março de 1791, em *Marie Antoinette, Joseph II und Leopold II*, pp. 149-50.

67. Fersen para Taube, 18 de abril de 1791, em Klinckowström, *Le comte de Fersen et la cour de France*, vol. 1, p. 101.

CAPÍTULO 8   A FUGA PARA VARENNES

1. Para esses detalhes da fuga para Varennes ver marquês de Bouillé, *Mémoires*, org. S. A. Berville e S. F. Barrière (Paris, 1821), p. 410, Bouillé, *Souvenirs et fragments pour servir aux mémoires de ma vie et de mon temps, 1769-1812*, org. P.-L. de Kermangant (3 vols., Paris, 1908-11), vol. 1, pp. 203-9, 227-42, e duque de

NOTAS

Choiseul, *Relation du départ de Louis XVI le 20 juin 1791* (Paris, 1822), pp. 38-9. Para uma abordagem cuidadosa e recente da fuga, ver m. de Lmbarès, "Varennes ou la fin d'un régime", *Revue historique de l'armée* (1961), n° 3, pp. 33-56; n° 4, pp. 45-62; n° 5, pp. 23-36.

2. Choiseul, *Relation*, p. 34.
3. Citado em G. Lenôtre, *Le drame de Varennes* (Paris, 1905), p. 40.
4. Ibid., p. 24.
5. A nota de Maria Antonieta está em HHStA, Familienkorrespondenz 26, fo. 5; as palavras de Luís XVI para Fersen estão em barão R. M. Klinckowström, *Le comte de Fersen et la cour de France* (2 vols., Paris, 1877-8), vol. 1, p. 2.
6. Essas descrições da *berline* são citadas em J. Hardman, Louis XVI (New Haven e Londres, 1993), p. 193, e Lenôtre, *Le Drame de Varennes*, pp. 59-60.
7. *Mémoires de mme. la duchesse de Tourzel*, org. J. Chalon (Paris, 1969), p. 194.
8. Ibid., 195.
9. Lenôtre, *Le drame de Varennes*, p. 61.
10. Citado em *Mémoires de mme. de Tourzel*, p. 455 (nota para a p. 195).
11. Marquês de Bombelles, *Journal*, org. J. Grassion. F. Durif e J. Charon-Bordas (4 vols., Genebra, 1978-98), vol. 3, p. 243.
12. HHStA, Frankreich Varia 48.
13. Ibid.
14. Bombelles, *Journal*, vol. 3, p. 245.
15. Ibid., p. 246.
16. Documentos de Bombelles, Burg Clam, Alta Áustria, volume das missões de 1790-92, f° 236.
17. Ibid., "Note communiquée à M. Steiger, avoyer de Berne, contenant les demandes à faire aux cantons helvétiques apreès la liberté du roi".
18. Citado em Lenôtre, *Le drame de Varennes*, p. 69. Ver também Lombarès, "Varennes", *Revue Historique de l'Armée* (1961) n. 3, pp. 46-52
19. Choiseul, *Relation*, p. 84.
20. Lenôtre, *Le drame de Varennes*, p. 76.
21. Ibid., p. 108.
22. Choiseul, *Relation*, pp. 93-4.
23. Ibid., p. 94.
24. "Details du voyage du roi et de la reine 'a Montmédy, et de leur arrestation à Varennes dans le Clermontois, le 22 juin 1791", HHStA, Frankreich Varia 45, fo. 18.
25. Klinckowström, *Le comte de Fersen et la cour de France*, vol. 1, p. 3.
26. Lenôtre, *Le drame de Varennes*, p. 172.
27. Ibid., pp. 177-8.
28. Klinckowström, *Le comte de Fersen et la cour de France*, vol. 1, p. 130.

406 A QUEDA DA MONARQUIA FRANCESA

29. Choiseul, *Relation*, pp. 50, 53.
30. Ibid., pp. 55-6.
31. Documentos de Bombelles, manuscrito de Fontanges, "Infandum... jubes renovare dolorem", fº 1.
32. Ibid., fo. 46.
33. Ibid. fos. 46-7.
34. Ibid., fo. 48.
35. Ibid.
36. Lenôtre, *Le drame de Varennes*, p. 268.
37. Bouillé, *Souvenirs et fragments*, vol. 1, p. 285.
38. Ibid., pp. 287-8.
39. Klinckowström, *Le comte de Fersen et la cour de France*, vol. 1, p. 140.
40. Bombelles, *Journal*, vol. 3, p. 250.

CAPÍTULO 9 O SEGREDO DO REI

1. Documentos de Bombelles, Burg Clam, Alta Áustria, volume das missões de 1790-92, fº 236.
2. Citado em J. Hardman, *The French Revolution: the fall of the ancien régime to the Thermidorian reaction, 1785-1795* (Londres, 1981), pp. 130-1.
3. Ibid., p. 126.
4. *Lettres de Marie Antoinette*, org. m. de la Rocheterie e marquês de Beaucourt (2 vols., Paris, 1895-6), vol. 2, p. 218.
5. Barão R. M. Klinckowström, *Le comte de Fersen et la cour de France* (2 vols., Paris, 1877-8), vol. 1, p. 110.
6. Ibid, p. 123.
7. Ibid., p. 129.
8. Ibid., p. 128.
9. Ibid., p. 131.
10. Memorando, "Envoyé à Luxembourg. Partie de Soleure le vendredi 27 mai 1791", documentos de Bombelles.
11. Bispo de Pamiers para Bombelles, Bruxelas, 9 de março de 1792, ibid.
12. Memorando, "Envoye à Luxembourg", ibid.
13. Ibid.
14. Ibid.
15. Ibid.
16. Ibid.
17. Ibid.

NOTAS

18. Marquês de Bouillé, *Mémoires*, org. S. A. Berville e J. F. Barrière (Paris, 1821), pp. 192-5.
19. Duque de Choiseul, *Relation du départ de Louis XVI le 20 juin 1791* (Paris, 1822), p. 34.
20. Bouillé, *Mémoires*, pp. 192-3.
21. Choiseul, *Relation*, p. 35.
22. Bouillé, *Mémoires*, p. 280.
23. Ibid.
24. Klinckowström, *Le comte de Fersen et la cour de France*, vol. 1, p. 128.
25. J. Chaumié, "La correspondance du chevalier de Las Casas et du marquis de Bombelles, ambassadeurs de France et d'Espagne sous la Révolution", *Revue d'Histoire Diplomatique*, janeiro-junho e julho-dezembro de 1950, pp. 99-142, e janeiro-junho e julho-dezembro de 1951, pp. 76-129.
26. Bispo de Pamiers para Bombelles, Bruxelas, 9 de março de 1792, documentos de Bombelles.
27. Ms. inédito do diário de Bombelles, vol. 71, f°s 99-100, documentos de Bombelles.

CAPÍTULO 10 O REI E A CONSTITUIÇÃO

1. *Mémoires de Weber concernant Marie Antoinette, archiduchesse d'Autriche et reine de France et de Navarre*, org. S. A. Berville e J. F. Barrière (2 vols., Paris, 1822), vol. 2, pp. 143-4.
2. *Marie Antoinette et Barnave: correspondance secrète, juillet 1791-janvier 1792*, org. A. Söderhjelm (Paris, 1934), p. 21.
3. J. L. H. Campan, *Mémoires sur la vie privée de Marie-Antoinette, reine de France et de Navarre* (2 vols., Londres, 1823), vol. 2, pp. 175-6.
4. Marie Antoinette et Barnave, pp. 27-34.
5. *Lettres de Marie Antoinette*, org. m. de la Rocheterie e marquês de Beaucourt (2 vols., Paris, 1895-6), vol. 2, p. 319.
6. Maria Antonieta para Mercy, 26 de agosto de 1791, ibid., p. 279.
7. Ibid., pp. 265-6.
8. G. Michon, *Essai sur l'histoire du parti feuillant: Adrien Duport* (Paris, 1924), p. 291.
9. *Lettres de Marie Antoinette*, vol. 2, p. 266.
10. Ibid., pp. 257-8.
11. HHStA, Familienkorrespondenz 26, cadernos A e B, fo. 24.
12. Mercy para Laborde, 20 de julho de 1791, ibid., fos. 25-6.
13. Mercy para Blumendorff, 13 de julho de 1791, ibid., fo. 25.

408 A QUEDA DA MONARQUIA FRANCESA

14. Maria Antonieta para Mercy, 21 de agosto de 1791, em *Lettres de Marie Antoinette*, vol. 2, p. 276.

15. *Marie Antoinette, Joseph II und Leopold II, ihr Briefwechsel*, org. A. von Arneth (Leipzig, Paris e Viena, 1866), pp. 198-203.

16. *Mémoires de Malouet*, org. barão Malouet (2 vols., Paris, 1868). vol. 2, pp. 72-7.

17. Michon, *Adrien Duport*, pp. 325-31.

18. Conde de Montlosier, *Souvenirs d'un émigré (1791-1798)*, org. conde de Larouzière-Montlosier e E. d'Hauterive (Paris, 1951), pp. 54-5.

19. *Lettres de Marie Antoinette*, vol. 2, p. 267.

20. Campan, Mémoires, vol. 2, pp. 175-6; Montlosier, *Souvenirs*, pp. 54-5.

21. Maria Antonieta para Fersen, 7 de dezembro de 1791, em *Lettres de Marie Antoinette*, vol. 2, p. 346.

22. Ibid., p. 345.

23. Luís XVI para Breteuil, 14 de dezembro de 1791, em *Louis XVI, Marie Antoinette, mme. Elisabeth: lettres et documents inédits*, org. F. Feuillet de Conches (6 vols., Paris, 1864-73), vol. 4, pp. 297-8.

24. Campan, *Mémoires*, vol. 2, p. 158, n° 1.

25. *Lettres de Marie Antoinette*, vol. 2, pp. 313-15.

26. "Précis des motifs pour le rassemblement d'un congrès", documentos de Bombelles, volume das missões de 1790-92, fo. 266.

27. Sorel, *L'Europe et la Révolution française* (8 vols., Paris, 1885-1905), vol. 2, pp. 232-4.

28. Ibid., p. 274.

29. *Lettres de Marie Antoinette*, vol. 2, p. 318.

30. Ibid., p. 279.

31. *Louis XVI, Marie Antoinette, mme. Elisabeth*, vol. 2, p. 330.

32. Ibid., p. 332-3.

33. Lettres de Marie Antoinette, vol. 2, pp. 312-3.

34. Ibid.

35. HHStA, Familienkorrespondenz 26, dossiê D.

36. *Lettres de Marie Antoinette*, vol. 2, p. 275.

37. HHStA, Frankreich Varia 44, fo. 52.

38. Ibid., fos. 53-4.

39. La Marck para Mercy, 26 de janeiro de 1791, em *Correspondance entre le comte de Mirabeau et le comte de la Marck*, org. A. de Bacourt (3 vols., Paris, 1851), vol. 3, p. 30.

40. *Lettres de Marie Antoinette*, vol. 2, p. 337.

41. Barão R. M. von Klinckowström, *Le comte de Fersen et la cour de France* (2 vols., Paris, 1877-8), vol. 1, pp. 231-2.

NOTAS 409

42. Para esse episódio, ver T. C. W. Blanning, *The origins of the French revolutionary wars* (Londres, 1986), pp. 99-102.

CAPÍTULO 11 INVERNO DE 1791: BRETEUIL, AS POTÊNCIAS E OS PRÍNCIPES

1. HHStA, Frankreich Varia 42, fo. 234.
2. François-René, visconde de Chateaubriand, *Mémoires d'outre tombe*, org. P. Clarac (3 vols., Paris, 1973), vol. 1, p. 366.
3. Diário de Bombelles, ms. inédito, vol. 45, fo. 7, documentos de Bombelles, Burg Clam, Alta Áustria.
4. "Copie d'une lettre de monsieur frère du roi à m. le baron de Breteuil", ibid.
5. A. F. Bertrand de Molleville, *Mémoires particulières pour servir à l'histoire de la fin du règne de Louis XVI* (2 vols., Paris, 1816), vol. 1, p. 377.
6. HHStA, Frankreich Varia 44, fo. 16.
7. Provence para mme. Elisabeth, 6 de agosto de 1791, em *Louis XVI, Marie Antoinette, mme. Elisabeth: lettres et documents inédits*, org. F. Feuillet de Conches (6 vols., Paris, 1864-73), vol. 1, pp. 204-5.
8. Citado em J. Chaumié, "La correspondance du chevalier de Las Casas et du marquis de Bombelles, ambassadeurs de France et d'Espagne sous la Révolution", *Revue d'histoire diplomatique* (janeiro-junho e julho-dezembro de 1951), 136-7.
9. *Louis XVI, Marie Antoinette, Mme. Elisabeth*, vol. 2, p. 156.
10. Maria Antonieta para Fersen, 8 de julho de 1791, em *Lettres de Marie Antoinette*, org. M. de la Rocheterie e marquês de Beaucourt (2 vols., Paris, 1895-6), vol. 2, p. 257.
11. Ibid., pp. 256-7.
12. Ibid., pp. 322-3.
13. Ibid., p. 332.
14. Conde de Montlosier, *Souvenirs d'un énigré* (1791-1798), org. conde de Larouzière-Montlosier e E. d'Hauterive (Paris, 1951), p. 44.
15. Geheimes Staatsarchiv, Berlim, PK, I. HA Geheimer Rat, Rep. 11 Auswärtige Beziehungen, Frankreich, Nr 89 Fasz. 298, B1. 9, 10.
16. Ver Apêndice p. 371-2.
17. *Marie Antoinette, Joseph II und Leopold II, ihr Briefwechsel*, org. A. von Arneth (Leipzig, Paris e Viena, 1866), p. 181.
18. A. Sorel, *L'Europe et la Révolution française* (8 vols., Paris, 1885-1905), vol. 2, p. 257.
19. Ibid., p. 256.

20. ibid., p. 257.

21. Ibid., p. 277.

22. Bombelles para o bispo de Pamiers, 15 de novembro de 1791, em marquês de Bombelles, *Journal*, org. J. Grassion. F. durif e J. Charon-Bordas (4 vols. Genebra, 1978-98), vol. 3, p. 261.

23. Maria Antonieta para Fersen, 26 de setembro de 1791, em *Lettres de Marie Antoinette*, vol. 2, p. 311.

24. Ivan Simolin para o conde Ostermann, 8/19 de agosto de 1791, em *Louis XVI, Marie Antoinette, mme. Elisabeth*, vol. 2, p. 241.

25. Citado em N. Akeson, *Gustaf III:s forhallande till franska revolutionen* (2 vols. Lund, 1885), vol. 2, pp. 225-6.

26. Riksarkivet, Estocolmo, Gallica 524, pasta de Breteuil

27. Ibid.

28. *Louis XVI, Marie Antoinette, mme. Elisabeth*, vol. 4, p. 298.

29. Ibid., p. 300.

30. Riksarkivet, Gallica 524, pasta de Breteuil.

31. Maria Antonieta para Fersen, 7 de dezembro de 1791, em *Lettres de Marie Antoinette*, vol. 2, p. 342.

32. Ibid.

33. A. Söderhjelm, *Fersen et Marie Antoinette* (Paris, 1930), p. 247.

34. Barão R. M. von Klinckowström, *Le comte de Fersen et la cour de France* (2 vols., Paris, 1877-8), vol. 2, p. 6.

35. "Mémoire sur les différentes manières d'opérations pour le congreès", Riksarkivet, Estocolmo, Gallica 499, "Bilaga til Gr. Fersens underdaniga depecher af Brusse den 29 Februarii".

36. Ibid.

37. Ibid.

38. Fersen para Gustavo III, 29 de fevereiro de 1791, em Klinckowström, *Le comte de Fersen et la cour de France*, vol. 2, p. 180.

39. Ibid., p. 181.

40. *Louis XVI, Marie Antoinette, mme. Elisabeth*, vol. 4, p. 302.

41. Fersen para Gustavo III, 29 de fevereiro de 1791, em Klinckowström, *Le comte de Fersen et la cour de France*, vol. 2, p. 182.

42. Riksarkivet, Gallica 524, pasta de Breteuil.

43. Ibid.

44. Conde d'Allonville, *Mémoires secrets de 1770 à 1830* (5 vols., Paris, 1838-41), vol. 2, pp. 283-5.

45. "Copie d'une lettre adressée au roi par les princes ses frères le 4 du mois d'août 1791", HHStA, Frankreich Varia 44 fos. 25-6.

NOTAS   411

46. Duque de Castries, *Le maréchal de Castries: serviteur de trois rois* (Paris, edição 1979), p. 165.
47. Ibid., pp. 165-6.
48. "Copie de la réponse de m. le baron de Breteuil à la lettre d e m. le maréchal de Castries", documentos de Bombelles.
49. Ibid.
50. "Copie d'une lettre de m. le maréchal de Castries à m. le baron de Breteuil", 6 de fevereiro de 1792, documentos de Bombelles.
51. "Copie de la réponse de M. le baron de Breteuil à la lettres de m. le maréchal de Castries du 6 février", documentos de Bombelles.
52. Documentos de Castries, Archives Nationales 306 AP 26, "Instructions de mon père pour moi lorsque je fus envoyé à Bruxelles au baron de Breteuil, et mes réponses. Le 6 février 1792".
53. Provence para Luís XVI, 3 de dezembro de 1791, *Louis XVI, Marie Antoinette, mme. Elisabeth*, vol. 4, p. 261.
54. Citado em E. Daudet, *Histoire de l'émigration: Coblentz* (Paris, s.d.), p. 123.

CAPÍTULO 12 FIM DE JOGO

1. Para esse relato sobre os girondinos e a propensão para a guerra, baseei-me em A. Sorel, *L'Europe et la Révolution française* (8 vols., Paris, 1885-1905), vol. 2, pp. 299-321, e T. C. W. Blanning, *The origins of the revolutionary wars* (Londres, 1986), pp. 96-113.
2. Citado em F. Furet, *Penser la Révolution française* (Paris, 1978), p. 110.
3. Citado em Sorel, *L'Europe et la Révolution*, vol. 2, p. 360.
4. Ibid., p. 397.
5. Ibid., pp. 400-1.
6. Barão R. M. von Klinckowström, *Le Comte de Fersen et la cour de France* (2 vols., Paris, 1877-8), vol. 2, p. 14.
7. Ibid., p. 230.
8. *Louis XVI, Marie Antoinette, Mme. Elisabeth: lettres et documents inédits*, org. F. Feuillet de Conches (6 vols., Paris, 1864-73), vol. 2, p. 348.
9. "Mémoires du duc de Caraman", *Revue contemporaine*, vol. 1 (abril-maio de 1852, 30-41, 187-202, e vol. 2 (junho-julho de 1852), 54-73.
10. J. Flammermont, *Négociations secrètes de Louis XVI et du baron de Breteuil avec la cour de Berlin, décembre 1791 à juillet 1792* (Paris, 1885), pp. 15-16, 17-18, 18 nº 1.
11. Ibid., pp. 15-16.

12. Riksarkivet, Stockholm, Gallica 524, da pasta de Breteuil.
13. Gustavo II para Breteuil, 13 de março de 1792, em N. Akeson, *Gustaf III:s forhallende till franska revolutionen* (2 vols., Lund, 1885), vol. 2, p. 251.
14. Gustavo III para Breteuil, fevereiro de 1792, ibid., p. 246.
15. J. Chaumié, *Les relations diplomatiques entre la France et l'Espagne de Varennes à la mort de Louis XVI* (Bordeaux, 1957), pp. 77-8.
16. Breteuil para Gustavo III, 25 de março de 1792, Riksarkivet, Gallica 524, da pasta de Breteuil.
17. Esse relato do assassínio de Gustavo III se baseia em R. Nisbet Bain, *Gustavus III and his contemporaries* (2 vols., Londres, 1894), vol. 2, pp. 184-202.
18. Breteuil para Bombelles, 19 de abril de 1792, documentos de Bombelles, Burg Clam, Alta Áustria, volume das missões de 1790-92.
19. Breteuil para Bombelles, 16 de março de 1792, ibid.
20. "Observations lues à l'impératrice de Russie à l'audience du 17 mars 1792", resposta 5, ibid.
21. Ibid.
22. Bispo de Pamiers para Bombelles, 7 de março de 1792, ibid.
23. Ibid.
24. Ibid.
25. Sorel, *L'Europe et la Révolution française*, vol. 2, p. 407.
26. Caraman para Breteuil, 8 de maio de 1792, em Klinckowström, *Le comte de Fersen et la cour de France*, vol. 2, p. 270.
27. Sorel, *L'Europe et la Révolution française*, vol. 2, p. 433.
28. Citado em M. Clemenceau-Jacquemaire, *Vie de mme. Roland* (2 vols., Paris, 1929), vol. 2, p. 54.
29. Citado em J. Hardman, *Louis XVI* (New Haven e Londres, 1993), p. 217.
30. Ibid., p. 218.
31. G. Michon, *Essai sur l'histoire du parti feuillant: Adrien Duport* (Paris, 1924), pp. 405-7.
32. Ibid., pp. 415-6.
33. Mercy para Kaunitz, 30 de maio de 1792, em H. Glagau, *Die französische Legislative und die Ursprung der Revolutionskriege, 1791-1792* (Berlim, 1896), pp. 361-2.
34. Michon, *Adrien Duport*, p. 420.
35. Ibid., p. 421.
36. Glagau, *Die französische Legislative*, p. 361.
37. *Lettres de Marie Antoinette*, org. M. de la Rocheterie e marquês de Beaucourt (2 vols., Paris, 1895-6), vol. 2, p. 415.
38. Essas estão publicadas em ibid., pp. 391-2, 399, 402, 415.
39. Klinckowström, *Le comte de Fersen et la cour de France*, vol. 2, p. 22.

NOTAS 413

40. "Réponses du baron de Breteuil à la note des princes", Riksarkivet, Stafsundsarkivet, Hans Axel von Fersens samling, vol. 17.
41. Ibid.
42. Bispo de Pamiers para Bombelles, 9 de março de 1792, documentos de Bombelles.
43. Duque de Castries, *Le maréchal de Castries: serviteur de trois rois* (Paris, edição 1879), p. 173.
44. *Lettres de Marie Antoinette*, vol. 2, p. 407.
45. Sorel, *L'Europe et la Révolution française*, vol. 2, p. 510.
46. R. Allen, *Threshold of Terror: the last hours othe monarchy in the French Revolution* (Stroud, 1999), pp. 80-1.
47. Ibid., pp. 69-71. Baseei meu relato dos acontecimentos de 10 de agosto no trabalho de Allen, o mais atualizado de que dispomos atualmente.
48. Citado em Hardman, *Louis XVI*, p. 221.

CAPÍTULO 13 SANGUE REAL

1. Caraman para Breteuil, 23 de agosto de 1792, em barão R. M. von Klincklwström, *Le comte de Fersen et la cour de France* (2 vols., Paris, 1877-8), vol. 2, p. 352.
2. "Résumé d'un débat chez le baron de Breteuil", 8 de setembro de 1792, Public Record Office, PC1/128/178.
3. Klinckowström, *Le comte de Fersen et la cour de France*, vol. 2, p. 373.
4. Ibid., p. 31.
5. Breteuil para Fersen, 12 de setembro de 1792, ibid., p. 367.
6. Fersen para Breteuil, 11 de setembro de 1792, ibid., p. 366.
7. A. Sorel, *L'Europe et la Révolution française* (8 vols., Paris, 1885-1905), vol. 3, p. 3.
8. Ibid., p. 37.
9. Ibid.
10. Marquês de La Fayette, *Mémoires* (6 vols., Paris, 1816), vol. 4, p. 250.
11. Esse relato da campanha de Valmy se baseia em T. C. W. Blanning, *The French Revolutionary Wars* (Londres, 1996), pp. 71-82.
12. Breteuil para Fersen, 12 de setembro de 1792, em Klinckowström, *Le comte de Fersen et la cour de France*, vol. 2, p. 370.
13. A. Chuquet, *Les guerres de la Révolution*, vol. 2, Valmy (Paris, 1929), pp. 128-33.
14. HHStA, Frankreich Varia 48.
15. Citado em comte Fleury, *Les dernières années du marquis et de la marquise de Bombelles* (Paris, 1906), p. 312.
16. Ibid., p. 313.
17. Sorel, *L'Europe et la Révolution française*, vol. 3, p. 42.

418 A QUEDA DA MONARQUIA FRANCESA

18. Ibid., p. 56.
19. "Extrait d'une lettre du baron de Breteuil à mme. de Matignon", 26 de setembro de 1792, Riksarkivet, Estocolmo, Stafsundsarkivet, Hans Axel von Fersens samling, vol. 12.
20. Breteuil para Fersen, 2 de outubro de 1792, em Klinckowström, *Le comte de Fersen et la cour de France*, vol. 2, p. 378.
21. Breteuil para mme. de Matignon, 22 de outubro de 1792, ibid., p. 387.
22. Blanning, *The French revolutionary Wars*, p. 82.
23. J. Hardman, *Louis XVI* (New Haven e Londres, 1993), p. 223; H. Walpole, trad. de Luís XVI, *Règne de Richard III, ou doutes historiques sur les crimes qui lui sont imputés*, org. Roussel l'Epinal (Paris, 1800). Ver também C. Duckwort, "Louis XVI and English history: a French reaction to Walpole, Hume and Gibbon on Richard III", *Studies on Voltaire and the Eighteenth Century*, 176 (1979), 385-401.
24. F. Hue, *Dernières années du règne et de la vie de Louis XVI* (Paris, 1816), pp. 359-60.
25. Hardman, *Louis XVI*, p. 224.
26. Citado em ibid., p. 228.
27. Citado em G. Bord, *La Fin de deux légendes: Léonard et le baron de Batz* (Paris, 1909), pp. 111-3.
28. Barão de Batz, *La vie et les conspirations de Jean, baron de Batz* (Paris, 1908), p. 393.
29. Fersen para Breteuil, 6 de setembro de 1792, em Klinckowström, *Le comte de Fersen et la cour de France*, vol. 2, pp. 360-1.
30. Breteuil para Fersen, 12 de setembro de 1792, ibid., pp. 369-71.
31. Sobre Talon, ver A. Doyon, "Maximilien Radix de Ste-Foy", *Revue d'Histoire Diplomatique*, julho-setembro de 1966, pp. 232-70, outubro-dezembro de 1966, pp. 314-54.
32. Klinckowström, *Le comte de Fersen et la cour de France*, vol. 2, p. 24.
33. Ibid., p. 348.
34. Ibid., p. 349.
35. Ibid., p. 377.
36. Barão de Batz, *Les conspirations et la fin de Jean, baron de Batz* (Paris, 1911), p. 546.
37. Citado em E. Lever, *Louis XVI* (Paris, 1985), pp. 654-5.
38. Batz, *La vie et les conspirations*, pp. 433-44.
39. Lever, *Louis XVI*, p. 665.
40. Klinckowström, *Le comte de Fersen et la cour de France*, vol. 2, p. 65.
41. Ibid., p. 86.
42. Ibid., pp. 64-5.

NOTAS 415

43. Mercy para Breteuil, 17 de março de 1793, HHStA, Frankreich Varia 48.
44. "Interrogatoire du citoyen Sainte-Foy, du 25 septembre 1792", em *Recueil des pièces imprimées d'après le décret de la convention nationale* (2 vols., Paris, 1793).
45. A. Chuquet, *Les guerres de la Révolution*, vol. 5, *La trahison de Dumouriez* (Paris, s. d.), pp. 178-9.
46. Klinckowström, *Le comte de Fersen et la cour de France*, vol. 2, p. 67.
47. Ibid.
48. Ibid., pp. 67-8.
49. HHStA, Frankreich Varia 48.
50. Batz, *Les conspirations et la fin*, pp. 123-90.
51. Klinckowström, Le comte de Fersen et la cour de France, vol. 2, pp. 100-1.
52. V. Cronin, *Louis and Antoinette* (Londres, 1974), pp. 387-8.
53. *Lettres de Marie Antoinette*, org. m. de la Rocheterie e marquês de Beaucourt (2 vols., Paris, 1895-6), vol. 2, pp. 441-4.

CAPÍTULO 14 DEPOIS DO DILÚVIO

1. Fersen, boletim para o governo sueco, 8 de desembro de 1793, Riksarkivet, Estocolmo, Gallica 500.
2. Barão de Batz, *Les conspirations et la fin de Jean, baron de Batz* (Paris, 1911), p. 256.
3. Citado em C. Hibbert, *The French Revolution* (Londres, edição de 1982), p. 244.
4. Barão R. M. Klinckowström, *Le comte de Fersen et la cour de France* (2 vols., Paris, 1877-8), vol. 2, pp. 378-9.
5. Batz, *Les conspirations et la fin*, pp. 30-1.
6. O melhor relato em inglês desse episódio é o de N. Hampson, "François Chabot and his plot", *Transactions of the Royal Historical 'Society*, 5ª série, vol. 26 (1976), pp. 1-15. Além das obras acima citadas, ver também A. Mathiez, *Un procès de corruption sous la Terreur: l'affaire de la Compagnie des Indes* (Paris, 1920) e A. de Lestapis, *La "Conspiration de Batz"* (Paris, 1969).
7. Registro para 25 de abril de 1792, Riksarkivet, Stafsundsarkivet, vol. 5.
8. A. Söderhjelm, *Axel von Fersens dagbok* (4 vols., Estocolmo, 1924-36), vol. 1, pp. 192-3.
9. O memorando de Breteuil está publicado em A. Ritter von Vivenot, *Quellen zur Geschichte der deutschen Kasierpolitik Österreichs während der französischen Revolutionskriege, 1790-1801* (5 vols., Viena, 1873-90), vol. 2, pp. 440-4.
10. Klinckowström, *Le comte de Fersen et la cour de France*, vol. 2, p. 371.
11. Vivenot, *Quellen*, vol. 2, p. 442.

416 A QUEDA DA MONARQUIA FRANCESA

12. Ibid.
13. Ibid., p. 437.
14. Para as atividades de Batz em 1794 e sua vida posterior, ver Batz, *Les conspirations et la fin*, pp. 256-543.
15. Public Record Office, C12/952/13/.
16. Registro para 3 de março de 1798, diário de Bombelles, ms. inédito, vol. 66, fo. 99, documentos de Bombelles, Burg Clam, Alta Áustria.
17. Registro para 19 de abril de 1798, ibid., fo. 193.
18. Registro para 26 de abril de 1802, ibid., vol. 74, fo. 215.
19. Registro para 18 de dezembro de 1802, ibid., vol. 25, fo. 340.
20. École des Beaux-Arts, Paris, "Journal et notes de Pierre Fontaine, premier architecte de l'empereur", fo. 58, registro para 31 de janeiro de 1804. Sou grato a Philip Mansel por chamar minha atenção para essa fonte.
21. Ibid.
22. Général Bertrand, *Cahiers de Sainte-Hélène: journal 1818-1819*, org. P. Fleuriot de Langle (Paris, 1959), p. 454.
23. Archives Breteuil, 1ª série LAB 1783-1786, a 1791, 1792, 1793, 1807.
24. Registro para 27 de julho de 1798, diário de Bombelles, ms. inédito, vol. 67, fo. 49.
25. Ibid., vol. 73, fo. 132.
26. Para a herança de Créquy, ver ibid., registro para 28 de julho de 1803, vol. 67, fo. 55, e Archives Gontaut-Biron, pasta 2, "Inventaire après-décès de dame Caroline de Froullay, veuve de Louis Marie de Créquy, 25 pluviôse an onze". Para a generosidade de Fersen, ver A. Söderhjelm, *Fersen et Marie Antoinette* (Paris, 1930), p. 376, e para o crédito de Breteuil em 1801, Archives Gontaut-Biron, pasta 3, *2ème liasse*, "Lettres et correspondance avec MM. de Chapeaurouge, banquiers à Hambourg, 1800-1805", Chapeaurouge a Breteuil, 2 de setembro de 1801.
27. Diário de Anne-Charles, duque de Montmorency, Archives Gontaut-Biron, Château de Courtalain, Eure-et-Loir.
28. Ibid.
29. "Compte d'exécution testamentaire de feu m. de Breteuil", declaração do bispo de Pamiers, 11 de março de 1808, e da duquesa de Brancas, 15 de março de 1808, ibid.
30. Diário de Bombelles, ms. inédito, vol. 84, fo. 135.
31. Conde de Fleury, *Les Dernières années du marquis et de la marquise de Bombelles* (Paris, 1906), p. 369, nº 1.
32. Klinckowström, *Le comte de Fersen et la cour de France*, vol. 2, p. 96.
33. H. A/ Barton, *Count Hans Axel von Fersen: aristocrat in an age of revolution* (Boston, Mass, 1975), pp. 266-7.
34. Ibid., p. 375.
35. Citado em lorde Acton, *Lectures on the French Revolution* (Londres, edição de 1920), p. 223.

NOTAS 417

36. C.-C. d'Agoult, *De l'intérêt des puissances de l'Europe, et celui de la France, au rétablissement de son antique forme de gouvernement* (Paris, 1814). O único exemplar remanescente desse opúsculo, de que tenho conhecimento, encontra-se na Cllection Grégoire na Bibliotéque des Amis de Port-Royal, Paris.

37. C.-C. d'Agoult, *Projet d'une banque nationale* (Paris, 1815), p. ii.

38. C.-C. d'Agoult, *Lettres à un jacobin; ou réflexions politiques sur la constitution d'Angleterre et la Charte Royale, considérée dans ses rapports avec l'ancienne constitution de la monarchie française* (Paris, 1815), p. 117.

39. Marquês de Noailles (org.), *Le Comte Molé, 1781-1855, sa vie — ses mémoires* (8 vols., Paris, 1925), vol. 4, p. 191.

BIBLIOGRAFIA

FONTES PRIMÁRIAS

FUNDOS PÚBLICOS

ARCHIVES NATIONALES, PARIS (AN)

Série C 221.

Série F17372.

AP 119, I, dossiê I (documentos do visconde de Mirabeau).

306 AP 26 (Chartrier de Castries).

ÉCOLE DES BEAUX-ARTS, PARIS

Diário e notas de Pierre Fontaine, primeiro arquiteto do imperador.

ARCHIVES DÉPARTAMENTALES DES YVELINES, VERSALHES

E449, 450 (documento de Bombelles).

HAUS-HOF-UND-STAATSARCHIV, VIENA (HHStA)

Frankreich Varia 42, 44, 45, 48.

Familienkorrespondenz, 26.

Sammelbände 17.

RIKSARKIVET, ESTOCOLMO

Gallica 499, 500, 524 (pasta de Breteuil).

Stafsundsarkivet, Hans Axel von Fersens samling, vols. 5, 12, 17.

420 A QUEDA DA MONARQUIA FRANCESA

GEHEIMES STAATSARCHIV PREUSSISCHER KULTURBESITZ, BERLIM

I. HA Geheimer Rat, Rep. II Auswärtige Beziehungen, Frankreich, Nr 89 Fasz. 298, Bl. 9, 10.

PUBLIC RECORD OFFICE, LONDRES (PRO)

PC1/125/383, PC1/128/178, C12/952/13.

FUNDOS PRIVADOS

FRANÇA: ARCHIVES BRETEUIL, CHÂTEAU DE BRETEUIL, YVELINES

LAB, 1ª série, 1783-1786 à 1791, 1792, 1793, 1807.

LAB, 1ª série, documentos diversos.

1767 dossiê, correspondência, diversos.

ARCHIVES GONTAUT-BIRON, CHÂTEAU DE COURTALAIN, EURE-ET-LOIRE

Pasta 2:
— Carta do advogado Royer para Breteuil, 16 de junho de 1781, incluindo fragmento do testamento de mme. H. C. Vriesen, datado de 9 de abril de 1770.
— *Don patriotique, dettes et retranchements, 1790-1791, État des revenus de M. le baron de Breteuil pour servir à déterminer sa contribution patriotique.*
— *Inventaire après-décès de dame Caroline de Froullay, veuve de Louis Marie de Créquy, 25 pluviôse an onze.*

Pasta 3, 2ème liasse:
— *Lettres et correspondance avec MM. de Chapeaurouge, banquiers à Hambourg, 1800-1805.*
— *Comte d'exécution testamentaire de feu M. de Breteuil* (declaração do bispo de Pamiers, 11 de março de 1808, e da duquesa de Brancas, 15 de março de 1808).
— Diário de Anne-Charles, duque de Montmorency.

BIBLIOGRAFIA 421

ÁUSTRIA: BURG CLAM, ALTA ÁUSTRIA

Documentos de Bombelles
— Volume das missões de 1790-2.
— *Correspondance de mr. comte d'Artois avec m. le baron de Breteuil.*
— *Correspondance de m. le baron de Breteuil avec m. le maréchal de Castries.*
— "Copie d'une lettre de monsieur frère du Roi à M. le baron de Breteuil".
— Memorando, "Envoyée à Luxembourg. Partie de Soleure le vendredi 27 mai 1791".
— Bispo de Pamiers-marquês de Bombelles, Bruxelas 9 de março de 1792.
— Duque de Sérent, "Note sur les motifs qui ont déterminés le départ de mgr le comte d'Artois et de ses enfants dans la nuit du 15 au 16 juillet 1789".
— F.-G. de Fontanges, arcebispo de Toulouse, ms.: "Infandu... jubes renovare dolorem".
Diário do marquês Bombelles (volumes inéditos)
— Vols. 25, 45, 66, 67, 71, 73, 74, 84.

FONTES PRIMÁRIAS IMPRESSAS

Comtesse d'Adhémar, *Souvenirs sur Marie Antoinette, archiduchesse d'Autriche, reine de France, et sur la cour de Versailles* (4 vols., Paris, 1836).

C.-C d'Agoult, *De l'intérêt des puissances de l'Europe, et celui de la France, au rétablissement de son antique forme de gouvernemente* (Paris, 1814).

———. *Projet d'une banque national* (Paris, 1815).

———. *Lettres à un jacobin; ou réflexions politiques sur la constitution d'Angleterre et la Charte Royale, considérée dans ses rapports avec l'ancienne constitution de la monarchie française* (Paris, 1815).

Conde D'Allonville, *Mémoires secrets, de 1770 à 1830* (5 vols., Paris, 1838-41).

Mémoires de C. C. flahaut, comte de la Billarderie d'Angiviller, org. Louis Bobé (Copenhague e Paris, 1933).

Mémoires de Bailly, org. S. A. Berville e J. F. Barrière (3 vols., Paris, 1821).

Mémoire autographe de m. de Barentin, chancelier et garde des sceaux, sur les dermiers conseils de Louis XVI, org. M. Champion (Paris, 1844).

Lettres et bulletins de Barentin à Louis XVI, avril-juillet 1789, org. A. Aulard (Paris, 1915).

Mémoires de Barras, org. P. Vergnet (Paris, 1946).

Général Bertrand, *Cahiers de Sainte-Hélène: journal 1818-1819*, org. P. Fleuriot de Langle (Paris, 1959).

A. F. Bertrand de Molleville, Mémoires particulières pour servir à l'histoire de la fin du règne de Louis XVI (2 vols., Paris, 1816).

422 A QUEDA DA MONARQUIA FRANCESA

Marquês de Bombelles, *Journal*, org. J. Grassion, F. Durif e J. Charon-Bordas (4 vols., Genebra, 1978-98).

Marquês de Bouillé, *Mémoires*, org. S. a. Berville e J. f. Barrière (Paris, 1821).

Souvenirs et fragments pour servir aux mémoires de ma vie et de mon temps par le marquis de Bouillé (Louis-Joseph-Amour), 1769-1812, org. P.-L. de Kermangant (3 vols., Paris, 1908-11).

E. Burke, *Reflections on the Revolution in France* (Londres, 1986, edição Penguin Classics).

C. A. de Calonne, *Lettre adressée au roi le 9 février 1789* (Londres, 1789).

J. L. H. Campan, *Mémoires sur la vie privée de Marie-Antoinette, reine de France et de Navarre* (2 vols., Londres, 1823).

"Mémoires du duc de Caraman", *Revue contemporaine*, vol. 1 (abril-maio de 1852), 30-41, 187-202 e vol. 2 (junho-julho de 1852), 54-73.

Mémoires du duc des Cars (2 vols., Paris, 1890).

S. R. N. Chamfort, *Maximes et pensées, caractères et anecdotes*, org. P. Grosclaude (2 vols., Paris, 1953-4).

François-René, visconde de Chateaubriand, *Mémoires d'outre-tombe*, org. P. Clarac (3 vols., Paris, 1973).

Duque de Choiseul, *Relation du départ de Louis XVI le 20 juin 1791* (Paris, 1822).

Journal d'émigration du comte d'Espinchal, org. E. d'Hauterive (Paris, 1912).

Mémoires du marquis de Ferrières (3 vols., Paris, 1822).

Axel von Fersens dagbok, org. A. Söderhjelm (4 vols., Estocolmo, 1924-36).

Abbé Georgel, *Mémoires pour servir à l'histoire des événements à la fin du 18ème siècle depuis 1760 jusqu'en 1806-10* (6 vols., Paris, 1817).

F. Hue, *Dernières années du règne et de la vie de Louis XVI* (Paris, 1816).

Barão R. M. von Klinckowström, *Le comte de Fersen et la cour de France* (2 vols., Paris, 1877-8).

Marquês de La Fayette, *Mémoires* (6 vols., Paris, 1816).

Souvenirs-portraits du duc de Lévis (1764-1830), org. J. Dupâquier (Paris, 1993).

Prince de Ligne, Amabile, org. J. Vercuysse (Paris, 1996).

Lisez et frémissez; par l'auteur d'Ouvrez les yeus, de bon Dieu, que les Français sont bêtes etc. (Paris, 1790).

Louis XVI, Marie Antoinette, mme. Elisabeth: lettres et documents inédits, org. F. Feuillet de Conches (6 vols., Paris, 1864-73).

Louis XVI and the comte de Vergennes: correspondence, 1774-1787, org. J. Hardman e M. Price (Voltaire Foundation, Oxford, 1998).

Mémoires de Malouet, org. barão Malouet (2 vols., Paris, 1868).

Lettres de Marie Antoinette, org. m. de la Rocheterie e marquês de Beaucourt (2 vols., Paris, 1895-6).

Marie Antoinette, Joseph II und Leopold II, ihr Briefwechsel, org. A. von Arnet (Leipzig, Paris e Viena, 1866).

BIBLIOGRAFIA 423

Marie Antoinette et Barnave: correspondance secrète, juillet 1791-janvier 1792, org. A. Söderhjelm (Paris, 1934).

J. F. Marmontel, *Mémoires,* org. J. Renwick (2 vols., Clermont-Ferrand, 1972).

Correspondance secrète du comte de Mercy-Argenteau avec l'empereur Joseph II et le prince de Kaunitz, org. A. von Arneth e J. Flammermont (2 vols., Paris, 1889-91).

Correspondance entre le comte de Mirabeau et le comte de la Marck, org. A. de Bacourt (3 vols., Paris, 1851).

Conde de Montlosier, *Souvenirs d'un émigré (1791-1798),* org. conde de Larouzière-Montlosier e E. d'Hauterive (Paris, 1951).

Jacob-Nicolas Moreau, *Mes souvenirs* (2 vols., Paris, 1898).

J. Necker, *De la Révolution française* (4 vols., Paris, 1797).

Marquis de Noailles (org.), *Le comte Molé, 1781-1855, sa vie — ses mémoires* (8 vols., Paris, 1925).

Recueil des pièces imprimées d'après le décret de la convention nationale (2 vols., Paris, 1793).

Recueil des instructions données aux ambassadeurs et ministres de France depuis lestraités de Westphalie jusqu'à la Révolution française: Russie, org. A. Rambaud (Paris, 1890).

Conde de Saint-Priest, *Mémoires,* org. barão de Barante (2 vols., Paris, 1929).

J.-L. Soulavie, *Mémoires historiques et politiques du règne de Louis XVI* (6 vols., Paris, 1801).

Mémoires de mme. la duchesse de Tourzel, org. J. Chalon (Paris, 1969).

Lettres de m. de la Vauguyon au prétendant (Paris, 1797).

A. Ritter von Vivenot, *Quellen zur Geschichte der deutschen Kasierpolitik Österreichs während der französischen Revolutionskriege, 1790-1801* (5 vols., Viena, 1873-90).

Letters of Harace Walpole, org. P. Cunningham (9 vols., Londres, 1891).

H. Walpole (trad. de Luís XVI), *Règne de Richard III, on doutes historiques sur les crimes qui lui sont imputés,* org. Roussel l'Epinal (Paris, 1800).

Mémoires de Weber concernant Marie Antoinette, archiduchesse d'Autriche et reine de France et de Navarre, org. S. A. Berville e J. F. Barrière (2 vols., Paris, 1822).

FONTES SECUNDÁRIAS

Lorde Acton, *Lectures on the French Revolution* (Londres, ed. 1920).

N. Åkeson, *Gustaf III:s forhallande till franska revolutionen* (2 vols., Lund, 1885).

R. Allen, *Threshold of Terror: the lasthours of the monarchy in the French Revolution* (Stroud, 1999).

M. Antoine, *Le conseil du roi sous le règne de Louis XVI* (Genebra, 1970).

H. A. Barton, *Hans Axel fon Fersen: aristocrat in an age of revolution* (Boston, Mass., 1975).

Barão de Batz, *La vie et les conspirations de Jean, baron de Batz* (Paris, 1908).

——. *Les conspirations et la fin de Jean, baron de Batz* (Paris, 1911).

D. E. D. Beales, *Joseph II*, vol. 1, *In the shadow of Maria Theresa* (Cambridge, 1987).

E. W. Beik, *Absolutism and society in seventeenth-century France: state power and provincial aristocracy in Languedoc* (Cambridge, 1895).

F. J. Black, *British foreign policy in an age of revolutions, 1783-1793* (Cambridge, 1994).

T. C. W. Blanning, *The origins of the French revolutionary wars* (Londres, 1986).

——.*The French revolutionary wars* (Londres, 1996).

G. Bord, *La fin de deux légendes: Léonard et le baron de Batz* (Paris, 1909).

J. F. Bosher, *French Finances 1770-1795: from business to bureaucracy* (Cambridge, 1970).

J. Brewer, *The Sinews of Power: war, money and the English state, 1688-1783* (Londres, edição de 1994).

A. Britsch, *La maison d'Orléans à la fin de l'ancien régime: la jeunesse de Philippe-Egalité, 1747-1785* (Paris, 1926).

P. Caron, "La tentative de contre-révolution de juin-juillet 1789", *Revue d'Histoire Moderne et Contemporaine*, vol. 8 (1906-7), pp. 5-34 e pp. 649-78.

Duque de Castries, *Le maréchal de Castries: serviteur de trois rois* (Paris, edição de 1979).

J. Chaumié, "La correspondance du chevalier de Las Casas et du marquis de Bombelles, ambassadeurs de France et d'Espagne sous la Révolution", *Revue d'Histoire Diplomatique*, janeiro-junho e julho-dezembro de 1950, 99-142, e janeiro-junho e julho-dezembro de 1951, 76-129.

——. *Les relations diplomatiques entre la France et l'Espagne, de Varennes à la mort de Louis XVI* (Bordeaux, 1957).

C. Chaussinand-Nogaret, *Mirabeau* (Paris, 1982).

——. *1789* (Paris, 1988).

A. Chevalier, *Claude-Carloman de Rulhière, premier historien de la Pologne, sa vie et son oeuvre historique* (Paris, 1939).

A. Chuquet, *Les Guerres de la Révolution*, vol. 2, Valmy (Paris, 1929).

——. *Les guerres de la Révolution*, vol. 5, *La trahison de Dumouriez* (Paris, s. d.).

M. Clemenceau-Jacquemaire, *Vie de mme. Roland* (2 vols., Paris, 1929).

V. Cronin, *Louis and Antoinette* (Londres, 1974).

E. Daudet, *Histoire de l'émigration: Cloblentz* (Paris, s. d.).

G. de Diesbach, *Histoire de l'émigration, 1789-1814* (Paris, edição de 1984).

W. Doyle, *The Oxford History of the French Revolution* (Oxford, 1989).

——. (org.), *Old Regime French* (Oxford, 2001).

A. Doyon, "Maximilien Radix de Sainte-Foy", *Revue d'Histoire Diplomatique*, julho-setembro de 1966, 232-70; outubro-dezembro de 1966, 314-54.

BIBLIOGRAFIA

B. Duckworth, "Louis XVI and English history: a French reaction to Walpole, Hume and Gibbon on Richard III", *Studies on Voltaire and the eighteenth Century*, 176 (1979), 385-401.

J. Egret, *La Révolution des notables: Mounier et les monarchies, 1789* (Paris, 1950).

———. *La pré-révolution française, 1787-1788* (Paris, 1962).

———. *Louis XV et l'opposition parlementaire* (Paris, 1970).

J. Flammermont, *Négociations secrètes de Louis XVI et du baron de Breteuil avec la cour de Berlin, décembre 1791 à juillet 1792* (Paris, 1885).

Conde Fleury, *Les Dernières années du marquis et de la marquise de Bombelles* (Paris, 1906).

A. Fraser, *Marie Antoinette: the Journey* (Londres, 2001).

P. Girault de Coursac, *L'éducation d'un roi* (Paris, 1972).

P. e P. Girault de Coursac, *Enquête sur le procès du roi Louis XVI* (Paris, 1982).

———. *Sur la route de Varennes* (Paris, 1984).

———. *Le voyage de Louis XVI autour du monde* (Paris, 1985).

———. *Le secret de la reine: la politique personnelle de Marie Antoinette pendant la Révolution* (Paris, 1996).

H. Glagau, *Die französische Legislative und die Ursprung der Revolutionskriege, 1791-1792* (Berlim, 1896).

L. S. Greenbaum, "Jean-Sylvain Bailly, the baron de Breteuil and the 'four new hospitals' of Paris", *Clio Medica*, vol. 8, n. 4 (1973), 261-84.

I. J. Guiffrey, "Documents inédits sur la journée du 14 juillet 1789", *Revue Historique*, vol. 1 (janeiro-junho de 1876).

N. Hampson, "François Chabot and his plot", *Transactions of the Royal Historical Society*, 5ª série, vol. 26 (1976), 1-15.

———. *Prelude to Terror: the constituent assembly and the failure of consensus, 1789-1791* (Oxford, 1988).

J. Hardman, *The French Revolution: the fall of the ancie régime to the Thermidorian reaction, 1785-1795* (Londres, 1981).

———. *Louis XVI* (New Haven e Londres, 1993).

———. *French Politics 1774-1789: from the accession of Louis XVI to the fall of the Bastille* (Londres, 1995).

R. D. Harris, *Necker Reform Statesman of the Ancien Régime* (Berkeley, Calif. 1979).

———. *Necker and the Revolution of 1789* (Lanham, 1986).

O. G. von Heidenstam, *La Fin d'une dynastie* (Paris, 1911).

C. Hibbert, *The French Revolution* (Londres, edição de 1982).

M. Hochedlinger, *Die Krise der Österreichischen Ausslandspolitik 1787-1792: Österreich, die 'Französische Frage' und das Ende er Ära Kaunitz* (2 vols., Viena, 1997).

L. Hunt, *The family fo the French Revolution* (Londres, 1992).

R. Lacour-Gayet, *Calonne: financier, réformateur, conter-révolutionnaire* (Paris, 1963).

E. Lavaquéray, *Necker, fourrier de la Révolution* (Paris, 1933).

G. Lefebvre e A. Terroine, *Recueil de documents relatif aux séances des États-géneraux, vol. 1, Mai-juin 1789: les préliminaires, la séance du 5 Mai* (Paris, 1953).

G. Lefebvre, *Recueil de documents relatifs aux séances des États-généraux*, vol. 1 (2), la séance du 23 juin (Paris, 1962).

G. Lenôtre, *Le drame de Varennes* (Paris, 1962).

A. de Lestapis, *La 'Conspiration de Batz'* (Paris, 1969).

E. Lever, *Louis XVI* (Paris, 1985).

——. *Marie Antoinette: the last queen of France* (Londres, 2001).

M. de Lombarès, "Varennes ou la fin d'un régime", *Revue Historique de l'Armée* (1961), n° 3, pp. 33-56; n° 4, pp. 45-62; n° 5, 23-36.

P. Mansel, *Louis XVIII* (Londres, 1981).

——. *The court of France, 1789-1830* (Cambridge, 1988).

——. *Le charmeur de l'Europe: Charles-Joseph de Ligne 1735-1814* (Paris, 1992).

M. Marion, *Le garde des sceaux Lamoignon et la réforme judiciaire de 1788* (Paris, 1905).

——. *Dictionnaire des institutions de la France au 17ème et 18ème siècles* (Paris, 1923).

A. Mathiez, *Étude critique sur les journées des 5 et 6 octobre 1789* (Paris, 1899).

——. *Un procès de corruption sous la Terreur: l'affaire de la Compagnie des Indes* (Paris, 1920).

S. Maza, *Private lives and public affairs: the causes célèbres of pre-revolutionary France* (Berkeley, Calif. e Los Angeles, 1993).

R. Mettam, *Power and faction in Louis XVI's France* (Londres, 1988).

G. Michon, *Essai sur l'histoire du parti feuillant: Adrien Duport* (Paris, 1924).

F. Mossiker, *The queen's necklace* (New York, 1961).

A. Mousset, *Un témoin inconnu de la Révolution: le comte de Fernan Nuñez* (Paris, 1924).

R. Nisbet Bain, *Gustavus III and his contemporaries* (2 vols., Londres, 1894).

Conde de Pimodan, *Le comte F.-C. de Mercy-Argenteau* (Paris, 1911).

M. Price, *The 'Ministry of the Hundred Hours': a reappraisal"*, *French History*, vol. 4, n° 3 (1990), 319-21.

——. *Preserving the monarchy: the comte de Vergennes, 1774-1787* (Cambridge, 1995).

R. M. Rampelberg, *Le ministre de la maison du roi 1783-1788: baron de Breteuil* (Paris, 1975).

S. F. Scott, *The response of the Royal Army to the French Revolution* (Oxford, 1978).

B. Shapiro, *Revolutionary Justice in Paris, 1789-1790* (Cambridge, 1993).

J. H. Shennan, *The parlement of Paris* (Ithaca, NY, 1968).

A. Söderhjelm, *Fersen et Marie Antoinette* (Paris, 1930).

BIBLIOGRAFIA

A. Sorel, *L'Europe et la Révolution française* (8 vols., Paris, 1885-1905).

J. Sperber, *Revolutionary Europe, 1780-1850* (Londres, 2000).

B. Stone, *The parlement of Paris, 1774-1789* (Chapel Hill, Carolina do Norte, 1981).

——. *The French parlements and the crisis of the old regime* (Chapel Hill, Carolina do Norte, 1986).

J. Swann, *Louis XV and the parlements of Paris* (Cambridge, 1995).

A. Wandruska, *Leopold II* (2 vols., Viena, 1963-5).

E. Welwert, "L'éminence grise de Marie Antoinette", *Revue de l'Histoire de Versailles et de Seine-et-Oise*, 23 e 24 (1921-2).

E. N. White, "Was there a solution to the ancien régime's financial dilemma?", *Journal of Economic History*, vol. 49, n° 3 (setembro de 1989), 545-68.

D. L. Wick, "The court nobility and the French Revolution: the example of the Society of Thirty", *Eighteenth-century Studies* (1980).

S. Zweig, *Marie Antoinette: the portrait of an average woman* (Londres, 1933).

ÍNDICE

Abbaye prisão
   tomada da 97
Adélaïde, mme 23, 170-171, 362
Agoult, Charles d' *ver* Pamiers, bispo de
Agoult, visconde d' 67-68, 195-196
Aiguillon, duque d' 121
Alemanha 143
aliança franco-austríaca 29, 59, 68, 230, 234, 286, 313, 323
Allonville, conde D' 169, 262, 275, 276
Anckarström, Jakob Johan 297
Angelle, barão d' 327
Angiviller, conde D' 90, 101
Angoulême, duquesa d' 382
Angremont, Louis Collenot d' 335
Aranda, Conde 296
Artois, conde d' 13, 24, 25, 33, 79-80, 81, 83, 84, 91, 93, 100, 101, 104, 162, 164, 166-167, 173, 177-178, 179, 273, 311
   acordo de segurança do rei e da rainha em Paris 182-183
   como Carlos X 363
   e 'conspiração de Lyon' 142
   e a 'dupla missão' de Bombelles junto a Leopoldo 162, 164, 173, 177-178
   e Breteuil 106, 143-144, 146-148, 149, 164, 182, 235-237, 279
   e Calonne 145
   e contra-revolução 143, 144
   e demissão de Necker 105-106, 117

   e Estados Gerais 79-80
   e Luís XVI 144, 147
   emissão de *plein pouvoir* por Luís XVI, 255-256, 258
   encontro com Leopoldo II e subseqüente 'fraude de Mântua' 179-181
   fuga de Paris 112-114, 115, 142
   oposição ao plano de Mirabeau de fuga real 166-167
   pedido de tropas a Leopoldo II e Frederico Guilherme para intervir na França 260
   raiva diante da missão de Bombelles à Rússia 279
   viagem a Aix-la-Chapelle 180, 182
   vida pessoal 274
Assembléia 130, 228
   divisão entre moderados e a esquerda 228
   e legislatura bicameral 236-237
   declaração de que a fuga da família real era um rapto por contra-revolucionários 228
   ver também Assembléia Constituinte;
Assembléia Constituinte 121
   dissolução da 247
   e Declaração dos Direitos do Homem 122
   plano de dissolução por Mirabeau 140-141
   reforma da Igreja Francesa 132

430   A QUEDA DA MONARQUIA FRANCESA

Assembléia Legislativa 247, 334
  'e ordenação desinteressada' 247
  eleições para a 247
  método de trabalho 286
  ultimato a Leopoldo II 293
  votação pela expressão 'traição da nação' 287
Assembléia Nacional 99, 121, 138, 219
  opção de legislatura bicameral 150-153
  anulação da proclamação por declaração 86-87
  declaração de 76, 81
  memorando de Breteuil referente a
  219-220
assignats 217-218, 222, 366, 368, 369
Áustria 28, 185, 186, 259, 284, 286, 302
  e congresso armado 262
  Guerra declarada à França 302-305
  política em relação à Revolução Francesa 300
  tratado de aliança entre a Prússia e
   (1792) 288, 294, 302
  ver também Leopoldo II, Imperador
Austrofobia 29, 284
Avignon 249, 266, 270

Bachmann, Major 320
Bailly, Jean-Sylvain 64, 72, 76, 99-101,
  118, 228-229, 364
Balbi, Mme de 274
Barentin 51, 53, 84-85, 111, 112, 118
Barnave, Antoine 20, 118, 207, 208, 228,
  229-230, 235, 236, 237, 270, 364
Barthélemy 372
Bastilha
  tomada e queda da 10, 91, 108, 111,
  115, 121
Batalha de Neerwindwn 347
Batz, barão de 93, 338-341, 342, 364, 368

e Breteuil 338, 339-341, 367-369
e Fersen 339
formação 92-93
tentativa de resgatar Luís XVI do ca-
  dafalso 342, 345
tentativa de salvar Maria Antonieta
  353, 355
tentativa de solapar a ditadura jacobina
  366-368
Beauharnais, Alexandre de 197
Beaumarchais 70
Beaurepaire, Coronel 323
Bélgica 156, 157, 347
Bergasse 123
berline 189, 192
Berthier, Guillaume-François 23
Besenval, baron de 32, 95, 96, 107, 108
Beurnonville 328
Biron, general de 304
Blanning, T.C.W. 333
Bodas de Figaro, As 70
Boisgelin de Aix, Arcebispo 132
Bombelles, Charles de 378
Bombelles, marquês de 12-13, 68, 93, 148,
  224, 255, 371, 378
  desentendimento com Breteuil 375
  diários e papéis 67, 103, 225
  'dupla missão' 161-166, 173, 174-178
  e Breteuil 66, 71-72, 73-74, 253, 299
  e Catarina, a Grande 278, 292-293,
  299
  e o exército prussiano 329
  e plano de fuga 153-154, 194-196
  encontros com Leopoldo 174, 175-
  176, 183
  epílogo 377
  memorando a Ostermann sobre a política real 104
  textos 67
  vida pessoal 66

ÍNDICE   431

Bouillé, general de 9-10, 131, 167, 184, 186, 381
  e plano de fuga da família real 140-141, 148, 190, 206, 228
  esmagamento do motim do exército 133-134, 139-140, 147-148
  sobre a pretendida política de Luís XVI em relação aos revolucionários depois da fuga 222-223, 224
  sobre razões para fracasso da fuga 204
Brancas, conde de 66
Brancas, duquesa de 72, 338
Breteuil, barão de 9-10, 55-74, 111, 116-117, 118-119, 129-131, 216-218, 327-328, 347, 377
  o caso do colar de brilhantes e prisão de Rohan 71-72
  administração do território francês capturado entregue por Brunswick a 325-326
  amizade com Fersen 58
  aspecto 60-61
  caráter e virtudes 60-61, 63-64, 377
  carreira diplomática 45-46, 58-60, 68
  carta de Luís XVI a 387-389
  chamado novamente a Versalhes depois da renúncia 75, 91-92, 106
  como ministro da *maison du roi* e reformas de 69-70, 71-72
  concepção dos negócios externos 68-69
  concepções políticas domésticas 69
  concepções políticas 73, 377
  concepções políticas e política se a autoridade do rei e da rainha fosse restaurada no fim da Revolução 185-186, 216-218, 299-301
  continua a usufruir da confiança do rei e da rainha depois da fuga fracassada para Varennes 258

  coordenação de apoio internacional para plano de fuga e busca de fundos entre as Potências européias 143, 155, 157-167
  correspondência com o rei e a rainha 262, 265-267
  crítica de 60-62
  desejo de vingança 325-326
  determinação de manter intocada a autoridade sobre a elaboração da política em Montmédy 216-217
  diplomacia secreta em nome do rei e da rainha 73, 106
  e 'traição de Dumouriez' 347, 351
  e a demissão de Necker 105
  e Artois 106, 143, 146-148, 150, 164, 182, 274-276, 279
  e avanço e retirada prussiana 332-333
  e Batz 338, 339-341, 367-369, 370
  e Bombelles 66, 72, 74, 252, 299, 375
  e Calonne 70, 146, 147, 150-151, 154
  e Catarina, a Grande 56
  e Gustavo III 56-58, 263, 278
  e Luís XVI 55, 92, 94, 224, 258, 298, 311
  e Ministério das Cem Horas 94, 97-103, 110, 338, 341
  e morte de Gustavo III 298
  e Napoleão 372, 373
  e o plano de fuga rival de Mirabeau 141-142
  e Orléans 98
  e *plein pouvoir* 135, 137, 138, 143, 145, 153, 154, 155, 182, 224, 252-254
  e Provence 253-254, 274-276, 324, 325
  e tomada da Bastilha 90
  embaixador em Viena 58, 59

432 A QUEDA DA MONARQUIA FRANCESA

envolvimento com redes monarquistas para solapar a ditadura jacobina 366, 367

epílogo 365-370, 372-376

esquema para inundar a França com *assignats* falsos 368-370

estadas na Suíça depois da fuga da França 129

forças e fraquezas 64

formação e educação 55-56

fuga da França 119

interesse por astronomia 64-65

luta econômica contra a Revolução 368

memorando para Luís XVI esboçando política para depois da fuga 217-222, 224

morte 376

negociações com as Potências sobre o congresso armado e apoio 259, 262-267, 291-294, 378

nomeado *chef du conseil royal des finances* 94

obtenção de empréstimo para Luís XVI 92-94

ódio a Rohan 58

plano de fuga real 131, 133-138, 139, 140, 141, 145-146, 153, 154, 176, 196, 210

política em relação à Revolução 158

preparativos para se unir ao rei em Montmédy depois da fuga 193-195

relação com Maria Antonieta 60, 74, 91, 258

renúncia (1789) 118

renúncia ao ministério (1788) 55, 72-73, 74

residências 68

tentativa de manter os príncipes reais sob controle 273-281

tentativa de salvar o rei e a rainha do cadafalso por meio de atividades clandestinas 338-43, 348

tentativas de solucionar a crise dos Estados Gerais por negociação 92-102, 103, 106

últimos anos 374

vida em Bruxelas 251-252

vida pessoal 65-66

Breteuil, Charles de 374

Breteuil, Philiberte-Jérôme 65

Brienne, Etienne-Charles de Lomenie de 45-48, 55, 78

Brion, marechal de 47

Brissot, Jacques-Pierre 248, 284, 285, 289, 352

Broglie, marechal de 94, 95-97, 104, 108-110, 112, 117, 118

Brunswick, duque de 293, 313, 315, 323-324, 325-329, 330-331, 332, 342

Burke, Edmund 25, 157, 381

Calonne, Charles-Alexandre de 148, 162, 163, 260

demissão de 43

e Artois 145

e Breteuil 70, 147, 150, 154

e Maria Antonieta 79

e o plano de fuga real de Mirabeau 149, 152

e príncipes 146, 154, 324-325

encontro com Leopoldo II 173-174

impopularidade de 148-149

objetivo de voltar ao poder pela força 174

Plano de aumento da renda e centralização administrativa 42-43, 44, 46

Sobre o Estado Presente e Futuro da França 151-152

ÍNDICE

Campan, mme 45-46, 229, 230, 238, 306, 363

camponeses 38, 121

Caraman, visconde 291, 324

Carlos IV, rei 128, 291, 295

Carlos X, rei 363 *ver também* Artois, comte d'

Carlos XIII, rei 379

Caron, Pierre 95

Caso do Colar de Diamante 70-72

Castries, duque de 280

Castries, maréchal de 13, 277, 279, 280, 313-314

Catarina a Grande 12, 56, 73, 104, 219, 262, 271, 278, 291, 292, 299, 346

Chamfort, Sébastien Roch Nicolas 61

Chartres, bispo de 122

Chateaubriand 252

Châtelet, duque de 122, 370

Châtelet, mme. de 64

Chauveau-Lagarde 357

Choiseul, duque de II, 58, 60, 68, 198, 200, 201, 202, 204, 222-223

Cristiano Augusto 380

'circular de Pádua' 259

Clavière 290, 305, 334, 338, 339, 352

clero 37-38, 40, 44, 84

Clermont- Tonnerre, conde de 99, 118, 123

Clube dos Feuillants 247

Clube Jacobino 172, 228, 285, 308, 316, 367

Cobenzl, conde 288

Coburg, Príncipe de 347

'comitê austríaco' 284, 285, 304

Comitê de Segurança Pública 352

Companhia das Índias Orientais 367

Comuna de Paris 334, 335

Condé, príncipe de 24, 80-81, 104, 112, 142, 150, 152, 180, 225, 274

Congresso armado 240-242, 244-245, 250, 258, 269, 286, 300

crescente desimportância do, diante da autopreservação para o rei e a rainha 290, 302

decisão de Luís XVI de restabelecer a monarquia em seus próprios termos e não renegociar 271-273

e Girondinos 286

e Maria Antonieta 241, 242, 244

e Prússia 293

negociações de Breteuil com as potências européias sobre o 258-259, 262-267, 291-294, 377

objetivos do 267

pressão para retomada por Leopoldo II depois do ultimato da França 287-288

propostas de Fersen e resposta do rei e da rainha 269-273

Congresso de Viena (1814) 242

conspiração de Lyon' 142

Conspiração do cravo' 354-355

constituição 172, 234-236, 242

aceitação do Luís XVI 229, 239-240, 243-244, 247, 262, 264, 267

e discussão sobre duas câmaras 236-237

e Maria Antonieta 231, 242, 244, 245

Contribuição Patriótica' 130

convenção nacional 337

convocação de Maria Antonieta ao 356

Cordeliers 228-229, 316

Cortey 353, 370

Coursac, Girault de 258

Craufurd, Quintin 252, 267, 272, 379

Craufurd, Scot 267

Damas, conde de 199, 201

Danton, Georges-Jacques 316, 334, 335, 352, 364

434 A QUEDA DA MONARQUIA FRANCESA

de Launay, marquês 108
de Sèze 337, 343
declaração (23 junho) 82-87, 93, 103, 128-129, 214, 215, 218, 220, 384
Declaração ao Povo Francês 197, 214, 215
Declaração de Pillnitz 261, 286
Declaração dos Direitos do Homem 122, 123, 126, 144
des Cars, duque 98, 116
Deslon, Capitão 202
dia das telhas' (1788) 47
Dillon, General 304
Diretório 361, 371
Dreux-Brézé, marquês de 87
Drouet 199, 200, 204
Dumas, Mathieu 207
Dumoudez, general Charles 290, 302, 303, 305, 326-327, 328, 329, 330, 331, 332, 347, 348-351, 381
Duport, Adrien 228, 229, 235, 237, 309
Durfort, conde de 179, 185
Durler, capitão 320-321

economia 40-43, 46, 48
Edgeworth, Henry Essex 345, 346
Egret, Jean 50
Elisabeth, mme 24, 191, 254, 257, 306, 353
    carta de despedida de Maria Antonieta para 358
    execução 361-362
émigrés 153, 158, 230, 237-238, 241, 243, 248, 249, 259, 273, 283, 366, 371
Espanha 185, 186, 262, 265, 291, 295
Essai historique sur la vie de Marie Antoinette 33
Essen, barão 297
Estados Gerais 38, 74, 80
    abertura dos (1789) 19-21, 24, 52-54, 55, 75

concepção de La Vauguyon sobre 102-103
convocação dos 46, 47, 50
criação de novo conselho para tratar do plano 105
e declaração de 23 de junho *ver* declaração (23 de junho)
e Ministério das Cem Horas 97-103
e terceiro estado 50-52
eleições para os (1789) 52
em desuso no início do século XVII 39
problema sobre verificação e entre estados 75-76, 80
questão de composição 50-52
tentativa de Breteuil de solucionar a crise por negociação 94-102, 103, 106
Esterhazy, Conde Valentin 274, 278, 292
exército
    e oficiais 116
    estado de 304
    moral e deserções 116
    primeiros sintomas de desintegração 47-48
    reação à revolução 115-116

falsificação de Mântua' 179-181
Favras, marquês de 170
fédérés 305, 315
Ferrieres, marquês de 80
Fersen, conde Hans Axel von 9, 135, 161, 256, 311-312, 349-350, 375, 379-381
    amizade com Breteuil 58
    ataque e morte a 380
    chegada em Paris 267-269
    correspondência com Breteuil 181, 217-218
    correspondência de Maria Antonieta com 238-239

ÍNDICE

discussões políticas com o rei e a rainha sobre o congresso armado 269-272

e 'manifesto de Brunswick' 314-315

e Batz 339

e plano de fuga para Varennes 167-168, 189, 191-192, 205

e Provence 257

e Sainte-Foy 342

epílogo 379-381

relação com Maria Antonieta 34, 58, 167, 268, 271

feudalismo 121

abolição do 123, 283

Feuillants 228, 230, 234, 247, 290, 308

e Maria Antonieta 229-232, 235, 238

e o esquema de 'duas câmaras' 238

fracasso na constituição 235-236

negociações com o rei e a rainha 261

tentativa de estabelecer o princípio da segunda câmara 236-237

tentativa de Maria Antonieta de reconciliar o imperador Leopoldo II com 232, 234-235

última tentativa para salvar a coroa 308-312

Floridablanca, Conde 296

Fontaine 372

Fontbrune, M. de 168

Foulon 111

Fouquet, Mme de 148

Fouquier-Tinville 358

França

invasão austro-prussiana da 313, 323, 326-327

Francisco II, imperador 288

Frederico Guilherme da Prússia 156-157, 185, 186, 258, 260, 291, 293, 303, 324. 328

Frederico, o Grande 28, 156, 302

Frochot 237

Fronde 81

Gensonné 248, 286, 321, 352, 364

Girault de Coursac, Paul e Pierrette 135

Girondinos 272, 283, 284-287, 289, 304, 315-316

consegue separar o rei e a França 287

e 'comissão austríaca' 284, 285

e congresso armado 286

e Luís XVI 248-250, 283, 287, 304-305

e Maria Antonieta 290

e traição de Dumouriez 352

execução de 364

governo de 290

levando a França à guerra 283, 284-285

prisão de e transmissão do poder para os jacobinos linha dura 352

readmissão de ministros afastados 334

Giustiniani, mme 165

Goethe 329

Goltz, conde von 64

Gouvernet, *comte* de 223

'grupo da rainha' 31, 69

Guadet 286-287, 321, 352

Guerra da Independência Americana 40, 244

Guerra da Sucessão Austríaca 40

Guerra da Sucessão Bávara 59

Guerra da Turquia 186, 260

Guerra dos Sete Anos 29, 40

Guerra Peninsular 381

Guerra Russo-Sueca, 296

guilhotina 335

Guillotin, Dr 335

Gustavo IV, rei 379

436 A QUEDA DA MONARQUIA FRANCESA

Gustavo lll, rei 11, 56-58, 193, 210, 263-266, 270, 274-275, 276, 278, 296-298
    assassinato de 297-299

Hamelin 93
Hardman, John 145
Hart, Emma (Lady Hamilton)174
Havré, duque d' 274
Hébert 357, 364
Hervilly, conde d' 320
Holanda 185, 347

idéia de congresso *ver* congresso armado
Igreja
    Constituição civil do clero 132-133, 134, 144-146, 215-216, 235, 248
    Reforma da pela assembléia constituinte 132-133
impostos 38, 40, 42, 46, 86, 214
Inglaterra 40, 185, 186-187
    guerra com a França 347
plano de fuga 147-148, 155-187, 189-204, 269
    Bouillé apóia o plano de Mirabeau 148
    coordenação do apoio internacional por Breteuil e busca de fundos para 143, 155, 157-167
    correspondência entre Breteuil e o casal real e envio de cartas às escondidas 168-170
    detalhes da fuga 189-190
    e "falsificação de Mântua" de Artois 179-181
    e apoio militar austríaco 177, 184
    e Breteuil 131, 133-138, 139, 140, 141, 146, 153, 154, 176, 196-197, 210
    e *Declaração do Povo Francês* 197, 214, 215

    e Leopoldo 161-166, 175-177, 178-179
    e milícia suíça 196
    fracasso da fuga e razões para 204-207
    fuga para Varennes 190-193, 197-201
    infortúnios na viagem 198-201
    Luís XVI opta pelo plano de Breteuil 153, 154
    objetivo último da fuga 213-217
    organização da pelo casal real 167-168
    partida prematura de Choiseul em Pont-de-Sommevesle 198-199, 204
    percepção da fuga pelo povo em Paris e alvoroço 197
    plano de Mirabeau 139, 142, 148, 149, 151-154, 165-166
    preparativos de Breteuil para encontrar o rei em Montmédy depois da fuga 193-195
    prisão do rei e da rainha 211
    trabalho conjunto do rei e da rainha 182
    urgência depois da detenção das tias de Luís XVI e recusa de permitir a viagem para o palácio de Saint-Cloud 170-172, 176
    volta do rei e da rainha para Paris depois da detenção 207-209
Itália 142

Jacobinos 232, 247, 326, 352, 361, 365
Jarjayes, comte de 229, 352
Jornadas de Outubro 127-128, 131
José II, Imperador 29, 59, 60, 68, 156
Jourdan degolador 249
Jourdan, Nicolas 126
juramento 76, 81, 99, 121

Kaunitz, príncipe Wensel Anton von 28, 59, 60, 61, 158, 161, 162, 241, 242, 254, 261, 284, 288

ÍNDICE

Kellermann 328, 330
Kendall, George Yelverton 370

La Balue, Magon de 119
La Casas, conde de 224
La Fayette, marquês de 19, 126, 127, 128,
  191, 197, 209, 228-229, 232, 305,
  308, 326
La Marck, conde de 140, 147, 232, 245,
  251, 325
La Motte, condessa de 71
La Pérouse 22
La Porte, Amaud de 335
La Tour, Jean-Jacques Vidaud de 84
La Vauguyon, duque de 23, 29, 94, 102,
  111, 112, 116, 118, 291, 295
Lally-Tollendal 99, 123
Lamballe, princesa de 32, 33, 334, 335, 336
Lambesc, príncipe de 107
Lameth, Alexandre de 229, 230
Lamoignon, chanceler 46
Langres, bispo de 125
Latour-Maubourg 207
Lavergne, coronel 323
Le Chapelier 236
Legislature bicameral *ver* questão das duas
  câmaras
Lenz, Max 9-10, 11-12
Leopoldo II, imperador 143, 145, 156,
  173, 186, 232, 234, 259-262
  atitude em relação à dificuldade do rei
    e da rainha 165-167, 259-260
  busca de apoio para o plano de fuga
    real de Breteuil 161-166, 175-177,
    178-179, 183-184, 185
  e 'circular de Pádua' 259
  e Artois 185
  e congresso armado 240-241, 287-288
  e declaração de Pillnitz 261

encontro com Artois e posterior 'falsi-
    ficação de Mântua' 179-181
  morte 288, 289
  protesto contra a Assembléia pelas rei-
    vindicações dos príncipes alemães
    283-284
  tentativa de Maria Antonieta de recon-
    ciliação dos Feuillants com 232, 234-
    235
Lessart 284, 288, 335
lettres de cachet 69, 72, 74, 85
levantes do pão 96-97
levantes por comida 107
Levasseur, Rosalie 27
Ligne, príncipe de 63-64, 163
Limon, marquês de 314-315
Louis, abade 234
Luckner, general 308
Luís Filipe 381
Luís XIII, rei 383
Luís XIV, rei 21, 38
Luís XV, rei 21, 22, 25, 28, 59
Luís XVI, rei 35, 41, 122
  à beira de problemas mentais 114-115,
    118
  amizade com o avô (Luís XV) 21-22
  aparência 21
  aprisionado na Assembléia 324, 334
  aprisionado no Temple e estreitamento
    do cerco 334-335, 337
  autorização para Breteuil fazer emprés-
    timo 92-94
  capacidade intelectual 22-23
  Capitulação em Versalhes e retorno a
    Paris 127, 128, 144
  caráter 21, 22, 92
  carta a Breteuil 387-389
  casamento e relacionamento com Ma-
    ria Antonieta 25, 30-32

438 A QUEDA DA MONARQUIA FRANCESA

concepções políticas 23

conduta de durante as últimas semanas da monarquia 307

constituição e aceitação do 229, 239-240, 243, 246-247, 261-262, 264-265, 267

convocação dos Estados Gerais 19, 20-21, 53

decisão de não deixar Versalhes quando do avanço sobre 125, 126

decisão de usar o congresso para restabelecer a monarquia em termos próprios e não para renegociar 270-273

Declaração ao Povo Francês 197, 214, 215

decretos vetados sobre *émigrés* e clero refratário 248-250, 265-266

demissão de Calonne 44, 145

demissão de Necker 106

destruição de autoridade 321

· e abolição do feudalismo 123

e Bouillé 140

e Breteuil 55, 92, 94, 224, 258, 298-299, 311

e Brienne 45

e conceito de monarquia 23

e congresso armado 244, 246-247, 266

e Constituição Civil do Clero 133, 171, 215-216

e declaração (23 de junho) 82-87, 89, 92, 103, 128-129, 214, 215, 218, 384

e Declaração dos Direitos do Homem 123, 126

e depressão 44-45, 49, 114, 245, 306

e irmãos (Artois e Provence) 144-145, 147, 255-256, 258, 281, 304

e Jornadas de Outubro 126-128

e Fersen 271

e fuga para Varennes 190-193, 202-204

e girondinos 248-250, 283, 287, 305

e Guerra com a Áustria 303

e Inglaterra 23

e morte do filho 76-77, 79

e plano de fuga 133-138, 140, 153, 167

e prisão de tias 170-171

e tentativa fracassada de ir para Metz 112

e último plano dos Feuillants 310-311, 313

emissão de *plein pouvoir* para os irmãos 255-256, 258

estado dissociado 246

execução 345, 346

falta de indícios quanto à política durante a Revolução 9-10

família e relações 24-25

formação e perdas familiares 21-22

indecisão 35, 78, 114, 125, 137

invasão das Tulherias pela multidão levando em conta a retirada de vetos e a demissão de ministros girondinos 305-307

julgamento e sentença de morte 337, 343-345

memorando de Breteuil para fixar política 217-222, 224-225

métodos de trabalho 246

monógamo 31, 34-35

mudança de caráter, introspecção 44-45

não disposição para a conciliação 218, 219-221, 222, 225-226, 311, 313, 385

o palácio se torna uma prisão depois da tentativa fracassada de fuga 228

oposição à regência de Provence 275-277

passividade da política nos últimos dias de reinado 312-313

política dupla em relação à Revolução 129

política em relação à Revolução 86

reação ao terceiro estado 76-78

reação aos levantes e insurreição em Paris (1789) 110-111

relacionamento sexual com Maria Antonieta 30, 34

retirada de tropas em torno de Paris depois da queda da Bastilha 111

tentativa de Batz de salvar do cadafalso 343, 345

tomada das Tulherias e decisão de ir para a Assembléia 314, 318-321

torna-se rei (1774) 23

unidade da política com Maria Antonieta 137, 272, 273, 275, 384-385

Luís XVII 354, 357, 362

Luís XVIII 362, 372

Luís-José, delfim 31, 76

Mailhe 303

Maillardoz, coronel 320

Mailly, marechal de 320

Malesherbes 69, 337, 344, 363

Mallet du Pan, Jacques 313, 314

Malouet 123, 152, 236, 240

Mandat, marquês de 317-318

'manifesto de Brunswick' 315

Manstein, coronel von 331-332

Marae-Elisabete 65, 67

Maria Antonieta 25-30, 48-49, 124, 125, 228

amizades femininas 32

aparência e caráter 25-26, 32

apresentação do esquema das 'duas câmaras' 238

ataques e crítica de 32-33

atentado à vida pela multidão em Versalhes durante as Jornadas de Outubro 127-128

aumento da pressão devido a retirada do rei e forçada a assumir direção dos negócios 45-46, 49

aumento do poder na corte 31, 32, 51

capacidade intelectual e educação 26, 27, 45

casamento e relação com Luís XVI 25, 30, 31, 32, 344

concordância com a política do marido I 34-35, 272, 275-276, 385

conduta de durante as últimas semanas da monarquia 307

convocada diante do tribunal revolucionário 356

deterioração da saúde durante a prisão 355-356

e 'falsificação de Mântua' 179, 180

e a declaração de Luís XVI (23 de junho) 83

e Barnave 207-209

e Breteuil 60, 74, 91, 258

e Brienne 45, 48

e Caso do Colar de Diamante 70-71

e constituição 231, 242, 244, 245

e doutrinas anti-Habsburgo 29

e Feuillants 229-232, 235, 238

e girondinos 290

e idéia do congresso armado 241, 242, 245

e Mercy 27-29

e morte do filho 76, 79

e plano de fuga para Varennes 136-137, 167-169, 181, 191-193

e *société* 32, 79, 91

e terceiro estado 78-79

440 A QUEDA DA MONARQUIA FRANCESA

e tomada das Tulherias 319-320

e últimos planos dos Feuillants 310-311

encanto de 208-209

execução 359

falta de indícios quanto à política durante a Revolução 9-10

impopularidade 33-34

julgamento e condenação à morte 357

ódio de La Fayette 128

política externa 136, 186

prisão e separação do filho 354

relação com Fersen 34, 58, 167, 268, 271

relacionamento sexual com Luís XVI 30, 33-34

sobre intenções para depois da fuga de Paris 214-215

sujeita a indicação 79

tentativas de salvar por Batz 353, 354

tentativa de reconciliar os Feuillants com o imperador Leopoldo 232, 234-235

tentativa de salvar através da 'Conspiração do Cravo' 354-355

tentativa de salvar do cadafalso por Breteuil 337-343, 348

teoria do plano secreto de fuga em separado 135-138

Maria Carolina, rainha de Nápoles 59

Maria Cristina, arquiduquesa 251

Maria Josefa da Saxônia 21, 22

Maria Teresa, imperatriz 28, 31, 59, 60, 68

Maria-Teresa 31, 193, 344, 362

Marmontel 45

massacre do Champs de Mars, 228-229, 231, 364

Matignon, Caroline de 67, 91

Matignon, mme de (Maria-Elisabete) 65, 67, 70, 119, 129, 371, 384

Mercy-Argenteau, conde de 27-29, 44, 131, 156, 186, 309, 310, 326, 381

e Breteuil 60-61, 73, 251

e Dumouriez 349

e Maria Antonieta 28-29, 32, 233

e Necker 48, 49

e plano de fuga real 141-142, 157-160

formação e vida pessoal 27-28

recusa em deixar Bruxelas 232-234

Metz

retirada para planejar 112, 115-116

Michon, Georges 231

Michonis 352-355, 370

Ministério das Cem Horas 94, 98-103, 110, 338, 341

Mirabeau, conde de 20, 52, 87, 88, 118, 171, 230, 236

e Calonne 149, 151

e o plano de fuga rival de Breteuil 142

e plano de Rouen 131-132

e projeto das 'duas câmaras' 151

morte 153

plano de fuga real 139, 142, 148, 149, 151-154, 165-166

plano para dissolver a Assembléia Constituinte 140-141

Molé, Conde 383

Molleville, Bertrand de 47, 253, 257, 290

Mônaco, mme de 273

monarchiens 99, 123, 124, 151, 236

monarquia 37-53

crescente resistência do público 43-44

divisões quanto à política relativa ao terceiro estado 77-81

e colapso financeiro 43

e Estados Gerais 39

e *parlements* 39-40, 46
governo da, o direito divino e base religiosa da autoridade do rei 37
mudança da absoluta para constitucional 52
queda da absoluta e razões para 40
transformação da de absoluta para constitucional 85-87
Monarquia de Habsburgo 29, 155-156
Monck, Milady 175
Mondosier, conde de 52-53, 237, 238
Montmorency, Caroline de 373
Montmorency, duque de 376
Montmorency, mme, de 119, 129, 384
Montmorin 94, 245, 335
Moreau, Jacob-Nicolas 23
Mounier 99, 118, 123
Montanha 248

Napoleão Bonaparte 361, 371, 373, 378, 382
Necker, Jacques 41-42, 48, 72, 86-88, 105, 130
   'abstenção sistemática' e fracassos 50-52
   afastamento 132
   demissão de 94, 104, 105, 106, 107, 110, 117
   discurso nos Estados Gerais 53, 55, 75
   e projeto de declaração 82, 84, 85
   ódio de Artois por 80
   ódio de opositores 49-50
   reconvocado ao poder pelo rei 118
   relações com o rei e a rainha 90
Noailles 33
nobreza 38, 40, 44, 46, 47, 78, 84
Nyvenheim, Catherina Frederica van 65-66

Orléans, duque d' 20, 24, 81, 88, 98, 127-128, 349, 362
Ostermann, conde I. A. 104, 292

Pamiers, bispo de 131, 156-157, 224-225, 351, 371, 377
   caráter 134-135
   concepções políticas 134
   e *assignats* 368
   e plano de fuga real 134-135, 139, 140, 194, 195-196, 209
   epílogo 381-384
   formação 67-68
   oposição ao congresso armado 293-294, 301
   visita às Tulherias 267
Pan, Jacques Mallet du 313
Paris 39
   incapacidade das tropas para conter insurreição e razões pelas quais 108-110, 117
   pânico devido a boatos de invasão austroprussiana e mortes 335-336
   rebelião e marcha sobre as Tulherias (1792) 316-318, 341
   tumultos e insurreição (1789) 106-109
parlements 39, 42, 46-47, 69, 215
Pedro III, tsar 56
Pellenc, Jean-Joachim 232
Pétion 207, 307, 308, 352
Petit Trianon 32
Pitt, o Jovem 346, 348, 381
Polastron, mme 273
Polignac, Diane de 32
Polignac, duc de 273
Polignac, mme de 32, 34, 79, 92
Polignacs 83, 91, 112
política financeira
   memorando de Breteuil para Luís XVI sobre 221-222

442   A QUEDA DA MONARQUIA FRANCESA

Pompadour, mme de 29
pré-Revolução 43-44
príncipes alemães 283
príncipes de sangue, memorando (1788)
    79-80, 81
Provence, conde de 24, 80, 81, 84, 104,
    171, 191, 205, 253-255, 260, 281,
    311, 365
    coloca-se como único representante do
    rei em lugar de Breteuil 52-53, 257
    e Breteuil 253-254, 274-276, 324, 325
    e questão da regência 265, 275-277,
    324, 325
    emissão de *plein pouvoir* por Luís XVI
    255-256, 258
    fuga de 210, 253, 272-273
    instala-se com o irmão em Coblença
    273
    relações com Luís XVI 258
    sucessão de Luís XVII como Luís XVIII
    362
    vida pessoal 273
Provence, condessa de 273
Prússia 156, 185, 186, 260, 262, 288, 294,
    302
    guerra com a França 303
    invasão da França e avanço 323-324,
    326-327, 328-329
    retirada 330-331, 332-334, 342
    tratado de aliança com a Áustria 288,
    294, 302
    ver também Frederico Guilherme II

quebra da bolsa (1788) 48
Questão das duas câmaras 151-153, 236-
    238, 299, 300, 308, 309, 382

Relação da viagem a Varennes 207-209
religião, questão 132-133

renversement des alliances 28
republicanismo 228, 229
Resultado do Conselho 51
Ribbes 348
Ribbing, condessa 65
Rivarol 252, 327, 328
Robespierre, Maximilien 20, 173, 228,
    247, 316, 361, 364
Rochereuil, Mme 190
Roederer, Pierre-Louis 318, 319
Rohan, cardeal de 70
Rohan, príncipe Luís de 59
Roland 290, 305, 334
Roll, barão de 274
Rougeville, *chevalier* de 354
Roussillon 356
Roux, Jacques 345
Rulhière 69, 72, 142
Rússia 262, 278, 292, 295, 379

Saint-Amand, Masson de 308-310
Sainte-Foy, Maximilien Radix de 341, 349,
    350
Saint-Lazare mosteiro, saque do 107
Saint-Priest, conde de 32, 34, 85, 125, 224
Salis-Zizers, capitão 320-321
salon franfais 151
Sant-Cyr, Gouvion 331
Santerre, Antoine 316, 347
Sardenha, reino da 186, 304
Scott, Samuel 116, 117
Sérent, duque de 113, 115
Servan 305, 334
Simon, Antoine 353
Sistova, tratado de (1791) 260
Sociedade francesa
    divisão em estados 37-38
société 32, 79, 91
Söderhjelm, Alma 368

ÍNDICE

Sorel, Albert 133, 241, 331
Spielmann, Baron 288
Steiger 196
Suécia 262, 295, 380 *ver também* Gustavo III, rei
Sullivan, Eléonore 251, 268, 272, 379

talha 38
Talon, Antoine-Omer 340, 342, 348
terceiro estado 50-51, 75-76, 80
    divisão na família real quando à política em relação ao 77-81
    e declaração da Assembléia Nacional 76
    e declaração de Luís XVI 86, 87-90
    e Maria Antonieta 78-79
    reação de Luís XVI 76-78
Terror 287, 361, 363
Toulouse, Arcebispo de *Relação da viagem a Varennes* 207-209
Tourzel, mme de 191, 192, 201, 334, 335
Toustaing 348
Tribunal plenário 47
Tribunal revolucionário 352
Trier, Eleitor de 273, 284
Tumultos 47, 96-97
Turgot 122

Valazé 364
Valmy, batalha de 329-331, 333-334
Varennes 325, 326
Vaudreuil, conde de 32, 79
Vaux, marechal de 48
Vérac, marquês de 195
Vergennes 32, 68, 70, 71
Vergniaud 248, 289, 321, 352, 364
Vermond, padre de 26
Versailles
    atentado contra a vida da rainha pela multidão e capitulação do rei e da rainha 127-128
    banquete 123-124
    marcha das mulheres de mercado de Paris para 124-127
Vestfália, tratado de 123
Victoire, mme 23, 170-171, 362
vingtièmes 38, 40
Vriesen, mme 65

Walpole, Horace 24

Zubov, Platon 292
Zweig, Stefan 30

Este livro foi composto na tipologia Classical
Garamond BT, em corpo 10,5/14, e impresso em
papel off-set 75g/m², no Sistema Cameron da
Divisão Gráfica da Distribuidora Record.

Seja um Leitor Preferencial Record
e receba informações sobre nossos lançamentos.
Escreva para
RP Record
Caixa Postal 23.052
Rio de Janeiro, RJ – CEP 20922-970
dando seu nome e endereço
e tenha acesso a nossas ofertas especiais.

Válido somente no Brasil.

Ou visite a nossa *home page*:
http://www.record.com.br